International Contract Law

国際契約法

井原　宏

大学教育出版

はしがき

　現代の企業活動は、情報技術の革新に伴いますますグローバル化し、国境をいともたやすく越えて多様な展開をみせている。どのような業種であっても、大規模な企業のみならず、中小規模の企業やベンチャービジネスもグローバル市場において活躍することができる時代である。むしろ、グローバル化した厳しい競争に生き残り、持続した成長を図るためには、いかなる企業もグローバル市場に進出して、多様な国際取引を遂行する必要に迫られているということができる。日本企業もまた、日本国内の市場において国際取引を展開するのみでなく、グローバル市場における国際取引にその成長の基盤を依拠する時代を迎えている。

　国際取引法を構成する各種の国際取引契約は、このような企業活動を反映して、国際物品売買、プラント輸出、国際共同研究開発、国際ライセンス、国際ジョイントベンチャー、国際ファイナンス、国際事業買収など、まさに百花繚乱の状況である。その固有の契約関係は各類型に応じて独自に進化してはいるが、各類型に共通する、あるいはその基盤を形成する国際取引の基本的な原則を見いだすことは困難である。個別の企業といえどもその国際取引が一つないし少数の類型のみの契約関係に終始するということはありえず、さまざまな国際取引関係に取り囲まれているのが現実のビジネスの姿である。国際取引の基本的な原則を踏まえて、各類型の契約関係を構築し、そこから生じてくる法律問題を解決することが必要であると考えられる。

　本書は、国際取引法の総論部分にあたる国際契約の基本的な原則を体系的に考察することを意図したものである。本書では、ユニドロワ国際商事契約原則（ユニドロワ原則）を国際契約法のベースとして取り上げ、ヨーロッパ契約法原則（ヨーロッパ原則）および国際物品売買に関する国連条約（ウィーン条約）と比較法的に考察することによって、国際契約の基本的な原則を明らかにしようと試みている。本書による考察の特徴は次のように挙げることができる。

　第一に、大陸法の考え方とコモンローの考え方が抵触するところは、国際契約法における重要な論点であるが、それがどのように妥協ないし解決されてい

るのかを明らかにすること。両法制度の妥協はすでにウィーン条約にみられるが、その後のユニドロワ原則またはヨーロッパ原則においてどのように発展しあるいは解決されているかは興味深い問題である。第二に、ユニドロワ原則とヨーロッパ原則には一見すると非常な類似性がみられるが、その細部においてどのような相違があるのかを両原則の趣旨から理解して明らかにすること。第三に、国際ビジネスの観点から、それぞれの契約法の有用性とその程度を考察すること。各契約法に共通する基本的な原則が、国際取引の基本的なルールとして実際の国際ビジネスにおいてどのような有用性を発揮する可能性があるのかを吟味することが必要である。さらに、第四として、国際契約の基本的な原則としてとりわけ重要なルールについて、リーガルプランニングの観点から国際契約の各類型における契約関係の構築に貢献しうるものとして提案すること。国際取引の基本的なルールは、単なる理論的な原則にとどまるのではなく、企業活動としての実際の国際取引に役立つものでなければならないと考えられる。

　筆者がユニドロワ原則およびヨーロッパ原則に強い関心をもったのは、1999年在外研究のためにオランダのユトレヒト大学法学部私法研究所に滞在し、それぞれの作業部会のメンバーであるハートカンプ（Arthur Hartkamp）教授、ホンディウス（Ewoud Hondius）教授と交流したのが機縁であった。その当時は両原則の評価は時期尚早であったが、両原則の公表以来約10年を経た今日では国際契約法の基本的な原則としてそれぞれの積極的な評価が定着しつつあるように感じられる。

　最後に本書の速やかな刊行については、大学教育出版の佐藤守氏に大変お世話になった。心から感謝申し上げたい。

2006年8月

井原　宏

国際契約法

目 次

はしがき …………………………………………………………… i

第1章 制定の意義 ………………………………………………… 1

 1 制定の経緯　*1*
  （1）国際物品売買契約に関する国連条約　*1*
  （2）ユニドロワ国際商事契約原則　*2*
  （3）ヨーロッパ契約法原則　*3*
 2 制定の目的　*5*
  （1）ユニドロワ国際商事契約原則の目的　*5*
  （2）ヨーロッパ契約法原則の目的　*15*
 3 各契約法の相互関係　*16*
  （1）ユニドロワ国際商事契約原則と国際物品売買契約に関する国連条約　*16*
   （a）適用の重複関係　*16*
   （b）適用の優先関係　*18*
   （c）適用の補充関係　*18*
  （2）ユニドロワ国際商事契約原則とヨーロッパ契約法原則　*20*
   （a）相応する条項　*20*
   （b）相違する条項　*21*
   （c）両原則の併存関係　*25*

第2章 契約の総則 ………………………………………………… 33

 1 契約法の対象範囲　*33*
  （1）ユニドロワ国際商事契約原則　*33*
  （2）ヨーロッパ契約法原則　*34*
  （3）国際物品売買契約に関する国連条約　*36*
 2 契約法の基本的概念　*37*
  （1）ユニドロワ国際商事契約原則　*37*

　　　　（2）ヨーロッパ契約法原則　39
　　3　当事者間の基本的契約関係　40
　　　　（1）契約の自由　40
　　　　（2）契約の排除と強行法規　42
　　　　　　（a）契約の拘束性　43
　　　　　　（b）強行法規　43
　　　　　　（c）当事者による排除・変更　44
　　　　（3）原則の解釈と補充　45
　　　　（4）信義誠実と公正取引　46
　　　　（5）慣習と慣行　52
　　　　（6）定義　54
　　4　契約の解釈　56
　　　　（1）当事者の意思と行為　56
　　　　（2）考慮すべき事情　58
　　　　（3）契約全体との関連性と解釈　62
　　　　（4）作成者に不利な原則　65
　　　　（5）言語上の齟齬　66
　　　　（6）条項の補充　68
　　　　（7）個別に交渉された条項　69
　　5　契約の基本原則としての信義誠実の原則とリーガルプランニング
　　　　　　　　　　　　　　　　　　　　　　　　　　　70
　　　　（1）リーガルプランニングとは　70
　　　　（2）信義誠実の原則とリーガルプランニング　73

第3章　契約の成立　…………………………………………81

　　1　契約成立の条件　81
　　2　契約の申込　84
　　　　（1）申込の要件　84
　　　　（2）申込の撤回と拒絶　86

3　申込の承諾　*88*

　（1）承諾の様式　*88*

　（2）承諾期間と遅延した承諾　*90*

　（3）変更を含む承諾と確認書　*91*

　　（a）変更を含む承諾　*91*

　　（b）変更を含む確認書　*93*

　（4）特定事項に関する合意と未確定条項　*95*

4　契約交渉における義務　*97*

　（1）不誠実な交渉　*98*

　（2）秘密保持義務　*101*

5　典型的な条項　*102*

　（1）完結条項　*102*

　（2）変更条項　*103*

　（3）定型条項　*104*

　　（a）定型条項（standard terms）による条約　*104*

　　（b）定型条項に含まれる不意打ち条項（surprising terms）　*107*

　　（c）定型条項と非定型条項（non-standard terms）との接触　*108*

　（4）書式の戦い（battle of forms）　*108*

6　代理人の権限　*115*

　（1）対象範囲　*115*

　（2）代理権の付与と代理人の行為　*116*

　　（a）権限の付与と範囲　*116*

　　（b）代理人の権限と行為　*117*

　（3）代理人の責任と利害衝突　*122*

　　（a）代理人の責任　*122*

　　（b）代理人と本人との利害衝突　*123*

　（4）本人による追認と代理権の終了　*123*

　　（a）本人による追認（ratification）　*123*

　　（b）代理権の存続期間と終了　*124*

7　契約の成立とリーガルプランニング　*125*

　　　　（1）契約の交渉　*125*

　　　　　　（a）誠実交渉義務　*126*

　　　　　　（b）秘密保持儀務　*127*

　　　　（2）契約の締結　*128*

　　　　　　（a）書式の戦い　*128*

　　　　　　（b）レター・オブ・インテント　*130*

第4章　契約の有効性　　　　　　　　　　　　　　　　　　*137*

　　1　単純合意と原始的不能　*138*

　　　　（1）単純合意の有効性　*138*

　　　　（2）原始的不能　*138*

　　2　錯誤　*139*

　　　　（1）錯誤の定義　*139*

　　　　（2）錯誤の要件　*140*

　　　　　　（a）重要な錯誤　*140*

　　　　　　（b）錯誤当事者以外の相手方当事者に関する条件　*141*

　　　　　　（c）錯誤当事者に関する条件　*141*

　　　　（3）通信における誤り　*142*

　　　　（4）不履行の救済との関係　*142*

　　　　（5）間違った情報　*143*

　　3　詐欺と強迫　*143*

　　　　（1）詐欺　*143*

　　　　（2）強迫　*145*

　　4　過大な不均衡　*146*

　　5　取消　*150*

　　　　（1）第三者との関係　*150*

　　　　（2）追認と取消権の消滅　*151*

　　　　　　（a）追認　*151*

　　　　　　（b）取消権の消滅　*151*

（3）取消の通知と期間制限　*153*

　　　　　　（a）取消の通知　*153*

　　　　　　（b）期間制限　*154*

　　　　（4）取消の効果　*156*

第5章　契約の内容と第三者の権利……………………………*161*

　　1　契約の内容　*161*

　　　　（1）明示的債務と黙示的債務　*161*

　　　　（2）当事者の言明　*162*

　　　　（3）当事者間の協力義務　*163*

　　　　（4）努力義務　*164*

　　　　　　（a）特定の結果達成義務と最善努力義務の区別　*164*

　　　　　　（b）いずれの種類の義務かの決定　*166*

　　　　（5）内容の決定　*168*

　　　　　　（a）履行の質の決定　*168*

　　　　　　（b）価格の決定　*168*

　　　　　　（c）期間の定めなき契約　*171*

　　2　第三者の権利　*172*

　　　　（1）第三者のためにする契約　*172*

　　　　（2）第三者の特定　*172*

　　　　（3）第三者の責任の排除・制限　*173*

　　　　（4）要約者の抗弁　*173*

　　　　（5）取消　*174*

　　　　（6）放棄　*174*

　　3　契約の内容とリーガルプランニング　*175*

　　　　（1）協力義務　*175*

　　　　（2）最善努力義務と特定結果達成義務　*176*

第6章　契約の履行 …………………………………………………… 180

1　履行期と履行地　*180*
 （1）履行期　*180*
 （2）履行地　*180*
2　履行の態様　*181*
 （1）一括の履行と部分的履行　*181*
 （2）履行の順序　*182*
 （3）履行期前の履行　*184*
 （4）履行費用　*186*
 （5）代替履行　*186*
 （6）第三者による履行　*186*
3　支払　*187*
 （1）支払の方法　*187*
  （a）小切手等による支払　*188*
  （b）振込による支払　*189*
 （2）支払通貨　*189*
 （3）弁済の充当　*191*
 （4）履行の不受領　*193*
  （a）受領されなかった財産　*193*
  （b）受領されなかった金銭　*194*
4　公的許可　*194*
 （1）公的許可の申請　*194*
 （2）申請の手続　*195*
 （3）申請の結果　*196*
  （a）許可が付与も拒絶もされない場合　*196*
  （b）許可が拒絶された場合　*196*
5　ハードシップ　*197*
 （1）ハードシップの定義　*201*

　　　　（a）契約の均衡の重大な変更　*201*

　　　　（b）ハードシップの発生時期　*203*

　　　　（c）予見可能性の問題　*203*

　　　　（d）リスクの引受け　*204*

　　（2）ハードシップの効果　*207*

　　　　（a）再交渉の要件　*208*

　　　　（b）合意の不到達　*209*

　　　　（c）裁判所の選択肢　*210*

　6　契約の履行とリーガルプランニング　*215*

　　（1）ハードシップ条項の枠組み　*215*

　　　　（a）ハードシップの要件　*216*

　　　　（b）再交渉義務　*218*

　　　　（c）再交渉不調の場合における紛争解決の道　*219*

　　　　（d）現実的なハードシップ条項の構成　*221*

　　（2）公的許可の申請　*222*

第7章　契約の不履行……………………………………*227*

　1　契約の不履行一般　*227*

　　（1）履行の確保　*230*

　　　　（a）不履行の治癒　*230*

　　　　（b）履行のための付加期間　*233*

　　　　（c）第三者に委ねた履行　*235*

　　（2）履行の留保　*235*

　　（3）免責条項　*237*

　　（4）不可抗力（force majeure）　*240*

　2　履行請求権　*246*

　　（1）履行請求権　*247*

　　　　（a）金銭債務に対する履行請求権　*247*

　　　　（b）非金銭債務に対する履行請求権　*249*

　　　　　　　（2）不完全な履行に対する請求権　*251*
　　　　　　　（3）裁判上の制裁金と救済方法の変更　*252*
　　　　　　　　　（a）裁判上の制裁金　*252*
　　　　　　　　　（b）救済方法の変更　*253*
　　3　契約の解除　*253*
　　　　　　　（1）契約を解除する権利　*253*
　　　　　　　　　（a）重大な不履行　*253*
　　　　　　　　　（b）解除の通知　*256*
　　　　　　　（2）履行期前の不履行と適切な履行の相当な保証　*261*
　　　　　　　　　（a）履行期前の不履行（anticipatory non-performance）　*261*
　　　　　　　　　（b）相当な保証　*262*
　　　　　　　（3）解除の一般的効果と原状回復　*263*
　　　　　　　　　（a）解除の一般的効果　*263*
　　　　　　　　　（b）原状回復　*265*
　　4　代金減額　*267*
　　5　契約の不履行とリーガルプランニング　*269*
　　　　　　　（1）不可抗力条項の枠組み　*269*
　　　　　　　　　（a）不可抗力の要件　*272*
　　　　　　　　　（b）不可抗力の効果　*273*
　　　　　　　　　（c）現実的な不可抗力条項の構成　*274*
　　　　　　　（2）免責条項　*275*
　　　　　　　（3）代金減額請求権　*276*
　　　　　　　（4）契約解消後の権利義務関係　*276*

第8章　損害賠償 …………………………………………*284*

　　1　損害賠償請求権　*284*
　　　　　　　（1）損害賠償を請求する権利　*284*
　　　　　　　（2）全部の賠償請求権　*285*
　　2　損害賠償請求の要件と証明　*288*

　　　　（1）損害賠償請求の要件　*288*

　　　　　　（a）損害の確実性　*288*

　　　　　　（b）損害の予見可能性　*289*

　　　　（2）損害の証明　*290*

　　　　　　（a）代替取引における損害の証明　*290*

　　　　　　（b）時価による損害の証明　*292*

　　3　損害賠償額の軽減　*293*

　　　　（1）被害当事者による起因　*293*

　　　　（2）被害当事者の損害軽減義務　*294*

　　4　損害賠償の方法　*297*

　　　　（1）損害賠償の支払　*297*

　　　　（2）不履行に対する支払の合意　*299*

　　5　損害賠償とリーガルプランニング　*302*

　　　　（1）損害軽減義務　*302*

　　　　（2）損害賠償額の予定　*302*

第9章　国際契約を支えるルール　……………………………*307*

　　1　相殺　*307*

　　　　（1）相殺の要件　*307*

　　　　（2）相殺の手続と効果　*309*

　　2　権利または債権の譲渡　*310*

　　　　（1）権利または債権の譲渡の範囲　*310*

　　　　（2）権利または債権の譲渡の要件　*311*

　　　　（3）権利または債権の譲渡の効果　*312*

　　　　　　（a）譲渡人と譲受人間における譲渡の効果　*312*

　　　　　　（b）譲受人と債務者間における譲渡の効果　*313*

　　3　債務の移転または債務者の交代　*317*

　　　　（1）債務の移転または債務者の交代（substitution）の要件　*317*

　　　　（2）債務の移転または債務者の交代の効果　*318*

4　契約の譲渡　*320*

　　　（1）契約の譲渡の要件　*320*

　　　（2）契約の譲渡の効果　*321*

　　5　出訴制限期間または時効　*321*

　　　（1）出訴制限期間または時効とは　*321*

　　　（2）出訴制限期間または時効の中断　*324*

　　　（3）時効期間の延期　*326*

　　　（4）出訴制限期間または時効期間の更新　*327*

　　　（5）出訴制限期間または時効期間の満了の効果　*327*

第10章　紛争解決の基準 …………………………………*332*

　　　（1）国際仲裁とユニドロワ国際商事契約原則　*332*

　　　　（a）国際仲裁プロセスの比較法的性質　*332*

　　　　（b）国際仲裁におけるユニドロワ国際商事契約原則適用のアプローチ
　　　　　　333

　　　（2）ユニドロワ国際商事契約原則の適格性　*335*

　　　　（a）国際商事契約の準拠法としての適格性　*335*

　　　　（b）国際仲裁における紛争解決の基準としての適格性　*336*

条文対照 ………………………………………………*339*

事項索引 ………………………………………………*344*

第1章

制定の意義

1　制定の経緯

(1) 国際物品売買契約に関する国連条約

　国際物品売買契約に関する国連条約（United Nations Convention on Contracts for the International Sale of Goods（以下ウィーン条約、CISG という）は、1929年から始まった長年の作業の成果として1980年に採択された。1964年の二つのハーグ条約、国際物品売買に関する統一法（Uniform Law on the International Sale of Goods, ULIS）条約と国際物品売買契約の成立に関する統一法（Uniform Law on the Formation of Contracts for the International Sale of Goods, ULF）条約は、わずか9カ国の批准にとどまり目的を達しなかった[1]。1968年に設けられた国連商取引法委員会（United Nations Commission on International Trade Law, UNCITRAL）は、当時の東ヨーロッパの社会主義国やいわゆる第三世界の新独立国を含むため、拘束力のある統一的立法を目指して新しくスタートしたが、ウィーン条約は多くの妥協を経て成立に至ったのである。

　しかしながら、ウィーン条約でとられた統一的立法という選択は、起草者の戦略の余地を不可避的に制限した。交渉に参加した国々の法的な伝統における相違、そして時にはより重要なものとしてそれらの国々の社会経済構造における相違により、ある問題は当初から対象範囲から除外され、また他の多くの問題については、対立する見解は、多かれ少なかれ未解決のまま残しておくという妥協策によって処理することしかできなかったのである。したがって、ウィーン条約には次のような重大な欠落やあいまいで不明確な規定があると指摘さ

れる[2]。

①ウィーン条約自身がその適用のないことを明らかにしている事項がある[3]。②対立する見解についてあまり説得的な解決策を定めていない規定の中には、抵触法に基づき適用される国内法に明確な答えを委ねているものがある[4]。③原則の後に同様の幅広い例外を設けるという方法によって、個別のケースにおいてどちらの選択肢が最終的に適用されるのかという問題を未解決のままにしておく場合がある[5]。④極端にあいまいで不明確な文言を用いることによって実際の合意の欠如を隠ぺいしている場合がある[6]。

2006年9月現在、69カ国がウィーン条約をそれぞれの国内法の一部として制定しており、ウィーン条約は、当事者が別途合意しないならば、ほとんどの国際物品売買に適用される任意法規として存在する。これに比し、後述するユニドロワ国際商事契約原則とヨーロッパ契約法原則はソフトロー（soft law）として一般的に言及される。すなわち、両原則は、管轄の明示の根拠を有しておらず、アメリカのモデル法と類似しており、その助言的・願望的性格のルールは当事者の合意によってのみ適用される。しかし、裁判所や仲裁廷は、国内契約法に打ち勝つために国際慣習法の証拠としてこれらのソフトローを積極的に用いるようになったといわれる[7]。

(2) ユニドロワ国際商事契約原則

私法統一国際協会（International Institute for the Unification of Private Law, UNIDROIT、以下ユニドロワという）は、1971年に作業計画として国際商事契約の諸原則の起草を決定し、1980年このための特別の作業部会を設けた。作業部会のメンバーには、世界の主要な法体系および社会経済システムの代表として契約法や国際取引法の法律家が集められたが、全員が個人の資格で参加した。

上述したウィーン条約締結に至る交渉は、ウィーン条約が立法レベルで到達しうる最大限であることを表しており、ユニドロワは、国際商事契約原則を策定するにあたり、拘束力ある協定という考えを放棄して別の方策をとらざるをえなかった[8]。いいかえれば、その目的は、特別の立法による国内法の統一ということではなく、単に現存する国際契約法を「リステイト（restate）」することであった。その結果、このような原則の策定作業における基準は、どのルー

ルが大多数の国々によって採用されているかということではなく、考慮対象のどのルールがクロスボーダー（cross-border）取引にとって最も説得的な価値をもっているか、あるいはとりわけ適しているかということであった[9]。このようにして作成された草案はコメントを求めて世界中に開示された後、1994年その最終草案はユニドロワによって承認され、ユニドロワ国際商事契約原則（UNIDROIT Principles of International Commercial Contracts, 以下 Unidroit Principles, ユニドロワ原則という）として公表された。

　3年後にはユニドロワ原則の第二版を起草するための作業が開始された。ユニドロワ原則の新版が10年後の2004年に公表されたが、1994年版の改定として意図されたものではなかった。UNILEXデータベース[10]において報告された相当な数のcase lawおよび文献により十分証明されるように、ユニドロワ原則は、一般的に承認され、その実際的な適用に実質的な困難を生ずることはなかった。過去10年間の成功は、最も楽観的な期待をも上回るものであったといわれる。したがって、2004年版は、電子取引の普及に適合するための若干の追加・修正を含めてきわめて限られた改定にとどまり、その主たる目的は、国際的な法的・ビジネス社会にとっての追加的な関心事項に対応するために、代理人の権限、第三者の権利、相殺、権利の譲渡、債務の移転、契約の譲渡および出訴制限期間に関して追加の条文を用意することであった[11]。

(3) ヨーロッパ契約法原則

　1976年デンマークのオレ・ランドー教授によるヨーロッパ統一商事法典またはヨーロッパ契約法リステイトメントの起草のアイデアは、EC委員会との非公式協議を経て、1982年にヨーロッパ契約法委員会（Commission on European Contract Law, ランドー委員会ともいわれる）の設置に至った。この委員会のメンバーは、個人の資格で参加する当時のEC加盟国からの法律家によって構成されたが、作業の基礎資料は、EC諸国の国内法に限られることなく、広くヨーロッパ外にも求められた[12]。その作業の対象は契約法の一般原則であった。

　ランドー委員会は、ヨーロッパ契約法原則（Principles of European Contract Law, 以下 European Principles, ヨーロッパ原則という）として、契約の履行、契約の不履行（違反）および不履行の救済に関して最初に第一部を1995年に公表した。

第二委員会は、1992年に契約の成立、契約の有効性、契約の解釈と内容および代理人について起草のための作業を開始し、1996年に作業を終了して、1999年には第一部および第二部として公表した。第三委員会は、1997年に複数当事者、債権の譲渡、債務者の交代、契約の譲渡、相殺、時効、違法性、条件および利息の元本組入れに関する原則について作業を開始し、2002年に終了して第三部を公表した[13]。

ヨーロッパ原則はEUの調和した契約法の発展において重要な役割を果たしている。アメリカのリステイトメントのように、各条文には条文の適用を説明するコメントおよび各加盟国において相応するルールの源を示すノートが設けられている[14]。

ユニドロワ原則やウィーン条約と異なり、ヨーロッパ原則は、その包括性のレベルのゆえに適用しうる国際契約法体制を提供できる潜在能力をもっているといわれる。ヨーロッパ原則は、ユニドロワ原則、ウィーン条約のいずれよりも多くの契約法における主題をカバーしており、その深さと広さから法律家、仲裁人、立法者やビジネスパーソンにとってより魅力的なものとなっているとも評価される[15]。ヨーロッパ原則はまた、米国統一商事法典（Uniform Commercial Code、以下UCCという）第二編が規定していない領域も対象としている。

このようなヨーロッパ原則の幅広く包括的な範囲とその柔軟で非拘束的な性格は、ビジネスの世界における多くのプレイヤーにとり有用なものである。ヨーロッパ契約法委員会は、ヨーロッパ原則の数多くの使い方のリストとして、国境を越える取引の促進、ヨーロッパ共同市場の強化、契約を支配する共同体法のためのインフラの構築、国内裁判所と立法者のためのガイドラインおよび大陸法とコモンロー間の架橋を掲げている。そして委員会は、ヨーロッパ原則の目的として、ヨーロッパ制定法のための基盤、当事者による明示の採用、国際商慣習法の現代における成文化、契約法の司法的・立法的発展のためのモデルおよび調和のための基盤を挙げている[16]。

上述したように、ヨーロッパ原則のソフトロー的性格は、私的ないし準私的な組織により起草されたアメリカモデル法とまったく同様に、管轄の明示の根拠を有していないことを意味している。モデル法という概念そのものが、その

最終的な目的はその採択あるいは現存する法の改善・合理化にあるということを反映している。ヨーロッパ原則は、多数の管轄に及ぶ国際取引の法的不安定性を解決することを目指している[17]。

一方、ヨーロッパ原則の起草においては、クロスボーダー取引の問題に対して、そして法律家のみならず、法律家が代表するビジネスパーソンにより理解されるような単純で明快なルールを構築する必要性に対して、特別の注意が払われたといわれる[18]。この意味においてヨーロッパ原則は、EU内における取引のみならず、EU外との国際取引に適用することが可能な基盤を有しているということができる。

2　制定の目的

(1) ユニドロワ国際商事契約原則の目的

ユニドロワ原則の目的は、それが適用される国々の法的伝統や経済的社会的条件にかかわりなく世界中で使用されるために、均衡のとれた一連の規範を確立することである。ユニドロワ原則の実体は、現実のクロスボーダー取引に影響を与える技術的・経済的発展に起因する環境の絶えざる変化を考慮に入れる十分な柔軟さを有しており、そして信義誠実および公正取引に従って行動する当事者の一般的義務を表明し、かつ多くの個別の事案において合理的な行動の基準を課すことによって、国際取引関係における公正さを確保しようとしている[19]。

さらに、ユニドロワ原則の前文において、その具体的な目的が以下のように表明されている[20]。

① ユニドロワ原則は、国際商事契約のための一般的ルールを明らかにし、当事者が契約はこれらの原則に従うと合意したときに適用される。

当事者が契約はユニドロワ原則に従う旨合意したとして、まず、国内裁判所によるユニドロワ原則の適用ということが考えられるであろうか。国内裁判所は、関係する抵触法のルールを含むそれ自身の国内法を適用する義務がある。

伝統的かつ今なお有力な見解によれば、これらの抵触法のルールは、ユニドロワ原則のような超国家的または無国家的（a-national）ルールを排除して、国際契約に適用する法の選択を国家の法に制限している。

一方、仲裁廷によるユニドロワ原則の適用については、仲裁人は必ずしもその裁定を特定の国内法に基づく必要はなく、仲裁人は、当事者による明示の要請があれば、少なくとも国際仲裁においてはその裁定を特定の国内法に属しない法のルールに基づくことがますます許されるようになっているといわれる[21]。

当事者は、特定の国内法に代えて、当該契約に適用されるルールとしてユニドロワ原則を明示して選択することができる。この場合に次のような二つのケースが考えられる[22]。

第一に、当事者はユニドロワ原則を当該契約に織り込むことのみを合意し、当該契約の準拠法は法廷地の国際私法のルールによって決定されるとする場合。その結果、ユニドロワ原則は、それが準拠法のルールに影響しない範囲でのみ当事者を拘束することになる。

第二に、当事者が当該契約から生ずる紛争を仲裁に付託することに合意し、当該契約の準拠法としてユニドロワ原則を選択する場合。その結果、ユニドロワ原則は特定の国内法を排除して適用されることになる。もっとも、強行法規の性格を有する国内法のルールには従う必要がある。後者がユニドロワ原則の本来の目的であり、国際仲裁において最も有効に活用されることが期待されているといえる。

上記のような当事者の合意によるユニドロワ原則の明示の選択が存しない場合に、黙示の選択はありうるであろうか。法の黙示の選択は、理論的には、当事者が使用する言語、特定の法律条文の選択、特定の通貨の使用や履行場所の選択のような諸要素から推論することができる。したがって、そのような推論が可能な場合には、ユニドロワ原則の黙示の選択が可能となる。もっとも、国際仲裁人による一般的な経験からは、仲裁人は、ユニドロワ原則に明示の言及がない場合にそれが黙示に選択されたと推定することについては用心深いことが必要であるともいわれている[23]。

さらに、上記のような黙示という意味においても、法の選択が存しない場合にはどう考えるべきであろうか。実際の経験によれば、数多くの契約関係にお

いて、当事者は、一定の国内法、さらに第三者の中立的な国の法さえも、その適用を明白に排除することに合意していることが証明される。これはまた当事者の契約の自由の一つの表れであるが、仲裁人にいわゆる契約地法（lex contractus）を選択するというリスクを委ねることになる。この場合、仲裁人にとっての通常の伝統的なアプローチは、最も適切な法ないし法のルールを抵触法によってまたはいわゆる直接的な方法によって見いだすことである[24]。

　このような場合に仲裁人によるユニドロワ原則の適用の状況は、商慣習法、法の一般原則や類似の概念を適用する場合の状況に類似している。国内法、非国内法やその他の基準の適用についてのさまざまな国内法および仲裁規則の中には、仲裁人が当該状況の下で適切と考える実質法やルールを直接適用することを認容するものがある。そのような明確な文言がない場合には、仲裁人は自ら適切と考える法のルール（rules of law）を自由に適用することが任されていると考えられる。このようなルールは、国内法のルールであれ国際法のルールであれ、特定の業界の慣行、国際商業、貿易慣習、当事者間の過去の慣行、ウィーン条約、インコタームズ（INCOTERMS）や最も適切にはユニドロワ原則のような適切な国際協定等から引き出されたルールということがありうる[25]。

　一方、このようにユニドロワ原則を国際契約の準拠法とする考え方に対しては、実務的な観点からの批判があり、これについては第10章「紛争解決の基準」のところで論ずる。

　②　ユニドロワ原則は、当事者が契約は「法の一般原則（general principles of law）」、「商慣習法（lex mercatoria）」などに従うと合意したときに適用できる。

　当事者が準拠法として「法の一般原則」、lex mercatoriaなどを選択した場合、あるいは契約自身には準拠法の選択がないとき、仲裁人がその決定を特定の国内法よりも「法の一般原則」、lex mercatoriaなどに基づくことを決める場合、ユニドロワ原則はこれらの漠然とした概念の内容を決定するために用いることができるであろうか。

　見解は二つに分かれる。肯定的な見解によれば、このような不確かな性質と内容では、仲裁人がどのような決定をするかを予測することは、不可能ではないにしてもきわめて困難であり、ユニドロワ原則に依拠することによってこれらの不確かさを相当に減少させることができる。仲裁人は、もはやアドホック

（ad hoc）に解決策を見いだすよう強いられるのではなく、ユニドロワ原則のような「法の一般原則」、lex mercatoria などの法典化として考えられる明確な一連のルールを自由に使うことができる。

　一方、これに反対する見解によれば、ユニドロワ原則は、多くの法制度において見いだされる原則とルールを包含しておらず、未だ一般的に採用されていないものの最善の解決策と考えられるものを定めているにすぎない。したがって、当事者による「法の一般原則」への言及は、ユニドロワ原則の黙示の選択とは考えがたく、lex mercatoria への言及は、それが非常に柔軟で非公式の一連のルールを意味すると考えられるがゆえに、ユニドロワ原則を適用するという当事者の意思を明示するものとは考えられないことになる[26]。

　しかしながら、ユニドロワ原則は、すでに多くの仲裁の実践において、「法の一般原則」や lex mercatoria の源泉として言及されている。ユニドロワ原則は、lex mercatoria が目下のところ契約法から生じる複雑な問題に対して適切な解決策を提供しえない場合に、そのギャップを埋めることのできるルールのシステムとして機能することが可能であると考えられる。したがって、特定の国内法を準拠法として合意することのできない契約の当事者は、「法の一般原則」や lex mercatoria という包括的な言語によってその準拠法を意味することは可能であるとは考えられるが、そのようなあいまいな概念を用いないで、むしろ直截にユニドロワ原則のような自己完結したルールを準拠法として明示に指定することが望ましいと主張されている。

　③　ユニドロワ原則は、準拠法における適切なルールを確定することができ
　　　ないときに、問題に対する解決策を提供することが可能である。

　多くの事例において、適用される国内法が、当事者によるまたは仲裁廷による選択であれ、当該の法的問題に対する解決策を仲裁人に提供しない場合がある。国際仲裁人は、適用される国内法のルールに精通していないし、そのような精通が彼らに期待されているわけでもない。実際のところ、国内法が不完全というわけではない。問題が制定法または判例法において明示に扱われていない、もしくは解決されないとしても、裁判所は、当該法制度の他のルールの内容から問題に対する解決策を引き出すということも可能である。仲裁人は、法にギャップがあることを口実に、適用される国内法のルールが国際取引には不

適切であるとして、それを排除するのが通常である。つまり、理論的には解釈のルールは契約の準拠法において見いだされるべきであるが、国際契約においては、適用される唯一の国内法に準拠して、両当事者の実際のかつ共通の意思がなにであるかを決定することは、とりわけ当該法が契約締結時に当事者により明示に選択されていないときには、非現実的とされる。国際取引における特定の問題については、準拠法として指定された国内法の中に適切なルールを見いだすことができないことがあるが、このような場合にはもっと幅広いアプローチとしてユニドロワ原則が有効であると考えられる。

契約の準拠法が不確かまたは本当の空白を生じるものであるときには、仲裁廷と同様に国内裁判所も、少なくとも国境を越える取引においては、問題解決の源泉としてユニドロワ原則に依拠し、その提供する解決策を適用することが可能である[27]。

上述したように、当事者が仲裁人は「法の一般原則」、「国際貿易慣習（international trade usages）」、「自然正義のルール（rules of natural justice）」や「衡平と公正の原則（principles of equity and fairness）」を適用すべきであると規定した場合、ユニドロワ原則を契約地法（lex contractus）として適用すると宣言する仲裁裁定が国際商業会議所（ICC）の仲裁においてなされる傾向が見受けられる。当事者が法適用の選択に関する規定を契約の中に含まなかった場合でも、ユニドロワ原則に頼る傾向があるが、これは少数のケースにとどまる。仲裁の利用者の大部分がユニドロワ原則の存在を知らないとき、ユニドロワ原則はほとんどの国の法制度により受け入れられた国際貿易慣習もしくはルールと同じではないことから、ユニドロワ原則を国際契約に当然に適用される法を具体化するものであるとみなすことは困難である。一方で、当事者の沈黙をユニドロワ原則の適用に有利になるように国内の法制度を拒絶する意思として解釈することもまた早計すぎるように考えられる[28]。

ユニドロワ原則の適用の仕方として最も納得のできる方法はどのようなものであろうか。仲裁人が、適用する国内法において関係するルールの証明の欠如やそのルールの解釈に関する問題、当事者により選択された国際協定におけるギャップおよび契約解釈の問題などのような、特定の困難な問題を解決する役割を果たすことを期待するアプローチが考えられる。このように、国内法が特

定の問題に対して沈黙している場合には、ユニドロワ原則が機能を果たすことになる。ユニドロワ原則を引用している仲裁裁定を調べてみると、次のようなルールが具体的に、国内法において明白に規定されていない場合に仲裁人によって適用されてきたことが分かる。すなわち、契約前の交渉における信義誠実の義務、共通の意思の解釈に関する契約締結後の当事者の行動の意義、ハードシップおよび不可抗力、契約の重大な違反とその他の違反との差異、機会の喪失、非金銭的損害などである[29]。

また、ユニドロワ原則の選択は、当事者のいずれかがより精通している国内法の適用を避けることができる点において賢明である[30]。

当事者が準拠すべき非国内法を選択した場合に、仲裁廷がユニドロワ原則を適用した多くのケースが報告されている。さらに、仲裁人によるユニドロワ原則の適用がアメリカの裁判所によって支持された次のようなケースも存在する。

［仲裁・裁判例］
　本ケースは、アメリカ法人Cubic Defense Systems, Inc.（Cubic）とIranian Air Force（Iran）との間で1977年に締結された軍事設備の販売・据付の二つの契約が対象であった。当該契約は、1979年初めのイスラム革命の勃発まで適正に履行された。当事者は、その後いかに進めるべきかについて一連の交渉を行ったが、合意に達することはできなかった。契約に織り込まれた仲裁条項に従って、Iranは、損害に加えてCubicになした支払の返還を求めて、ICCに仲裁を申し立てた。Cubicは、代金の残額を支払わないことにより契約上の義務に違反したのはIranであるとして異議を申し立て、損害賠償の反訴を提起した。

　当該契約には、「本契約は締結時に有効なイラン政府の法に従って解釈され、その履行は決定される」旨の法選択条項があった。Iranによるこの条項の当初の理解は、すべての問題がもっぱら契約締結時に有効なイラン政府の法により支配されるということであったが、Cubicは、lex mercatoriaや貿易慣習を含む国際法の一般原則が必要な場合にはイラン法を補充すべきであると主張し、Iranは、イラン法の基本原則と国際法の一般原則の間に抵触がないことを強調しつつ、国際法の一般原則の補充的適用に最終的に合意した。

　仲裁裁定において、仲裁廷は次のように判断した。

まず、論争の本質に適用される法の問題については、両当事者は国際法の一般原則および貿易慣習の補充的適用に最終的に合意したことから、さらにICC規則13条5項に基づいて、仲裁廷はそのような原則と慣習を必要な程度において考慮する。そのようなルールの内容については、仲裁廷はユニドロワ原則によって導かれるものとする。1979年2月のイスラム革命の前後に生じた混乱の結果として、各当事者には契約の解消またはその条項の改定を相手方に要請する権利があるとして、仲裁廷は、ユニドロワ原則の6.2.3条（ハードシップの効果）を明示して言及した。契約解消の結果の取扱いについては、契約解消の明白かつ最も重要な効果は、一方の当事者の便宜のためまたは他の理由のためであれ、同時に受領したものを返還することを条件として、いずれの当事者も供給したものの返還を請求できることであるとして、仲裁廷は、ユニドロワ原則7.3.6条（原状回復）を引用したのである[31]。

　Iranは、1998年6月25日、上記ICC仲裁裁定を容認する命令を求めてカリフォルニア南部地区連邦地方裁判所に提訴した。

　The Ministry of Defense and Support for the Armed Forces of the Islamic Republic of Iran v. Cubic Defense Systems, Inc., 29 F. Supp. 2d 1168 （1998）において、Cubicは、仲裁裁定が仲裁付託事項により意図されていない、またはその範囲にない相違点を取り扱い、付託事項を超えた決定もしくは事項を含んでおり、外国仲裁裁定の承認と執行に関する1958年ニューヨーク条約（New York Convention on the Recognition and Enforcement of Foreign Arbitration Awards）5条1項c号に違反していると主張した。つまり、Cubicによれば、仲裁廷は、当事者が意図または主張しなかった法理論に基づいて、そして付託事項の中に適用する法として含まれていなかった、ユニドロワ原則および信義誠実と公正取引のような他の国際的な原則に言及して裁定を下した、との主張である。

　連邦地裁は次のような判断を下した。

　ニューヨーク条約の下で、裁判所は、仲裁裁定が仲裁合意の範囲を超えるかどうか、当事者の訴答書面（pleadings）の範囲を超えないかどうかを決定すべきである。本ケースにおいて、論争の主題はIranとCubicとの間で締結された軍事設備の販売・据付の二つの契約であり、ICCの仲裁はこれらの契約から生じる当事者の要求を解決したので、それが訴答書面に述べられたと同じ法理論に基づいてい

なかったという事実は、裁定の認容を拒絶する根拠にはなりえない。ユニドロワ原則および信義誠実と公正取引のような原則への仲裁廷の言及は、ニューヨーク条約5条1項c号に違反しておらず、仲裁廷は、これらの原則を付託事項により意図され、かつその範囲内にある相違点に適用したのである。

　本ケースは、ユニドロワ原則が国際契約から生じる紛争の解決に果たす役割を実質的に認容するものであった。連邦地裁は、当事者が国際法の一般原則の適用に明示に合意していたので、ユニドロワ原則の適用が付託事項の範囲内にあると述べつつ、ユニドロワ原則が、裁判官や仲裁人が当事者による明示の正当化がない場合でも依拠することのできる「法の一般原則」や lex mercatoria などの源を表示したものであることを認容したのである[32]。

④　ユニドロワ原則は、国際的に法を統一する協定を解釈し、補充するために用いることができる。

　国際的な協定の適用においては、個々の条項の正確な意味について国内法の場合よりはるかに疑義を生ずるのが通常である。かつて裁判官や仲裁人は、国際的な協定を解釈し補充する原則と基準を、異なる国内法制度において採用される解決策を比較法的に調査することによって個々のケースにおいて自ら見いださざるをえなかったが、ユニドロワ原則のような自己完結的な国際的統一原則にそれらを求めようとしている[33]。

　当事者が、国際的な協定を解釈・補充するためにユニドロワ原則への明示の言及を契約の中に含めた場合には、ユニドロワ原則は、当該協定の範囲外にある問題に関してさえも、また個々の規定がその協定の基礎をなす一般原則の表現であるかどうかにかかわらず、適用することができると考えられる。もっとも、ユニドロワ原則の非拘束的な性質から、当事者による言及の効果は、当該ケースが国内裁判所または仲裁廷のいずれに委ねられるかどうかによっている。

　国内裁判所は、契約当事者によるユニドロワ原則への言及を契約に織り込むめための単なる合意とみなして、自らの抵触法のルールに基づいて契約の準拠法を決定しがちである。その結果、ユニドロワ原則は、当事者が損じることのできない強行法規の規定にユニドロワ原則が影響を与えない範囲において適用されることになる。

これに比して、必ずしもその裁定を特定の国内法に基づく義務のない仲裁人は、ユニドロワ原則を契約に織り込まれた条項としてのみならず、それが特定の国内法に合致するかどうかにかかわりなく、国際的な協定とともに契約の準拠法として十分に適用することができると考えられる。もっとも、仲裁人がその裁定をできるだけ有効にかつ強制しうるために必要とする強行規定のみは、契約の準拠法とかかわりなく適用される[34]。

　当事者が明示にユニドロワ原則に言及しなかった場合には、ユニドロワ原則は、どの程度国際的な協定を解釈・補充するために適用されうるのであろうか。一方では、ユニドロワ原則の私的かつ非拘束的な性質のためのみでなく、少なくともユニドロワ原則の公表以前に採択された国際協定に関して、ユニドロワ原則への言及はありえないというむしろ形式的な議論に基づいて、そのような可能性を明白に否定する見解がある。他方では、ユニドロワ原則は国際商事契約の一般原則を表明し、それ自身でウィーン条約8条3項（客観的意思）、さらには7条1項と2項（条約の解釈と一般原則）の要求を満たすという理由でそのような可能性を積極的に肯定する見解がある。正しい解決策は両者の間に存すると考えられる。すなわち、国際協定がウィーン条約のようにユニドロワ原則以前に採択されたものであっても、ユニドロワ原則が国際協定を解釈・補充するために一般的に用いることができることは疑いもない。満たさなければならない唯一の条件は、当該問題がそれぞれの国際協定の範囲内にあり、かつユニドロワ原則のそれぞれの規定は当該国際協定が基礎とする一般原則を表現したものとして考えることができるかということであり[35]、それを一般的に肯定することが可能であると考えられる。

　⑤　ユニドロワ原則は、国内法を解釈または補充するために用いることができる。

　裁判所や仲裁廷は、特定の国内法を適用するときに、どのような解決策をとるべきかについて疑問に直面することがありうる。とりわけ紛争が国際商事契約に関係する場合には、その解決を示唆する源としてユニドロワ原則に依拠することが望ましいとされる。そうすることにより当該国内法は、国際的に認められた基準やクロスボーダー取引関係の特殊な要求に従って解釈し補充されることになるのである[36]。

⑥　ユニドロワ原則は、国内および国際的な立法者のためのモデルとなることができる。

　ユニドロワ原則は、その固有の有用性に鑑み、一般契約法の分野または特定のタイプの取引に関する立法の起草のために国内的および国際的な立法者にとってモデルとして資することができる[37]。

⑦　ユニドロワ原則は、契約当事者による契約の起案においてきわめて有用である。

　第一に、ユニドロワ原則は、例えば支払通貨（6.1.9, 6.1.10条）、公的許可（6.1.14-6.1.17条）や利率（7.4.9条）等のような、国内法においては見受けられないが、国際契約においては有用な実際的かつ詳細なルールを有している。ユニドロワ原則は、当事者が契約を交渉し、起案する時の重要かつ信頼しうる手段であり、その法的な専門用語は、非英語圏の当事者が遭遇する言語障害を克服するために使用することができる[38]。

　第二に、ユニドロワ原則は、契約の内容、解釈、履行および不履行の詳細を実際に対象としているので、契約を起案するためのチェックリストになりうる。起案者は、議論するべき論点をチェックするものとしてユニドロワ原則を使用し、さらに、ユニドロワ原則が提案する解決策を取り入れることができる[39]。

　契約の起案という実践的な局面において、ユニドロワ原則の有用性は自明のようにみえる。当事者は、ユニドロワ原則ないしその一部を契約条項としてそのままでまたは修正した形で契約の中に織り込むことができる。しかしながら、次のような点は留意すべきであり、それぞれの当事者の置かれた立場からユニドロワ原則のどのような条項を選択し、どのように修正すべきかについて具体的な検討が必要となる。

　ユニドロワ原則は、標準契約条項のように、数多くの契約を対象とするように起案されているが、さまざまな面において一般契約条項とは異なる。特定のタイプの契約から生じる問題に対応できるようにはなっておらず、例えば、売主、土地の所有者、エネルギーの供給者等のような特定の市場の一方の側に有利となるような経済的なバイアスを含んでいない。むしろユニドロワ原則のルールは、経済的な取引のすべての参加者がいずれとるべき義務を負う、申込者と承諾者、債権者と債務者のような一般的な役割から出発しており、契約上の

リスクの配分に限定されることなく、それらのルールの外に存在する契約関係も前提としているからである[40]。

(2) ヨーロッパ契約法原則の目的

ヨーロッパ原則は、契約の当事者としての企業や個人等の幅広い範囲において数多くの態様で役立つことを意図しており、当面の目的と長期的な目的の両者をもっている[41]。

第一に、ヨーロッパ契約法の基盤。ヨーロッパ原則は、将来EUの機関により採用される、または採用されるべき方策のために必要な法的な基盤を提供するものである。欧州議会が1989年、さらに1994年にその議決により表明したように、ヨーロッパ原則の目的の一つは、将来のヨーロッパ契約法のためのベースとして役立つことである。

第二に、契約当事者による明示の採用。異なる加盟国に居住し、事業活動を行う者は彼らの契約関係が一国の法制度に基づかない中立的なルールにより支配されることを望むが、ヨーロッパ原則は、ヨーロッパ内外の国の法により提供される最善の解決方法を利用しようとする契約当事者にとって有用である。

第三に、商慣習法の現代的な公式化。国際契約の当事者は、彼らの契約が国際的に受け入れられた原則により規律されることを望んでいるが、国家の法制度への言及に合意することができないときには、彼らの契約を規律するための商慣習法を採用する選択肢を有している。国際的に受け入れられた原則（internationally accepted principles）の適用という表明がなされている場合には、ヨーロッパ原則の直接的な目的の一つが、ヨーロッパ内で受け入れられており、仲裁人によって直接適用されうるとする表明、つまり現代のヨーロッパ商慣習法を提供することにあることから、仲裁人の使命は容易になり、そのような表明から生ずる不確かさは減少することになる。

第四に、契約法の司法的・立法的な発展のためのモデル。ヨーロッパ原則は、国内法や他のルールによっては適切に規律されない問題に対処することを求められる裁判所や仲裁人に助力を提供することができる。裁判所や仲裁人は、ヨーロッパ原則がヨーロッパシステムの中核を代表していることを知って、それが提供する解決方法を採用することができる。同様にヨーロッパ原則の解決方

法は、契約法を改正しようとする立法者により採用されることが可能である。

　第五に、ハーモナイゼーションのためのベース。究極的には、EUの加盟国は彼らの契約法を統一することを望むであろう。ヨーロッパ原則は、統一作業のベースが置かれるモデルとして役立つことができる。

　ところで、ヨーロッパの法制度の統合における最も困難な問題の一つは、大陸法系とコモンロー系の調和であるが、法的構造、専門用語、基本的な概念と分類、法政策などに関して大陸法とコモンローのシステムの間には大きな差異が残っている。ヨーロッパ原則が提供する大きな便益の一つは、異なる法的な哲学を調和するように考案されたルールを提供することによって大陸法とコモンロー間を架橋することである。

3　各契約法の相互関係

(1) ユニドロワ国際商事原則と国際物品売買契約に関する国連条約
（a）適用の重複関係

　ユニドロワ原則とウィーン条約が同じ問題を取り扱う場合、ユニドロワ原則に規定されるルールは、相応するウィーン条約の規定から文字通りまたは少なくとも実質的に引き出されているのが通常である。ユニドロワ原則がウィーン条約から離れる場合は例外的である[42]。

　そのような離れる場合の重要な例は次のとおりである。

　①交渉過程を含む契約期間中誠実に（in good faith）行動する義務（ユニドロワ原則1.7条）。ウィーン条約では、ウィーン条約の文脈および解釈のためにおいてのみ信義に言及する（7条1項）。②慣習は、その適用が不合理な場合には当事者を拘束しないとする規定（ユニドロワ原則1.9条2項）。ウィーン条約にはそのような制限はみられない。③通知における到達主義（receipt principle）の原則（ユニドロワ原則1.10条）。ウィーン条約によれば、通知の伝達過程における遅滞や誤りまたは不到達があっても、通知する当事者がその通知を当てにする権利を奪われることはない（27条）。④重大な変更のない付加的または異なる条

項を含む承諾について、なにが重大な変更となるかの明文の欠如（ユニドロワ原則2.1.11条）。ウィーン条約は、価格、支払、物品の品質と数量、引渡の場所と時期、一方当事者の相手方に対する責任の程度、紛争の解決に関する変更は重大なものと規定する（19条3項）。⑤当事者の単なる合意による契約の締結、変更、解消（ユニドロワ原則3.2条）。ウィーン条約によれば、単なる合意のみでは契約は締結することができない（29条1項）。⑥債権者が履行期前の履行を拒絶する権利（ユニドロワ原則6.1.5条）。ウィーン条約では、売主が定められた期日前に物品を引き渡す場合には、買主は引渡を受領するか引渡の受領を拒絶するかの自由を有する（52条）。⑦裁判所による履行命令の非裁量性。ユニドロワ原則によれば、特定履行（specific performance）は裁判所の裁量的な救済方法ではなく、7.2.2条に規定される例外の一つに該当しないならば、履行を命じなければならない。ウィーン条約では、裁判所は、自国法の下では特定履行を命じないときには、特定履行の判決を下す義務はない（28条）。

　ユニドロワ原則は国際契約に関する各国法を統一する目的をもつような拘束力のある協定となることが意図されていないので、さまざまな法制度間の差異によって条件づけられることはより少ない。その結果、ユニドロワ原則では、ウィーン条約によって完全に除外された、あるいは十分に規定されていない多くの事項を取り上げることが可能となった[43]。例えば、①「契約成立」の章において、成立の態様（2.1.1条）などに関する新しい規定が定められた[44]。②無効性の古典的なケースに限定されない「有効性」に関する章が付加された[45]。③「契約の解釈」の章における作成者に不利にという原則（4.6条）など[46]、「契約内容」の章における黙示的債務（5.1.2条）、「契約履行」の章における小切手等による支払（6.1.7条）など[47]、そして「契約不履行」の章における履行を請求する権利など（7.2.1-7.2.5条）[48]の新しい規定が設けられた。

　新しい規定が導入されたもう一つの理由は、ユニドロワ原則の範囲が売買契約に限られることなく、とりわけサービス契約などの他の種類の取引を包含しているからである。その例としては、当事者間の協力義務（5.1.3条）や特定の結果達成義務、最善の努力義務（5.1.4-5.1.5条）などが挙げられる[49]。

(b) 適用の優先関係

上述したように、ウィーン条約は売買契約のみを取り扱っており、ユニドロワ原則の範囲はより広いことから、売買契約以外の契約にかかわる場合には、基本的に重複関係は生じない。

ウィーン条約が世界的に受け入れられているにもかかわらず、実際にはウィーン条約により規律されない多くの売買契約が存在している。当事者の少なくとも一方がウィーン条約の締約国に位置しない場合、または法廷地の国際私法のルールが非締約国の法の適用に至る場合には、ウィーン条約は適用されない（ウィーン条約1条）。ユニドロワ原則が、ウィーン条約の範囲内に入らない国際売買契約に実際に適用されたケースがますます報告されるようになっている[50]。

ウィーン条約適用の要求が存在する場合には、ウィーン条約がその拘束的な性格からユニドロワ原則に優先するのが通常である。ウィーン条約6条によればウィーン条約の全部または一部を排除することができる。つまり、当事者がウィーン条約の個別条項をユニドロワ原則のそれに相応する規定に置き換えることを選択することはありうるが、ウィーン条約の全てを排除することは、当面ありそうにもない。しかしながら、当事者がウィーン条約の存在に気づかず、あるいは当該契約がウィーン条約の範囲内に入ることを知らないという理由で、当事者が明示にウィーン条約を排除することなく、ユニドロワ原則を準拠法として言及した場合はどうであろうか。準拠法としてのユニドロワ原則への言及は、当事者の意図がウィーン条約を全体として排除することを示していると解釈されるべきではなく、ウィーン条約6条に従った当事者自治の限界内で、ユニドロワ原則は抵触するウィーン条約の規定に優先するが、ウィーン条約は準拠法として個別契約を規律し続けると解されている[51]。

(c) 適用の補充関係

ウィーン条約7条によれば、この条約の解釈にあたっては、その国際的性格およびその適用における統一および国際貿易における信義の遵守を促進する必要性が考慮されるべきである。したがって、ウィーン条約の適切な解釈のための原則と基準は、裁判官および仲裁人自らによりその都度見いだされねばならなかった。この点ユニドロワ原則は彼らの仕事を大いに促進することができる[52]。例

えば、①重大な契約違反があったかどうかを決定するためにユニドロワ原則7.3.1条において規定された基準は、ウィーン条約において規定された条文よりもより理解しやすいものとなっている[53]。②ウィーン条約48条は、売主による不履行の治癒権を規定するが、買主が契約解除を通知した後その権利があるかどうかは疑問視されていた。ユニドロワ原則7.1.4条2項は、不履行当事者の治癒する権利が被害当事者からの解除の通知により妨げられないことを明確にした。③ユニドロワ原則7.4.9条は、弁済期における一定額の不払が免責されているものであっても、利息請求権が生じることを明文化しているが、この点はウィーン条約78条が未解決のまま残した問題であった。④不可抗力による救済方法について、ウィーン条約79条5項は、条約に基づく損害賠償請求以外の権利を行使することを妨げられないという一般的な規定の仕方にとどまるが、ユニドロワ原則7.1.7条は、契約の解除、履行の留保および利息の請求についての権利を明示している。

このように不明確な文言を明確化することに加えて、ユニドロワ原則はウィーン条約にみられる空白を埋めるために用いることができる。ウィーン条約7条2項によれば、この条約により規律される事項で、条約中に解決方法が明示されていない問題については、条約の基礎にある一般原則に従って解決されるべきものと規定される。したがって、満たすべき唯一の条件は、ユニドロワ原則の当該規定がウィーン条約の基礎にある一般原則の表現であることを明らかにすることである[54]。例えば、①小切手等による支払（6.1.7条）、振込みによる支払（6.1.8条）および支払通貨（6.1.9条）。②金銭の不払に対する利息（7.4.9条）および損害賠償額算定のための通貨（7.4.12条）。③履行地（6.1.6条）。さらに、④ユニドロワ原則2.1.15条（不誠実な交渉）および2.1.16条（秘密保持義務）は、ウィーン条約においてカバーされていない契約締結前の当事者の責任の問題を解決するために用いることができる。

ユニドロワ原則の包括的な性格に鑑みて、当事者は、ウィーン条約の中にカバーされていない事項に関しては、次のような条項を契約に織り込むことにより、ウィーン条約に加えてユニドロワ原則を適用することを意図することができる。すなわち、「この契約は、ウィーン条約により規律される、そして条約により規律されない事項については、ユニドロワ原則により規律される」。このよ

うなユニドロワ原則への言及の効果は、上述したように裁判所または仲裁廷のいずれが当該ケースを扱うかによって異なるといわれる[55]。国内裁判所は、ユニドロワ原則への言及を契約に織り込むための単なる合意とし、当該契約の準拠法は抵触法のルールに基づいて決定しようとする傾向があり、そして当事者が損ずることのできない準拠法の規定にユニドロワ原則が影響しない範囲でのみ、ユニドロワ原則は適用されることになる。一方、当事者が当該契約から生じる紛争を仲裁に付託することに合意している場合には、仲裁人は、その仲裁判断を特定の国内法に基づくことは必ずしも必要ではなく、ユニドロワ原則を当該契約に織り込んだ条項としてのみならず、ウィーン条約とともにユニドロワ原則を、それが特定の国内法に一致しているかどうかにかかわりなく、当該契約を規律する法のルールとして適用することができる。

(2) ユニドロワ国際商事契約原則とヨーロッパ契約法原則

（a）相応する条項

ユニドロワ原則の条項の相当数（約3分の2）の条項については、ヨーロッパ原則の中に相応する条項が存在する[56]。例えば、「総則」の章において、方式の自由（1.2条）や強行法規（1.4条）など[57]、「成立および代理人に権限」の章において、成立の態様（2.1.1条）や申込の定義（2.1.2条）など[58]、「有効性」の章において、単純合意の有効性（3.2条）や錯誤の定義（3.4条）など[59]、「解釈」の章において、両当事者の意思（4.1条）や言明その他の行為の解釈（4.2条）など[60]、「内容と第三者の権利」の章において、当事者間の協力（5.1.3条）、履行の質の決定（5.1.6条）など[61]、「履行」の章において、履行期（6.1.1条）や履行の順序（6.1.4条）など[62]、「不履行」の章において、不履行の定義（7.1.1条）や他方当事者による妨害（7.1.2条）など[63]。「相殺」の章において、外国通貨の相殺（8.2条）、通知による相殺（8.3条）など[64]、「権利の譲渡、債務の移転、契約の譲渡」の章において、非金銭的権利の譲渡性（9.1.3条）、一部の譲渡（9.1.4条）など[65]、「出訴制限期間」の章において、範囲（10.1条）、出訴制限期間（10.2条）など[66]。

（b）相違する条項

両原則における相違として、ユニドロワ原則の規定とこれに相対するヨーロッパ原則の規定が内容において異なるものがあり、さらにユニドロワ原則においては取り上げられているが、ヨーロッパ原則では取り扱われていない問題がある。これらの相違のほとんどは単なる技術的な性格のものであるが、他方で政策的な性格のものも存在する。これは両原則の範囲が異なることが反映されるからである[67]。

単なる技術的性格の相違について以下のような例を挙げることができる。①ユニドロワ原則では当事者が交換する通知に関して受信ルールを採用する（1.10条2項）が、ヨーロッパ原則では相手方当事者による不履行に対する通知について発信ルールを採用する（1:303条4項）。②ユニドロワ原則では書面による契約中に、合意によるその変更または解消は書面によるべき旨の条項が存在するときは、その他の方法により変更または解消することはできない（2.1.18条）が、ヨーロッパ原則では同じタイプの条項はそのような効果を生ずるものと推定されるにすぎない（2:106条1項）。③ユニドロワ原則では代理人の行為が本人と第三者を直接拘束するためには、代理人が本人の名前でまたは自らの名前で行為をしているかは関係なく、第三者が代理人は本人のために行為をしていることを知りまたは知るべきであったことで十分である（2.2.1条1項）が、ヨーロッパ原則は代理人が本人の名前でまたは自らの名前で行為をしているかどうかにより直接代理と間接代理を区別し、直接代理においてのみ本人と第三者間の直接的な連結を規定する（3:102条、3:202条）。④ユニドロワ原則は代理人の権限の解消の理由についてはなんら定めず、権限の解消が第三者に対して効力を生ずるためには第三者がそれを知りまたは知るべきであったと規定するのみである（2.2.10条1項）が、ヨーロッパ原則はこれに追加して権限解消の根拠のリストを定めている（3:209条1項）。⑤ユニドロワ原則は、当事者に不履行に対する救済方法が許容されるような状況においては錯誤を根拠として契約を取り消す権利はないと規定する（3.7条）が、ヨーロッパ原則によればそのような場合においても当事者はいずれの救済方法も追求することができる（4:119条）。⑥ユニドロワ原則は契約を取り消す権利を有する当事者に、実際に契約を取り消したかどうかにかかわらず、信頼利益に対する損害賠償請求権を認め

る（3.18条）が、ヨーロッパ原則は、契約が実際に取り消された場合にのみ信頼利益の回復を規定する（4:117条1項）。⑦ユニドロワ原則では第三者が価格を定めることができない、あるいは定めない場合、価格は合理的な価格によるべきと規定する（5.1.7条1項）が、ヨーロッパ原則では、そのような場合、当事者は裁判所に価格を定めるために他の者を指名する権限を与えたものと推定する（6:106条1項）。⑧ユニドロワ原則は、被害当事者が正当に契約を解除したとしても、治癒する権利を不履行当事者に許容する（7.1.4条2項）が、ヨーロッパ原則によれば、履行期が未だ到来していない、あるいは遅延が重大な不履行を構成しないようなものである場合にのみ不履行当事者は治癒することができる（8:104条）。⑨一時的な障害の場合、ユニドロワ原則は、その障害が契約の履行に及ぼす影響を考慮して免責は合理的な期間についてのみその効力を有すると規定する（7.1.7条2項）が、ヨーロッパ原則によれば、免責の効力は障害が存在する期間のみに限定される（8:108条2項）。また、全部かつ永久的な障害の場合には、ユニドロワ原則では当事者のイニシアチブにより解除することができる（7.1.7条4項）が、ヨーロッパ原則はそのような場合自動的な解除を規定する（9:303条4項）。⑩解除の場合、ユニドロワ原則によれば、各当事者は、自己が給付したものを現物でまたは金銭による形で返還するよう請求することができる（7.3.6条）が、ヨーロッパ原則は、限られた場合、すなわち当事者が履行のために支払った場合、当事者が資産または他の履行を提供したが、その代金を受け取っていなかった場合においてのみ返還請求権を認める（9:307、9:308、9:309条）。⑪ユニドロワ原則は不履行当事者の責任を予見可能な損失に制限する（7.4.4条）が、ヨーロッパ原則は、不履行が故意または重大な過失による場合におけるこのような制限の例外を規定する（9:503条）。⑫ユニドロワ原則では当事者はその債務を、両債務が同じ契約から生じているときにのみその存在と金額の確定していない相手方の債務に対して相殺することができる（8.1条2項）が、ヨーロッパ原則ではこれは相殺が相手方の利益を侵害しないときにはいつでも可能である（13:102条）。⑬ユニドロワ原則は債務がもとの債務者から新債務者へ譲渡される二つの方法を規定し、いずれの場合も債権者はもとの債務者を解放することもできるし、そうしないこともできる（9.2.1条、9.2.5条）が、ヨーロッパ原則は新債務者がもとの債務者と債権者の合意を

得て債務者として代わることを約束し、その結果もとの債務者が解放されるという一つの方法のみを設けている（12:101条1項）。⑭ユニドロワ原則では3年の出訴制限期間は債権者がその権利を行使することができる事実を知りまたは知るべきであった時から開始する（10.2条1項）が、ヨーロッパ原則では3年の時効期間は履行をなさねばならない時または債権を生ずる事実が発生した時から開始する、そしてその進行は債権者が債務者または債権を生ずる事実の特定を実際に知りまたは知っていると推定されるまでは中断される（14:203条1項、14:301条）。⑮ユニドロワ原則では当事者は出訴制限期間を15年以上に延長することはできない（10.3条2項）が、ヨーロッパ原則では時効期間の最長は30年である（14:601条2項）[68]。

　なんらの政策的な理由なくして、両原則の一方にのみ現れ、他方には現れない条項、すなわちユニドロワ原則にのみ規定されている条項[69]、これに対するヨーロッパ原則にのみ規定されている条項[70]が存在する。

　ユニドロワ原則の序文（Preamble）によれば、ユニドロワ原則は国際商業契約のための一般原則を規定するが、ヨーロッパ原則はヨーロッパ共同体における契約法の一般原則として適用されることを意図している（1:101条1項）。すなわち、ユニドロワ原則の地理的な適用範囲は世界中であるが、ヨーロッパ原則の地理的適用範囲はEUの加盟国に限定される。さらに、ユニドロワ原則は、その範囲を国際的かつ商業的な契約に限定されるが、ヨーロッパ原則は、純粋に国内的な性格の取引および商人・消費者間の取引を含む、あらゆる種類の契約に適用される。このような範囲における相違が、各規定にみられる多くの追加的な政策の相違を説明することになる[71]。

　第一に、ユニドロワ原則の世界的な適用範囲に対し、ヨーロッパ原則の地域的な適用範囲ということからも相違が生じる[72]。例えば、①ユニドロワ原則は、国際協定（international instruments）を解釈・補充する手段としてならびに国内的および国際的な立法者（international legislators）のためのモデルとしての国際的な使い方を規定するのに対して、ヨーロッパ原則は、共同体（Communities）の機関が法案を起草すること、そして裁判所、仲裁人や法的助言者が共同体の法律を適用することを助けることを目的とすると述べている。②ユニドロワ原則のみが、通貨が自由に交換できないことを考慮した規定を設けている（6.1.9条

1項)。また、両原則とも金銭債務支払の遅滞の場合における利息について、支払地における支払通貨に適用される最優遇借手への平均的な銀行短期貸出利率である旨規定するが、さらにユニドロワ原則は、そのような利率が存在しない場合に備えて、支払通貨の国におけるものと同一の利率あるいは支払通貨の国の法定利率とする旨追加している (7.4.9条2項)。③ヨーロッパ原則にはないが、ユニドロワ原則は、契約またはその履行の有効性が公的許可に従う場合における取扱いに関する規定をとくに設けている (6.1.14-6.1.17条)。④とりわけヨーロッパ原則は、譲渡された債権がEUメンバー国内の特定の場所における金銭支払債務にかかわるときには、譲受人はEU内のいかなる場所での支払も請求する権利を有する旨を規定する (11:306条1項)。また、契約は、EUメンバー国の法の基本原則に反する限り効力を有しない旨の違法性について規定する (15:101条)。

　第二に、ユニドロワ原則はとくに国際契約を対象とするが、ヨーロッパ原則は、純粋に国内的な契約を含む一般的な契約を対象とすることにより、両原則における相違が生じる。例えば、①ヨーロッパ原則では当事者の信義誠実および公正取引に従って行動する義務は一般的な条項で述べられている (1:201条) が、これに相応するユニドロワ原則では国際貿易における信義誠実および公正取引に従う (1.7条) という限定がなされている。②ヨーロッパ原則では、当事者は彼らと同じ状況にある者により一般的に適用されると考えられる慣習に拘束される (1:105条2項) が、ユニドロワ原則は、慣習の適用を当該特定の取引分野における者に広く知られ、かつ彼らにより国際取引において通常遵守されている慣習に限定する (1.9条2項)。

　第三に、ユニドロワ原則は商人または専門家の間の契約に関係するが、ヨーロッパ原則は、消費者取引にも適用されることから、最も重大な相違が生じる[73]。例えば、ヨーロッパ原則においては、消費者取引における当事者が同じ交渉力や交渉技術を有していないことを考慮した以下のような規定が設けられている。①当事者は信義誠実と公正取引の要求に従って契約の内容を決定することができる (1:102条1項)。②当事者は、その行為を契約条項に対する同意として解釈することが合理的でないことを立証するためにその居所のある国の法に依拠することができる (1:104条2項)。③個別に交渉されていない契約条項は、それ

を主張する当事者が、相手方の注意を引くよう適切な手段をとった時にのみ拘束力を有する（2:104条）。④個別に交渉された完結条項のみが、当事者間でなされた先の言明や合意が書面契約の一部となることを妨げる（2:105条）。⑤個別に交渉されなかった不公正な条項は取り消すことができる（4:110条）。⑥錯誤および間違った情報に対する救済は排除または制限することができるが、それが信義誠実と公正取引に反するときはこの限りではない（4:118条2項）。⑦専門的な供給者によってなされたサービスや物品の質または使用に関する情報は原則として契約上の義務を生ずる（6:101条2項）。⑧不履行に対する救済は排除または制限することができるが、それが信義誠実と公正取引に反するときはこの限りではない（8:109条）。これに対して、ユニドロワ原則においては、例えば、商取引上の特別の需要に対応する規定として、①意図的に未確定にした条項を有する契約の維持（2.1.14条）、②取消原因となる錯誤および詐欺を決定する基準や過大な不均衡における契約適合の基準（3.5条1項(a)、3.8条、3.10条2項）、③契約の解除後においてさえも許容される不履行当事者による治癒権（7.1.4条）、および④当該譲渡を禁止する譲渡人と債務者間の合意にもかかわらずされた金銭的権利の譲渡の効果（9.1.9条）について定められている。

なお、ヨーロッパ原則における第10章「複数当事者」、第15章「不法性」、第16章「条件」および第17章「利息の元本組入れ」については、ユニドロワ原則にはこれらに相応する規定は設けられていない。

（c）両原則の併存関係

ユニドロワ原則とヨーロッパ原則のような類似した契約法がほぼ同時期に起草されたことは驚くべきことのようにみえる。しかし、このような契約法にかかわる二つのプロジェクトを支持する実質的な理由も存在する。全世界を対象とする普遍的な性格の政府間組織であるユニドロワは、そのプロジェクトの範囲を国際的な商業契約に限定する以外に選択肢はなかった。さまざまな国の経済的、政治的構造の間で世界的なレベルで存在し続ける差異のゆえに、純粋に国内的な契約の法体制は国によって相当に異なっているからである。これに比して、ヨーロッパ原則の範囲は、それがヨーロッパ共同市場内で適用されることを意図しているという事実に鑑み正当化される。一つの国の国民間で締結さ

れた契約とクロスボーダー契約との区別はむしろ不自然であり、消費者取引の法体制でさえも高度な調和の段階に到達していると指摘される[74]。

　ユニドロワ原則とヨーロッパ原則の間には現実の競合はないことを十分に示す実際の経験が過去数年の間に得られたといわれる。両原則の異なる範囲に鑑み、ユニドロワ原則とヨーロッパ原則はこれまで実際に競合することはなく、交換できるものではないが重要な役割を等しく果たしてきている。いずれかまたは両者が将来拘束力のある協定となったとしても、この状態が変化する理由はない。ヨーロッパ原則がヨーロッパ民法の一部となる時においても、ユニドロワ原則に対する必要性は、とりわけヨーロッパ外であるいは非ヨーロッパ人に関して締結される国際商事契約を規律するルールとして、存続する。一方、ユニドロワ原則が将来同じ段階で国際協定に転換したとしても、そのような協定は、その普遍的な使命から必然的に国際商事契約に限定されるであろう。その結果、ヨーロッパ原則は、純粋な国内契約および商人と消費者間のクロスボーダー取引に関してはEU内において重要な役割を果たし続けることになると主張される[75]。

　一方、実務家の観点からは両者の関係について次のような要請もなされている。

　ユニドロワ原則とヨーロッパ原則をできるだけ調和させ、同一の法律問題を扱う場合には同じ条項を使用することが望ましい。例えば、ハードシップと事情変更に関する条項は、異なって使われている用語の調和が可能であることを示している。両原則は、競合する超国家的なルールであるべきではない。両原則の間の不必要な用語の差は、商慣習法の有効な表現としてのそれぞれのルールの権威を減ずるものである[76]。

注
1）　9カ国の批准国のうち7カ国が西ヨーロッパ諸国であった。
2）　Michael Joachim Bonell, An International Restatement of Contract Law-The Unidroit Principles of International Commercial Contracts 3d ed. (Transnational, 2005), at 303-304.
3）　ウィーン条約2条（適用対象外の売買）、4条（適用対象の実体法的範囲）、5条（適用対象外の人的損害）。
4）　例えば、ウィーン条約12条、96条（書面性の例外的要求と留保）、28条（特定履行）、

55 条(代金未定)参照。
5) 例えば、ウィーン条約 16 条(申込の撤回可能性)、39 条 1 項、43 条 1 項、44 条(買主の通知義務違反)、68 条(運送途上の物品売買とリスク移転)参照。
6) 例えば、7 条 1 項(解釈原則)、25 条(重大な契約違反)、78 条(利息)。
7) Larry A. DiMatteo, Contract Talk: Reviewing the Historical and Practical Significance of the Principles of European Contract Law, 43 Harv. Int'l L.J. 569, at 571-572.
8) Bonnel, supra note 2, at 305.
9) 前者の common core approach ではなく、better rule approach といわれる。各国の国内法の中では新しい法典やその編纂に注目が集まった。
10) www.unilex.info
11) Introduction to The 2004 Edition, UNIDROIT Principles of International Commercial Contracts 2004 (UNIDROIT, 2004).
12) 例えば、アメリカの契約法リステイトメントや原状回復リステイトメント、ウィーン条約など。
13) The Commission on European Contract Law, Preface, Principles of European Contract Law Part III (Kluwer International, 2003).
14) Ole Lando, Salient Features of the Principles of European Contract Law: A Comparison with the UCC, 13 Pace Int'l L. Rev. 339 (2001), at 340.
15) DiMatteo, supra note 7, at 571.
16) Id. at 576.
17) Id. at 579.
18) Arthur Hartkamp, The UNIDROIT Principles for International Commercial Contracts and the Principles of European Contract Law, European Review of Private Law 2, 1994, at 343.
19) UNIDROIT, Principles of International Commercial Contracts (UNIDROIT, 1994), Introduction.
20) Unidroit Principles, PREAMBLE.
21) Michael Joachim Bonell, The UNIDROIT Principles and Transnational Law, The Practice of Transnational Law, Klaus Peter Berger ed. (Kluwer Law International, 2001), at 25, 26.
22) Unidroit Principles, PREAMBLE, Comment 4.
23) Pierre Lalive, The UNIDROIT Principles as Lex Contractus, With or Without an Explicit or Tacit Coice of Law: An Arbitrator's Perspective, International Court of Arbitration, UNIDROIT Principles of International Commercial Contracts - Reflections on their Use in International Arbitration (ICC Publishing, 2002), at, 80-81.
24) Id. at 82.
25) Julian D M Lew, The UNIDROIT Principles as Lex Contructus Chosen by the Parties and Without an Explicit Choice-of-Law Clause: The Perspective of Counsel, International Court of Arbitration, UNIDROIT Principles of International Commercial Contracts-Reflections on their Use

in International Arbitration (ICC Publishing, 2002), at 91-92.
26) Bonell, supra note 21, at 28-29.
27) Id. at 37.
28) Pierre Mayer, The Role of the UNIDROIT Principles in ICC Arbitration Practice, International Court of Arbitration, UNIDROIT Principles of International Commercial Contracts-Reflections on their Use in International Arbitration (ICC Publishing, 2002), at 115-117.
29) François Dessemontet, Use of the UNIDROIT Principles to Interpret and Supplement Domestic Law, International Court of Arbitration, UNIDROIT Principles of International Commercial Contracts - Reflections on their Use in International Arbitration (ICC Publishing, 2002), at 47-48.
30) Unidroit Principles, PREAMBLE, Comment 5.
31) Michael Joachim Bonell, UNIDROIT Principles : a significant recognition by a United States District Court, Uniform Law Review 1993-3, at 658-660.
32) Id. at 661-662.
33) Unidroit Principles, PREAMBLE, Comment 5.
34) Michael Joachim Bonell, The UNIDROIT Principles as a Means of Interpreting and Supplementing International Uniform Law, International Court of Arbitration, UNIDROIT Principles of International Commercial Contracts-Reflections on their Use in International Arbitration (ICC Publishing, 2002), at 32.
35) Id. at 33.
36) Unidroit Principles, PREAMBLE, Comment 6.
37) Id. Comment 7.
　　国内的なレベルでは、契約に関して発展した法のルールを欠いている、あるいはその法を最新にしたい途上国にとって、さらには最近の政治経済構造の激変に対応して既存の法を書き直したい先進国にとって、また国際的なレベルでは、国際的な協定やモデル法の起草のために有用であるとされる。
38) Hilmar Raeschke-Kessler, The UNIDROIT Principles in Contemporary Contract Practice, International Court of Arbitration, UNIDROIT Principles of International Commercial Contracts-Reflections on their Use in International Arbitration (ICC Publishing, 2002), at 99.
39) Hans Van Houtte, The Unidroit Principles of International Contracts, Arbitration International Vo.11 No.4 (1995), at 379-380.
40) Jurgen Basedow, Uniform Law Convention and the UNIDROIT Principles of International Commercial Contracts, Uniform Law Review 2001-1, at 132.
41) The Commission of European Contract Law, Principles of European Contract Law Parts Ⅰ and Ⅱ (Kluwer Law Intrnational, 2000), Introduction xxiii-xxiv.
42) Bonnel, supra note 2, at 305-306.
43) Id. at 70.

44）その他、特定事項に関する合意または特定方式による合意に依拠する契約締結（2.1.13条）、意図的に未確定にしておかれた条項を含む契約（2.1.14条）、不誠実な交渉（2.1.15条）、秘密保持の義務（2.1.16条）、完結条項（2.1.17条）、定型条項による契約（2.1.19条）、不意打ち条項（2.1.20条）、定型条項と非定型条項との抵触（2.1.21条）、書式の戦い（2.1.22条）。
45）取消原因となる錯誤（3.5条）、詐欺（3.8条）、強迫（3.9条）、過大な不均衡（3.10条）。
46）言語上の齟齬（4.7条）、抜けている条項の補充（4.8条）。
47）振込による支払（6.1.8条）、支払通貨（6.1.9条）、通貨が表示されていない場合（6.1.10条）、履行費用（6.1.11条）、弁済の充当（6.1.12条）、公的許可の申請（6.1.14-6.1.17条）、ハードシップ（6.2.1-6.2.3条）。
48）免責条項（7.1.6条）、被害当事者に部分的に帰せられる損害（7.4.7条）、金銭の不払に対する利息（7.4.9条）、不履行に対する支払の合意（7.4.13条）。
49）履行の質の決定（5.1.6条）、期間の定めなき契約（5.1.8条）、履行の順序（6.1.4条）、非金銭債務の履行（7.2.2条）。
50）Bonnel, supra note 2, at 314-315.
51）Id. at 316-317.
52）Id. at 318.
53）ウィーン条約25条は、重大な契約違反とは、被害当事者が契約の下で期待するのが当然であったものを不履行が実質的に奪うような事実（ただし、そのような結果を合理的に予見しなかったことを条件として）と定義しているが、ユニドロワ原則7.3.1条2項は、このような定義に加えて、各事案において考慮されるべきものとして四つの要素を明示している。
54）Bonnel, supra note 2, at 320.
55）Id. at 332-334.
56）Id. at 339.
57）他に、当事者による排除または変更（ユニドロワ原則1.5条）。それぞれヨーロッパ原則における相応する条文として、ヨーロッパ原則2:101条2項、1:103条、1:102条。
58）他に、申込の撤回（ユニドロワ原則2.1.4条）、申込に対する拒絶（2.1.5条）、承諾の様式（2.1.6条）、承諾期間（2.1.7条）、遅延した承諾・伝達の遅延（2.1.9条）、変更を含む承諾（2.1.11条）、確認書（2.1.12条）、特定事項に関する合意または特定方式による合意に依拠する契約締結（2.1.13条）、不誠実な交渉（2.1.15条）、秘密保持義務（2.1.16条）、定型条項と非定型条項との抵触（2.1.21条）、書式の戦い（2.1.22条）、対象範囲（2.2.1条2項3項）、代理人の権限の確立と範囲（2.2.2条）、権限のないまたは権限を超える代理人（2.2.5条1項）、権限のないまたは権限を超える代理人の責任（2.2.6条）、利益の衝突（2.2.7条）、復代理人（2.2.8条）、追認（2.2.9条）、権限の解消（2.2.10条2項）。それぞれヨーロッパ原則における相応する条文として、ヨーロッパ原則2:211条、2:201条1項、

2:202条1項3項、2:203条、2:204条、2:206条、2:207条、2:208条、2:210条、2:103条2項、2:301条、2:302条、5:104条、2:209条、3:101条2項3項、3:201条1項2項、3:204条1項2項、3:205条1項3項、3:206条、3:207条、3:209条3項。

59) 他に、取消原因となる錯誤（ユニドロワ原則3.5条）、表現または伝達における錯誤（3.6条）、詐欺（3.8条）、強迫（3.9条）、過大な不均衡（3.10条）、第三者（3.11条）、追認（3.12条）、取消権の消滅（3.13条）、取消の通知（3.14条）、期間制限（3.15条）、一部の取消（3.16条）、取消の遡及効（3.17条）、強行規定性（3.19条）。それぞれヨーロッパ原則における相応する条項として、ヨーロッパ原則2:101条1項(b)、4:102条、4:103条、4:104条、4:107条、4:108条、4:109条、4:111条、4:114条、4:105条1項2項、4:112条、4:113条、4:116条、4:115条、4:118条。

60) 他に、考慮すべき事情（ユニドロワ原則4.3条）、契約全体または言明全体との関連性（4.4条）、すべての条項に効果を与える解釈（4.5条）、言語上の齟齬（4.7条）。それぞれヨーロッパ原則における相応する条項として、ヨーロッパ原則5:101条、1:107条、5:102条、5:105条、5:106条、5:107条。

61) 他に、期間の定めなき契約（ユニドロワ原則5.1.8条）。第三者のためにする契約（5.2.1条）、第三者の特定性（5.2.2条）、撤回（5.2.3条）および放棄（5.2.6条）。それぞれヨーロッパ原則における相応する条項として、ヨーロッパ原則1:202条、6:108条、6:109条、6:110条。

62) 他に、履行期前の履行（ユニドロワ原則6.1.5条）、履行地（6.1.6条）、履行費用（6.1.11条）、弁済の充当（6.1.12条）、非金銭債務の充当（6.1.13条）、ハードシップ（6.2.1条から6.2.3条）。それぞれヨーロッパ原則における相応する条項として、7:102条、7:104条、7:103条、7:101条、7:112条、7:109条、6:111条。

63) 他に、履行の留保（ユニドロワ原則7.1.3条）、履行のための付加期間（7.1.5条）、免責条項（7.1.6条）、金銭債務の履行（7.2.1条）、非金銭債務の履行（7.2.2条）、不完全な履行の修理および取換え（7.2.3条）、契約を解除する権利（7.3.1条）、解除の通知（7.3.2条）、履行期前の不履行（7.3.3条）、適切な履行に対する相当な保証（7.3.4条）、解除の一般的効果（7.3.5条2項3項）、損害賠償請求権（7.4.1条）、全部の賠償（7.4.2条）、損害の確実性（7.4.3条）、代替取引の場合における損害の証明（7.4.5条）、時価による損害の証明（7.4.6条）、被害当事者に部分的に帰せられる損害（7.4.7条）、損害の軽減（7.4.8条）、損害賠償額算定のための通貨（7.4.12条）、不履行に対する支払の合意（7.4.13条）。それぞれヨーロッパ原則における相応する条項として、1:301条4項、8:101条3項、9:201条、8:106条、8:109条、9:101条1項、9:102条、9:301条・8:101条、9:303条、9:304条、8:105条、8:102条・9:305条1項2項、8:102条・9:501条1項、9:502条・9:501条2項(a)、9:501条2項(b)、9:506条、9:507条、9:50 4条、9:505条、9:510条、9:509条。

64) 他に、相殺の効果（ユニドロワ原則8.5条）。それぞれヨーロッパ原則における相応する条項として、ヨーロッパ原則13:103条、13:104条、13.106条。

65) 他に、将来の権利（ユニドロワ原則9.1.5条）、譲渡人と譲受人間の合意で十分な譲渡（9.1.7条）、債務者の追加コスト（9.1.8条）、債務者への通知（9.1.10条）、譲渡の適切な証明（9.1.12条）、抗弁と相殺の権利（9.1.13条）、譲渡された権利に関する権利（9.1.14条）、譲渡人の約束（9.1.15条）、譲渡の態様（9.2.1条）、譲渡に対する債権者の同意の要求（9.2.3条）、債権者の先行同意（9.2.4条）、抗弁と相殺の権利（9.2.7条）、譲渡された債務に関する権利（9.2.8条）、定義（9.3.1条）、相手方当事者の同意の要求（9.3.3条）、抗弁と相殺の権利（9.3.6条）、契約とともに譲渡された権利（9.3.7条）。それぞれヨーロッパ原則において相応する条項として、ヨーロッパ原則11:306条2項、11:103条、11:102条2項・11:202条2項、11:104条、11:202条1項・11:302条、11:306条1項、11:303条1項2項、11:307条、11:201条、11:204条、12:101条1項2項、12:102条、12:201条。

66) 他に、承認による新しい出訴制限期間（ユニドロワ原則10.4条）、司法手続による中断（10.5条）、仲裁手続による中断（10.6条）、不可抗力、死亡または無能力による中断（10.8条）、相殺の権利（10.10条）、原状回復（10.11条）。それぞれヨーロッパ原則における相応する条項として、ヨーロッパ原則14:101条、14:201条、14:301条・14:307条、14:401条、14:302条、14:303条、14:503条、14:502条2項。

67) Bonnel, supra note 2, at 343-344.

68) その他、承諾期間が開始する時期（ユニドロワ原則2.1.8条、ヨーロッパ原則1:304条1項）、代理人の外見的権限（ユニドロワ原則2.2.5条2項、ヨーロッパ原則3:201条3項）、複数の債務における相殺（ユニドロワ原則8.4条、ヨーロッパ原則13:105条）、契約の譲渡（ユニドロワ原則9.3.1条、ヨーロッパ原則12:201条）。

69) 契約の拘束的性格（ユニドロワ原則1.3条）、矛盾した行為（1.8条）、不意打ち条項（2.1.20条）、追認（2.2.9条3項）、一方的表示（3.20条）、抜けている条項の補充（4.8条）、特定の結果達成義務・最善の努力義務（5.1.4条）、義務の種類の決定（5.1.5条）、合意による放棄（5.1.9条）、抗弁（5.2.4条）、一括または分割による履行（6.1.2条）、部分的な履行（6.1.3条）、通貨が表されていない場合（6.1.10条）、裁判上の制裁金（7.2.4条）、救済方法の変更（7.2.5条）、損害賠償についての利息（7.4.10条）、金銭賠償の態様（7.4.11条）第三者による履行（9.2.6条）、相手方当事者の事前の同意（9.3.4条）、譲渡人の解放（9.3.5条）、代替的紛争解決（10.7条）。

70) 類推適用（ヨーロッパ原則1:107条）、合理性（1:302条）、知識および意図とみなされる場合（1:305条）、承諾なくして拘束する約束（2:107条）、申込（2:201条2項3項）、間違った情報（4:106条）、契約上の債務を生ずる言明（6:101条1項）、見せかけの契約（6:103条）、当事者による一方的な決定（6:105条）、第三者による決定（6:106条）、存在しない要素への言及（6:107条）、代替履行（7:105条）、受領されなかった資産（7:110条）、受領されなかった金銭（7:111条）、他の者に委託された履行（8:107条）、金銭債務（9:101条2項）、分割して履行される契約（9:302条）、価格を減額する権利（9:401条）、譲渡人に対する譲受人の権利の留保（11:203条）、競合する請求（11:305条）、優先

（11:401条3項4項）、相殺の権利の排除（13:107条）、交渉における時効の延期（14:304条）、執行による更新（14:402条）、付随的債権に対する効果（14:502条）。

71）Bonnel, supra note 2, at 348-349.
72）Bonnel, supra note 2, at 349-350.
73）Id. at 350-352.
74）Id. at 353-354.
75）Id. at 359.
76）Raeschke-Kessler, supra note 38, at 102.

第2章

契約の総則

1　契約法の対象範囲

(1) ユニドロワ国際商事契約原則

　ユニドロワ原則は、国際商事契約のための一般的ルールを定めるものである。
　「国際」契約の概念は、できるだけ幅広く解釈されるべきであり、国際的な要素がまったくかかわらない場合、つまり当該契約の関連するすべての要素が1国のみに連結される場合のみが除外される[1]。
　ユニドロワ原則の適用範囲を国際契約のみに限定する理由は次のようにいわれる。第一に、それぞれの国内法の間で抵触が生じるのは、当該取引が1以上の国と事実的に連結するときである。第二に、純粋に国内的な契約の法制度は国によって相当に異なるが、国際取引に関しては、一般的に各国は必ずしも自らの法を強いることに固執するわけではなく、契約当事者との関係を規律するのに最も幅広い自治を契約当事者に付与する用意がある[2]。
　「商事」契約の概念も、民事と商事という伝統的な区別によるのではなく、いわゆる消費者取引をユニドロワ原則の適用範囲から除外するものである[3]。消費者取引は、多くの法制度内において、ほとんど強行法的な性格の特別のルールにますます服させられ、消費者を保護することを目的とする。したがって、商事契約の概念は、最も幅広い意味で理解されるべきであり、物品やサービスの提供のための取引のみならず、投資や専門的サービスなどの経済的な契約も含まれることになる[4]。

(2) ヨーロッパ契約法原則

　ヨーロッパ原則は、契約上の義務に関する一般法に限定されており、特定のタイプの契約を取り扱っておらず、加盟国の法や国内法によってより適切に決定されるべき政策問題を引き起こすような、消費者契約のための特別の規定も定めていない。一方、ヨーロッパ原則は、商業的な関係に限定されているわけではなく、商人と消費者間の契約を含む契約に一般的に適用されることが意図されている。

　ヨーロッパ原則は、とりわけヨーロッパ内の国際取引に有用であるが、そのような取引に限定されるわけではなく、純粋に国内的な契約にも等しく適用することができる。

　ヨーロッパ契約法委員会は、ヨーロッパ原則に含まれるべき事項を決定するのに機能的なアプローチを採用した。すなわち、ヨーロッパ原則は、当該ルールがヨーロッパ原則の対象とする契約上の問題に密接に関係しているとき、いくつかの法システムにおいては不法行為法または原状回復法の一部を構成すると考えられるルールも包含する。例えば、「契約の成立」の第2章は、交渉のための責任を含むが、この責任はいくつかの法システムにおいては不法行為の一部を構成するものと考えられている。ヨーロッパ原則は契約の無効に対する取消の原状回復的な効果を規定する。すなわち、「有効性」に関する第4章において、取消とともに、いずれの当事者も、自ら受領したものを同時に返還することを条件に、契約の下で供給したものの返還を請求することができる。「不履行に対する特定の救済」に関する第9章においては、ヨーロッパ原則は、当事者が受領していない履行に対して、その当事者により支払われた金銭または譲渡された資産の返還を、そして受領されたが返還できない履行に対しては合理的な額の返還を規定している[5]。

　以上のようなヨーロッパ原則の対象範囲に関連して次のようにヨーロッパ原則が適用されるケースが提示されている。

　ヨーロッパ原則は、EUにおける契約法の一般原則として適用されることが意図されている（1:101条1項）。共同市場内の取引において、加盟国の契約法の一般原則が個人、組織、EUの機関や欧州裁判所（European Court of Justice）にと

って問題となる場合に、ヨーロッパ原則は、比較法的研究に基づいて注意深く作成されたルールのシステムを提供するといわれる[6]。

　ヨーロッパ原則は、当事者がそれを彼らの契約に織り込むことに合意したとき、あるいは彼らの契約がそれによって規律されることに合意したときに適用される（1:101条2項）。ヨーロッパ原則の選択は、異なる効果をもつ二つの異なる方法でなされる[7]。第一は、「本契約はヨーロッパ原則を契約の一部とする」[8]というような文言によるものである。このような文言は、ヨーロッパ原則を単に特定の契約の本体に織り込むにすぎず、当該契約は、強行法規を含む法廷地国の抵触法ルールに従って適用される国内法システムに服するにとどまる。第二は、「本契約は、ヨーロッパ原則に従う」[9]というような文言により当事者が合意するものである。このような文言は、当該契約に超国家的または無国家的な契約の性格を必ずしも与えるものではなく、ヨーロッパ原則は限定された範囲を対象とすることから、それによってカバーされない契約法の面は国内法の適用により決定されなければならないのである。

　ヨーロッパ原則は、当事者が契約は法の一般原則（general principles of law）、商慣習法（lex mercatoria）またはこれに類似するものにより規律されるべきことに合意したとき、あるいは彼らの契約を規律する法のシステムもしくはルールをなんら選択しなかったときに適用される（1:101条3項）。ヨーロッパ原則は、幅広い比較法的研究に基づき契約法の一般原則のよく吟味されたかつ特定の公式化を含んでいるので、当事者、裁判所または仲裁廷は、そのような文言をヨーロッパ原則に言及するものとして考慮するよう促される。また、裁判所および仲裁廷は、当事者がヨーロッパ原則を選択しなかったとしても、それを適用するよう促される。ヨーロッパ原則の適用を正当化する根拠が、ヨーロッパ原則により反映されている比較法的作業と国際的な議論の結果に存するからであり、国際契約の法的問題に対処するために、ヨーロッパ原則はいかなる国内契約法システムよりも適切なベースを提供することができるからである[10]。

　ヨーロッパ原則は、適用される法のシステムまたはルールがその解決方法を提供しない場合に提起される問題に対して解決方法を提供することができる（1:101条4項）。ヨーロッパ原則は、契約から生じる請求が、国内法システムの下では、例えば不実表示に対する請求のように、契約上というよりも不法行為

上（delictual）として特徴づけられるものであっても、そのような請求に対しても適用することができる。さらに、国内法システムが特定の問題の解決のためのルールを含んでいない場合に、裁判所や仲裁廷は、そのような空白を埋めるためにヨーロッパ原則を法源として利用するよう促されるのである[11]。

(3) 国際物品売買契約に関する国連条約

ウィーン条約は、物品売買の定義を積極的に定めていないが、消費者物品の売買は一般的にウィーン条約の範囲外とされ、また競売や法の強制による売却、流通証券、船舶、電気等も除外されている（2条）。さらに、買主が原材料の重要な部分を供給するような生産委託契約や物品とサービスが混合する契約でサービスの要素が顕著なものについては、ウィーン条約は適用されない（3条）。

ウィーン条約は、契約の成立（第二部）および当事者の義務（第三部）のみを対象とし、契約の有効性および売却された物品の権原に対する効果の問題は取り扱わない（4条）。したがって、錯誤、詐欺、強迫などによる契約の有効性ないし強制可能性（enforceability）の問題は、各国の裁判所が、法廷地の国際私法のルールを経て各国の国内法に従って決することになる。いいかえれば、契約の第二部は合意成立のメカニズムを対象としており、成立した契約の強制に対する抗弁（defense）の問題を取り扱わないのである[12]。

売買契約が売却された物品の権原に及ぼす効果については、例えば、買主が善意の買主（good faith purchaser）として債権者等の第三者が有する権利から遮断されるかどうかの問題や物品の所有権の移転時期の問題はウィーン条約の対象外となる。

ウィーン条約は、当該物品により引き起こされた人の死亡または人身傷害に対する売主の責任については適用されない（5条）。もっとも、買主の財産そのものに対する損害については除外されていないので、ウィーン条約に基づく契約上の救済として損害賠償請求の対象となりうる。不法行為としての製造物責任に対する損害賠償請求については、ウィーン条約の対象外である。

2 契約法の基本的概念

(1) ユニドロワ国際商事契約原則

　ユニドロワ原則を基礎づける基本的概念は、次のように挙げられる[13]。

　第一に、契約の自由。ユニドロワ原則の基礎にある最も基本的な概念の一つは契約の自由である（1.5条）。しかし、ユニドロワ原則においてさえも当事者の自治は、幅広いが無限ではない。まずなによりも同じ1.5条においてユニドロワ原則自身が、当事者の損じることのできない規定を設けている。ユニドロワ原則に含まれる強行規定に加えて、当事者は、国内的、国際的または超国家的な起源のものであれ、適用する強行法規により、個別の契約の内容を決定する自由を制限される。ユニドロワ原則自身もルールとしてそのような外部の強行法規によって取って代わられる（1.4条）。もっとも、各々のケースにおいてどの強行法規が適用されるかについてはなんらの言及もされていない。非常な議論の対象であるこの問題は、国によって異なるのみならず、国の裁判所または仲裁廷のいずれにより決定されるかによって左右され、国際私法のルールに委ねられてきた。

　第二に、慣習の受入れ。ユニドロワ原則のもう一つの本質的要素は、慣習の大いなる受入れである。その理由は、国境を越える取引の常に変化する技術的・経済的条件に絶えず適合するに十分な柔軟性を有する規定を提供しようとするユニドロワ原則の基本的な目的に存する。慣習による拘束についての一般的条項（1.9条）に加えて、慣習は、ユニドロワ原則に含まれるルールの可能な代替として明示または黙示に指示されるのがしばしばである[14]。また、慣習は、ユニドロワ原則によって採用された解決策を適格化するために言及される場合もある[15]。

　第三に、ユニドロワ原則を基礎づける基本的概念の一つは、契約の有効性維持の考え方である。それは、本来の取引を否認して別に市場のどこかで代替物品やサービスを探すよりも、契約の成立または履行の過程において生じる欠点

にもかかわらず、当該取引を生かしておくために可能なことをすべて行うことが当事者の利益に最もかなうという認識から生ずるものである[16]。

第四に、国際取引における信義誠実および公正取引。ユニドロワ原則において一般的に言明された信義誠実および公正取引の原則は、国境を越える取引において最大限に公正・衡平な条件を提供することを意図している（1.7条）。1.7条は、交渉の過程を含む契約の全期間を通じて、当事者の行動が信義誠実と公正取引に合致することを要求し、この点において大陸法制度に一般的に親しむアプローチに従っており、一般原則として信義誠実と公正取引を認めるときでさえもその適用を基本的に契約の履行面に限定するコモンロー法制度には必ずしも従っていない。

「信義誠実」ということによりなにが意味されるかについてはなんらの定義もないが、「公正取引」に連結されているということは、心の状態や単なる誠実に行動することのような主観的な意味ではなく、ユニドロワ原則の他のところで「商取引上の合理的基準（reasonable commercial standards of dealing）」[17]として言及されるものと同義のような客観的な意味において理解されるべきことを明らかにしている。

「国際取引における信義誠実および公正取引」への言及は、ユニドロワ原則の文脈においては、二つの概念が元来異なって適用される国内の法制度内の基準に従っては適用されるべきでないことを明確にしている。いいかえれば、そのような国内の基準は、さまざまな法制度内で一般的に受け入れられている程度においてのみ考慮されうるにすぎないのである。

第五に、不公正に対する抑制。実質的な有効性の問題を取り扱わない他の国際協定とは対照的に、ユニドロワ原則は国際取引のより現実的な評価へと踏み込み、手続的および実質的な不公正に対して契約またはその条項を抑制するさまざまな手段を提供している[18]。

契約の実質の監視に関しては、ユニドロワ原則は、実質的不公正を理由として契約条項または少なくとも定型条項に含まれる条項を削除することを認めるような一般的なルールまでは定めていない。しかし、ユニドロワ原則は、二つの特定のタイプの条項、免責条項（7.1.6条）および不履行の場合における固定額の支払を規定する条項（7.4.13条）に関しては直接的に介入している。最も

重要でかつ論争のある規定は、過大な不均衡に関する3.10条である。本条は、手続的および実質的不公正について、二つの面は異なるが、ほとんどの場合に相互に関係する問題として考慮しようとする国内法における顕著な傾向と一致するものである。

(2) ヨーロッパ契約法原則

　ユニドロワ原則との対比において、ヨーロッパ原則の基本的な概念は次のように挙げることができる。

　第一に、契約自由の原則。ヨーロッパ原則もまたユニドロワ原則と同様に契約自由の原則を謳い上げている。当事者が契約をつくり、当事者の欲する契約条項を定めることの自由は、すべてのEU加盟国において認識されている基本原則である。しかしながら、契約自由の原則は、次に述べる信義誠実と公正取引の原則に従い、強行法規により定められた範囲内においてのみ存在するとされる。当事者は相手方当事者にとって非良心的な（unconscionable）契約または契約条項を強制することはできない。とりわけ消費者のような契約における弱い当事者を保護するという法政策的観点から、制定法によって契約自由の原則に制限が課されている[19]。

　第二に、慣習と慣行。ヨーロッパ原則も慣習と慣行の法的拘束性を明確に認めている。契約当事者は、明示または黙示に合意した慣習に拘束されることはもちろんのこと、合意がなくても、契約当事者と同じ立場にある者により一般的に適用されるものと考えられる慣習によっても拘束される。もっとも、その慣習が不合理で、契約の明示の条項に反する場合には適用されない。慣習とは、当該取引（trade）に従事する者により一定期間一般的に採用されてきた取引の経過（course of dealing）または行動の経路（line of conduct）であるとされており、ユニドロワ原則のような国際取引における慣習に限定されていない。契約当事者はまた、彼ら自身の間で確立された慣行に拘束される。慣行は、当事者間における特定の取引に対するこれまでの一連の行為の結果として生じるものであり、彼らの行為が共通の理解とみなしうるに至った時に確立されたものとなる[20]。

　第三に、信義誠実と公正取引。信義誠実と公正取引は、ヨーロッパ原則全体

を規律する基本原則であり、契約の成立、当事者の義務の履行と強制において要求され、当事者の権利の行使においても等しく要求される。とりわけこのルールの適用は、契約を完全に履行するように協力する義務（1:202条）、相手方当事者と合意に達する真の意図なくして契約を交渉しない当事者の義務（2:301条）、交渉の過程において相手方当事者により与えられた秘密情報を開示しない義務（2:302条）、相手方当事者の依存、経済的困窮やその他の弱さを不当に利用しない義務（4:109条）のようなヨーロッパ原則の特定の規定に見受けられる。信義誠実と公正取引はまた、黙示の契約条項が決定されるべき際の重要な要素である（6:102条）[21]。

　第四に、不公正に対する抑制。ヨーロッパ原則は、ユニドロワ原則とは異なりその対象範囲に消費者取引を含むがゆえに、上述したように契約における弱者保護に力点を置いている。当事者が相手方当事者に対する依存や信頼関係、経済的困窮、緊急の必要性、無思慮、無経験や取引能力の欠如の状況にあるとき（4:109条）のみならず、個別に交渉されていない条項が当事者の権利義務に重大な不均衡をもたらすようなときにも（4:110条）、当事者は契約を取り消すことができる。また、詐欺、強迫および過剰なまたは不公正な利益収奪に対する救済ならびに個別に交渉されていない不公正な条項の取消権は排除または制限することができないとされ（4:118条）、不履行に対する救済の排除または制限は、信義誠実と公正取引に反しない限りで認められる（8:109条）。このように契約ないし取引関係における不公正に対する抑制策は、ヨーロッパ原則の方がユニドロワ原則よりも広範なものとなっている。

3　当事者間の基本的契約関係

(1) 契約の自由

　ユニドロワ原則1.1条によれば、契約当事者は、自由に契約を締結し、その内容を自由に決定できる[22]。契約自由の原則は、国際取引において最も重要な原則であり、開かれた市場における競争的国際経済秩序を前提とした万国共通の

原則といえる。もっとも、国家が公共の利益の観点から自由な競争を排除することを決定する経済領域が存在することはいうまでもない[23]。また、ユニドロワ原則自身も当事者が排除できない規定を定めており、次に述べるように国家が制定する強行法規はユニドロワ原則における規定に優先する。すなわち、契約の自由は、第一に、国内的であれ国際的であれ、適用される強行法規、第二に、信義誠実に行動する義務、第三に、慣習と慣行によって制限を受ける。さらに、ユニドロワ原則2.1.15条は、当事者による契約の自由を交渉段階に及ぼして当事者は自由に交渉することができ、合意に達するまでの責任を負わないが、同時に不誠実に行動する当事者を罰することによりその自由を制限している。

　上述したようにヨーロッパ原則においても契約自由の原則は謳われているが、当事者は、信義誠実と公正取引およびヨーロッパ原則により確立された強行規定に従って、自由に契約を締結し、その内容を自由に決定することができると明言する（1:102条1項）。つまり、契約自由の原則は、第一に、信義誠実と公正取引の原則、第二に、ヨーロッパ原則により規定された強行規定、第三に、契約に適用される準拠法の強行法規によって制限されるのである[24]。

　ユニドロワ原則およびヨーロッパ原則[25]は契約の自由を確認しているが、とりわけ不当な影響や不公正な契約条項における弱者である当事者の保護を規定することによって、契約の自由に対する制限も課している。しかしながら、ユニドロワ原則は商事契約のみを対象としており、消費者契約には適用されない。一方、ヨーロッパ原則は、商人と消費者間の契約を含む契約に一般的に適用されることが意図されているものの、EU法やEU各国法によってより適切に決定される政策問題を惹起するような消費者契約については特別の規定を設けていない[26]。

　ユニドロワ原則1.2条によれば、契約の締結またはその証拠は書面によることを必要とせず、証人を含むいかなる方法によっても証明することができる。契約方式の自由もまた、国際取引における基本的な原則であり、本条は司法手続における口頭証拠を認めている。しかし、方式の自由も準拠法に基づく強行法規の特別の要求に従うことが求められるのはいうまでもない。1.2条の柔軟な表現は、EDIやe-mailによる意思表明の交換のような証明方法およびその他契約が電子的に締結された証明方法としてコンピュータ・メッセージを用いること

を可能としている[27]。

　ユニドロワ原則は、ユニドロワ原則の使用者が各国の国内においてではなく、国際取引における参加者であることから、いくつかの国において定められる書面性の要求は満たす必要がないものと考えている[28]。

　ウィーン条約においても、売買契約は、書面により締結または立証されることを要せず、また方式についてその他のいかなる要件にも服さない。売買契約は、証人を含むいかなる方法によっても証明することができる（11条）。契約の変更については、当事者の合意のみで可能である（29条1項）。

　ところが、ウィーン条約は、96条に基づく留保宣言をした締約国にいずれかの当事者が営業所をもつ場合には、11条および29条1項の適用が制限され、有効な契約に必要な要件として書面を要求することを許容している（12条）。96条は、締約国としての条約上の義務の調整を行う国際法上の規定であるが、売買契約の締結または立証が書面によりなされることが制定法上要求される締約国は、契約に書面性を要求する旨の留保を宣言することができるのである（96条）。

(2) 契約の排除と強行法規

　ユニドロワ原則はその効力を当事者の合意に依拠しているので、次のような二つの前提が正当化される。すなわち、①ユニドロワ原則におけるルールのいかなるものも強行的なものではない。②ユニドロワ原則は強行法規を変更することはできない。

　前者に関しては、当事者はユニドロワ原則を自由に排除または変更することができるという意味であり、契約の自由の原則により確認される前提である。しかし、以下に述べるように、ユニドロワ原則は、当事者がユニドロワ原則を排除または変更することができるという一般原則を「ユニドロワ原則において別段の定めがある場合」という例外に従わせることにより、前者の前提を条件づけている。任意規定というより強行的であるこれらの例外ルールには、信義誠実と公正取引、過大な不均衡などが含まれる。

　また、後者の前提は、当事者が準拠国内法の強行法規を変更または排除することができないことを意味する。さらに、ユニドロワ原則は、書面の要求[29]、

契約の変更に対する要求[30]、特定履行の適用可能性[31] および特定された賠償額の条項の強制可能性[32] について例外を設けること企図しているが、これらの例外は、当事者は合意により変更することはできないというコモンローの強行規定をユニドロワ原則が変更するという結果を意味することになる[33]。

(a) 契約の拘束性

ユニドロワ原則1.3条によれば、有効に締結された契約は当事者を拘束する。契約は、その条項もしくは合意に従う場合、またはユニドロワ原則において別段の定めがある場合に限り、変更または解消することができる。本条は、約束は守られなければならないという原則を前提としている。もっとも、当事者間における契約の拘束という原則を述べているだけであり、本条では、当該契約が準拠法の下における第三者に対して有する効果を害する意図はなく、同様に当該契約の取消や解消の第三者の権利に対する効果の問題は取り扱っていない[34]。

(b) 強行法規

ユニドロワ原則1.4条によれば、ユニドロワ原則は、国際私法のルールに従って適用される強行法規（mandatory rules）が、国内的、国際的または超国家的規定のいずれに由来するものであれ、その適用を制限するものではない。当事者がユニドロワ原則を当該契約に織り込むことのみを合意している場合には、準拠法の規定に影響しない限りでのみユニドロワ原則は当事者を拘束し、そしてさらに法廷地または第三国の強行法規がユニドロワ原則に優先するのである。当該契約の仲裁条項に従いユニドロワ原則が準拠法として適用される場合には、ユニドロワ原則は強行法規の適用を害することはできない。このような強行法規」として、例えば、外国為替規則、輸出入許可（6.1.14-6.1.17条）や制限的取引慣行に関する規則等が挙げられる。もっとも、どの程度、そしてどのような基準で強行法規を当該国際商事契約に適用するかを決定する問題は、個別のケースにおいて適切な国際私法のルールに従って解決される[35]。

ヨーロッパ原則もユニドロワ原則と同様の規定を設けている。準拠法が認める場合には、当事者は、彼らの契約をヨーロッパ原則により規律させることを選ぶことができ、その結果国内の強行法規は適用されない。それにもかかわら

ず、国際私法のルールによれば契約の準拠法とかかわりなく適用される、国内、超国家および国際法の強行法規に効力が与えられるべきである（1:103条）。すなわち、当事者間の紛争が提訴された法廷地の法選択規定により決定された準拠法によって認められるならば、当事者は、ヨーロッパ原則があたかも法システムであるかのように、彼らの紛争をヨーロッパ原則により規律させることを選ぶことができる。その結果、ヨーロッパ原則の強行規定および任意規定は、1:103条に従いつつ、ヨーロッパ原則がカバーする、あるいはその範囲内にある問題を規律するのである[36]。

　ユニドロワ原則に比べてヨーロッパ原則の方が、EUにおける各国内法の存在に対して将来の立法化を意識しているからであろうか、その適用をより強く打ち出すような文言になっている。

　（c）当事者による排除・変更
　ユニドロワ原則1.5条によれば、当事者は、別段の定めがない限り、ユニドロワ原則の適用を排除し、またはそのいずれの規定の効果も排除もしくは変更することができる。ユニドロワ原則の規定は、一般的に任意的な性格のものであって、当事者は、個々のケースにおいて当該取引の特定の必要性に適応させてユニドロワ原則のすべてもしくは一部の適用を排除または変更することができる。ただし、ユニドロワ原則の中には強行的な性格のものがあり、当事者は望むままにそれらを排除することは許されない。そのような強行規定は、通常は強行的なものとして明示されており、例えば、信義誠実と公正取引（1.7条）、実質的な有効性に関する規定、価格の決定（5.1.7条2項）や不履行に対する支払の合意（7.4.13条2項）等である。さらには、規定の強行的性格は、例えば、免責条項（7.1.6条）のような規定自身の内容や目的から由来するものがある。

　ウィーン条約においても、当事者は、ウィーン条約の適用を排除または12条（書面性の例外的要求）に従って、その規定の効果を減じもしくは変更することができる（6条）。当事者は、各国国内法が許容する契約自由の範囲内で合意により、当該契約をウィーン条約の規定に従わせることもできるし、ウィーン条約を準拠法として選択した当事者がそれを補足するものとして国内法の契約のルールの一部を合意により当該契約に織り込むこともできる。

(3) 原則の解釈と補充

　ユニドロワ原則 1.6 条によれば、ユニドロワ原則の解釈にあたっては、その国際的な性格 (international character) やその適用における統一を促進する必要性を含むその目的が考慮されなければならない。ユニドロワ原則の範囲内ではあるが、この原則によって明示的に解決されていない問題 (issues) は、できる限りこれらの原則の基礎にある一般原則 (general principles) に従って解決されなければならない。国際性に対する配慮ということは、ユニドロワ原則の条項や概念が自己完結的に、つまりそれ自身の内容によって、かつ特定の国内法によって伝統的に解される意味を参照することなく、解釈されるべきことを意味している。また、「目的」に対する配慮ということは、ユニドロワ原則が厳格な文字通りの意味で解釈されるべきでなく、ユニドロワ原則全体と同じく個々の規定の基礎にある目的と理論的根拠に照らして解釈されるべきことを明らかにしている[37]。

　ユニドロワ原則の適用における統一性の必要ということは、適用において相違が生じたとき、その解決策は国内法に頼る前にユニドロワ原則自身のシステム内で見いだされるべきことを意味している。そのための第一歩は、特定の条項の類推適用によって未解決の問題を解決することである。これによって解決できない場合には、特定の規定の基礎にある一般原則、つまりその一般的性格からより幅広い規模で適用されうる原則にその解決策を見いだすことである[38]。もっとも、当事者は、ユニドロワ原則を補充するために特定の国内法について合意することも理論的に可能である。

　ヨーロッパ原則においても同様の規定が設けられているが、適用の統一性を含めてより包括的な解釈および補充の理念が表明されている。本原則はその目的に従って解釈され発展させなければならない。とりわけ、信義誠実と公正取引、契約関係における確実さおよび適用の統一を促進する必要性が考慮されねばならない。ヨーロッパ原則の範囲内にあるがそれによって明示に解決されない問題は、できる限り本原則の基礎にある理念に従って解決されるべきである。それができないときには、国際私法の規則によって適用される法システムが適用されるべきである（1:106 条）。

ウィーン条約においてもその解釈における国際性や適用の統一性に関して、ユニドロワ原則と同様の規定が定められている。ウィーン条約の解釈にあたっては、その国際的性格ならびにその適用における統一性および国際貿易における信義誠実の遵守を促進する必要性が考慮されるべきである。ウィーン条約により規律される事項で、ウィーン条約中に解決方法が明示されていない問題については、ウィーン条約の基礎にある一般原則に従い、またかかる原則がない場合には、国際私法のルールにより適用される法に従って解釈されるべきである（7条）。締約国の裁判所は、ウィーン条約の解釈についてそれ自身の主観的な見解にのみ依拠することはできない。国際的な解釈の統一を促進するために、ウィーン条約に関する締約国の裁判所の判例集が公刊されている[39]。

(4) 信義誠実と公正取引

信義誠実の概念は、とりわけ大陸法の法制度の共通の核心に属し、そしてアメリカのUCCおよびリステイトメント（Restatement 2nd of Contracts）やオーストラリアのような他のコモンロー制度によっても認識されている。一方、イギリスの裁判所は信義誠実の一般原則を拒否してきたが、その理由は、裁判所が個別のケースにおいて信義誠実の原則を契約の黙示の条項として適用し、それによって契約の履行における信義誠実の原則の存在を間接的に認識してきたからといわれる[40]。信義誠実の原則は、純粋にドグマ的なものよりも実践的なものを常に支持してきた、ユニドロワ作業部会の基本的な起草のアプローチの典型であるということができる[41]。

信義誠実の概念は大陸契約法において重要な役割を果たしている。大陸法にとって信義誠実は、比較しうるUCC1-203条が契約の履行において信義誠実を要求しているものよりもはるかに広い領域をカバーする幅広い概念である。上述のようにイギリス法は、大陸法とは反対に位置し、信義誠実の義務を一般的に認識することを拒否する。国連商取引法委員会（UNCITRAL）のコモンローの法律家は、信義誠実な履行という漠然とした拡張的な大陸法の概念を懸念して、ウィーン条約において信義誠実な履行を要求する規定を設けることを拒否した。一方、大陸法の法律家はそのような規定を設けることを主張した。その結果ウィーン条約7条1項は、本条約の解釈において、国際貿易における信義

の遵守を促進する必要性が考慮されるべきであると規定する。コモンローの法律家によれば、条約の解釈についてのみ述べているのであるから、契約当事者に信義誠実の義務を負わせることはできない無害の妥協であったとされ、大陸法の法律家によれば、大陸法系の裁判官や仲裁人が契約当事者に信義誠実の義務を負わせることができるようにするトロイの木馬であるとされる。ユニドロワ原則においては、このような妥協はないので、大陸法の法律家が明白な勝利を勝ち取ったことになる[42]。

ユニドロワ原則において、各当事者は、国際取引における信義誠実（good faith）および公正取引（fair dealing）の原則に従って行動しなければならない。当事者は、この義務を排除または制限することはできない（1.7条）。信義誠実の概念は、国際取引における公正取引の概念とともに用いられている。これは、当事者の行動が両者もしくは複数の契約関係の主観的な基準やそれぞれの国内法制度の基準に従って評価されるのではなく、国際取引のビジネスパーソンの間で見いだされる客観的な基準、つまり市場における公正さの基準に従って評価されるべきことを明らかにするためである。

ユニドロワ原則1.7条は、その一般的かつ漠然とした性格にもかかわらず、国際契約法のいわばマグナカルタ（Magna Charta）として特徴づけることができると考えられる。信義誠実と公正取引の原則は、ユニドロワ原則の解釈および一般的に超国家的契約法において中心的な機能を果たしており、本条は、ユニドロワ原則に特定の規定がない場合でも、当事者の行動が契約の一生を通して、国際ビジネス界において一般的に受け入れられる一定の要求を満たさなければならないことを明らかにしているのである[43]。

すなわち、当事者の行動は、申込前の当初の交渉の段階、契約の締結に至る申込と承諾の交換という契約成立の段階および契約履行の段階を含む契約の一生を通して信義誠実と公正な取引の原則に合致しなければならない。「国際取引における信義誠実と公正取引」という表現は、二つの概念が異なる国内法制度の中で通常採用される基準に従って適用されるべきではなく、両者は国際取引の特別な状況に照らして解釈されねばならないことを明らかにしている。ビジネスの慣行の基準は、取引分野によって実際に大きく変わるものであり、一定の取引分野においてさえも、企業が活動する社会経済的環境、その規模や技術

等によってより厳しくもなり、あるいは厳しくなくなることもある[44]。信義誠実と公正取引という当事者の義務は基本的なものであって、本条は当事者が合意によってそれを排除または制限することのできない強行規定である。

　国際契約における信義誠実の原則の適用は、多くの満足すべき結果をもたらした。しかしながら、この原則は適切な抑制をもって適用されなければならないと考えられる。国際商業の分野においては、契約当事者は、彼らの契約関係の条件を自ら決定することができるのが通常である。したがって、当事者は自ら選択した条件を信頼することができる。契約の性質と目的およびその他の関係する状況を考慮して、そのような信頼が明らかに不合理な結果に至る場合にのみ、裁判所または仲裁人は、合意の条件を補充、変更もしくは制限するために介入すべきである。そのような介入は、稀ではあるが不可能であってはならないと考えられる。

　ヨーロッパ原則においてもユニドロワ原則と同じ文言による表現で信義誠実と公正取引の原則が基本原則として規定されている（1:201条）。賃貸借契約、保険契約、代理およびディストリビューターシップ契約、パートナーシップおよび雇用契約のような長期間継続する関係においては、信義誠実の概念は、とりわけ当事者の行動のガイドラインとして重要とされる[45]。

　信義誠実と公正取引の原則は、すべてのEU加盟国において契約上の行動のガイドラインとして認識されている、あるいは少なくともそれに従って行動しているようにみえる。しかしながら、本原則の浸透がどの程度広くかつ強力であるかについては法制度間に相当な差があるといわれる。一方には、ドイツのように、本原則が契約法およびその他の法に革命を起こし、その制度のスタイルに特別の特徴を加えている法制度がある。他方には、信義誠実に従うという当事者の一般的義務を認識してはいないが、イギリスやアイルランドのように、他の法制度が、特別の規則によって、信義誠実の原則により到達した結果を実現するような場合が多くのケースにおいて見受けられる。これら以外の法制度は、このような二つの反対の制度の間に分布しており、信義誠実と公正取引の原則を一般原則として認識するが、ドイツ法と同じような契約法への浸透の程度にまでは至っていない[46]。このような状況下にかかわらず、ヨーロッパ原則は、信義誠実と公正取引の原則を契約法の一般的かつ指導的原則として位置づ

けたのである。

　上述したところから、信義誠実と公正取引の概念は、両原則において同様の役割と機能を有していると一般的にいうことができる。もっとも、この概念に関連する条文の展開をそれぞれみると、ヨーロッパ原則の方が、ユニドロワ原則に比べて、形式的にはより包括的であるような印象を受ける。つまり、この概念が、ヨーロッパ原則により創造されたシステムの中により入り込んでいるようにもみえる。例えば、ヨーロッパ原則1:106条1項によれば、ヨーロッパ原則の解釈と発展において、とりわけ信義誠実と公正取引を推進する必要性が考慮されなければならない。両当事者は、その適用が不合理である慣習によっては拘束されない（1:105条2項）。各当事者は、契約に完全な効果を与えるために協力する義務を相手方に対して負っている（1:202条）。そして、ヨーロッパ原則では、合理性の基準に言及する場合が多いが、その定義規定が定められ（1:302条）、信義誠実の概念に結びつけられている。

　ユニドロワ原則においても信義誠実と公正取引は、当該原則全体を支配する基本原則と位置づけられており、適用面において実質的な差異はないと考えられる。

　また、ヨーロッパ原則には規定が見受けられないが、ユニドロワ原則では、当事者は、相手方当事者に生じさせた理解（understanding）であって、その相手方が合理的に信頼して行動した理解に矛盾して（inconsistently）、相手方に損害を与えるような行動をすることはできないと規定する（1.8条）。本条も、信義誠実および公正取引の原則の一般的適用である。

　一方、ウィーン条約の解釈にあたっては、国際貿易における信義誠実の遵守を促進する必要性が考慮されるべきとされている（7条1項）にすぎず、ウィーン条約においては、その役割は実質的にも限定されているようにみえる。もっとも、信義誠実に基づく解釈は、ウィーン条約の一般原則の推論と連結しており、契約当事者に対して信義誠実による行動を要求することは、ウィーン条約が基礎とする一般原則の一つであるということはできるが[47]、ユニドロワ原則やヨーロッパ原則に比べて、信義誠実の国際取引における基本原則としての位置づけが不十分であることは否めない。

[解説例]
(a) 特殊な生産系列の供給・据付契約において、売手Aは買手Bに Aが開発した改良技術を伝達する義務を負っていた。1年後、Bは未だ知らされていない重要な改良技術を聞き知った。この場合Aは、そのような特定タイプの生産系列の製造がもはやAの責任ではなく、Aの100％子会社Cの責任であるという事実によって免責されることはない。

Aが、そのBに対する契約責任を逃れようとしてこのような製造を引き継ぐためにとくに設立したCの分離した人格を主張することは信義誠実の原則に反する[48]。

本ケースは、Aが子会社Cに当該改良技術を製造設備とともに譲渡したという前提と考えられるが、単にライセンスを許諾したにとどまるときは、AはBに対する責任を免れることはできない。また、AとC間の親子関係いかんであるが、Cの法人格が否認される可能性もありうる。

(b) ハイテク機器の販売契約において、買手が、欠陥を発見した後または発見すべきであった後不当に遅延することなく、欠陥の性質を特定する通知を売手にしないときには、買手は機器の欠陥に基づく権利を喪失することになっている。そのような機器が一般に使用されている国において事業を経営している買手Aは、その機器を運転した後欠陥を発見したが、当該機器の売手Bへの通知において、当該欠陥の性質について誤った表示をなした。この場合、欠陥についてより注意深い検査が行われたならばBに必要な規格を通知することができたであろうということから、Aは欠陥に基づく権利を喪失することになる。

しかし、このタイプの機器がそれまでまったく知られていない国においてAが事業を経営している場合には、Aは欠陥に基づく権利を喪失することはないと考えられる。Bは、Aの技術的知識の欠如を知っており、Aが欠陥の性質を適切に特定することを合理的に期待することができなかったからである[49]。

本ケースは、信義誠実と公正取引が国際取引の特別な条件に照らして解釈される必要があることを物語っている。ビジネスの基準は、取引分野毎に相当に変化しうるが、同じ分野内においても、その基準の厳しさの程度は、当該企業が活動する社会経済環境、その規模や技術的レベルいかんによっているのである。

(c) 1945年、Y国の自動車メーカーAは、BをX国における自動車の独占的ディストリビューターに指名した。このディストリビューターシップ契約は、1946年1月

1日に発効し、1年間有効である。契約によれば、Aは、そうする義務はないけれども、Aが契約を更新することを望まなければ、Bに1カ月前の通知を与えることができる。このような条件で1年契約は、それ以後毎年Aよりオファーされ、Bにより署名された。

Aは、1999年の契約を更新することを望まず、1998年11月30日にBにその旨知らせた。当事者間の契約関係が51年間継続したことに鑑み、Bは、契約における通知条項にかかわらず、このような環境においては通知があまりにも短期間であることから、Aに対して損害賠償を請求することができる[50]。

本ケースにおける短期の1年契約の更新という形式は、51年間という長き過去の取引の経過からして、長期継続契約というのが実体であった。このような長期契約においては1カ月前という解消通知は、合理的な通知とは考えられないのである。

[仲裁例]
フランスの会社（申立人）と日本の会社（被申立人）は、申立人が被申立人の製品をヨーロッパで製造・販売する独占的ライセンスを許諾されたライセンス契約を締結した。その後、被申立人は、アメリカの会社とライセンス契約を締結し、北アメリカ市場に対する独占的ライセンスおよび他の国に対する非独占的ライセンスを許諾した。申立人によれば、被申立人はヨーロッパをライセンスの対象地域から明示的に除外しないことにより、申立人との契約に違反したとの主張である[51]。

仲裁廷は、申立人に有利な裁定を下したが、その結論は、当該ライセンス契約の注意深い解釈に基づくものであり、ユニドロワ原則4.1、4.3および4.4条に依拠するものであった。しかも仲裁廷は、その裁定を擁護するために、ユニドロワ原則1.7条およびそこに規定された国際取引における信義誠実と公正取引の一般原則を引き合いに出した。つまり、当該ライセンス契約が直接的に行うことを妨げているものを間接的に行うことはこの原則に反することとされたのである。

申立人はヨーロッパにおける製造・販売の独占的ライセンスを許諾されているのであるから、ライセンサーである被申立人が「その他の国」にヨーロッパを含めてアメリカの会社に非独占的ライセンスを許諾することは通常ありえない。も

> し意図してそうしたとすれば申立人に対して契約違反の責任が生じるとの判断である。仲裁廷が、当事者の意図（4.1条）、当事者の言明やその他の行為の解釈（4.2条）および考慮すべき事情（4.3条）を考慮してライセンス契約の条項を解釈し、さらに信義誠実と公正取引によりその解釈を強化したことはきわめて妥当と考えられる。

(5) 慣習と慣行

ユニドロワ原則1.9条によれば、当事者は合意した慣習（usage）および当事者間で確立した慣行（practices）に拘束される（1項）。当事者は、当該特定の取引分野における者に広く知られ、かつ国際取引において通常遵守されている慣習に拘束される。ただし、その慣習を適用することが不合理な場合にはこの限りでない（2項）。

国際取引において適用される慣習はこのように広く知られ、かつ遵守されていることが必要であるが[52]、当事者は、いずれの当事者も属していない取引分野内で発展してきた慣習や異なるタイプの契約に関する慣習を含む、いかなる慣習の適用にも合意することができる。「国際取引における」という文言は、国内取引のために発展してきた慣習や国内取引に限定された慣習を避ける意図であるが、きわめて例外的には純粋に地方的、国内的な由来の慣習が適用されることがある[53]。

慣習および慣行は、それらが一定のケースにおいて適用されたならば、ユニドロワ原則に含まれるそれらと抵触する規定に優先する。慣習と慣行は、契約全体の黙示の条項または当事者の一方の側における言明もしくはその他行為の黙示の条項として当事者を拘束するからである。もっとも、強行的性格であると表明されたユニドロワ原則の条項は例外的に慣習と慣行に優先することはいうまでもない[54]。

本条の原則は、国際商業分野において広く受け入れられている原則である。国際協定は、合意された慣習、当事者間で確立した慣行および国際慣習に対して重要な役割を与えている。これら三つは、一つの共通の効果を有しており、当事者の言明や行動の解釈に対するガイドとして資することはさておき、契約

当事者自身を拘束するのである。

　一方、ウィーン条約によれば、当事者は、合意している慣習および当事者間で確立させている慣行に拘束される。当事者は、暗黙のうちに、両当事者が知りまたは知るべきであった慣習で、国際貿易において関連する特定の取引分野で同じ種類の契約の当事者により広く知られ、かつ通常一般に遵守されているものを、当事者間の契約またはその成立に適用したものとみなされる（9条）。

　ユニドロワ原則1.9条はこのようなウィーン条約9条に由来するが、ウィーン条約9条に比し賢明な改善が見受けられる。それは、「当事者が知りまたは知るべきであった慣習」という要件を抑制し、さらに国際慣習の適用は契約におけるその黙示の挿入から引き出されるとする推定を抑制することによって、慣習を国際的にかつ全面的に認識したことである。ウィーン条約9条による国際慣習の認識はその黙示の適用により漠然としているが、ユニドロワ原則1.9条はさらなる条件なくして明白に国際慣習を認識するものである[55]。

　ヨーロッパ原則においても同様の規定が設けられている。当事者は合意した慣習および当事者間で確立した慣行により拘束される。当事者は、当事者と同じ状況にある者により一般的に適用されていると考えられる慣習に拘束される。ただし、慣習の適用が不合理な場合はこの限りではない（1:105条）。明文化されていないが、慣習および慣行は、当該契約や特定の問題に適用される準拠法の強行規定に違反しない限りにおいて有効であることが含蓄されている[56]。また、当事者間の慣行と合意されていない慣習の間に抵触がある場合には、慣行が優先する[57]。

　慣習は、十分に確立されかつ当事者と同じ状況にある者が適用されると考えるような、取引に従事する者の間で一般的に適用されるものでなければならない。当事者は、すべての取引またはいくつかの取引に適用される慣習、そして特定の取引にのみ適用される慣習により拘束されることになる。さらに、ヨーロッパ原則1:105条は、地方的、国内的および国際的な慣習に適用される。慣習は、それが世界の取引に適用される意味においてあるいは二つの異なる国に営業所を有する当事者間の契約の下で二つの国に適用される意味において国際的になりうるのである[58]。

　ユニドロワ原則においては、上述のように「国際的な慣習」であることが強

調されて明文化されているが、ヨーロッパ原則においては、EU内において適用されることを当然の前提としていることから、そのような限定的表現はとられていない。このような慣習の基準の採用においては、ヨーロッパ原則は、ユニドロワ原則よりも包括的であるということができる。

(6) 定義

① 通知

ユニドロワ原則（1.10条）によれば、通知（notice）が必要な場合、それは、状況に適切ないかなる手段によっても行うことができる（1項）[59]。通知はそれが向けられた者に到達した時に効力を生ずる（2項）。通知は、その者に口頭で伝えられた時またはその者の営業所もしくは郵送先住所に配達された時に到達する（3項）。本条における通知とは、表示、要求、要請またはその他意思の伝達を含む（4項）。本条は、いわゆる到達主義（receipt principle）を採用するが、当事者は発信主義（dispatch principle）を明示の合意によって規定することができる。

これに対し、ヨーロッパ原則は、到達主義と発信主義の中間的な解決策をとっている。すなわち、到達主義は、契約の成立における申込と承諾に適用されるが、発信主義が、相手方当事者の不履行に対する通知には好ましいとされる。

すなわち、ヨーロッパ原則は、上記のユニドロワ原則と同様の文言により到達主義を原則とするが、不履行の場合の発信主義に関して次のような内容を加える。一方の当事者が、相手方の不履行またはそのような不履行が合理的に予期されるがゆえに、相手方に通知を与え、かつその通知が適切に発信ないし与えられるときには、通知の伝達における遅滞や不正確または不到達は、通知の効力が生ずることを妨げない。通知は、通常の環境において到達したであろう時から効力を生ずる（1:303条4項）。

通知の効力発生は到達主義が原則であるけれども、ヨーロッパ原則が描いている、一方の当事者が相手方に通知を与える状況の多くは、通知の相手方が不履行であるか、あるいは不履行になりそうな状況である。したがって、メッセージ伝達における喪失、錯誤や遅滞のリスクを被害当事者よりも不履行当事者に負わせることが当事者間に適切なバランスをとることとなる[60]。

一方、ウィーン条約は、契約の成立に関しては、申込は被申込者に到達した時にその効力を生じ（15条1項）、申込に対する承諾は同意の意思表示が申込者に到達した時に効力を生ずる（18条2項）として、到達主義をとるが、ウィーン条約第3部「物品売買における両当事者の権利義務」に関する通知については、27条（通信伝達上のリスクの配分）[61]に従い、発信主義を採用する。ヨーロッパ原則は、さらにその発信主義の適用を相手方当事者の不履行の場合に限定したものである。

当事者間の利益保護とバランスを考慮すると、到達主義を原則としながらも、限定された発信主義を採用するヨーロッパ原則がより合理的であるように考えられる。

② 裁判所

ユニドロワ原則において、「裁判所（court）」とは、仲裁廷（arbitral tribunal）を含む（1.11条）。ヨーロッパ原則も同様の定義を設けている（1:301条2項）。

③ 合理性

ヨーロッパ原則の下において「合理性（reasonableness）」は、信義誠実にかつ当事者と同じ状況において行動する者が合理的であると考えるものを基準として判断されるべきである。とりわけ、なにが合理的であるかを評価するに際しては、当該ケースの性質と目的、事案の環境および当該取引ないし職業の慣習と慣行が考慮されるべきである（1:302条）。

いずれの原則においても「合理的な」という言葉が客観的な基準にかかわるものとしてしばしば用いられている。ヨーロッパ原則のように、この「合理性」について一般的な定義を定めておくのが望ましい。

④ 営業所

ユニドロワ原則によれば、当事者が二つ以上の営業所（place of business）を有する場合、当該「営業所」とは、契約の締結時前もしくは締結時に当事者に知られまたは予期されていた状況を考慮して、契約およびその履行と最も密接な関係を有する営業所である（1.11条）。本条は、ウィーン条約10条（営業所）に由来する。

ユニドロワ原則には、上述の定義以外に、「債務者」、「債権者」および「書面」に関する定義[62]が規定されている（1.11条）。

ヨーロッパ原則は、上述の定義以外に、「行為」、「意図的」、「重大な」および「書面」に関する定義（1:301条）、ならびに「時間の算定」（1:304条）および「知および意図の擬制による帰責」（1:305条）の定義を設けている。

4 契約の解釈

(1) 当事者の意思と行為

ユニドロワ原則4.1条によれば、契約は両当事者の共通の意思（common intention）に従って解釈されるべきである。そのような意思を証明することができない場合には、契約は、両当事者と同じ部類に属する合理的な者（reasonable persons）が同じ状況の下でそれに与えるであろう意味に従って解釈されるべきである。

本条は、まず、契約条項に付される意味を決定する主観的なテストを規定するが、このテストの実際的な重要性については過大に評価するべきではないと考えられる。なぜなら、商事契約の当事者は、通常その契約に付される意味とまったく異なる意味で言語を用いることはないけれども、一度紛争が生じると、当事者の一方が共通の意思であったと主張する特定の意味が相手方によっても実際に共有されていたと証明することはきわめて困難だからである。次に、合理性のテストは、一般的かつ抽象的な合理性の基準ではなく、両当事者と同じ言語上の知識、技術やビジネスの知見等を有する者に合理的に期待されうる理解が基準とされる[63]。

ところで、定型条項（standard terms）が用いられる場合には、上記いずれのテストも適切ではなく、もっぱらそれら定型条項の平均的使用者の合理的な期待に従って解釈されるべきである[64]。

ヨーロッパ原則もユニドロワ原則と同様の規定を定めているが、解釈の一般ルールとして位置づけている。契約は、両当事者の共通の意思が語句の文字どおりの意味と異なっていても、その共通の意思に従って解釈されるべきである。一方の当事者が、契約が特定の意味を有するよう意図し、契約締結時に相手方

当事者がその当事者の意思に気づかないはずはなかったことが証明されたときには、契約はその当事者により意図されたように解釈されるべきである。意思が上記に従って証明されえない場合には、契約は、両当事者と同じ部類に属する合理的な者が同じ状況の下でそれに与えたであろう意味に従って解釈されるべきである（5:101条）。ヨーロッパ原則によれば、裁判官は、契約の語句よりも両当事者の意思が効力を生ずるよう解釈するべきである。つまり、書かれた語句と共通の意思の間に抵触がある場合、優先するのは後者とされる[65]。

　ユニドロワ原則によれば、当事者の言明（statements）およびその他の行為は、相手方がその意思を知りまたは知らないことはありえなかった場合には、その意思に従って解釈されるべきである。上記が適用できない場合には、そのような言明その他の行為は、相手方と同じ部類に属する合理的な者が同じ状況の下でその契約に与えたであろう意味に従って解釈されるべきである（4.2条）。当事者の一方の言明や行為については、契約成立の過程で契約が締結されたかどうか、その行為等の正確な法的意味を確定することが必要となるが、契約成立後も解釈の問題を生ずるような一方当事者の行為がなされることがある。

　本条は、ウィーン条約8条（当事者の意図）に相応しており、文言も同様である。

［仲裁例］
　ロシアの会社とドイツの会社間の契約に基づき、ロシアの会社は、ドイツの会社により生産された製品の販売に関して、ロシアの地域においてドイツの会社に商業的なサービスを提供することを引き受けた。契約の履行において、ロシアの会社は、ドイツの会社の製品の潜在的な買手をロシアで見いだし、ドイツの会社のために販売契約の起案を手助けした。その後、その販売契約はドイツの会社と買手の間で署名され、ドイツの会社は、当該契約に基づきロシアの会社によりなされた仕事を受諾した。
　ところが、買手は契約を解除し、その製品をドイツの会社に返却した。これに従い、ドイツの会社は、販売が成功した場合にのみサービス・フィーを支払う義務があるのであって、不成功に終ったからにはロシアの会社はそのサービスに対する報酬を請求する権利を有しないと主張して、当該契約に定められたフィーを

ロシアの会社に支払うことを拒絶した。ロシアの会社は、当該契約にはフィーが成功の場合にのみ支払われるという明示の条項は含まれていないこと、そしてドイツの会社が買手の要求を満たせなかったという事実は提供されたサービスに対して支払われる権利に影響するべきではないと主張して支払を求めた。当該契約は、すべての紛争が慣習法（lex mercatoria）に従って解決されるべきこと、さらに、すべての契約条項がドイツおよびロシア連合の法律に従うことも規定していた。申立人であるロシアの会社は、仲裁廷への付託において、その主張を擁護するためにユニドロワ原則を引用した[66]。

仲裁廷は、ロシア法とドイツ法の両法制度に言及することは国内法の選択の欠如を意味するに等しいこと、そして本ケースでは紛争を解決するために法の一般原則と当該契約の条項を適用することで十分であるとし、慣習法の一般原則としてユニドロワ原則を適用することを決定した。

仲裁廷は、紛争が当事者により合意された規定の異なる解釈から生じているとして、ユニドロワ原則4.1および4.3条を適用し、当該契約が、ロシアの会社により提供されるべきサービスの詳細な記述を含んでおり、当該契約の性質、当事者の意図のいずれも、サービスのフィーの支払が販売契約の履行の成功を条件としているという理解を含んでいない、との判断を下したのである。

国際契約の準拠法として両当事者の法を並列的に指定することは通常考えられないが、いずれかの法に決定できないため当面の妥協の産物としてありうるかもしれない。本ケースは稀な場合であり、仲裁廷が国内法の選択をしていないことに等しいと判断し、慣習法の一般原則としてユニドロワ原則を適用したことは妥当であったと考えられる。

(2) 考慮すべき事情

ユニドロワ原則4.3条によれば、4.1条および4.2条を適用するにあたっては、両当事者間の予備的交渉（preliminary negotiations）、両当事者間で確立した慣行、契約締結後の両当事者の行為、契約の性質および目的、当該取引における条項や表現に一般に与えられている意味および慣習を含むすべての事情が考慮されるべきである。

本条に挙げられた事情は、最も重要なものであるが、これらに尽きるものではない。最初の三つの事情は主観的なテストの適用において重要視され、残り三つの事情は主として合理性のテストにおいて重要である。「当該取引における条項や表現に共通して与えられている意味」と「慣習」は重複しているようにみえるが、両者には差異がある。後者の慣習は、上述した1.9条（慣習と慣行）の要件を満たすときにのみ適用されるが、前者は、それが一方の当事者のみが属する、あるいはいずれの当事者も属さない取引分野に特有のものであっても、当該条項や表現がその取引分野において典型的なものであるならば、適用されるのである[67]。

ヨーロッパ原則においても契約の解釈にあたり考慮すべき事情について同様の規定が設けられている。契約の解釈にあたり、とりわけ次のような事情が考慮されるべきである。予備的交渉を含む契約が締結された事情、契約締結後の両当事者の行為、契約の性質および目的、両当事者により同様の条項に対してすでに与えられた意味および両当事者間で確立した慣行、当該行動の分野において条項や表現に共通して与えられている意味および同様の条項になされた解釈、慣習ならびに信義誠実と公正取引（5:102条）。

両原則は、ウィーン条約8条3項に対応するが、より詳細な規定となっている。ウィーン条約によれば、当事者の意図または合理的な者がしたであろう理解を決定するにあたっては、交渉経過、当事者が当事者間で確立させている慣行、慣習および当事者の事後の行為を含め関連する一切の状況が適切に考慮されるべきである（8条3項）。

［解説例］
　オフィス備品のドイツのメーカーAは、北フランスにおいてAを代理するためにBを雇用した。契約は6カ月間であるが、Bがその義務の重大な不履行をしたときには、通知なくして契約を解除することができる。Bのなすべき義務の一つに、その地域の20の大学のそれぞれを「毎月」訪問する義務があった。この義務は、当該国において大学が開いている月にのみ適用され、休暇中には適用されないと考えて、Bは年に11回のみ各大学を訪問した、そしてAは、このことをBにより提供された報告から知っていた。4年後、AはBの重大な義務不履行に対し契約を

解除すると主張している。この場合、契約締結以来の4年間のAの行為は、「毎月」という語句が、大学が活動している月にのみ適用されるものとして解釈されるべきかどうかという問題を提起する[68]。

ヨーロッパ原則5:103条によれば、契約の解釈にあたり考慮すべき事情の一つとして、契約締結後の両当事者の行為があり、それは契約の意味について示唆を与えることができる。Aは、4年間、Bによる年11回の大学訪問の事実を知っていたのであり、Bに重大な契約違反があったとは解釈されないことになる。ユニドロワ原則4.3条の適用によっても同様の結論に達する。

［裁判例］

Hideo Yoshimoto v. Canterbury Golf International Limited, 27.11.2000 New Zealand (2000) NZCA350 Court of Appeal of New Zealand において、1996年3月14日、ニュージーランド法人 Canterbury Golf International Limited (CGI) は、クライストチャーチ郊外に国際的なゴルフコースを開発するために設立された New Zealand Plan International Limited (NZPIL) の全株式の所有者である日本のビジネスマン Yoshimoto (Y) 氏とそのすべての株式を総額3.4百万ドルで購入する契約を締結した。支払は三分割で、最初の2百万ドルは1996年4月22日までに支払済みであり、次の百万ドルは、買手CGIが契約締結後12カ月以内に開発のために必要なすべての許可を取得することの停止条件付であった。

CGIは、契約条項が言及するすべての許可が取得されていないことを理由として百万ドルの支払を拒絶した。

原告Y氏は、停止条件は満たされていること、また、CGIがすべての許可はおよそ1996年9月までに取得されるであろうと原告に対して不実表示をし、原告が契約を締結するよう誘引したと主張する。

ところで、NZPILは、1990年代の初めにクライストチャーチのジョンズ道路近くに約160ヘクタールの用地を取得していた。この用地は、クライストチャーチ国際空港の北東数キロにすぎず、ジョンズ道路から容易に接近することができ、ジョンズ道路はハイウェイにつながっていた。しかしながら、この用地はジョンズ道路への直接ルートを有せず、別の道路に面しており、この道路を経由するハイウェイおよび空港からの遠回りルートは、当該用地を商業的に魅力のないものに

していた。NZPILは、当該用地から直接ジョンズ道路につながる道路を開くことを提案した。1995年末にはNZPILは財政危機に陥り、CGIへの売却交渉が始まり、最終的に3.4百万ドルの売却価格で合意した。許可取得のコントロールは契約上NZPILからCGIへ移った。

1996年3月14日に締結された正式契約においては、CGIが契約締結後12カ月以内に開発に必要なすべての許可を取得することが、Y氏への百万ドル支払の条件とされていた[69]。CGIは必要な許可を申請したこと、またクライストチャーチ市地区計画に対してジョンズ道路への直接ルート変更を申請したことが契約の前文において表明されていた。しかし、結局のところ、CGIは12カ月内に当該許可を取得することができず、その後取得にさらに5カ月を要した。

Y氏はそれにもかかわらず1997年1月にはCGIに対して百万ドルの支払を求めて訴えを提起した。

クライストチャーチの第一審は、開発に必要な許可が12カ月以内に取得されなかったので、CGIは百万ドルを支払う責任がないと判断した。

ニュージーランド控訴裁判所は、契約条項の文言およびその商業的な目的を考慮すると、両当事者には、当該地区計画による許可が、百万ドル支払の義務が生ずる前提としての開発に必要な許可であるという意図はなかったと判断した。

そしてかかる自由な解釈（liberal interpretation）は、ユニドロワ原則4.1条から4.3条と同様に、ニュージーランドで施行されているウィーン条約8条に従っていること、ニュージーランドの裁判所は法をこれらの国際協定に合致させることが望ましいことを認めた。しかしながら、控訴裁判所は、イギリスがウィーン条約を採択してないことおよびイギリスのコモンローは契約の自由な解釈に反対していることから、ロンドンの枢密院（Privy Council）は最近の先例からそのようなことを認めないであろうことを根拠とし、最終的に契約条項の文言解釈（literal interpretation）を選択し、第一審の判断を認容したのである。

本ケースは、ウィーン条約やユニドロワ原則による契約の解釈原則は合理的な判断を導くにもかかわらず、国内法の適用に拘束される裁判所の限界を示した例であるが、以上の判決例から売手Y氏にとっての教訓は次のように考えられる。第一に、当該開発に必要な許可とは具体的になにかを契約上明らかにすべきであった。第二に、必要な許可の取得の責任は買手にあり、かつそのための期限が特定

されている。このような許可の取得が売手の支払請求の停止条件であるとする条項は、買手にその支払義務を免れさせることになる。第三に、当該地区計画による許可については、このような停止条件の対象としないことを明文化すべきであった。

なお、ユニドロワ原則6.1.14条は公的許可の申請についてのルールを定めているが、本ケースの教訓は、このルールを使用する場合の一つの留意点を明らかにしていると考えられる。

(3) 契約全体との関連性と解釈

ユニドロワ原則4.4条によれば、条項および表現は、それらが含まれている契約または言明の全体に照らして解釈されるべきである。一方の当事者または両当事者によって用いられた条項や表現は、分離して働くように意図されているのではなく、全体の文脈の必須部分としてみられるべきである。契約条項の間には優劣の関係はないのが原則である[70]。

しかしながら、この原則の例外として、第一に、前文における意思の言明は、契約の規定の解釈に関連しうることがある。第二に、特殊な性格の規定は、より一般的な性格の規定に優先する。第三に、当事者自身が合意によって契約の異なる条項または部分の間に優劣関係を定めることができる。

ヨーロッパ原則においても契約全体との関連性について同様の規定が定められている（5:105条）。

ユニドロワ原則4.5条によれば、契約条項は、そのうちのいくつかの条項から効果を奪うよりも、それらすべてに効果を与えるように解釈されるべきである。本条は、4.1条から4.3条に定められた解釈の基本的原則の適用にかかわらず、問題の条項が不明瞭なときにのみ適用される[71]。

ヨーロッパ原則においても、契約の条項を適法または有効にする解釈は、そのようにしない解釈よりも望ましいとされる（5:106条）。

［解説例］
　ライセンシーのAは、Aに独占的ライセンスを許諾するという契約条項にかかわ

らず、ライセンサーのBがAの競争者のCと同様の契約を締結したことを聞き及んだ。AはBに対してBの契約違反を主張し、「貴社の行為は、貴社の専門的な間違いのなさを信じたことがわれわれの誤り（mistake）であったことをはっきりと示している。ここにわれわれは貴社との契約を取り消す（avoid）」という文言で終わる手紙を送付した。この場合、「取消」条項の使用にかかわらず、Aの用語は手紙全体に照らして解釈される解除の通知として理解されなければならない[72]。

本ケースは、契約の専門用語がいわば素人により誤って使われた例としてしばしば見受けられるが、契約全体の趣旨から解釈すべきとするユニドロワ原則4.4条またはヨーロッパ原則5:105条が適用される典型的な場面である。

［仲裁例］
　(a) 売手であるスウェーデンのトラックメーカーとイランの買手は、トラックと予備部品の販売契約を締結することを約束し、さらにイランで同じタイプのトラックの生産のための組立プラントを建設する合意に至る意思を一般的な文言で示した覚書（Memorandum of Understanding, MOU）を交わしていた。販売契約は実際に締結されたが、売手は、買手がそのようなプロジェクトに必要なビジネス組織を欠いているとして、組立プラント建設のための交渉に入ることを拒絶した。

　当事者は、パリにおけるICCの仲裁を申し立て、仲裁廷が当事者間における関係契約を適用し、必要かつ適当と考える範囲でユニドロワ原則を適用することに合意した。

　売手は次のように主張する。MOUは拘束力ある契約ではないが、当事者がいくつかのプロジェクトを遂行することを考慮することに合意したレター・オブ・インテント（letter of intent）の性格を有する。売手は、当事者がMOUという契約を締結し、MOUのプロジェクトについて最終的な合意に達しようとするために交渉する義務を負っていることを否定しないが、MOUは当事者に当該プロジェクトを遂行することを義務づけていないと主張する。買手は、MOUがトラックの組み立てと製造のための大きなプロジェクトに関する売手との基本的な契約であると主張する[73]。

　仲裁廷は以下のように判断し、裁定を下した。
　MOUの法的性格について、ユニドロワ原則2.1.13条（特定事項または特定方式

の合意に依拠する契約の締結）は、MOUが当事者間における拘束力ある契約であることを確認しており、残された問題はさらなる議論において当事者により明らかにされるべき二次的な小さな事項である。MOUの拘束力ある性格は両当事者の共通の意思（ユニドロワ原則4.1条）において見いだされるべきであり、そのような意思はMOUのさまざまな部分において明らかに表示されており、例えば、MOUの6条に規定された秘密保持義務は両当事者を拘束する。しかもユニドロワ原則5.1.1条（明示および黙示の債務）によれば、売手の契約上の義務は明示される必要はない。

MOUの内容について、仲裁廷は、ユニドロワ原則4.5条（すべての条項に効果を与える解釈）およびそのコメントに照らしてMOUの文言を吟味した結果次のように判断する。MOUは二種類の規定を包含しており、第一は、両当事者の合意の結果であり、両当事者により承認された事後の契約で修正されない限り両当事者間の最終の義務と考えられるべきである特定の条件と条項を規定する。第二は、一定の合意に入らんとする当事者の意思についての一般的な記述である。

両当事者が後の段階で履行されるべき一般的問題について合意する場合には、両当事者は、そのような一般的問題が両当事者により実行されるべき契約の特定の条項となるよう確保する最善努力を尽くす義務を免れることはできない。ユニドロワ原則5.1.4条2項（最善努力義務）を考慮して、MOUに含まれた一定の問題に関して合意に達しようとする両当事者の意思についての一般的記述は、そのような意思をいずれの当事者も法的に拘束するような契約条項とするために、両当事者に最善努力を尽くす義務を負わせる。

売手の損害賠償責任について、仲裁廷は次のような裁定を下した。売手は、交渉を開始することを拒否することによりこのような最善努力義務に違反している、そして買手が必要なビジネス組織を欠いているという主張は有効な抗弁とはならない。買手が被った損害は、なにが買手にとって利益であったであろうかということについての仮定にかかわることから正確には決定することができない。ユニドロワ原則7.4.3条（損害の確実性）および7.4.9条（金銭債務不履行に対する利息）を考慮して、売手は買手に対して、二つの挫折したプロジェクトの利益を享受する機会の喪失（loss of the chance）に対する補償をなすべきである。

本ケースは、ユニドロワ原則の多くの条項にかかわるもので興味深いが、以上

の仲裁裁定から売手のトラックメーカーにとっての教訓は以下のように考えられる。

　第一に、MOU の法的拘束力についてどの部分まで対象とするのか明文の規定を定めることはできなかったのか。あるいはトラック等の販売契約の約束とトラック組立プラントの建設に関する合意に向けた意思の表明という二つに分離することはできなかったのか。第二に、イランにおける必要なビジネス組織の欠如という抗弁の有効性をどの程度まで法的に吟味していたのか。少なくとも交渉を開始することは当事者の義務ではなかったのか。

(b) ヨーロッパの国に本拠を有する金融機関（申立人）と東南アジアの国に本拠を有する被申立人 No.1 会社は、同じ東南アジアの国に本拠を有する他の会社である被申立人 No.2 会社により保証されたクレジット契約を締結した。No.1 会社が返済を怠ったとき、申立人は No.1 および No.2 会社に対して仲裁手続を申し立てた。

　申立人は、「法と管轄」と題するクレジット契約の条項により、当該契約は X 国法を準拠法とし、そして合意により解決できない契約上の紛争はパリの ICC にその規則に基づき付託されると主張した。

　被申立人によれば、当該条項は、仲裁が明示的に言及されておらず、かつ ICC 規則への言及は、当該規則が二つの代替的紛争解決手段、すなわち仲裁と調停を規定しているために漠然としているので、有効な仲裁契約を表示していないとの主張がなされた[74]。

　仲裁廷は、当該契約条項の解釈にあたり、とりわけ両当事者が合理的に企図した結果を考慮しつつ、両当事者の実際の意図を探求し、そのような意図に効力を与えなければならないとして、申立人に有利な判断を下した。かかるアプローチは、仲裁契約の解釈の原則に従うのみならず、ユニドロワ原則に従うものとされ、仲裁廷は、このためにユニドロワ原則 4.5 条（すべての条項に効果を与える解釈）のみならず、1.6 条 2 項（ユニドロワ原則の補充）を引用したのであり、妥当な判断であったと考えられる。

(4) 作成者に不利な原則

　ユニドロワ原則 4.6 条によれば、一方当事者によって作成された契約条項が不

明瞭な場合には、その当事者に不利となるように解釈されることが望ましいとされる。当事者の一方は、特定の契約条項を作成した場合あるいは定型条項を用いることによってそれを与えた場合には、それがゆえにその特定の契約条項の作成に対して責任を負うのである。当該当事者はそのような作成における明瞭さの欠如のリスクを負うべきものとされる。

ヨーロッパ原則においても、個別に交渉されていない契約条項の意味について疑いがある場合には、その条項を提供した当事者に不利となる解釈が望ましいとされる（5:103条）。

［解説例］
　コントラクターAとBの間の工業プラント建設契約は、「コントラクターは、コントラクター、その従業員および代理人の過失によって引き起こされた、物的財産、死亡または人的傷害に対する損失もしくは損害に関するすべての損失、費用および請求に対して、買手に責任を負い、かつ補償する」と規定する、Aによって作成されたがそれ以上に議論されていない条項を含んでいる。Aの従業員の1人が労働時間後Bの機器とたわむれ、それに損害を与えた。Aは、当該規定がAの従業員が雇用範囲内で行為をするケースのみを対象としていると主張して、その責任を否定した。この場合、しかしながら、反対の定めがないことから、当該規定はAに不利なように解釈される。すなわち、当該規定はその従業員が雇用範囲内で行為をしていないケースにも適用されると解釈される[75]。

　本ケースは、ユニドロワ原則4.6条が適用される典型例である。なんらかの意味で交渉力の強い当事者の一方が契約ドラフトを作成するのが通常であるが、このようなリスクを負っていることを認識しておく必要がある。結果として、かかる条項は弱者である当事者の一方の保護に資することになる。

(5) 言語上の齟齬

　ユニドロワ原則4.7条によれば、契約が等しい権威をもつ二つ以上の言語の版により作成され、それらの間に齟齬（discrepancy）がある場合には、契約が最初に（originally）作成された版（version）に従って解釈されることが望ましい

とされる。「望ましい」という表現から分かるように、本条は、契約の原本における言語上の齟齬について厳格なルールを定めたものではない。当事者がINCOTERMSのような国際的に広く知られたものに基づいて契約したときには、本条とは違う解決が望ましい場合がありうる。また、当事者により使用された異なる版の間に齟齬がある場合には、他の別の版が当該使用された版よりもより明瞭であれば、その版を参照することが望ましいとされる[76]。

　ヨーロッパ原則においては、契約が二つ以上の言語により作成され、そのいずれも権威を有しないとされているとき、それらの間に齟齬がある場合には、契約が最初に作成された版に従って解釈されることが望ましいとされる（5:107条）。国際契約は、二つ以上の言語で作成されることがあり、異なる言語の版の間に齟齬が生ずることがある。当事者は、一方の版が権威を有し、優先すると合意することによって解決策を規定することができる。なんらの規定もなく、他の手段でその齟齬を取り除くことができなければ、本条は、両当事者の共通の意思を最もよく表すことから、最初に作成された版が権威をもつものとして取り扱われるべきと規定することにより、合理的な解決策を提供する。一方、異なる版が等しい権威を有すると契約が規定する場合については、ヨーロッパ原則は明示していない。そのような場合には、解釈の一般原則により両当事者の意思が尊重されなければならない。つまり、どちらの版が両当事者の共通の意思によりよく相応するか、そしてそれが証明できないときには、合理的な者がどのように理解するであろうかが決定されねばならないのである[77]。

［解説例］
　いずれも英語を母国語としていないAとBが交渉し、それぞれの母国語に翻訳する前に英語で契約を作成し、当事者は三つの版すべてが等しい権威をもつことに合意した。この場合、三つの版の間に齟齬が生じるときには、反対の事情がない限り、英語版が優先する。
　実際の国際取引においては、当事者のいずれもがその母国語による契約書を等しい権威をもつ原本として主張するのが通常であるが、ドラフトとして作成された版が両当事者共通の意思を表すものとして尊重するのが原則である。

［仲裁例］
　ロシアの会社とカナダの会社が、両言語版は契約条項の解釈にとって等しい権威を有すると規定して、ロシア語および英語の双方で起案された販売契約を締結した。しかし、契約の一部を構成する仲裁条項のロシア語原本と英語原本には文言上矛盾があった。英語版では、契約から生じる紛争を取り扱うべき仲裁廷の公式の名称は十分に記述されておらず、とりわけ仲裁廷が所属すべき機関に対する言及がなかった[78]。
　ロシアの会社が、自らの仲裁条項の解釈に従って、カナダの会社による契約違反に対して仲裁廷に仲裁を申し立てたとき、カナダの会社は、仲裁廷の管轄権を争った。
　仲裁廷は、当事者の合意に従い、ロシア民法431条を適用したが、これによれば当事者の意図を決定することが不可能な場合には、貿易慣習を適用しなければならない。仲裁廷は、ユニドロワ原則を適用する理由としてこの条文に言及し、商業契約の解釈の国際的な実践において広く用いられているユニドロワ原則のルールを利用することが正当化されると述べている。
　言語上の不一致の問題については、仲裁廷は、原本が元々ロシア語で起案され、その後に英語に翻訳されたことを見つけだし、ユニドロワ原則4.7条を適用して、ロシア語原本からの解釈に従って判断を下した。
　本ケースは、等しい権威をもつ複数の契約原本に言語上の齟齬が生じている典型的な場合であり、ユニドロワ原則4.7条の有用性の実例を示している。

(6) 条項の補充

　ユニドロワ原則4.8条によれば、契約の両当事者が、彼らの権利義務の確定にとって重要な条項について合意していなかった場合、その状況の下で適切な条項が補充されるべきである。なにが適切な条項であるかを決定するにあたり、とりわけ両当事者の意思、契約の性質と目的、信義誠実と公正取引、合理性という要素が考慮されるべきである。
　契約締結後、当事者が契約に規定しなかった問題が、それを取り扱うことを望まなかったか、あるいはそれを予見しなかったがゆえに生ずるとき、抜けて

いる条項やギャップの問題として解釈することが必要となる。まず、かかる場合に備えて、ユニドロワ原則自身が問題の解決策を提供している[79]。しかし、このような一般的な性格の補充規定があるときでも、それらの規定は、両当事者の期待や契約の特殊な性質に照らしてその環境の下で適切な解決策を提供しないがゆえに、一定の場合には適用することができないことがある。本条はこのようなときに適用されるのである。

(7) 個別に交渉された条項

　ヨーロッパ原則5:104条によれば、個別に交渉された条項は、個別に交渉されなかった条項に優先する。交渉された条項に与えられる優先性は、その変更が手書きによるものであれその他の方法によるものであれ、印刷された契約に対してなされた変更にも適用される。この場合、これらの変更が交渉の結果なされたものであるとの推定をすることが可能である。もっとも、それは反証可能な推定とされる[80]。

> ［解説例］
> 　印刷された書式が、土地を購入するためのオプションの締結のために用いられた。その条項の一つには、最終の買手は、オプションが行使または拒絶されるまで、価格の10％の小切手を仲介業者に預託すると規定されている。両当事者は、このような小切手の提供を銀行保証に取り替えることに合意した。仲介業者が、この変更を文書の余白に書いたが、印刷された条項に横線を引くことをしなかった。二つの条項間の矛盾は、手書きで書いた条項に有利なように解決されるべきである[81]。
> 　本ケースは、当事者の一方が起案した契約書のドラフトあるいは前もって作成した定型条項ないし標準条項に基づいて契約交渉が行われた場合に稀に生ずる例であるが、いずれにしても個別に交渉された条項が両当事者の合意を表すものとみなされるのである。

5 契約の基本原則としての信義誠実の原則とリーガルプランニング

(1) リーガルプランニングとは[82]

　企業において法的な機能を直接担当する部門は、企業法務といわれる部門である。企業法務の機能は、治療法務から予防法務へ、予防法務から戦略法務へと発展してきた。治療法務とは、企業活動から生じたさまざまな紛争を事後的に処理する機能であり、予防法務とは、企業活動における紛争の発生を未然に防止しようとする、あるいは紛争が不可避的に発生したとしてもその影響をできるだけ小さくしようとする機能であり、戦略法務とは、企業経営の戦略がビジネス戦略と法的戦略からなることを認識したうえで、その法的戦略のために法律、法制度あるいは法的アプローチを企業活動の武器として活用しようとする機能である。

　これら三つの機能は逐次発展してきたものであり、個々の企業がいずれの段階にあるのかは個別の状況によっているが、企業法務としてはいずれかの機能に偏るのではなく、これらをバランスよく維持するのが基本である。そのうえで企業を取り巻く環境あるいは各々の企業経営のニーズに応じて自在に、ある時は治療法務、他の時期は戦略法務に注力するといった弾力的かつ重畳的にその機能を使い分けることが望ましい。

　厳しい社会的・法的環境の下でグローバルな事業を展開する企業は、ビジネス面におけるプランニングをサポートするリーガルプランニングを必要としている。企業法務の三つの機能に共通する基本的な機能としてリーガルプランニングの思想が有用であると考えられる。

　このリーガルプランニングは、次のような三つのアプローチによりその性格と機能を明らかにすることができる。第一は、ビジネス的アプローチであり、企業活動におけるビジネスの目的に対応して、その目的に貢献するような法的戦略と法的枠組みを考案し、実行するという、ビジネスの視点から法的課題に取り組む。

第二は、比較法的アプローチである。現代の企業活動はさまざまな局面において国境を越えてグローバル化しており、ビジネスがかかえる問題は絶えずグローバルな視点から検討する必要に迫られている。したがって、ビジネスにおける法的問題も一つの国の法制度ないし法システムという枠内のみでは解決策を見いだすことは困難であり、多くの他国の法制度・法システム、さらには国際的な法システムないしルールを考慮に入れることが必要である。
　第三は、法政策的アプローチであり、企業活動を取り巻く法制度やルールの動向を見通して、その問題や解決策に関して社会に向けて提言する。このアプローチは、上記のビジネス的アプローチや比較法的アプローチの延長線上にあり、国際的な視野の中で法政策的な課題に取り組むものである。
　ここでリーガルプランニングは実際にどのように展開され、どのような機能を果たすことができるのか、企業の基本的活動である取引関係の構築を例として検討する。
　リーガルプランニングとは、ビジネスのポリシーの設定および事業計画の立案からその実行に至るすべての事業活動の法的側面において、立案、交渉、履行と紛争、そして次の立案へとつながる一連の活動を意味しており、リーガルプランニングの機能と性格を「取引関係ないし契約関係の構築」に当てはめると次のように述べることができる[83]。
① フレームワークの設計
　企業の事業活動は、さまざまなビジネス上の取引関係となって具体化する。取引関係の法的な投影は当事者間における契約関係であるが、この契約関係は多くの要素から構成されており、本来的に多様である。この契約関係をビジネスの目的に従ってどのような内容とするか、すなわちどのような法的フレームワークを構築するかがリーガルプランニングの第一の目標である。
② 新たなビジネス関係の創造
　フレームワークの設計は、単に事業活動のための器を用意するということではなく、事業活動を促進し、実現するために適切な基盤ないし枠組みを設けるものである。それは、一つの事業活動の実現を通じて新たなビジネス関係の創造を目指しており、リーガルプランニングは、法的な観点から企業の積極的な事業展開を可能とする契機を提供することに目標がある。

③　拘束力と強制力による実行

　さまざまな取引関係は、当事者間における契約締結によりそれぞれの契約関係、つまりフレームワークが構築されるが、それは当該契約の法的拘束力によって担保されている。当事者は契約上の義務を履行しなければならず、その違反に対して、相手方は仲裁または訴訟を提起することによって履行を強制または損害賠償を請求することができる。

④　計画に対する成果の評価

　契約締結時におけるフレームワークの設定という計画がどのように達成されたかどうか、また目的とする事業活動に適切なものであったかどうかなど、その成果が一定の時点で評価されなければならない。このような客観的な評価は、契約関係の当事者が途中で軌道を修正する、あるいは相互間の紛争を解決するためにも有用である。

⑤　成否の果実のフィードバックと活用

　企業は、他の数多くの企業とさまざまな取引関係を数多く構築している。グローバルに事業を展開する企業にその典型がみられる。一つの取引関係から得られる成果は、それが成功であればもちろんのこと、たとえ失敗であっても当該取引関係自身に、また他の取引関係や新たな取引関係にフィードバックして活用することが可能である。むしろ、契約締結時点におけるフレームワークの設定による計画は、当該企業のそれまでの数多くの取引関係から得られた知見とノウハウに基づいており、この意味における循環的創造性はリーガルプランニングにおける本来的な性格の一つである。

　このようにリーガルプランニングの機能を一般的に述べることができるが、国際取引という実際のビジネスにおいてリーガルプランニングの機能を具体的にどのように役立てることができるのであろうか。本書ではユニドロワ原則をベースとしてヨーロッパ原則やウィーン条約との比較法的分析を通じて国際取引の基本原則を検討することを目指しており、各章における分析の結果を踏まえて、国際取引上とくに考慮すべき主たる論点について国際ビジネスおよびリーガルプランニングの観点からそれぞれの章におけるまとめとして考察することとする。

(2) 信義誠実の原則とリーガルプランニング

　信義誠実の原則は次のような三つの機能を果たしているといわれる[84]。

　第一に、すべての契約は信義誠実に従って解釈されなければならない。当事者の意図が明らかでない場合、裁判所は、合意の文字どおりの条項によるのではなく、合理的な当事者が契約に与える意味に従って契約を解釈するべきである。

　第二に、信義誠実は補充的（supplementing）機能を有する。契約または制定法において明示に規定されていない補充的な権利・義務が当事者間に生じうるが、信義誠実により黙示の条項として当事者の権利・義務が補充される。

　第三に、信義誠実は制限的（restrictive）機能を有する。当事者を拘束し、契約の文言においてまたは制定法により規定されるルールは、その効果が信義誠実に反する範囲においては適用されない。このような制限的機能は、事情変更における契約の適合、不合理な契約条項の審査などいくつかの法理を生み出している。

　上述したように、信義誠実と公正取引の原則は国際商事契約の一生を通じてその契約関係を規律する基本原則とされている。上記の三つの機能を念頭に置きつつ、その広範な適用を再度整理してみるとユニドロワ原則においては以下のとおりである[85]。

　まず、「契約の総則」における契約の解釈に関しては、4.1条2項（当事者の意思）および4.2条2項（言明および行為の解釈）においては、同じ部類に属する「合理的な」者が同じ状況の下で与える解釈を客観的な意思の解釈の基準としている。4.8条（条項の補充）では、省略された条項を補充するための一つの基準として、信義誠実と公正取引が引き合いに出されている。また、1.8条（矛盾した行動）によれば、当事者は、相手方当事者に生じさせた理解であって、その相手方が「合理的に」信頼して行動した理解に矛盾して、相手方に損害を与えるような行動をすることはできない。

　「契約の成立」において、2.1.4条2項（申込の撤回）では、被申込者が申込は撤回不能であると信じたことが「合理的で」あり、かつ被申込者がその申込を「信頼して」行動したときにはその申込を撤回することができない。2.1.18条

（書面による変更条項）によれば、当事者は、その行為により、相手方当事者がその行為を「信頼して」行動した限りにおいて、契約の変更または解消に書面による合意を要求する条項を主張することを妨げられる。2.1.6条（秘密保持義務）は、当事者は、交渉の過程において相手方より与えられた秘密情報を開示しない、または自らの目的のために不適切に使用しない義務を負っていると規定する。そして、2.1.15条2項、3項（不誠実な交渉）によれば、「不誠実に」交渉する、またはその交渉を打ち切る当事者は、相手方に生じた損失に対して責任を負い、とりわけ相手方と合意に達する意図なくして交渉する当事者は「不誠実」とされる。2.2.5条2項（無権代理人）では、本人が、代理人は本人のために行為をする権限を有し、かつ代理人がその権限の範囲内で行為をしていると第三者に「合理的に」信じさせる場合には、本人は、代理人の権限の欠如を第三者に対して主張することはできない。

「契約の内容」においては、5.1.2条（黙示的債務）は、契約から生じる当事者の黙示的債務の源として「信義誠実と公正取引」を指摘しており、5.1.3条（当事者間の協力）は、当事者間の協力が当事者の義務の履行のために「合理的に」期待される場合における協力義務を規定する。5.1.8条（期間の定めなき契約）によれば、期間の定めのない契約は、事前に「合理的な」時間を置いて通知することにより終了することができる。6.1.3条（一部の履行）および6.1.5条（履行期前の履行）によれば、債権者は、一部の履行または履行期前の履行の申入れを、そうする「正当な」利益がないときには拒絶することができない。

「契約の不履行」において、7.1.2条（履行の妨害）によれば、当事者は、相手方の不履行が自己の作為もしくは不作為によりまたは自己がリスクを負担すべき別の出来事により生じた限りにおいて、相手方の不履行を主張することはできない。7.1.7条（不可抗力）では、当事者の支配を超え、かつ契約締結時に考慮に入れることを「合理的に」期待できなかったような障害の発生を条件としている。7.2.2条（非金銭債務の履行）によれば、履行が「不合理なほどに」困難であるもしくは費用のかかるものである、あるいは履行請求権を有する当事者が別のところから履行を「合理的に」得ることができるときは、例外として相手方による履行を請求することができない。7.3.4条（適切な履行に対する相当な保証）においては、相手方による重大な不履行が起こるであろうこと

を「合理的に」確信する当事者は、適正な履行に対する相当な保証を要求することができる。

「損害賠償」において、7.4.8 条（損害の軽減）によれば、不履行当事者は、被害当事者が被った損害に対して、被害当事者が「合理的な」措置をとっていたならば軽減されえたであろう限りにおいて責任を負わない。

さらに、「不公正（unfairness）」に対して契約を監視する機能を有する条項が見受けられる。例えば、2.1.19 条（定型条項による契約）、2.1.20 条（不意打ち条項）、3.8 条（詐欺）、3.9 条（強迫）、3.10 条（過大な不均衡）、7.1.6 条（免責条項）、7.4.13 条（不履行に対する支払の合意）などである。

ヨーロッパ原則においても信義誠実と公正取引の原則は、上記のユニドロワ原則の各条項に相応する条項において具体的に明示または黙示に規定されている。

このように信義誠実と公正取引の原則は、国際取引における契約の交渉から契約の解消までに至る全期間を通じての契約関係を規律する基本的原則であり、国際取引における慣習としても一般的に認識されるに至っていると考えられる。ユニドロワ原則またはヨーロッパ原則が契約の準拠法として指定される場合には、信義誠実と公正取引が一般条項としてあるいは具体的な条項において適用されることになるが、準拠法として指定されない場合にはどうであろうか。上述したようにこの原則の有用性に鑑み、契約当事者として当該契約の中に一般条項として織り込むことが望ましいと考えられる。

すなわち、第一に、契約締結時点において、将来発生する可能性のある問題を見通して、当事者がすべての論点について合意することはほとんど不可能なことであり、問題を先送りする、あいまいなままにしておく、あるいは不明瞭な妥協にとどめて置くということも少なくない。このような状況下にある契約条項の将来における解釈問題のために「信義誠実と公正取引の原則」を一般条項として契約に予め織り込むことは有用である。

第二に、ほとんどの国際契約は仲裁条項を有しており、当事者間の紛争は国際仲裁に委ねられる。契約の準拠法としていずれかの国内法が選択されているときには、仲裁人はその国内法の下における解決方法を探究することになるが、その際単に当該国内法だけに依拠するのではなく、国際慣習や法の一般原則を

含めて比較法的な検討を行うものである。紛争の対象となっている契約の中に「信義誠実と公正取引の原則」が一般条項として規定されている場合には、この原則が基盤とする法の一般原則や国際取引における慣習の直接的な適用を仲裁人に促すことになると考えられる。

　もっとも、第三として、「信義誠実と公正取引の原則」の一般条項という記述のみでは漠然としているとの批判がありうるかもしれない。「商取引上の合理的基準である」信義誠実と公正取引の原則というような具体化を図ることが望ましいと考えられる。

注
1) もっとも、当事者がユニドロワ原則を純粋な国内契約に適用することに合意することは自由である。Unidroit Principles, PREAMBLE, Comment 1 and 3.
2) Michael J. Bonell, An International Restatement of Contract Law 3d ed. (Transnational Publishers, 2005), at 68-69.
3) このようなアプローチは、ウィーン条約におけるものと基本的に同じものである。Id. at 51.
4) Unidroit Principles, PREAMBLE, Comment 2.
5) The Commission on European Contract Law, Principles of European Contract Law (Kluwer Law International, 2000), Introduction xxv.
6) Id. Art. 1:101, Comment B.
7) Id. Comment C.
8) "This contract incorporates the Principles of European Contract Law."
9) "This Contract is subject to the Principles of European Contract Law."
10) The Commission on European Contract Law, supra note 5, Art. 1:101, Comment D.
11) Id. Art. 1:101, Comment E, F.
12) 契約の成立の問題と有効性の問題の線引きの難しさに関して、井原宏・現代国際取引法（商事法務研究会、1999）3頁参照。
13) Michael J. Bonell, The Unidroit Principles of International Commercial Contracts: Why? What? How?, 69 Tulane Law Review No.5 (1995), at 1134-1140.
14) Arts. 2.1.6(3) and 2.1.7 (mode and time of acceptance), 6.1.1 and 6.1.4 (time and order of performance) 等。
15) Arts. 5.1.6 and 5.1.7(1) (quality of performance and price), 6.1.7(1) and 6.1.8 (1) (method of payment) 等。
16) Arts. 2.1.1 (manner of formation), 2.11 (modified acceptance), 2.22 (battle of forms), 3.3 (ini-

tial impossibility), 6.2.1 to 6.2.3 (hardship) 等。
17) 例えば、Arts. 3.5, 3.10 参照。
18) 手続的な不公正または当事者の取引行動に関しては、Arts. 3.8 (fraud), 3.9 (threat), 2.1.20 (surprising terms), 4.6 (contra proferentum) 参照。
19) European Principles Art. 1:102, Notes.
20) European Principles Art. 1:105, Comment A.
21) European Principles Art. 1:201, Comment A.
22) 本書における1994年版ユニドロワ原則の条文の引用については、私法統一国際協会（曽野和明ほか訳）・UNIDROIT国際商事契約原則（商事法務、2004）による翻訳を参照した。その他ユニドロワ原則の注釈・事例、2004年版による追加およびヨーロッパ原則の引用についてはすべて筆者の仮訳に基づいている。
23) Unidroit Principles Art. 1.1, Comment 2-3.
24) European Principles Art 1:102, Comment.
25) European Principles Art 1:102.
26) Ole Lando, Centennial World Congress on Comparative Law: Comparative Law and Lawmaking, 75 Tul. L. Rev. 1015 (2001), at 1028.
27) Perales Viscasillas, Artcle: Unidroit Principles of International Commercial Contracts: Sphere of Application and General Provisions, 13 Ariz. J. Int'l & Comp. Law 381, at 423.
28) Id. at 423.
29) Unidroit Principles Art. 1.2.
30) Unidroit Principles Art. 3.2.
31) Unidroit Principles Art. 7.2.2.
32) Unidriot Principles Art. 7.4.13.
33) E. Allan Fransworth, An International Restatement: The Unidroit Principles of International Commercial Contracts, 26 Baltimore L. Rev. 1 (1997), at 5-6.
34) Unidroit Principles Art. 1.3, Comment 3.
35) Unidorit Principles Art. 1.4, Comment 2-4.
36) European Principles Art 1:103, Comment.
37) Unidroit Principles Art. 1.6, Comment 2-3.
38) Unidroit Principles Art. 1.6, Comment 4.
39) 井原・前傾注(12) 4頁。
40) イギリス法が信義誠実の一般的な概念を擁することに消極的な理由は次のようにも説明される。第一に、この概念がなにを意味するかについて知らなかったこと。第二に、世界の指導的な金融センターの一つにおいて判決する裁判官は、企業にとって法的結果の予測可能性が絶対的な正義よりも重要であると意識していること。第三に、一般的に契約の条項を通じてリスクを配分するのは当事者自身であり、それは裁判所の役割では

ない、との見解をイギリス法はとっていること。しかしながら、消費者契約における不公正条項に関するEU指令および1994年消費者契約不公正条項規則（Unfair Terms in Consumer Contracts Regulation）の施行により、イギリスの裁判所も信義誠実の一般的概念の運用にいずれ慣れてくるといわれる。
Roy Goode, International Restatements of Contract and English Contract Law, Uniform Law Review, 1997-2, at 239-240.

41）Klaus Peter Berger, The Relationship between the UNIDROIT Principles of International Commercial Contracts and the new lex mercatoria, Uniform Law Review 2000-1, at 157-158

42）E. Allan Fransworth, The 24ht John M. Tucker, Jr. Lecture in Civil Law: A Common Lawyer's View of His Civilian Colleagues, 57 La. L. Rev. 227 (1996), at 235.

43）Id. at 159.

44）Unidroit Principles, Art. 1.7, Comment 1-7.

45）European Principles Art.1:201, Comment B.

46）European Principles Art.1:201, Notes.

47）井原・前掲注(12) 4頁。

48）Unidroit Principles Art. 1.7, Illustration 2.

49）Id. Comment 3, Illustration 7 and 8.

50）European Principles Art. 1:201, Illustration 3.

51）ICC International Court of Arbitration, 00.03.2000 Arbitral Award 9875.

52）慣習に関する仲裁裁定例00.10.2000 Arbitral Award No.10022 ICC International Court of Arbitration 参照。

53）Unidroit Principles Art. 1.8, Comment 4.

54）Id. Comment 6.

55）Viscasillas, supra note 27, at 434-435.

56）European Principles Art. 1:105, Comment B.

57）Id. Comment D.

58）Id. Comment E.

59）郵便が不適切な場合には、電話、ファックスやE-mailのような電子媒体を利用することもできる。Unidroit Principles Art. 1.10, Comment 1.

60）European Principles Art. 1:303, Comment D.

61）この部に別段の明示の定めがない限り、当事者が、通知、要求その他の通信を、この部の規定に従い、かつ状況に応じた適切な方法で行ったときは、通信の伝達の過程において遅滞や誤りが生じたり、またそれが到達しなくとも、その当事者はその通信をしたことに依存する権利を失わない（ウィーン条約27条）。

62）「債務者」とは、債務を履行すべき当事者を指し、「債権者」とは、債務を履行させる権利を有する当事者を指す。「書面」とは、いかなる伝達形態のものであれ、それに含ま

れる情報の記録を保持し、感知できる形で再生されうるものを意味する。
63) Unidroit Principles Art. 4.1, Comment 1-2.
64) Id. Comment 3.
65) European Principles Art. 5:101, Comment B.
例えば、文書がローンとして記述されているが、その内容が実際にはリースであることを示している場合には、裁判官は、その文書における記述を重要視するべきではないことになる。
66) International Arbitration Court at the Chamber of Commerce and Industry of the Russian Federation, 05.11.2002 Arbitral Award 11/2002.
67) Unidroit Principles Art. 4.3, Comment 2.
68) European Principles Art. 5:102, Illustration 1.
69) 当該契約6.3条によれば、"It shall be a condition precedent to the Vendor's right to demand payment of $1,000,000 being part of the balance of the Purchase Price owing under this Agreement that the Company (CGI) obtains all necessary authorization or resource consents to the Development within 12months of the date of this Agreement."
70) Unidroit Principles Art. 4.4, Comment 1-2.
71) Unidroit Principles Art. 4.5, Comment.
72) Unidroit Principles Art. 4.4, Illustration.
73) 00.12.1996 Arbitral Award 8331 ICC International Court of Arbitration, Paris.
74) ICC International Court of Arbitration 00.08.1999 Arbitral Award 9759.
75) Unidroit Principles Art. 4.6, Illustration.
76) Unidroit Principles Art. 4.7, Comment.
メキシコおよびスウェーデンの会社間の契約は、三つの等しい権威をもつ版、スペイン語、スウェーデン語および英語で作成され、INCOTERMS1990への言及を含んでいる場合には、紛争の論点に関して、INCOTERMSのフランス版が他の三つの版より明瞭であるならば、その版が参照される。
77) European Principles Art. 5:107, Comment.
78) International Arbitration Court of the Chamber of Commerce and Industry of the Russian Federation, 06.11.2002 Arbitral Award 217/2001.
79) 例えば、履行の質の決定についての5.1.6条、価格決定についての5.1.7条、履行時期についての6.1.1条、履行の順序についての6.1.4条、履行場所についての6.1.6条、明示されていない通貨についての6.1.10条、黙示的債務についての5.1.2条など。
80) European Principles Art. 5:104, Comment.
81) Id. Illustration.
82) 井原宏・グローバル企業法－グローバル企業の法的責任（青林書院、2003）326-328頁。

83) 井原宏・国際事業提携―アライアンスのリーガルリスクと戦略（商事法務研究会、2001）331-333頁。

84) Arthur Hartkamp, The Eason-Weinmann Colloquium on International and Comparative Law: The Concept of Good Faith in The Unidroit Principles for International Commercial Contracts, 3 Tul. J. Int'l & Comp. L. 65 (1995).
これら三つの機能のすべてはユニドロワ原則に含まれている。まず、コメントにおける事例はすべてこれらの機能に言及している。1.7条のコメントは、直接または間接に信義誠実と公正取引の原則を適用する数多くの規定をユニドロワ原則のいたるところで言及する。コメントにより引用される条項の中でも4.1条と4.2条は信義誠実と公正取引の解釈的機能を証明する。補充的機能に関して、5.1.2条は黙示の債務が合理性からと同様に公正取引から生ずることを述べる。信義誠実の制限的機能は、6.2.3条のハードシップにおいて裁判所が契約を解消または改定することができること、7.1.6条において不合理な免責条項は主張できないこと、そして7.4.13条において不履行のために規定された一定の金額が著しく過剰なときには減額されうることによって明らかであるとされる。
ヨーロッパ主要国における法制度の現状について、Martijn Hesselink, Good Faith, Towards a European Civil Code (Kluwer Law International, 1998), at 290-293 参照。

85) Bonell, supra note 2, at 133 以下参照。

第3章
契約の成立

1　契約成立の条件

　ユニドロワ原則2.1.1条によれば、契約は、申込（offer）に対する承諾（acceptance）により、または合意を示すのに十分な当事者の行為により締結することができる。本条によれば、契約は、契約締結の時点を決定することができなくても、契約当事者の行為が合意を示すのに十分であれば、締結されたものとみなすことができる[1]。

　ヨーロッパ原則によれば、契約は、当事者が法的に拘束されることを意図し、かつ十分な合意に達すれば締結される。契約は、書面で締結または証明する必要がなく、書式について他のいかなる要求にも従わない。契約は証人を含むいかなる手段によっても証明することができる（2:101条）。ヨーロッパ原則における契約の概念は、法的な義務を生ずる合意であり、義務が双務的である2人以上の当事者に一般的にかかわっている。しかし、契約はまた、相手方が行為を履行するならば、例えば一定額の金銭を支払うというような履行約束、そして贈与の約束のような、一方の当事者によってのみ引き受けられる義務や承諾なくして拘束力を生じる約束をカバーしている[2]。

　契約の方式自由の原則は、大陸法の国々において広く普及しているが、コモンローの国々においては、書面の要求についてはより緩和されてきたものの、いささか異なっている。ヨーロッパ原則において、契約は原則として、その有効性、効果や契約意思の表明の存在を決定するためにいかなる方式も証拠も要求されない。つまり、契約は口頭でも書面でも締結することができる。方式自由の原則は、申込と承諾が書面である必要がなく、契約締結の形式上の要求は、

当事者が法的に拘束される意図であり、それ以上の要求なくして十分な合意に達するときには契約が締結されるというほどまでに軽減されている。すなわち、契約は、約因（consideration）として知られるコモンロー制度の形式的な要求や大陸法制度における原因（cause）の要求なくして締結することができるのである[3]。

ところで、ヨーロッパ原則は、「当事者の意図」および「十分な合意」について周到な規定を設けている。契約により法的に拘束されるという当事者の意図は、相手方により合理的に理解されるような当事者の言明または行為から決定されなければならない（2:102条）。言明をする人は道義的に拘束されるのみで、法的には拘束されることを意図しないことがときどきある。用いられる文言と当該環境によって、レター・オブ・インテント（letter of intent）やレター・オブ・コンフォート（letter of comfort）は、道義的にのみ拘束される言明としてみなすことができる場合がある。しかしながら、特定の環境下では、信義誠実に反して行動した人は責任を負う場合がある。レター・オブ・インテントやレター・オブ・コンフォートもまた法的に拘束されるという意図を示す文言でその法的拘束力を表すことができることに注意が必要である[4]。

ヨーロッパ原則2:103条によれば、契約が強制することができる、あるいはヨーロッパ原則の下で決定することができるように、契約の条項が当事者により十分に定義されたときには、十分な合意が存在する。しかしながら、両当事者が特定の事項について合意しないならば、一方の当事者が契約を締結することを拒絶するときには、その事項について合意が達成しない限り契約は存在しない。

2人以上の当事者が契約を締結する場合、お互いの権利と義務を決定するのに必要な、かつそれぞれにとって決定的である条項について、合意に達しなければならない。したがって、「十分な合意」とは、決定することができる条項についての合意、そして争われている条項についての一致という二つの要求を満たすことが必要とされる[5]。

当事者は、契約に対するその同意を一定の条項いかんによるというように、その条項を必須のものとすることができる。例えば、当事者が、販売される物品の価格について取引をしているときに、当事者は価格が決定的な条項である

と示すことができる。もっとも、特定の条項をその合意にとって必須であるとした当事者も、相手方による契約の履行行為を受け入れることができる。その場合には契約は当事者の行為により締結されたと考えられ、ヨーロッパ原則は論争となっている条項を補充することになる[6]。

［解説例］
(a) 子会社が、原告である銀行に8百万ユーロのローンを要請したとき、原告は、被告である親会社にそのローンを保証することを要求した。被告は拒絶したが、代わりに、「子会社のビジネスが、ローン契約における子会社の貴行に対する責任を常に果たす地位にあるよう確保するのが当社のポリシーである」と述べるレター・オブ・コンフォートを提供した。レター・オブ・コンフォートは、ローンが返済されるまで、被告が子会社における財政的な持分を減少させないことも述べていた。交渉の間に、レター・オブ・コンフォートが保証に代えて提供されることを知ったとき、原告の反応は、原告が子会社に対してより高い関心を払わねばならないであろうということであった。

その後子会社が、ローンの返済をすることなく清算に至ったとき、原告は、被告に対して返済額の損害賠償を求めて提訴した。しかし、被告は、子会社の債務を支払うという法的に拘束される約束をしていなかったことから、その訴えは失敗に帰したのである[7]。

当該レター・オブ・コンフォートは、その内容および原告・被告間の交渉の経過から、法的拘束力がないことは明らかであるように考えられるが、その文言や特定の状況下では法的拘束力が生ずる場合がありうることに注意する必要がある。

(b) 親会社Mは、子会社Dに金を貸している銀行に対して、Dの銀行に対する約束を知っていること、あらゆる適切な手段により、Dが銀行に対する債務を履行することができるようにすること、そしてこのポリシーを変更するときには銀行に通知する旨を言明するレター・オブ・コンフォートを銀行に提供していた。Dの悪化した最近の経営状況に鑑みて、Mが当該ポリシーを変更する通知を出す前に、Dは破産した。

Mのレター・オブ・コンフォートは、MにDの債務を支払う義務を負わせる保証と考えるべきである[8]。本ケースにおけるレター・オブ・コンフォートは、上記

のように親会社が子会社の経営に対して指導ないし監督責任を負うという一般的な表明よりさらに踏み込んで、子会社の債務に対する親会社の責任を具体化する内容になっていると考えられる。

2 契約の申込

(1) 申込の要件

　ユニドロワ原則2.1.2条によれば、契約締結の申入れ（proposal）は、それが十分確定的であり、かつ承諾があった場合には拘束されるという申込者（offeror）の意思が示されているときには、申込となる。

　申込の要件は、申込の確定性と申込者の拘束される意思である。一定の申込がこの確定性の要件を満たすかどうかは、一般的な条項によりその基準を確立することはできない。物品やサービスの正確な記述、支払価格、支払時期や支払場所などの本質的な条項でさえも申込において未決定のままに残しておくことが可能である。これらすべては、申込をする申込者とそれを承諾する被申込者が拘束する契約を締結する意思を有するかどうか、欠けている条項がユニドロワ原則4.1条（当事者の意図）等に従って契約の文言を解釈することによって決定できるか、あるいは4.8条（省略された条項の補充）や5.1.2条（黙示の債務）等に従って補充できるかどうかによっている[9]。

　承諾があれば拘束されるという申込者の意思は、明示されることは稀であって、それぞれのケースの状況から推測しなければならないことがしばしばである。申入れ者が申入れを行うやり方が第一にその意思を示すものではあるが、申入れの内容と名宛人がより重要である。一般的にいえば、より詳細かつ明確な申入れになればなるほど、それがより申込と解釈されることになり、1人以上の特定の者宛になされた申入れは、公衆になされた申入れよりもより申込と意図されることになる[10]。

　ヨーロッパ原則は、申込に関してユニドロワ原則よりも詳細な規定を設けている。申入れは、相手方当事者がそれを承諾すれば契約となることが意図され

ており、かつ契約を形成するに十分な明確な条項を含むときには、申込に至る。申込は、1人以上の特定の者または公衆に対してなすことができる。専門の供給者により公の広告もしくはカタログで、または物品の陳列によって、一定の価格で物品またはサービスを供給するという申込は、物品の在庫またはサービスを供給する供給者の能力が尽きるまで、その価格で販売もしくは供給する申込であると推定される（2:201条）。

申込は、契約をするという申入れであるが、申入れが申込として有効になるためには、第一に、1人以上の特定の者または公衆に対して伝達されること、第二に、拘束される意図があること、第三に、十分に明白な条項を含むことが要求されている[11]。

ウィーン条約においても申込の基本的要件に関しては、ユニドロワ原則と同様の規定が定められているが、さらに、確定性の具体的な内容についての規定が存在する。1人以上の特定の者に向けられた契約締結の申入れは、それが十分明確であり、かつ承諾があった場合には拘束されるとの申込者の意思が示されているときに申込となる。申入れは、物品を示し、かつ明示もしくは黙示に数量および代金を定め、またはその決定方法を規定している場合には、十分明確なものとする。不特定の者に向けられた申入れは、申込の単なる誘引とみなされるべきである。ただし、申入れをした者が異なった意向を明瞭に示している場合はこの限りでない（14条）。

もっとも、契約が有効に締結されている場合には、代金条項は申込の要件ではなく、未定の代金条項について、契約締結時における同種物品の一般的代金に暗黙の言及がなされているとの補充規定が定められている（55条）。ウィーン条約において、代金未定の条項の有効性に関して、14条と55条の関係は規定上明確ではないが、「当事者の意思」を尊重する8条（当事者の意図）の原則に従って、当事者が、実際に代金条項がなくても拘束されることを意図しており、かつそのような契約が当事者により選択された準拠法の下で有効であるときには、当事者の意図が優先し、契約が有効に成立すると解すべきである[12]。疑義を生じないためにも、ウィーン条約の上記の明確性に関する具体的な規定はかえって混乱を生ずるもので不要と考えられる。

ユニドロワ原則2.1.3条によれば、申込は、それが被申込者（offeree）に到達

した時に効力を生ずる。申込は、たとえそれが撤回不能（irrevocable）なものであっても、申込の中止（withdrawal）が申込の到達前または到達と同時に被申込者に到達するときには、中止することができる。本条は、文字通りウィーン条約15条に由来し、中止と撤回（revocation）を区別すべきことを明らかにしている。

ヨーロッパ原則においても、申込は、それが被申込者に到達した時に効力を生ずるが、その到達以前に、申込は中止することができる（1:303条2項、5項、6項）。

(2) 申込の撤回と拒絶

ユニドロワ原則2.1.4条によれば、契約が締結されるまでは、申込は、被申込者が承諾を発する前に撤回が被申込者に到達する場合には、撤回することができる（1項）。しかしながら、次のいずれかに該当する場合には申込を撤回することはできない。(a) 申込が、承諾のための一定期間の設定等により、撤回不能であることを示している場合。(b) 被申込者が、申込を撤回不能であると信頼したことが合理的であり、かつ被申込者がその申込を信頼して行動していた場合（2項）。

本条はウィーン条約16条に相応しており、同じ文言が用いられている。被申込者が口頭で申込を承諾する場合や、申込者に通知することなく行為をなすことによって同意を示す場合には、申込者の申込を撤回する権利は契約が締結される時まで継続するが、申込が書面による同意の表示によって承諾される場合には、本条により、申込者の申込を撤回する権利は被申込者が承諾を発する時に終了することになる[13]。

申込が撤回不能であることの表示は、まず確定申込（firm offer）のようなその旨の申込者による明示の言明によるのが最も明瞭であるが、申込者のその他の言明や行為から推測することも可能である。一定の承諾期間の設定は、それ自身で撤回不能である申込の黙示の表示になることも可能であるが、必ずしもそうなるわけではない。その答えは個別のケースにおける契約の解釈の問題であるが、一般的に、承諾期間の設定は撤回不能を示すものと考えられる法制度の下で申込者が営業を行っている場合には、申込者は撤回不能の申込を意図して

いると推定される。反対に、承諾期間の設定は撤回不能であることを示すのに十分でないとする法制度の下で申込者が営業を行っている場合には、申込者は通常そのような意図をもっていないとみなされる[14]。

被申込者の信頼は、申込者の行為または申込自身の性質によって誘引される。被申込者が申込を信頼して行った行為としては、生産の準備、資材や機器の購買または賃借、費用負担などがありうる。もっとも、それらの行為が当該取引において通常のものとみなされる、または申込者によって予見もしくは知られたものでなければならない。

ヨーロッパ原則においても、申込は、被申込者がその承諾を発する前にまたは行為による承諾の場合には2:205条2項ないし3項（契約締結の時期）に従って契約が締結される前に、撤回が被申込者に到達するときには、撤回することができる。公衆に対してなされた申込は、申込をするのに用いられたのと同じ手段により撤回することができる。しかしながら、申込の撤回は、(a) 申込が撤回不能であると示している、(b) 申込がその承諾のために一定の期間を述べている、または (c) 被申込者が申込を撤回不能であると信頼し、かつ被申込者がその申込を信頼して行為をしたことが合理的であるときには、無効である（2:202条）。

ヨーロッパ原則においては、申込の撤回可能の原則に対する例外として、三つの撤回不能、すなわち撤回不能の表示、承諾期間の設定および被申込者の信頼を明示している。上述したように、ユニドロワ原則では、承諾期間の設定はそれ自身では撤回不能であることを意味していないが、ヨーロッパ原則のように承諾期間の設定は撤回不能とする方が法的に安定的かつより簡明であり、国際契約のビジネスの観点からは法的な安定性があるものとして望ましいと考えられる。

ウィーン条約16条（申込の撤回）およびユニドロワ原則2.1.4条2項は、1980年にウィーン条約を採択した時における締約国の不一致を反映しているといわれる。コモンローの法律家は、申込者の承諾期間の設定が、申込がそれ以後もはや承諾することはできないが、まだ撤回することができるタイムリミットであることを望んだ。大陸法の法律家は、承諾期間の設定をその期間内は申込を撤回しないとの申込者による約束とみなした。ウィーン条約およびユニドロワ

原則の文言は両者の妥協であったといわれる。申込は撤回することができるとするが、その規定は、単なる承諾期間の設定が申込を撤回不能とするかどうかの論争について決着をつけていない。これに対してヨーロッパ原則は、このような疑問を取り除き、承諾期間の設定はその期間中申込を撤回不能とすると規定したのであり[15]、この点ウィーン条約やユニドロワ原則より改善されていると考えられる。

　ユニドロワ原則2.1.5条によれば、申込は、その拒絶が申込者に到達した時に、効力を失う。

　本条は、ウィーン条約17条（申込の失効）に相応する。明示の拒絶がない場合には、被申込者の言明や行為は、被申込者が申込を承諾する意思をもっていないという申込者の確信を正当化するようなものでなければならない。可能な代替策があるかどうかを単に尋ねるような被申込者の返事は、そのような確信を正当化するには通常不十分とされる[16]。

　ヨーロッパ原則も同様の規定を定めている（2:203条）。

3　申込の承諾

(1) 承諾の様式

　ユニドロワ原則2.1.6条1項によれば、申込に対して同意を示す被申込者の言明その他の行為は、承諾である。沈黙または不作為は、それだけでは承諾とならない。

　申込の受取りの単なる認知や申込に対する関心の表現は、承諾として十分ではない。承諾は、無条件でなければならず、申込者または被申込者のいずれかによってとられるべき次のステップを条件とすることはできない。また、承諾とみなされるためには、申込の条項の変更を含んではならず、あるいは少なくとも申込の条項を実質的に変更するようなものを含んではならない[17]。同意を示す行為は、代金の前払、物品の船積みや工場での作業の開始などのような履行行為からなるのがしばしばである。沈黙が承諾となることを当事者が合意し

ている、あるいはそのような効果を生ずる取引過程や慣習が存在する場合には、沈黙も承諾となりうる。しかし、申込者が、被申込者から回答がない場合には申込は承諾されたものとみなされると申込で一方的に述べるだけでは十分ではないのである[18]。

　ヨーロッパ原則においても、被申込による言明または行為のいかなる方式も、それが申込に対する同意を示しているならば、承諾である。沈黙または不作為は、それだけでは承諾とならない（2:204条）。承諾は無条件でなければならない。承諾は、被申込者もしくは被申込者の取締役会による最終の承認を条件とすること、あるいは申込者が第三者の承認が要求されることを知らなかったときはその第三者の承認を条件とすることはできない[19]。

　ユニドロワ原則2.1.6条2項によれば、申込の承諾は、同意の表示が申込者に到達した時に効力を生ずる。単なる行為による承諾は、その通知が申込者に到達したときにのみ効力を生ずるのが原則である。しかしながら、その例外として、申込に基づき、または当事者間で確立した慣行もしくは慣習の結果として、被申込者が、申込者に通知することなしに行為をなすことにより同意を示すことができる場合には、その行為がなされた時に承諾は効力を生ずる（2.1.6条3項）。このような場合被申込者が迅速に知らされていたかどうかは関係がない。本条は、ウィーン条約18条1項、2項前段および3項（承諾の要件と効力発生時期）に相応する。

　ヨーロッパ原則においても、ユニドロワ原則より明瞭に同様の内容を規定している。承諾が被申込者により発せられたときには、契約は、その承諾が申込者に到達した時に締結される。行為による承諾の場合、契約は、その行為の通知が申込者に到達した時に締結される。申込により、または当事者間で確立した慣行もしくは慣習により、被申込者が、申込者に通知することなしに行為を行うことによって申込を承諾できるときには、契約は、その行為の履行が始まる時に締結される（2:205条）。注文された物品の生産や被申込者によるその他の準備のような行為の通知が、承諾期間内に申込者に到達しないときには、被申込者による明示の同意が必要である。被申込者が履行を始めるのであれば、自らのリスクでそうすることになる[20]。

　ユニドロワ原則2.1.10条によれば、承諾は、その中止が承諾の効力の発生前

または発生と同時に申込者に到達するならば、中止することができる。

　本条は、2.1.3条と同じ原則を規定するものであり、ウィーン条約22条（承諾の中止）に相応する。

(2) 承諾期間と遅延した承諾

　ユニドロワ原則2.1.7条によれば、申込は、申込者が定めた期間内に、または期間の定めがない場合には、申込者が用いた伝達手段の迅速性を含む事情を考慮して合理的な期間内に、承諾されなければならない。口頭の申込は、別段の事情がない限り、直ちに承諾されなければならない。

　本条は、ウィーン条約18条2項後段に相応する。上記ユニドロワ原則2.1.6条3項に従って、被申込者が、申込者に通知することなく行為をなすことにより同意を示す場合にも本条は適用され、その行為はそれぞれ承諾期間または合理的期間内に完了しなければならない[21]。

　なお、ウィーン条約20条（申込の承諾期間の計算方法）に相応する、承諾期間の起算に関する規定が2.1.8条に設けられている。すなわち、申込者により定められた承諾期間は申込が発せられた時から起算する。申込に示された時は、別段の事情がない限り、発信の時とみなされる。これに対してヨーロッパ原則では、被申込者に宛てられた書面に定められた期間はその書面の日付から起算するが、そのような日付が示されていない場合には、書面が被申込者に到達した時から起算する（1:304条1項）という点において異なっている。

　ヨーロッパ原則は、行為による承諾のタイムリミットについて明文の規定を設けている。効力を生ずるために、申込の承諾は、申込者により設定された期間内に申込者に到達しなければならない。申込者により期間が設定されなかったときには、承諾は合理的な期間内に申込者に到達しなければならない。2:205条に基づく履行の行為による承諾の場合には、その行為は、申込者により設定された承諾期間内または合理的な期間内に履行しなければならない（2:206条）。

　ユニドロワ原則2.1.9条によれば、遅延した承諾といえども、申込者が、不当に遅滞することなく、被申込者にこれを有効なものとして扱うことを伝えるか、またはその旨の通知を与えた場合には、承諾として有効である。遅延した承諾を含む手紙その他の書面が、通信が通常であれば適切な時期に申込者に到達し

たであろう状況の下で発信されたことを示しているときには、申込者が不当に遅滞することなく、申込はすでに失効したものとして扱う旨を被申込者に伝えない限り、遅延した承諾も承諾として有効である。

　所定の承諾期間または合理的な期間後に申込者に到達した承諾は効力を有せず、申込者により無視されるのが原則であるが、本条は、その例外を定めるものであり、ウィーン条約21条（遅延した承諾）に相応する。

　ヨーロッパ原則においても遅延した承諾について同様の規定が定められている（2:207条）。

(3) 変更を含む承諾と確認書

　(a) 変更を含む承諾

　ユニドロワ原則2.1.11条によれば、申込に対して承諾と称してなされた回答が、付加（additions）、制限（limitations）またはその他の変更（modifications）を含むときは、申込の拒絶であり、反対申込（counter-offer）となる（1項）。しかしながら、申込の条項を実質的に（materially）変更しない付加的な条項や異なる条項を含む、申込に対して承諾と称してなされた回答は、承諾となる。ただし、申込者が、不当に遅滞することなくその齟齬に異議を述べたときはこの限りではない。申込者が異議を述べない場合には、承諾に含まれた条項によって変更された申込の条項が契約の条項となる（2項）。

　本条は、ウィーン条約19条1項および2項（申込の条件付承諾）に相応する。承諾は申込のミラー・イメージ（鏡像、mirror image）でなければならないとする原則は、申込と承諾の間の重要でない齟齬さえも、いずれかの当事者が後になって契約の存在を疑問視することを可能とする。本条2項は、市場環境が不利に変化したという理由だけで、当事者がそのような結果を求めることを避けるために、1項の原則の例外を規定するのである。

　なにが実質的な変更となるかは、抽象的に決定することはできないが、各ケースの状況いかんによっている。支払の価格や仕方、非金銭的債務の履行の場所と時期、一方当事者の他方に対する責任の程度または紛争解決は、申込の実質的変更となるのが通常であるが、必ずしもそうなるわけではない。この点において考慮すべき重要な要素は、付加的条項や異なる条項が当該取引分野にお

いて共通に用いられているかどうか、そして申込者にとって不意打ち（surprise）とならないかどうかである[22]。

　ヨーロッパ原則においては、より明瞭な文言で「変更を含む承諾」についてのルールが規定されている。申込の条項を実質的に変更する付加的または異なる条項を述べる、または暗示する、被申込者による回答は、拒絶かつ新しい申込である。申込に対して明確な同意を与える回答は、付加的または異なる条項を述べる、または暗示するものであっても、それらが申込の条項を実質的に変更しないならば、承諾として働く。しかしながら、そのような回答は、(a) 申込が承諾を申込の条項に限定することを明示している、(b) 申込者が、遅滞なく付加的または異なる条項に反対する、または (c) 被申込者が、付加的または異なる条項に対する申込者の同意を条件として承諾をなし、かつその同意が、合理的な期間内に被申込者に到達しないときには、申込の拒絶として取り扱われる（2:208条）。

　実質的でない付加や変更が契約の一部となるという概念は広く受け入れられてきた。そのような追加・変更は、契約を明確にして解釈する試みまたは省略された条項と考えられる条項を補充する試みであるのがしばしばである。申込者は、不合意を表明するに値するとみるならば、そのような条項に対して反対すべきである。

　実質的な条項とはなにかについて、ウィーン条約のようなリストを掲げることも考えられる。すなわち、「付加的または異なる条項であって、とくに代金、支払、物品の品質または数量、引渡しの場所および時期、一方当事者の相手方に対する責任の限度、または紛争の解決に関するものは、申込の条項を実質的に変更するものとみなされる（19条3項）」。このように規定すると、ほとんどすべての変更はこれらの条項にかかわり、実質的ではない変更を想像することは困難である。

　したがって、このようなリストは、例示としてのみ存在しうると考えるべきであって、むしろこのような条項は不要と考えられる。例えば、紛争の解決に関する条項はしばしば実質的ではあるが、当該国際取引の当事者間において、慣習的ではないものの、仲裁に紛争を付託することが通常であるならば、被申込者の回答における仲裁条項の付加は、契約の条項を実質的に変更するもので

第3章　契約の成立　93

はないと考えられる[23]。

> [解説例]
> 　Aは、Aの施設でテストをする条件で機械をBに注文した。Bは、注文の受取り通知において申込の条項を承諾することを表明したが、当該機械のテスト時に立ち会いたい旨付け加えた。その付加的条項は、申込の実質的な変更ではなく、Aが不当に遅滞することなく異議を述べなければ、契約の一部となる。
> 　上記と同じ状況において、Bが仲裁条項を付け加えた場合、別段の定めがない限り、そのような仲裁条項は申込の実質的変更となり、Bの承諾と称するものは反対申込となる。
> 　これに対し、Aが一定量の小麦をBに注文し、注文の受取り通知において、Bは当該商品分野で標準的な慣行である仲裁条項を付け加えた場合、Aはそのような条項によって不意打ちとなることはありえないので、それは契約条項の実質的な変更ではなく、Aが不当に遅滞することなく異議を述べない限り、仲裁条項は契約の一部となるのである[24]。
> 　仲裁条項の付加は、仲裁条項を契約に織り込むことが当該国際取引分野において標準的な慣行であるかどうかにより、申込の実質的な変更になるか否かが決まることになるので、契約の内容と取引分野の慣行に留意する必要がある。

（b）変更を含む確認書

　契約締結後に確認書を送ることは、国際取引においては共通の慣行である。このような確認書の目的は、それまでに交渉されたことを書面にし、合意されたものの証拠を確実にし、契約の条項を記述することにより疑問や誤りの可能性を除去・軽減することである。確認書に含まれた条項が実際に合意されたものと一致する場合には問題は生じない。しかし、契約の署名前またはそれと同時に、契約の条項を変更または追加する確認書が送られてくるのがしばしばである。そのような変更は、新しい要素や一般的条件を含むことにより、あるいは以前には当事者により議論されなかった、もしくは契約に含まれると明示されなかった一連の一般的条件や合意されたものと異なるものを定める条件を付加することによってなされる。

ユニドロワ原則2.1.12条によれば、契約締結後合理的期間内に送付され、契約の確認（confirmation）と称する書面が、付加的な（additional）条項や異なる（different）条項を含む場合、それらの条項が契約を実質的に変更することなく、またはその受取人が不当に遅滞することなくその齟齬に異議を述べないならば、それらの条項は契約の一部となる。

　本条は、契約が口頭によりまたは合意の本質的な条項に限定された書面の交換によってすでに締結され、そしてその後一方の当事者が、すでに合意されたものを単に確認することを本来意図しているが、実際には以前に合意されたものに付加する条項またはそれらと異なる条項を含む書面を相手方に送付する場合を取り扱っている。このような状況は、未だ契約が締結されていない場合の2.1.11条の状況とは明らかに異なるが、実際に両者の状況を区別することは難しいことから、本条は、2.1.11条にみられるのと同じ解決策を採用するのである[25]。

　しかし、本条は、確認書を送付する当事者が、承諾のためにそれに署名して送り返すよう相手方に明白に求めている場合には、適用されない。そのような場合においては、その書面が契約書であるべきならば、名宛人によって明白に承諾されなければならないので、当該書面が変更を含むかどうか、その変更が実質的かどうかは関係がないからである。

　確認書は契約締結後合理的期間内に送られることを前提としており、不合理に長い期間後に送られたこの種の書面はいかなる意味も失うことになる。確認書という文言は、広い意味で理解されるべきであり、例えば、当事者が、口頭によりまたは非公式の通信によって締結された契約の条件を特定するための履行に関する送り状（invoice）やその他類似の書面を用いる場合も含まれる[26]。

　ヨーロッパ原則においても変更を含む確認書のやりとりのプロセスを踏まえて、ユニドロワ原則と同様の趣旨の規定を設けている。専門職業人（professionals）が契約を締結したが、それを最終文書（final document）に具体化していなかった、そして一方が遅滞なく相手方に、契約の確認とみられるが、付加的または異なる条項を含む書面を送付するとき、そのような条項は、契約の条項を実質的に変更していない、または名宛人が遅滞なくそれらに反対しないならば、契約の一部となる（2:210条）。

専門職業人の確認書がその受取人を拘束するためには、次のような要件を満たす必要がある[27]。①専門職業人と消費者間の関係や私的な個人間の関係と区別された、専門職業人間、すなわち、ビジネスの能力をもって活動する者の間におけるやりとりであること、②確認は書面でなされること、③契約が、すべての契約条項の記録である文書に具体化されなかったという意味において不完全であること、④確認書が、交渉後遅滞なく受取人に到達し、交渉に言及していること、⑤受取人が、先行する交渉において合意した条項から付加または変更する条項に遅滞なく反対をしない、またはそれらの条項が、合意した条項を実質的に変更しないこと。

(4) 特定事項に関する合意と未確定条項

ユニドロワ原則2.1.13条によれば、交渉過程において、特定事項（specific matters）に関する合意または特定方式（particular form）による合意に達するまで契約は締結されない旨を当事者の一方が主張するときには、それらの事項に関してまたはそのような方式による合意が到達する前には契約は締結されない。

合意が取引の詳細のすべてについて達する必要はないという事実は、いつ契約を締結したかを当事者は知らないかもしれないということを意味する。実際、一方の当事者は、申し込んだ特定の条項のすべてが合意され、残りの条項は必要ならば黙示の条項で充足されるので、契約が締結されたと考えるが、他方の当事者は残りの条項について交渉を続けることを期待していることがありうる。本条は、このようなリスクに対する保護策を提示している。当事者が予期に反して契約関係に引きずり込まれることを避けたいと望むならば、当該当事者は、重要と考える問題に関しては必ず合意に到達する必要がある、つまりそのような特定の条項について合意に達しなければ契約は成立しない、ということを事前に特定しておかなければならないのである[28]。

複雑で長い交渉においては、一方の当事者が、交渉の早い段階においてさえもその立場をレター・オブ・インテント（Letter of Intent）に書いておきたい、また両当事者が、すでに合意した要素をメモランダム（Memorandum of Understanding）に織り込みたいと望む場合がある。当事者はすでに合意に達したものを書面に書いておくことが有用であると考えるがゆえに、このような文

書を起案するのである。しかし、当事者はこれらの文書が法的拘束力をもつことを必ずしも望むわけではない。そして当事者は、これらの文書が「正式の契約締結を条件とする（subject to formal contract）、あるいは取締役会の承認を条件とする（subject to Board approval）」と言明することによってそのような意思を表示するのである。

　このように契約当事者は、長い交渉の後それまでに到達した合意の条項を含むが、同時に後の段階における正式な書面の締結を条件とする意思を表示するものとして、上記のような「レター・オブ・インテント」や「メモランダム」などと呼ばれる非公式な書面に署名するのがしばしばである。両当事者が契約をすでに締結したものとし、非公式な書面の署名をすでに完全な合意の確認と考える場合もあるが、両当事者または一方が、正式な書面が作成されないのであれば拘束されない意思であることを明瞭にする場合には、当事者が取引に関連するすべての面について合意していたとしても、契約は未だ存在してないことになる[29]。2.1.13条によれば、かかる文書は、要求される形式が満たされなかったときには、原則として法的拘束力を有しない。もっとも、そのような場合でも、裁判所が、そのような文書に記述されたものの履行を通じて事実上の契約が締結されていたことを容認することは排除できないとされる[30]。

　ユニドロワ原則2.1.14条によれば、両当事者が契約を締結する意思を有する場合、意図的に（intentionally）ある条項を将来の交渉による合意または第三者の決定に委ねているという事実は、契約の成立を妨げるものではない。両当事者の意思を考慮して、その条項を確定する、当該状況の下において合理的な代替策があるならば、その後両当事者がその条項につき合意に達しない、または第三者がその条項を決定しないという事実によっては、当該契約の存在は影響を受けない。

　このような未確定の条項が、黙示的債務に関する5.1.2条に従って補充されるときには、そのような代替策が存在することになるが、一定の契約がそのような代替策に委ねることによって維持されるケースは、実際には稀であると考えられる。補充されるべき条項の重要性が小さい限りは、ほとんど問題は生じないが、問題の条項が当該取引のタイプに本質的な場合には、当該契約を維持するという両当事者の意思について明白な証拠が必要とされると考えられる。こ

の場合考慮すべき要素は、当該条項が、その性質から後の段階でのみ決定できる条項にかかわるのかどうか、あるいは合意の一部がすでに履行されたかどうかなどである[31]。

> [解説例]
> 　長期間の交渉の後、AとBは、X国の大陸棚の探査と開発のためのジョイントベンチャー契約の条項を含むメモランダム（Memorandum of Understanding）に署名した。当事者は、公の儀式で署名し交換する書面を後の段階で作成することに合意している。当該メモランダムが合意に関連するすべての条項をすでに含んでおり、後の書面は、単に合意を適切に公に開示するために意図されているものにすぎない場合には、契約は、最初の書面が署名された時にすでに締結されたと考えることができる。
> 　これに対して、当該メモランダムが「最終の契約が締結されるまでは拘束されない」[32]などのような条項を含む場合には、正式な書面の署名と交換があるまでは、拘束力ある契約は未だ存在しないことになる[33]。
> 　本ケースのように実際には必ずしもメモランダム上その法的拘束力が明確な文言で表現されているわけではない。上記のような条項は含まれていないが、実質的な条項はすべて合意されている場合でありながら、当事者は当該メモランダムには法的に拘束されることを望まないことがある。このような場合当該メモランダムには法的拘束力がない旨当事者の意思を明確にしておく必要があると考えられる。

4　契約交渉における義務

　不誠実に（in bad faith）交渉を行った、または打ち切った当事者に対して責任を負わせるような規範を有している法制度が存在する。ある法制度は他の法制度よりも容易にそのような責任を受け入れる。例えば、イギリス法は、交渉が誠実に行われることを要求していないようにみえるが、ドイツ法、フランス法やイタリア法は、不誠実に交渉を行い、または交渉を打ち切る契約前の責任

について綿密なルールをもっている。しかし、そのような責任を認容する法制度の間でさえも、相手方当事者にとって関心のあるすべての情報を伝達する義務をどの程度負うのか、第三者とも並行して交渉していることを相手方にどの程度開示すべきか、そして故意であれ不注意であれ、事実の不実表示に対してどの程度責任を負うのかについて統一した見解は存在しないといわれる[34]。

ユニドロワ原則もなにが不誠実を構成するかに関して詳細なルールを作り上げていないが、当該原則が適用される場合には、次のような基本的ルールを設けている。

第一に、当事者は、相手方と合意に達する意図がないときには交渉を行い、または継続するべきではない（2.1.15条3項）。このルールは、決して合意を受け入れない意図を有しながら交渉する当事者を許さないのであり、交渉が失敗することが明らかになり次第、当事者は交渉を中止する義務を有する。しかしながら、ユニドロワ原則は確かに失敗するような交渉を禁じているのみであって、その結果が不確かである交渉を非難しているのではない。したがって、同時並行の交渉は、少なくともその内の一つは間違いなく不成功になるのであるが、そのような交渉そのものはこの意味においては非難されていないと考えられる。

第二に、突然かつ正当な理由なく交渉を打ち切る当事者は、相手方が交渉の成果およびすでに合意した点を当てにしているときには責任を負わされる（2.1.15条2項）。

第三に、当事者は、交渉の過程で得られた秘密情報を開示する、または不適切に使用するときには責任を負わされる（2.1.16条）。

(1) 不誠実な交渉

ユニドロワ原則2.1.15条によれば、当事者は自由に交渉することができ、合意に達しなかったことの責任を負わない（1項）。しかしながら、不誠実に交渉を行い、または打ち切る（break off）当事者は、相手方当事者が被った損失につき責任を負う（2項）。とくに、相手方当事者との合意に到達しない意思を有しながら交渉を開始または継続することは、不誠実とされる（3項）。

本条は、ユニドロワ原則1.7条に規定される信義誠実と公正取引の原則に従う

ものである。不誠実の一つの例は、一方の当事者が、事実を実際に不実に表示すること、または開示されるべきであった事実を開示しないことによって、契約の性質もしくは条項について相手方当事者を誤らせた場合である。被害を被った当事者は、交渉における費用および第三者と他の契約を締結する機会の喪失、つまり信頼利益（reliance interest）を回復することができるが、元々の契約が締結されていたならば生じたであろう利益、つまり期待利益（expectation interest）を回復することは一般的にできない[35]。

　当事者が突然かつ正当な理由なく交渉をもはや自由に打ち切ることができない時点、つまり戻ることのできない時点がいつきたるかは、各ケースの状況、とくに相手方当事者が、一方当事者の行為の結果として交渉の成果および両当事者間ですでに合意に達した将来の契約に関する問題をどの程度頼りにしているかによっている[36]。

　ヨーロッパ原則においても、ユニドロワ原則と同様の文言により信義誠実に反する交渉に対する責任の規定が設けられている（2:301条）。

［解説例］

　Aは、レストランを売りたいとのBの意思を知り、そのレストランを買うというなんらの意思もなかったが、Aの競争者であるCにBがそのレストランを売ることを妨げるという唯一の目的でBとの長い交渉を開始した。Cが別のレストランを買った時に交渉を打ち切ったAは、Bが最終的にCの申込価格より低い価格でそのレストランを売ることに成功したけれども、その価格の差額につきBに対して責任を負うのである。

　本ケースは、買手Aには当該レストランを購入する意思はもともとなく、競争者のCの手に渡ることを単に防止するだけという不当な目的によるものであるから、詐欺的な意思表示による責任を問うという構成も可能と考えられる。

　上記に対し、当事者の一方に交渉の過程においては契約締結の意思は当初あったのであるが、最後の段階でいわば形式を理由として交渉の成果を不当に打ち切る例が見受けられる。

　Aは、Bの支店から融資を得るべく長い交渉を開始した。最後の瞬間に、当該支店は、それ自身では署名をする権限を有していないこと、および本店が契約書案

を承認しないことに決定したことをAに開示した。Aは、別の銀行から融資を得ることができたが、交渉にかかった費用および別の銀行からの融資前にその遅延した期間に得たであろう利益を回復する権利がある[37]。

本ケースは、当該支店の無権限を口実とした打ち切りのようにみえるが、ビジネスの実際においてこのような例が生ずることもありうる。当事者は、交渉の相手方が契約締結の権限を有しているかどうか、条件付きであるならばどのような条件かを交渉の当初の段階において相手方により表示させておく必要がある。

［判決例］

イタリアの会社が、ドイツの会社に対してイタリアの裁判所に、原告のイタリアの会社にリースされる予定の鋳造プラントの販売契約をリース会社と締結することをドイツの会社が拒絶した結果として被った損失の賠償を求めて、訴えを提起した。原告によれば、ドイツの会社は、長い交渉の後、リース会社によりなされたすべての提案を拒絶し、交渉を不誠実に打ち切り、それによってドイツの会社とリース会社間で当該販売契約が締結されるという原告の正当な期待を侵害したというものである。

被告ドイツの会社がイタリア裁判所には管轄権がないとして異議を申し立てたので、原告イタリアの会社は、イタリア裁判所が本件について管轄権がある旨の宣言をイタリア破棄院（最高裁判所）（Corte di Cassazione）に申し立てた。原告は、イタリア民法1337条による被告の契約前の責任を追及し、そしてブリュッセル条約[38] 5条3項の下、侵害事件が生じた場所とは、侵害されたと主張する者が損失を被った場所、つまり原告の営業所であると申し立てた。

イタリア破棄院は、契約前の責任を追及する訴えが、ブリュッセル条約5条1項の不法行為にかかわる事項の範囲に該当するのか、または5条1項の契約にかかわる事項の範囲に該当するのかの予備的裁定を求めて欧州裁判所（European Court of Justice）に付託した。法務官（Advocate General）は、欧州裁判所が契約前責任の不法行為的性格を決定するようその意見を提案したが、その意見は、交渉中の信義誠実に行動する義務および不誠実に交渉を打ち切ったことに対する責任は、当事者間の合意から生じるのではなく、法によって課されるという議論に基づいており、その支持のため、とりわけユニドロワ原則2.1.15条2項およびそのコメントを

引用した。

　欧州裁判所は、明示にユニドロワ原則に言及することはなかったが、この法務官の提案に従ったのである[39]。

　本ケースにより、欧州裁判所は、契約交渉段階における当事者の信義誠実義務違反が不法行為的性格を有することを間接的に認めたものと考えられる。

(2) 秘密保持義務

　ユニドロワ原則2.1.16条によれば、情報が、交渉の過程において一方当事者により、秘密のものとして提示された場合、相手方当事者は、後に契約が締結されたか否かにかかわらず、その情報を開示しない、また自らの目的のために不適切に用いないという義務に服する。この義務違反に対する救済は、適切な場合には、相手方当事者の取得した利益に基づく賠償を含むことができる。

　被害を被った当事者がなんらの損失を被らなかったとしても、被害当事者は、この義務の不履行当事者が情報を第三者に開示することによりまたは自らの目的のために用いることによって取得した利益を回復する権利がある。必要ならば、例えば、情報がまだ開示されていない時または部分的にのみ開示された時には、被害当事者は、準拠法に従って差止めを求めることもできる[40]。

　ヨーロッパ原則においても、ユニドロワ原則と同様の規定が定められている。秘密情報が、交渉の過程において一方の当事者により相手方に与えられたとき、相手方当事者は、その後契約が締結されたかどうかにかかわりなく、その情報を開示しない、また自らの目的のために使用しない義務を負う。この義務違反に対する救済は、被った損失に対する補償および相手方が受け取った利益の回復を含むことができる（2:302条）。

　当事者は、与えた情報が秘密に保たれ、それを相手方は用いることができない旨明示に言明することができる。そのような言明がないときでも、受け取った相手方は、一定の情報を秘密のものとして取り扱う黙示の義務を負う場合がある。このような黙示の義務は、当該情報の特殊な性格や当事者の専門家としての地位から生ずることがある。そのような場合には、受け取った相手方は、情報が秘密のものであることを知っている、もしくは知るべきであったという

ことになる[41]。

5　典型的な条項

(1) 完結条項

　ユドロワ原則2.1.17条によれば、書面による契約中に、その書面は両当事者が合意した条項を完全に具体化する旨の条項が含まれるときには、その契約は、それに先行する言明または合意についての証拠によって否認されまたは補充されてはならない。しかしながら、そのような言明または合意は、この書面を解釈するために用いることができる。このような完結条項（merger clause）は、当事者間の先行する言明または合意のみを対象とするものであり、その後の非公式の合意を排除するものではない。本条は、完結条項がない場合に、書面契約を補充または否認する付帯的証拠は容認されるという意味において、1.2条（契約方式の自由）に述べる原則を間接的に確認している[42]。

　証拠の認容形態を制限する完結条項は、コモンロー制度における契約当事者によりしばしば用いられるが、大陸法制度においては比較的知られていない。コモンロー制度における口頭証拠の原則（parol evidence rule）は、完結条項が存在しない契約において適用されるが、この原則を適用するためには、裁判官は、書面契約が合意のすべての条項を反映しているか、またはその一部を反映しているにすぎないかを決定しなければならない。前者においては、そうでない証明がなされないならば、書面契約における変更を認める可能性もなく、完全に統合されているとみなされる。後者においては、契約は、部分的に統合されているにすぎないとみなされ、書面に書かれた条項に反するものを拒否し、当事者が契約に合致する追加の条項に合意するように変更することができる[43]。

　ヨーロッパ原則も同様だが、より詳細な完結条項を設けている。書面契約が、書面がすべての契約条項を具体化していると述べる、個別に交渉された条項（完結条項）を含むときには、書面に具体化されていない先行する言明、引受けまたは合意は、契約の一部を形成しない。完結条項が個別に交渉されてないと

きには、当事者は、先行する言明、引受けまたは合意が契約の一部を形成しないことを意図していたという推定を確立するにすぎない（このルールは、排除または変更することができない）。当事者の先行する言明は、契約を解釈するために用いることができる（このルールは、個別に交渉された条項による場合を除いて排除または変更することができない）。当事者は、その言明または行為により、相手方がそれらに合理的に依拠した限りにおいて、完結条項を主張することを妨げられる（2:105条）。

　完結条項は、契約が締結された時になされたものであっても、契約とは別のものである先行する合意や言明には適用されない。他方で、先行する合意が契約と関係を有するものであり、書面契約の中にそれを含むのが当然であるときには、完結条項が適用されることになる。

(2) 変更条項

　ユニドロワ原則2.1.18条によれば、書面による契約中に、合意による変更または解消は特定の方式（particular form）によるべき旨の条項が含まれるときには、その他の方法により変更または解消することはできない。しかしながら、当事者は、相手方当事者がその行動に対し信頼して行動した限度において、そのような条項を援用することを妨げられる。本条は、ウィーン条約29条2項（合意による変更と解消）に相応し、そのような条項が口頭による変更や解消を効力のないものとし、口頭による変更または解消が書面による変更条項の黙示の廃棄とみなしうるという考えを拒否する[44]。

　ヨーロッパ原則はこれらに対して、このような変更条項は反証可能な推定にとどまるとしている。すなわち、合意による変更または解消が書面によってなされることを要求する書面契約の条項は、契約を変更または解消する合意が、それが書面でないならば法的拘束力を生ずることを意図していないとの推定（presumption）を証するにすぎない。当事者は、その言明または行為により、相手方当事者がそれらを合理的に信頼した限度において、そのような条項を主張することを妨げられる（2:106条）。

　このような変更条項は、とくに長期契約においてしばしばみられるが、本条の下では、書面契約を変更または解消するために、後の口頭の合意または行為

によりなされた合意は、法的効力を生ずることを意図していなかったという反証可能な推定を証するにすぎない。当事者が後に他の形式を用いることをはっきりと決心したときには、書面を用いるという当事者の合意があるからといって、当事者がその書面に縛られたままにしておくことは信義誠実の精神に反する。したがって、両当事者が契約を変更または解消することに合意したが、書面を用いないという方式によるものであることが証明されるならば、そのような合意に効力を与えることが必要であると考えられる[45]。

[解説例]
　建設契約が、「本契約は、両当事者により署名された書面によってのみ変更できる」と規定する条項を含んでいる。その後、両当事者は、オーナー（owner）に有利な変更に口頭で合意した。さらにその後、コントラクター（contractor）が自己に有利な変更を口頭で主張したとき、オーナーは「口頭による変更なし（no oral modification）」条項を主張した。
　コントラクターは、自己に有利な第二の口頭合意がオーナーを拘束することを証明するために、第一の口頭合意の履行を主張することができる。コントラクターは、実際に、「口頭による変更なし」条項がすでに廃棄されたという状況を信頼したからである[46]。
　本ケースは、ヨーロッパ原則2:106条の文字通りの適用により、またユニドロワ原則2.1.18条の適用においてもコントラクターは口頭による変更を主張することができるが、実際のビジネスの観点からは、同様な必要性が生ずることによる紛争を避けるために、第一の口頭合意による変更の時点で、本来の建設契約における変更条項を改定すべきと考えられる。

(3) 定型条項

（a）定型条項（standard terms）による契約
　ユニドロワ原則2.1.19条によれば、一方または双方の当事者が契約の締結にあたり定型条項を用いるときには、契約の成立に関する一般的規定が、2.1.20条ないし2.1.22条に従いつつ適用される。定型条項とは、一方当事者により一般

的かつ反復的使用のため予め準備された条項であり、相手方当事者との交渉なしに実際に用いられる条項である。

このような定型条項は、相手方当事者がそれを全体として承諾しなければならないものであるが、同じ契約の中に定型条項以外の条項がある場合には、それらの条項は当事者間の交渉に従うことになる。

契約文書に含まれた定型条項は、全体としての契約文書の単なる署名により、定型条項がその署名の上に再生されている限り、拘束力を有するのが通常であるが、定型条項が署名の上にはなく契約文書の裏面にある場合には拘束力を有しないとされる。別の文書に含まれる定型条項は、それらを用いようとする当事者によって契約文書の一部として明白に言及される必要がある[47]。

ヨーロッパ原則においても、個別に交渉されなかった契約条項は、それを主張する当事者が、契約締結時または以前にそれに相手方の注意を向けさせるために合理的な手段をとったときにのみ、それを知らなかった当事者に対して主張することができる。契約条項は、契約文書における単なる言及によっては、たとえ当事者が署名していても、適切に当事者の注意を向けさせたものではないとされる（2:104条）。

契約条項は、契約文書における単なる言及によっては、当事者のために署名されていたとしても、相手方が前もってそれを知っていなければ、適切に相手方の注意を向けさせたものとはならない。相手方が言及された条項を知らないときには、それを契約文書の中に含めるか、あるいはそれを相手方に知らせる他の手段をとらなければならないのである[48]。

［解説例］
　Aは、別の文書として印刷された自身の定型条項に基づきその顧客と契約を締結するのが通常である。新しい顧客Bに申込をした時、Aはその定型条項に明示の言及をしなかった。Bは申込を承諾した。この場合、同じ定型条項が前の取引で規則的に採用されていたことから、A自身の定型条項のみに基づき契約を締結するというAの意思についてBは知っていた、または知るべきであったということをAが証明できない限り、その定型条項は契約に織り込まれたことにならない。
　上記に対して、Aは、ロンドンの穀物取引所で穀物を買う予定であり、Aとその

取引所のブローカーBとの間で締結された契約において、当該取引所で締結されるブローカー契約を対象とする定型条項に対する明示の言及がなされなかった場合、それにもかかわらず定型条項は、当該契約のタイプへの適用が慣習となっているので、契約に織り込まれたことになる[49]。

これらのケースによれば、定型条項が契約の条項を構成するには、当事者の一方による明示の言及と相手方当事者に対する注意喚起が必要であり、あるいは当該契約のビジネスにおける慣習による双方の当事者の認知が要求される。

［仲裁例］

フランスのメーカー（被申立人）とアメリカの会社（申立人）は、被申立人が北アメリカにおいてハイテク製品を販売する独占的権利を申立人に許諾するディストリビューターシップ契約を締結した。契約上の権利の譲渡には相手方当事者の書面による承諾を必要とする定型条項の文言にもかかわらず、ディストリビューターである申立人は、契約上の権利をX社に譲渡した。いずれの当事者がディストリビューター業務の欠如に対して責任があるかについて紛争が生じたとき、申立人は契約の取消しの確認を求めて仲裁を申し立てた[50]。

仲裁廷は、独占的ディストリビューターシップ契約がX社に有効に譲渡されたと判断したが、その結論に達するために、被申立人が当該契約の譲渡に異議を唱えなかったことのみならず、とりわけX社との通信のやりとりによりその承諾を繰り返し表明したことになる点を指摘した。さらに、仲裁廷は、譲渡禁止条項が一方当事者により相手方との交渉なくして前もって起案されるのがしばしばであり、かかる条項は両当事者の共通の意図の表明とは考えられないとし、その分析を擁護するために、ユニドロワ原則2.1.19条を引用することが適当であると述べている。

メーカーにとってディストリビューターの変更は重大な関心事であり、とりわけ独占的ディストリビューターの場合には、当該地域における販売をすべてそのディストリビューターに委ねることになるので、契約上の権利の譲渡禁止は絶対的に必要である。譲渡禁止条項の文言がありきたりであるからとして、不用意に定型条項に入れることは避けるべきであり、個別の交渉事項として具体的に交渉の対象とすることが必要と考えられる。

（b）定型条項に含まれる不意打ち条項（surprising terms）

　ユニドロワ原則2.1.20条によれば、定型条項に含まれる条項のうち、相手方当事者が合理的に予期しえなかったような性質の条項は、それが相手方により明示的に承諾されない限り、効力を有しない。ある条項がこのような性質のものかどうかを決定するに際しては、その内容、言語および表示の仕方を考慮しなければならない。

　相手方当事者の定型条項を承諾する当事者は、それらの内容を詳細に実際に知っていたか、またはそれらの意味を十分に理解していたか否かにかかわりなく、それらの条項に拘束されるのが原則である。本条は、この原則に対する例外を規定するものであり、この例外の理由は、定型条項を用いる当事者が、相手方当事者がその定型条項に気づいたならば承諾することはほとんどないような条項を密かに相手方に課そうと試みることによって、その地位による不当な利益を取得することを阻止しようとすることである[51]。

　その内容により不意打ちとなる条項とは、履行する当事者と同じ種類の合理的な者が当該定型条項のタイプにおいて予期しなかったであろうというようなものとされる。ある条項が通常のものでないか否かを決定するにあたり、一方では当該取引分野で一般的に用いられる定型条項において共通してみられる条項、他方では当事者間の個々の交渉を考慮する必要がある[52]。

　その言語または表示の仕方により不意打ちとなる条項とは、不明瞭な言語や微小な印刷で表示される方法である。このような条項に該当するかどうかは、当該定型条項のタイプに共通して用いられる記述や表示の仕方にあまりに重きを置くべきではなく、履行する当事者と同じ種類の者の専門的な技量と経験をより考慮すべきである。つまり、特定の文言は、不意打ちを主張する当事者が定型条項を用いる当事者と同じ専門的分野に属するか否かによって、同時に不明瞭とも明瞭ともなりうるからである[53]。

［解説例］
　旅行代理業者Aはビジネス旅行のパッケージ・ツアーの申込をした。広告の条項は、Aがパッケージ・ツアーを構成するさまざまなサービスに対して全責任を引き受けるツアー主催者として行為をしているような印象を与えている。BはAの定

型条項に基づいて旅行を予約した。Bは全体としてのその条項を承諾したのであり、Aは、ホテルの宿泊に関してホテル経営者の代理人として行為をしているだけであると述べる条項を主張することによっては、責任を否定することはできない。

一方、X国で営業する保険会社AはY国で設立したBの関係会社であるが、Aの定型条項は小さな活字で印刷した50の条項から構成され、その一つが準拠法をY国法と指定している場合には、この定型条項が太い文字や履行する当事者の注意を引くようなその他の方法で提示されない限り、定型条項は効力がないものとされる。なぜなら、X国の顧客が、彼ら自身の国で営業する会社の定型条項の中に、外国法を契約の準拠法として指定する抵触条項を見いだすことを期待することは合理的でないと考えられるからである[54]。

以上いずれのケースも、定型条項のユーザーである顧客の観点から、定型条項の内容が評価されるのであり、不意打ちとなるかどうかも顧客の判断に委ねられることに注意する必要がある。いいかえれば、定型条項の中にそのような顧客にとり不意打ちとなる可能性のある事項については個別の交渉の対象とする配慮が必要となる。

（c）定型条項と非定型条項（non-standard terms）との抵触

ユニドロワ原則2.1.21条によれば、定型条項と定型条項ではない条項との間で抵触がある場合には、後者が優先する。

当事者が契約の特定の規定についてとくに交渉し、合意する場合に、そのような特定の規定が、定型条項に含まれたそれに抵触する規定に優先することは、かかる規定が特定のケースにおける当事者の意思をより反映するがゆえに論理的であると考えられる[55]。

(4) 書式の戦い（battle of forms）

現代においては物品・サービスの標準化された生産・提供は、事前に印刷された販売および購入の注文書の使用による標準化された契約締結の仕方を生み出した。当該書式には、物品・サービスの記述、品質、価格および引渡時期のための空白のスペースがあり、その他の条項はすべて予め印刷されている。各当事者は、それぞれにとって有利となる条項の書かれた書式を用いようとする。

例えば、供給者もしくは供給者の業界団体により作成された書式は、生産・販売の困難な場合または欠陥品の場合における責任を制限し、顧客に対し短い期間内で通知をすることを要求する。これに対し、顧客またはその業界団体により作成された書式は、これらの事態に対する責任を供給者に負わせ、顧客に請求のための十分な時間を与える。このように二つの書式は互いに抵触する規定を有するにもかかわらず、両当事者は、それぞれ自身の書式を用いて契約を締結すると称する事態がしばしば生じる。自らの書式に言及することにより、いずれの当事者も相手方の書式を承諾することを望まないが、しかし、両当事者とも契約の成立を望んでいるのである。当事者は、契約が後にその当事者にとって不利であることが分かったときにはじめて、契約の存在を否定しようとする。このような書式に関する規定は、契約を維持しつつ、書式の戦いに対して適切な解決策を提供するべく考案されたものであり[56]、かかる書式は、ユニドロワ原則においては「定型条項」、ヨーロッパ原則では「一般的条件」と称される。

　書式の戦いにおける契約の運命と内容については、次のような四つのアプローチが考えられる[57]。

　第一は、当事者間に合意はなく、契約は存在しないとするアプローチ。承諾が申込のミラー・イメージであるときにのみ契約が成立するという概念は広く行き渡っている。ほとんどの法制度は、変更を含む承諾が、反対申込とともに申込の拒絶を構成するというルールを有している。これを書式の戦いに厳格に適用するときには、契約が存在しないことを意味するのが通常である。このような解決策は、正確性を求めるルールにかかわらず、契約を締結したいとする両当事者の意思を無視することになる。

　第二は、最初に定型条項を申し入れた当事者の条項に基づいて契約が成立するとするアプローチ（first shot rule）[58]。このルールはいくつかの利点を有する。まず、ビジネス的な観点から契約が存在すること自体に意味がある。一方の当事者の条項に最後に言及しようとして契約の締結を遅らせるようなことが法により奨励されないことは、経済的な意味で価値があるとされる。また、いずれの当事者がそれ自身の条項を主張した最後の者であるかを選別することよりも定型条項への最初の言及を特定することの方がより容易であると考えられる。

第三は、最後に定型条項を主張した当事者の条項に基づいて契約が成立するとするアプローチ (last shot rule)。このルールは、最後の申込が最終的に当事者の行為によってすべて承諾されたと解されるので、ミラー・イメージのルールに一致しているようにみえる。また、契約が存在しないという第一のルールよりもビジネス的な意味でより健全である。しかし、上述したようにいずれの当事者がそれ自身の条項を主張した最後の者であるかは必ずしも明瞭でなく、また契約の締結をそれだけ遅らせることを奨励することになる。さらに、このルールについては次のような批判がなされる。

定型条項を最後に送る者を有利に取り扱うことになるがゆえに、恣意的な解決策となる。つまり、それは最後に定型条項を送る者、通常は売主に有利に与えられた保護策であり、締結された契約に適合する物品を売主が提供していないが、買主がその物品を受領したときには、買主は売主の定型条項を暗黙に承諾したことになるという買主の弱い立場をもたらす。また、このルールを適用する当事者の主たる目的が、市場条件の変化の結果を回避することにつながる。さらに、このルールは、その効果を知っている当事者がなんとかしてその定型条項を最後のものにしようとして、卓球のやりとりのような結果を生ずるに至る[59]。

第四は、当事者間に契約は存在するが、交渉の間に言及された定型条項は、とくに交渉の対象となる、あるいは争いがない限りにおいてのみ契約の一部となるとするアプローチ。抵触する定型条項は効力を生じず、定型条項を含む契約の成立に関するルールは契約に一般的に適用されるルールによって置き換えられる (knock out rule)[60]。このルールは国際的なレベルで支持を得ているといわれる。もっとも、ウィーン条約は例外であり、その19条（申込の条件付承諾）は問題を解決するよりもそのまま引き写している。

このルールはミラー・イメージのルールに反対するが、最も当事者の意思を法的な現実に変えるものである。すなわち、当事者が合意しなかった特定の条項ではなく、実際に合意した条項については契約が存在する。一方、このアプローチの不利な点は、定型条項がしばしば拒絶されたときには、正確なところ当事者がなにを合意したかを見いだすのが困難であり、かつ時間がかかることである。

ユニドロワ原則2.1.22条は、契約の定型条項は当事者により現実には読まれることはないとの前提に基づいて条項間の抵触を解決し、ミラー・イメージ・ルールおよび last-shot ルールの不便や厳格さを克服しようと試みている。

ユニドロワ原則2.1.22条においては、当事者の双方が定型条項を用い、これらの定型条項以外については合意に達した場合には、契約は、合意された条項および内容的に共通する定型条項に基づいて締結される。ただし、一方当事者が、そのような契約には拘束される意思のないことを予め明らかに表示する、または事後に不当に遅滞することなく相手方に伝えた場合にはこの限りではない。

本条は、当事者の双方がそれぞれの定型条項を申込および承諾に用いた場合を前提としている。申込と承諾に関する一般原則を適用すると、被申込者により承諾と称されるものは、2.1.11条2項の例外に従い反対申込となるから、契約はまったく成立していないか、または両当事者がそれぞれ相手方の定型条項に反対することなく履行を始めたときには、契約は最後に送付もしくは言及された条項に基づいて締結されたものとみなされるかのいずれかである。両当事者が、それぞれの定型条項の採用は契約締結のための必須の条件であると明示している場合には、上記一般原則の適用は適切であるということはできる。

しかし、実際のケースでは、例えば、裏面にそれぞれの条項が印刷された注文書と注文受取書の交換によって、両当事者は彼らの定型条項を多かれ少なかれ自動的に言及しているのがしばしばであり、それぞれの定型条項間の抵触さえも気づいていないのが通常である。このような場合には、当事者が、後ほど契約の存在を問題にすることや、履行が開始されたときに、最後に送付もしくは言及された定型条項の適用を主張することを認めることができるような理由は存在しないと考えられる。本条は、上記の一般原則にかかわらず、このような状況に対処するものである[61]。

ところで、両当事者の定型条項のうち共通していない部分については、ノックアウトされて空白となるので、これをどのようにして埋めるかの問題が残っている。この点ユニドロワ原則ではコメントにおいてもなんら言及されていない。起こりうる空白をどのようにして埋めるかについてはなにも述べられていないが、論理的には、背景をなす法（background law）としてのユニドロワ原則

自身の補充規定により補充することが可能と解される[62]。

[解説例]
　Aは、機械のタイプ、支払の価格と条件、引渡日と引渡場所を提示して、Bに機械を注文した。Aは、裏面に印刷された「購入の一般的条件」を記載する注文書を使用している。Bは、裏面に自身の「販売の一般的条件」が記載される注文受取書を送付することにより承諾した。
　Aがその後この取引から撤退しようとして、いずれの定型条項が適用されるべきかの合意がないので、契約は締結されていないと申し立てた。この場合、ユニドロワ原則2.1.22条によれば、両当事者は契約の本質的条項に合意していたので、契約は、それらの条項および内容的に共通する定型条項に基づいて締結されていたことになる。
　上記に対して、Aが、「注文を承諾する当事者の逸脱した定型条項は、われわれによって書面で追認されなかったならば有効とはならない」と記述する条項が含まれているので、契約はAの定型条項に基づいて締結されたと申し立てた場合においても、Aがそのような条項を定型条項に含めることだけでは、A自身の定型条項に基づいてのみ契約を締結するという意思を十分明瞭に提示したものとはいえないので、上記と同じ結果となる。
　一方、Aによる申込の非定型条項には、Aが自身の定型条項に基づいてのみ契約する意思である旨の言明が含まれている場合には、Bがその承諾に自身の定型条項を添付するという単なる事実は、契約がAの定型条項に基づいて締結されることを妨げることにはならない[63]。
　本ケースは、物品売買の国際取引においてしばしば生ずる典型であるが、いずれの当事者も自己の定型条項にあくまで固執するならばその旨を明瞭に相手方に表示しなければならない。そこまでの意思がないのであれば、両定型条項の内容的に共通する条項が契約となるということで満足せざるをえないことを認識すべきである。

　ヨーロッパ原則においても書式の戦いに関する基本的考え方は、「定型条項」という言葉ではなく「一般的条件」という言葉による表現の差はあるが、ユニ

ドロワ原則と同趣旨である。申込と承諾が抵触する一般的条件（general conditions）に言及する点を除いて、両当事者が合意に到達したときには、それでもなお契約は成立する。一般的条件は、それらが内容的に共通する限りにおいて契約の一部となる。しかしながら、一方の当事者が、(a) 予め明示に、かつ一般的条件によるのではなく、上記に基づく契約に拘束される意思はないことを示した、または (b) 遅滞なく、そのような契約に拘束される意思のないことを相手方当事者に通知した場合には、契約は成立しない。契約の一般的条件とは、一定の性質を有する不特定多数の契約のために予め作成され、かつ両当事者により個別に交渉されたものではない条項である（2:209条）。

　本条の規定は、それぞれの当事者が同じ種類の条項ではない一般的条件を有するような状況では必要とされない。まず、両当事者が、一方または相手方の一般的条件が適用されるべきことに合意していた場合には本条は適用されない。さらに、どの条項が適用されるかの問題は、一般的条件が真の抵触を惹起するときにのみ生ずる。一方の当事者の一般的条件が、その種のどの契約においても織り込まれる条項を含むことがありうる。また、一方の一般的条件は、例えば、売主の供給もしくは履行する物品やサービスの技術的規格を記載しているだけにすぎず、これらの点に関する条項を含んでいない買主の一般的条件と相違がないことがしばしばありうる。しかし、一方では、一方の一般的条件のみが問題に関する条項を含んでいたとしても、その条件が法の一般原則から逸脱しており、他方では法の一般原則が当該問題を対象とするものであると理解されるべきであるときには、書式の戦いがあると解される[64]。

　本条は、ユニドロワ原則2.1.22条とともに、両当事者の一般的条件が抵触する場合に、どちらの一般的条件が適用されるかについて、両当事者の一般的条件は内容的に共通する限りにおいて契約の一部となるべきである、すなわち、抵触するする条件はお互いをノックアウトする（knock out）という考え方を採用したものである。ノックアウトされて空白となった部分については、ヨーロッパ原則においては、お互いにノックアウトする条項によって残された空白を埋めるのは裁判所または仲裁廷の役割であるとされる。裁判所または仲裁廷は、一般的条件が抵触している問題を決定するためにヨーロッパ原則を適用することができる。関連する業界の慣習や当事者間の慣行はここではとりわけ重要で

ある。抵触している問題がヨーロッパ原則または慣習や慣行により明示にカバーされていないときには、裁判所または仲裁廷は、契約の性質および目的を考慮し、空白を埋めるために信義誠実と公正取引の原則を適用することができる。もっとも、「内容的に共通する」という文言は、内容のそれぞれの記述を数え上げることにおいてではなく、その総体的な結果において同一であるということを意味しているが、なにが内容的に共通であるかを決定することは必ずしも容易なことではない[65]。

［解説例］
　AはBに物品を注文した。Aの注文フォームは、売手が、たとえ不可抗力によるものであっても、引渡しの遅滞に対する責任を負うものと記述する。売手の販売フォームは、不可抗力の場合には、遅滞した引渡しによって引き起こされた損害に対する売手の責任を排除するのみならず、遅滞が6カ月を超えなければ、買手は契約を解消する権利を有しない旨記述する。当該物品の引渡しは、不可抗力により3カ月間遅滞した、そして買手Aは、遅滞の結果もはや物品の使用の必要性がなくなったことから、契約の解消を望んでいる。
　この場合、ヨーロッパ原則2:209条によれば、両者の二つの条項はお互いをノックアウトし、ヨーロッパ原則の一般的ルールが適用される。すなわち、売手は、8:101条2項（救済方法）に従い損害につき責任を負わないが、買手は、8:108条2項（不可抗力）に基づき、遅滞が重大であるならば契約を解消することができる[66]。
　一方、AはBに注文フォームを送ったが、その裏面には、一般的条件、とりわけ当事者間の紛争は、ロンドンにおける仲裁に付託される旨の規定がある。そしてBは申込を承諾する承認書を送ったが、その裏面には、すべての紛争をストックホルムにおける仲裁に付託する条項がある場合、申込と承諾は、仲裁に言及する点において共通であるが、両条項は「内容において共通するもの」ではなく、いずれの仲裁場所も合意されていない。このような場合当事者は仲裁について合意したのであろうか。
　当該紛争に関し訴えが裁判所に提起された場合、紛争を管轄する裁判所は、両当事者がともかくも訴訟より仲裁を望んだと結論づけることができる。民事および商事における管轄と判決の執行に関するブリュッセル協定（Brussels Convention

> on Jurisdiction and Enforcement of Judgments in Civil and Commercial Matters）2条に定める原則を適用して、裁判所は、仲裁の場所が被告の営業所であると決定することができる。しかしながら、両当事者またはその一方は、仲裁が特定の場所で行われることを前提に仲裁に合意したにすぎないものである、と裁判所が判断するときには、仲裁条項は無視されることになり、裁判所は訴訟の提起を認めることができる[67]。
>
> 後者のようなケースにおいては、当事者が当事者間の紛争は仲裁によって解決するという意思であるのが通常であり、そうであるならばそれぞれの一般的条件の中に記述するのではなく、具体的な交渉事項として特定の仲裁場所について合意する必要があると考えられる。

6　代理人の権限

(1) 対象範囲

　ユニドロワ原則2.2.1条は、第三者との契約に関して、代理人が自身の名または本人の名で行為をするかどうかを問わず、本人（principal）の法的関係に影響を及ぼすための代理人（agent）の権限を規律し（1項）、一方で本人または代理人と他方で第三者との間の関係のみを規律する（2項）が、法により付与された代理人の権限または行政もしくは司法当局により指名された代理人の権限を規律しない（3項）。いいかえれば、ユニドロワ原則は、本人または代理人と第三者との間の外部関係を対象としており、本人と代理人との間の内部関係は対象外である。本人と代理人間の権利義務は、彼らの合意および代理人の保護のための強制的なルールを提供する準拠法により規律される[68]。

　ユニドロワ原則は、本人のために契約を締結する権限を有する代理人のみを取り扱っている。また、多くの法制度においては代理人が本人の名で行為をするか、自身の名で行為をするかによって、直接代理（direct representation）と間接代理（indirect representation）を区別するが、このような区別はなされていない[69]。

ヨーロッパ原則においても対象範囲に関してユニドロワ原則と同趣旨の規定が設けられているが、直接代理と間接代理のカテゴリーを明文で定めている。代理人が本人の名で行為をする場合が直接代理であり、本人の特定が、代理人が行為をする時に開示されるか、または後に開示されるべきかどうかは無関係とされる。一方、仲介者（intermediary）が本人の指示でかつ本人のために、しかし本人の名でなく行為をする場合、または第三者が、仲介者が代理人として行為をすることを知らず、またはそれを知る理由がない場合が間接代理と称される（3:102条）。

仲介者が自身の名で、しかし本人のために行為をする場合が間接代理であり、仲介者が本人のために（しかし本人の名でなく）行為をすることを開示したとしても間接代理とされる。最も典型的な例は、大陸諸国におけるいわゆる仲介業者（commission agent）である。さらに、仲介者が自身の名で行為をし、そして本人のために行為をすることを開示さえしないときも間接代理であり、イギリス法における開示されない代理（undisclosed agency）や大陸諸国におけるいわゆるわら人形（straw man）が含まれる[70]。

(2) 代理権の付与と代理人の行為

(a) 権限の付与と範囲

ユニドロワ原則2.2.2条によれば、本人の代理人に対する権限の付与は、明示または黙示のものでありうる。そして代理人は、権限が付与された目的を達成するために、状況において必要なすべての行為をする権限を有する。代理人に権限を付与するという本人の意図が、本人の行為（例えば、代理人に対して特定の仕事を委任すること）あるいは当該ケースの状況（例えば、両当事者間の特定の取引過程や一般的貿易慣習）から推定することができるときには、黙示の権限が存在しているとみなされる[71]。

ヨーロッパ原則においても権限の付与について、ユニドロワ原則と同様の規定を定めている（3:201条）。

(b) 代理人の権限と行為

　代理人の行為が権限内か否かおよびそのことに対する第三者の知・不知により、代理人の行為は、以下の三つの類型に分けられる。

　第一の類型として、ユニドロワ原則2.2.3条によれば、代理人がその権限内で行為をし、かつ代理人が代理人として行為をしていたことを第三者が知りまたは知るべきであった場合には、代理人の行為は、本人と第三者間の法的な関係に直接影響を及ぼし、代理人と第三者間にはなんらの法的な関係も生じない。ただし、代理人の行為は、代理人が本人の同意を得て契約の当事者となることを引き受ける場合には、代理人と第三者間の関係のみに影響を及ぼすにすぎない。

　本条は「開示された代理（disclosed agency）」の場合を取り扱い、代理人の行為は、本人の第三者に対する法的地位に直接の影響を及ぼす。したがって、代理人によりなされた契約は、本人および第三者をお互いに拘束する[72]。本人と第三者間の直接の関係の確立のためには、代理人がその権限の範囲内で行為をし、かつ第三者は、代理人が他の人のために行為をすることを知りまたは知るべきであったことで十分である。しかしながら、実際には、誰のために行為をしているか、その本人を明示することが代理人の利益である場合がある。したがって、契約上当事者の署名が必要な場合には、代理人は、単に自身の名前で署名するのみでなく、個人的に契約上の責任を負わされることを避けるために、本人の名前を入れて「(本人)のために（for and on behalf of）」というような文言を付け加えることが望ましい[73]。

　代理人は、本人のために公然と行為をしていても、自身が例外的に第三者との契約の当事者になる場合がある。匿名のままにとどまりたい本人が、代理人にいわゆる仲介業者（commission agent）として行為をすること、つまり、本人と第三者間の直接の関係を確立しないで、代理人自身の名前で第三者と取引することを指示する場合である[74]。さらには、第三者が、代理人以外の誰とも契約する意図がないことを明確にし、かつ代理人が、本人の同意を得て、本人ではなく代理人のみが契約に拘束されることに合意する場合がある。

　ヨーロッパ原則においても「開示された代理」については、ユニドロワ原則よりも簡略な規定が定められており、代理人が3:201条により定義された権限内

で行為をしている場合、その行為は本人と第三者を直接お互いに対して拘束し、代理人自身は第三者に拘束されないとする（3:202条）。本条においては、第三者は、代理人が本人の名前で行為をしていることを知りまたは知るべきであることが黙示されていると解されている[75]。

　第二の類型として、ユニドロワ原則2.2.4条によれば、代理人がその権限内で行為をし、かつ代理人が代理人として行為をしていたことを第三者は知らなかった、または知るべきはずでもなかった場合には、代理人の行為は、代理人と第三者間の関係のみに影響を及ぼす。ただし、そのような代理人が、企業（business）のために第三者と契約するとき、その企業の所有者であると自らを表示する場合には、第三者は、その企業の本当の所有者を発見すると同時に、代理人に対して有する権利をその本当の所有者に対して行使することができる。

　本条は「開示されない代理（undisclosed agency）」の場合であり、善意の第三者保護の観点から規定されており、代理人の行為は、代理人と第三者間の関係のみに影響し、本人対第三者の関係を直接に拘束しないとされる。

　ヨーロッパ原則は、開示されない代理の場合を含めて間接代理について規定を設けている。また、ヨーロッパ原則は、ユニドロワ原則とは異なり、「特定されない本人（unidentified principal）」の観点から、本人を特定しない代理人の責任を規定する。すなわち、代理人が本人の名前で契約を締結するが、その特定が後で開示されるべき場合に、第三者による要請後合理的期間内にその特定を開示しないときは、代理人自身が契約に拘束される（3:203条）。第三者が本人の特定を要求するが、おそらくは本人の指示に基づいて、代理人がその特定を開示しない、またはそれを拒絶するときは、代理人が個人的に第三者に対して責任を負うわけである。代理人がそのような拒絶によってリスクを引き受けたことがその根拠とされる[76]。

　第三の類型として、ユニドロワ原則2.2.5条によれば、代理人が権限なくしてまたはその権限を超えて行為をする場合には、その行為は、本人と第三者間の法的な関係に影響を及ぼさない（1項）。しかしながら、本人が、代理人は本人のために行為をする権限を有し、かつ代理人がその権限の範囲内で行為をしていると第三者に合理的に信じさせる場合には、本人は、代理人の権限の欠如を第三者に対して主張することはできない（2項）。

本条2項は、いわゆる外見上の権限（apparent authority）の場合を取り扱う。外見上の権限は、信義誠実（1.7条）および矛盾した行動の禁止（1.8条）の一般原則の適用であるが、本人が個人ではなく組織であるときにはとくに重要である。会社、パートナーシップや他のビジネス組織との取引において、第三者は、組織のために行為をする者がそうする実際の権限を有しているかどうかを決定することが難しいことから、その外見上の権限に依拠することを望む場合がある。この目的のためには、第三者は、組織を代表しようとする者がそうする権限を与えられていると信じるのが合理的であり、かつこの信頼が組織を代表する権限を実際に有する者（例えば、取締役会、執行オフィサー、パートナーなど）の行為によって引き起こされたものであることを証明しなければならない[77]。

一方、ヨーロッパ原則3:204条1項は、ユニドロワ原則2.2.5条1項と同様の規定を定めている。また、外見上の権限については、ヨーロッパ原則は、ユニドロワ原則2.2.5条1項とは異なり、権限を付与した者とみなされる本人の視点から3:201条3項において、言明や行為によって、外見上の代理人がその履行した行為に対して権限を付与されていると第三者に合理的かつ信義誠実に信じさせたときには、その言明や行為をした者は、その外見上の代理人に権限を付与したものとして扱われるべきであるという基本的な原則を定めている。

外見上の権限を有する代理人は、代理人があたかも明示の権限をもっていたかのごとく本人を拘束する。このルールは第三者を保護するために定められているが、本人が実際に権限を付与したとの印象を第三者が信頼し、そうする権利があったということが条件とされている。一方、代理人の行為により拘束されないという、これと相対する本人の利益も考慮しなければならない。3:201条3項は、これら二つの利益を調整するために、第三者による信頼の正当化を条件として規定するものである[78]。

［解説例］
(a) B社のManaging Director Aは、会社の取締役会より、従業員の雇用と解雇を除いて、会社の通常のビジネスの過程に入るすべての取引を行う権限を与えられていた。Aは、Cを外国XにあるB社の支店の新しい会計士として雇用した。B社は、

Aが従業員を雇用する権限を有していないことを理由として、そのような任用に拘束されることを拒絶した。Cは、B社の設立準拠会社法におけるManaging Directorの権限に関する規定を主張することによりB社の拒絶に打ち勝つことができる。また、外国Xの国民としてそのような会社法の特別の規定に詳しくないCは、ユニドロワ原則2.2.5条2項またはヨーロッパ原則3:201条3項に規定される外見上の権限に関する一般ルールに同様に依拠し、B社のManaging DirectorとしてのAの地位に鑑み、Aは従業員を雇用する権限をもっていたとCが信ずることは合理的であったと主張することができるのである[79]。

(b) B社の最高財務責任者（Chief Financial Officer）であるAは、そうする権限を欠いていたけれども、取締役会の黙認の下、B社のためにC銀行と何度も金融取引を締結した。B社にとって不利益となる新しい取引に際して、B社の取締役会は、C銀行に対してAの権限欠如の異議を申し立てた。C銀行は、B社のために金融取引を締結するというAの外見上の権限にB社は拘束されると主張することにより、この異議を打ち破ることができる[80]。

これら二つのケースは、会社の最高経営責任者としてのManaging Directorは従業員の雇用・解雇の権限を有し、最高財務責任者は銀行との金融取引の権限を有するのが通常とされる場合であり、これらの権限を内部的に制限することは可能であっても、対外的にはこれらの責任者に外見上の権限が認定されることに留意する必要がある。

ユニドロワ原則2.2.8条によれば、代理人は、代理人が自ら履行することを期待することが合理的でない行為を履行するために、復代理人（sub-agent）を指名する黙示の権限を有するものとし、ユニドロワ原則における代理人に関する規定が復代理人にも適用される。

代理人が1人以上の復代理人を指名する権限を与えられているかどうかは、本人により付与された権限の条件によっている。本人は、復代理人の指名を明示に排除する、または事前の承認を条件とすることもできる。復代理人の指名について権限になんらの言及がなく、付与された権限の条件がそのような可能性と矛盾することがなければ、代理人は、本条に基づき復代理人を指名する権利を有する[81]。

ヨーロッパ原則においても復代理について、ユニドロワ原則と同趣旨の規定が定められているが、さらに復代理人および代理人の権限内にある復代理人の行為は、本人および第三者を直接お互いに拘束する旨の明文の規定を設けている（3:206条）[82]。

上述したように、ヨーロッパ原則は間接代理について次のような明文の規定を設けている。ヨーロッパ原則3:301条によれば、仲介者（intermediary）が、本人の指示に基づきおよび本人のために、しかし本人の名でなく、または、本人からの指示に基づくが、第三者がそのことを知らずかつ知る理由なくして行為をする場合には、仲介者と第三者はお互いに拘束される。一方、本人と第三者は、3:302条から3:304条に定める条件下においてのみお互いに拘束されるものとする。

間接代理が上述した直接代理と異なる決定的な要素は、間接代理人としての仲介者が、明示的に、黙示的または外見的のいずれであれ本人の名では行為をしないことである。

仲介者が獲得するよう指示された利益を本人にどのように譲渡するか、あるいは仲介者が第三者に対して負った債務からどのようにして解放されるべきかについては、仲介者と本人間の内部的な関係に委ねられている[83]。

仲介者が、支払不能になる、本人に対して重大な不履行を犯す、あるいは履行期前に重大な不履行があることが明らかとなるときは、本人の要求に基づき、仲介者は第三者の名前と住所を本人に伝えなければならない、そして本人は、第三者が仲介者に対して主張できる抗弁に従いつつ、仲介者により本人のために獲得された権利を第三者に対して行使することができる（ヨーロッパ原則3:302条）。また、仲介者が、支払不能になる、第三者に対して重大な不履行を犯す、あるいは履行期前に重大な不履行があることが明らかとなるときは、第三者の要求に基づき、仲介者は本人の名前と住所を第三者に伝えなければならない、そして第三者は、仲介者が第三者に対して主張することができる抗弁および本人が仲介者に対して主張することができる抗弁に従いつつ、第三者が仲介者に対して有する権利を本人に対して行使することができる（ヨーロッパ原則3:303条）。

両条は、間接代理関係が、仲介者の支払不能や重大な不履行などの例外的な

状況において、直接代理の特定の効果を生ずる場合を規定する。

仲介者が第三者または本人の名前と住所を開示しないとき、本人または第三者にはどのような救済がありうるであろうか。損害賠償は与えられるが、仲介者が支払不能であるときは、仲介者から回復することはできない。その場合には開示命令が唯一の救済方法と考えられる[84]。

(3) 代理人の責任と利害衝突

(a) 代理人の責任

ユニドロワ原則2.2.6条によれば、権限なくしてまたはその権限を超えて行為をする代理人は、本人による追認がないときは、あたかも代理人が権限をもって行為をし、かつその権限を超えない場合におけるのと同じ地位に第三者を置くような損害に対して責任を負う。ただし、代理人は、代理人が権限を有しなかった、もしくはその権限を超えていたことを第三者が知りもしくは知るべきであったときには、責任を負わないとされる。

偽りの代理人（false agent）の責任は、いわゆる信頼利益ないし消極利益に限られず、期待利益ないし積極利益にまで及ぶ。つまり、第三者は、偽りの代理人と締結した契約が有効なものであったときに生じたであろう利益を回復することができる[85]。

ヨーロッパ原則3:204条2項も、代理人の無権限または権限外の行為についてユニドロワ原則と同趣旨の規定を定めており、ヨーロッパ原則3:207条に従い本人により追認されないときには、代理人は、代理人があたかも権限をもって行為をしたのと同じ立場に第三者を置くような損害をその第三者に支払う責任を負うが、第三者が代理人の権限の欠如を知りまたは知らないはずはありえなかった場合はそのような責任を負わないと規定する。

このように無権限または権限外で行為をした代理人の責任は、第三者に対する損害賠償責任にとどまるが、代理人が、本人は契約を履行することができなかった、または、例えば本人が支払不能であるため、補償することができなかったことを証明すれば、代理人はそのような損害さえも支払う必要はないと解される[86]。

(b) 代理人と本人との利害衝突

　ユニドロワ原則2.2.7条によれば、代理人により締結された契約が、第三者が知りまたは知るべきであった本人との利害の衝突状況にある代理人にかかわるときには、本人は契約を取り消すことができる。取消権は、3.12条（追認）および3.14条（取消の通知）から3.17条（取消の遡及効）に従う。ただし、(a) 本人が、代理人が利害衝突状況にかかわることに合意し、またはそれを知りもしくは知るべきであったとき、または (b) 代理人が本人に利害衝突状況を開示し、本人が合理的な期間内に反対しなかったときには、本人は、契約を取り消すことはできない。

　潜在的な利害衝突の最も多いケースは、代理人が2人の本人のために行為をする場合、そして代理人が自身とまたは代理人が権益を有する会社と契約を締結する場合である[87]。しかし、実際にはそのようなケースでも、現実の利害衝突は存在しえないことがしばしばである。例えば、2人の本人のために代理人が行為をすることが、当該業界の慣習と一致する、または本人が、操作の余地がないほど厳格な権限を代理人に付与する場合である[88]。

　ヨーロッパ原則においても利害の衝突に関してユニドロワ原則と同様の規定を置いているが、さらに利害衝突の推定規定を定めており、明確化が図られている。すなわち、代理人が第三者の代理人としても行為をした場合または契約が代理人自身との個人的資格におけるものであった場合には、利害の衝突があると推定される（3:205条2項）。

(4) 本人による追認と代理権の終了

　(a) 本人による追認 (ratification)

　ユニドロワ原則2.2.9条によれば、権限なくしてまたはその権限を超えて行為をする代理人による行為は、本人により追認する (ratify) ことができる。追認とともに、その行為は、あたかも当初から権限をもって遂行されたのと同じ効果を生ずるものとされる。一方、第三者は、本人に対する通知により、追認のための合理的な期間を特定することができる。本人がその期間内に追認しないときには、もはやそうすることはできない。また、代理人の行為の時、第三者が権限の欠如を知らなかった、または知るはずもなかったときには、第三者は、

追認前にいつでも、本人に対する通知により、追認により拘束されることの拒絶を表示することができる。

　第三者は、本人による代理人の行為の部分的追認については、第三者が代理人と締結した契約を変更するための本人の申入れとなることから、それを拒絶することができる。一方、本人は、第三者の注意が追認に向けられた後は、追認を取り消すことはできないが、それ以外では第三者との契約から追認の取消により一方的に撤退することができるのである[89]。

　ヨーロッパ原則においては追認については、ユニドロワ原則2.2.9条1項と同趣旨の規定を定めるにとどまるが（3:207条）、代理人の権限の確認に関する第三者の権利について別途定めている。

　本人の言明または行為が、代理人によりなされた行為が授権されていると信じさせる理由を第三者に与えたが、第三者がその授権に疑問を有する場合には、本人に確認の書面を送付するか、または本人の追認を要請することができる。本人がその要請に遅滞なく反対しない、または応答しないときは、代理人の行為は授権されたものとして扱われる（3:208条）。

　本人の権限によりカバーされない代理人の行為の追認は、本人の裁量の掌中にあるが、これに対して本条は、代理人の権限を明らかにするよう本人に強いる手段を第三者に備えさせることを意図したものである[90]。

(b) 代理権の存続期間と終了

　ユニドロワ原則2.2.10条によれば、代理人の権限の終了は、第三者がそれを知らなかった、または知るはずもなかったときには、第三者との関係においては有効ではない（1項）。権限の終了にもかかわらず、代理人は、本人の利益に対する害を阻止するに必要な行為を遂行する権限を留保する（2項）。

　代理人の権限がなんらかの理由で終了したとしても、代理人の行為は、第三者が、代理人はもはや権限を有しないということを知らない、または知るはずもない間は、本人と第三者間との法的関係に影響を及ぼし続けることになる[91]。

　ヨーロッパ原則は、第三者の利益保護の観点から、代理権の終了について一般的に規定するユニドロワ原則に比して、代理権の存続期間と題してその終了に関しより明確なリストを定めている。すなわち、代理人の権限は、第三者が、

(a) 代理人の権限が本人、代理人またはその双方により終了させられたこと、(b) 権限が付与された行為が完成したこと、もしくは権限が付与された期間が終了したこと、(c) 代理人が支払不能になったこと、もしくは自然人の場合は死亡ないし無能力になったこと、または (d) 本人が支払不能になったこと、を知りまたは知るべき時まで存続するものとする（3:209条1項）。第三者は、代理人の権限が上記 (a) に基づいて終了させられたことが、代理権が当初伝達もしくは公表されたのと同じ方法で伝達もしくは公表されたときは、その終了を知っているとみなされる（2項）。ただし、代理人は、本人またはその承継人の利益を保護するために必要な行為を合理的な期間行う権限を留保する（3項）。

上記 (a) に基づく終了とは、代理人の権限が本人により不履行を理由として取り消されもしくは解除された場合、代理人が代理権を放棄した場合、または本人と代理人が代理権を終了させることに合意した場合が考えられる[92]。また、代理人の権限は、第三者がその終了を実際に知りまたは知るべき時まで存続するとみなすということは、代理人の明示、黙示の権限が、なんらかの理由で終了したとしても、第三者に対しては外見上の権限としてなお残っていることを意味するのである[93]。

7 契約の成立とリーガルプランニング

(1) 契約の交渉

国際取引においては、契約交渉に入る前またはそれと同時に、本格的な交渉に備えて秘密保持契約のような、なんらかの簡単な契約を当事者間で締結する場合がある。二者間の単純な物品売買のような場合には必ずしもそのようないわば予備的契約は必要ではないが、例えば、多数当事者間の取引または国際ジョイントベンチャー等の国際プロジェクトのような複雑な契約の場合には、その契約期間も長期間となり、交渉の期間も長期にわたることがしばしばであり、交渉期間中の当事者の義務ないし責任を明文化する契約が必要であると考えられる。

(a) 誠実交渉義務

　上述したように、ユニドロワ原則2.1.15条およびヨーロッパ原則2:301条は、交渉の過程において、不誠実に交渉を行い、または打ち切った当事者は相手方当事者がそれにより被った損失について責任を負う旨規定する。このような不誠実な交渉に対する契約前の責任を一般的に当事者に課す条項は、当事者による自由な交渉の考え方を信義誠実と公正取引の原則に調和させるものであるが、世界のある地域においては革命的なものとさえいわれている。このような契約前の責任は、大陸法システムにおいてはよく知られた原則であり、契約締結への真摯な意図もなく交渉に入ることや一方的に交渉を打ち切ることは不誠実な交渉の重大な例とみなされている。一方、コモンローシステムにおいては、交渉の自由を制限することは伝統的に否定的であり、当事者は契約が実際に締結されるまでリスクを負うものだとする見解が好まれる。もっとも、このような公正取引の一般的義務の欠如は、契約前の責任に対する請求が不実表示のような他の法的根拠に基づいてなされないということを必ずしも意味していないといわれる[94]。

　国際取引においては、当事者間の交渉の積み重ねの結果として当事者が合意したのだから契約が締結されるのであり、合意に達しなくともその責任はないのが原則であるから、実際の契約締結まではなんらの責任も問われないとするコモンロー的見解は、ある意味では理論的な魅力があり、それが該当するような国際契約の例がありうるかもしれない。しかし、複雑な交渉あるいは長い交渉を経て締結に至るのが一般的である国際取引ビジネスの実際においては、交渉段階においても当事者になんらかの責任を負わせるのが適切であり、大陸法的考え方を選択したユニドロワ原則およびヨーロッパ原則における誠実交渉義務の条項の有用性を支持することができる。

　したがって、当事者は、契約交渉に入る時点で、次に述べる秘密保持義務条項とともに、このような誠実交渉義務条項を規定する契約を結ぶことが必要であると考えられる。もっとも、このためには相手方当事者の合意を必要とするが、とりわけ複雑な交渉あるいは長い時間のかかる交渉となるような国際取引の場合には、このような条項の必要性について相手方を説得することはそれほど困難なことではないと考えられる。

（b）秘密保持義務

　交渉の過程において当事者がお互いに開示する情報がすべて秘密性を有するものというわけではないが、国際取引においては交渉に入る前提として秘密保持契約を結ぶ場合がしばしばである。ユニドロワ原則2.1.16条は、交渉の過程において相手方当事者から秘密のものとして提示された情報を開示しない、また自らの目的のために不適切に使用しない義務を当事者に負わせている。

　このような秘密保持義務は、交渉の過程のみならず、契約が締結された場合にはそのまま当該契約の一部としてあるいは別途の契約として存続する。さらには当該契約が解消された後も秘密保持義務は残存する。また、契約の締結に至らなかった場合にも秘密保持義務は残存する。もちろん、契約が実際に締結されたときには、より詳細な秘密保持条項が織り込まれ、交渉過程で開示された情報もその適用の対象とすることも可能である。いずれにしても、交渉に入る時点だからということで簡単な条項で対応することは、いずれの当事者にとっても賢明なことではない。

　したがって、2.1.16条の内容を国際ビジネスに対応しうるより詳細な秘密保持規定に組み替えることが必要である。国際取引の各類型に適切な秘密保持規定は、それぞれの工夫が必要となるが、国際契約における一般的な秘密保持規定は次のように考えられる。

　まず、当事者は相手方から開示された情報の目的外使用禁止と第三者への漏洩禁止の義務を負う基本原則が表明され、以下のような秘密保持のシステムが設けられる。

① 開示された情報の特定

　開示された情報について、秘密保持の対象となる情報を特定することが必要である。書面によって開示された情報は、秘密の旨の文言（confidential）を付すことにより秘密義務を負わせることができるが、口頭による開示の場合は、開示後直ちに書面によって確認しなければならない。

② 秘密保持の例外

　被開示者にとって既知の情報、公知の情報あるいは適法な権限をもつ第三者から得た情報は秘密保持義務の例外とされるが、特定情報を包含するより一般的な情報が公知となったときでも当該特定情報を保護する必要がある場

合、また公知情報の組み合わせ (combination) 自体に意味がある場合には、それぞれ秘密保持義務の対象とする必要がある。

③ 被開示者の秘密保持対策

開示者が被開示者に要求する秘密保持のための対策は次のように考えられる。第一に、被開示者は、開示された情報を秘密に保持して不必要には伝達しない。第二に、秘密情報にアクセスできる者を限定する。第三に、コントラクター等の第三者に開示する必要がある場合には、開示者の事前の書面による承認を必要とするものとし、被開示者はその第三者と秘密保持契約を結ばなければならない。そしてこれらのコントラクター等の秘密保持義務は、あたかも被開示者自身の義務とみなされる。

④ 秘密保持の期間

秘密保持の期間が契約に明記されていなければ、開示された情報が公知となるまで半永久的となるが、その立証の問題を考えると、むしろ適正な期間を定めるのが合理的である。開示者はできるだけ長い期間を要求するのが通常であるが、当該契約の性格や種類により、例えば、ライセンス契約においては、ノウハウの技術的性格、許諾特許の最後の特許権の終了日、情報の開示を受けなかった場合に自力で同等の技術を開発するのに要すると推定される期間 (reverse engineering period) などを考慮して秘密保持期間を設定すべきである。

(2) 契約の締結

(a) 書式の戦い

UCC2-207条は、当事者の交換する条項・条件の不一致により当事者が義務を逃れることを防止しようとする。ウィーン条約やその他ほとんどの法制度の下で反対申込と考えられるものが2-207条の下では承諾としてしばしば取り扱われる。しかし、その柔軟さにもかかわらず、それは、契約がすべての法制度の下での合意の基本的要素の存在なくして締結されるのを認めるほど革新的というわけではない。基本的要素とは、本質的な条項に関する当事者の合意に翻訳される相互の合意の客観的な表明であり、アメリカ法においては物品および品質の十分な記述である。これらの要素に関する合意が存在するときには、契約

は成立する。定型条項がその他の面で不一致であれば、ノックアウト（knock-out）ルールが適用され、一致する条項は契約の一部となり、抵触する条項はノックアウトされ、そのノックアウトされた条項は準拠法により補充される。このような基本的な見方は、買主および売主がありきたりの定型条項を十分な注意をもって読まないものだという現実からきている。

旧UCC2-207条は、2003年5月アメリカ法律協会（American Law Institute）年次総会で承認された改正UCC第二編の一環として全面的に改正された[95]。すなわち、両当事者の記録（record）がその他の方法では契約を立証していないけれども、両当事者の行為は、契約の存在を認め、(i) 契約が申込と承諾により成立しており、または(ii) なんらかの方法により成立した契約が、当該契約の条項に付加的もしくはそれらと異なる条項を含む記録により確認される場合には、契約の条項は、2-202条（記録における最終の表現：口頭または外部証拠）に従いつつ、次の条項により構成される。(a) 両当事者の記録の中に見受けられる条項、(b) 記録に見受けられるか否かを問わず、両当事者が合意している条項、および(c) 本法の規定の下で供給され、または織り込まれた条項。

本条の適用の結果は、最初または最後の書式を優先しない点において旧2-207条およびコモンローとは異なり、両当事者それぞれの書式における条項に同じテストを適用する。本条は、旧2-207条よりも、ある条項を包含または除外する大きな裁量を裁判所に与えているといわれる[96]。しかしながら、このような新しいアプローチは、当事者の記録や合意により当事者の意思を探求するという当事者の意思の解釈の問題に帰するのであり、そしてノックアウトされた後の空白を埋める補充規定が完備されていることが必要である[97]。

改正UCC2-207条は、ノックアウトされた後の空白を埋めるための明文の規定を設けている点において、上述したユニドロワ原則2.1.22条、さらにはヨーロッパ原則2:209条における解釈方法によるものよりも一見明確であるようにみえるけれども、次のような懸念を抱かせる。

第一に、上述のように裁判所に大きな裁量を与えたことになるが、逆に記録、合意および補充規定による解釈という制約を課すことになり、その裁量の幅が狭まるのではないか。第二に、当事者の意思の解釈ということであれば、解釈の方法に関しては法による強制よりも判例の積み重ねの下における裁判所の自

由な解釈に委ねた方が合理的かつ妥当な結論に至るのではないか。第三に、多種多様な取引、とりわけ国際取引に対して完全といえるほどの補充規定がありうるのであろうか。第四に、国際取引に関する紛争においては、仲裁人や裁判官に契約の解釈を委ねたときは、彼らは当該取引にかかわる国際的な商慣習や商取引上の基準などに依拠して合理的な解決策を見いだそうとするものであり、強制による制約はない方がよいのではないか。

　書式の戦いに関する当事者間の紛争が訴訟の場で争われることはほとんどなく、判例の数もきわめて少ない。実際の国際ビジネスにおいて、裏面約款の中でとりわけ問題となるのは紛争解決条項のような条項である。

　ヨーロッパ原則のコメントが述べているように、裁判所または仲裁廷は、空白を埋めるために補充規定としてのヨーロッパ原則、関連する業界の慣習や当事者間の慣行を適用することができる、そしてさらに、当該契約の性質や目的を考慮して信義誠実および公正取引の基準を適用することができるとされている。結局のところ、信義誠実・公正取引の原則に従った解釈によって空白が埋められることになるので、このようなヨーロッパ原則の考え方が書式の戦いの解決方法として最も柔軟で、合理的であると考えられる。

　したがって、国際ビジネスの当事者としての観点からは、今やノックアウト・ルールが適用されるのが国際的な理解となっていることを認識する必要がある。その上で当事者の一方のみに偏ったあるいは有利な裏面約款の条項は当該契約の内容とはならないこと、いいかえれば、裏面約款の条項を相手方が許容しうる範囲内にとどめるよう配慮することが必要であると考えられる。

（b）レター・オブ・インテント

　ユニドロワ原則2.1.13条によれば、交渉過程において、特定事項に関する合意または特定方式による合意に達するまで契約は締結されないことを当事者の一方が主張するときには、それらの事項に関してまたはそのような方式に合意が到達する前には契約は締結されない。複雑で長い契約交渉においては、当事者は合意した要素ないし骨子をレター・オブ・インテント（Letter of Intent）などと呼ばれる文書に記述して署名することがしばしばである。このような交渉段階におけるレター・オブ・インテントの利用は国際取引の当事者にとってどの

ような機能を果たすことになるのであろうか。国際事業買収を例としてリーガルプランニングの観点から検討する[98]。

　正式な事業買収契約の締結に至る前の段階で、売主と買主の間で当該事業買収についての当事者の意図および骨子について契約を結ぶ場合がある。このようなレター・オブ・インテントの目的は、買収の構造、買収価格の考え方、停止条件、買収の手順と時期等の枠組みを設定することにある。事業買収の交渉において、レター・オブ・インテントを経て事業買収に至る二段階とするか、直ちに事業買収契約の締結を目指すべきかについては、議論のあるところである。売主と買主との関係、買収対象とする事業ないし企業の性格、その置かれた環境などのさまざまな観点から検討する必要がある。

　レター・オブ・インテントを利用するメリットは次のように考えられる。第一に、レター・オブ・インテントの交渉を通じて、売主と買主の両者は、正式の事業買収契約書の締結に至るまでの時間と費用のかかる段階に入る前に、当該事業買収について原則的に合意に達した理解を比較的簡単で明解な文書にするかどうかを決定できる。とりわけ当事者がこうした文書に慣れておらず、取引のプロセスについて誤解を生じやすい、あるいは文書がないとお互いに矛盾した解釈を生じやすいような複雑な要素がある場合には、レター・オブ・インテントの交渉過程が役立つことになる。また、基本的な合意に達することができないと分かれば、両者は比較的早い段階で交渉を打ち切ることができる。第二に、正式な事業買収契約書締結までに相当長い期間が予想される場合には、第一段階として両者の意図を確認するためにレター・オブ・インテントを結ぶ。第三に、当事者、とりわけ買主にとって事業買収交渉を進めるための前提条件を明らかにすることができる。第四に、当該買収取引について公的な情報開示が適当と判断される場合には、当事者はレター・オブ・インテントを公表することができる。

　上記に対してレター・オブ・インテントを経由することのデメリットはどうであろうか。第一に、レター・オブ・インテントといっても重要な条件をある程度織り込まなければならず、その交渉だけでも相当な時間と手間がかかる。第二に、レター・オブ・インテントの法的効力については、とくに定める場合を除き、拘束力のないものとすることができるし、その例も多く見受けられる。

しかし、道義的、ビジネス的責任は生じており、その後条件を変更する、あるいはまったく新たな条件を加えることは交渉においては実際上困難である。第三に、複雑な取引については、レター・オブ・インテントにおいてもより正確な定義や文言が必要となり、結局のところ長い契約となってしまうおそれがある。また、この段階で正確を期するあまり買収交渉全体をかえって複雑にし、同時に柔軟性を失うこともありうる。

したがって、レター・オブ・インテントの利用にはメリットとデメリットの両面があることを十分認識した上で、当該国際取引の性格や内容、当事者間の関係を踏まえてリーガルプラニングの観点からその必要性を判断することが必要である。

注

1) Unidroit Principles Art. 2.1.1, Comment.
2) European Principles Art. 2:101 Notes 2.
3) Maria del Pilar Perales Viscasillas, The Formation of Contracts & Principles of European Contract Law, 13 Pace Int'l L. Rev. 371 (2001), at 373-374.
4) European Principles Art. 2:102, Comment A.
5) European Principles Art. 2:103, Comment A.
6) Id. Comment C.
7) Id. Illustration 1.
8) Id. Illustration 2.
9) Unidroit Principles, Art. 2.1.2, Comment 1.
　その他1.9条、5.1.6条、5.1.7条、6.1.1条、6.1.6条、6.1.10条参照。
10) Unidroit Principles Art. 2.1.2, Comment 2.
11) European Principles Art. 2:201, Comment B.
12) 井原宏・現代国際取引法（商事法務研究会、1999）6-7頁。
13) Unidroit Principles Art. 2.1.4, Comment 1.
14) Id. Comment 2.
15) European Principles Art. 2:202, Note 2.
16) Unidroit Principles Art. 2.1.5, Comment 1.
17) Unidroit Principles Art. 2.1.6, Comment 1.
18) Id. Comment 2-3.
19) European Principles Art. 2:204, Comment A.

20) European Principles Art. 2:205, Comment C.
21) Unidroit Principles Art. 2.1.7, Comment.
22) Unidroit Principles Art. 2.1.11, Comment 2.
23) European Principles Art. 2:208, Comment B, C.
24) Unidroit Orinciples Art. 2.1.11, Illustrations.
25) Unidroit Principles Art. 2.1.12, Comment 1.
26) Id. Comment 3.
27) European Principles Art. 2:210, Comment B.
28) Hass Van Houtte, The Unidroit Principles of International Commercial Contracts, Arbitration International Vol.11 No.4 (1995), at 375.
29) Unidroit Principles Art. 2.1.13, Comment 2.
30) Houtte, supra note 28, at 376.
31) Unidorit Principles Art. 2.1.14, Comment 3.
32) "Not binding until final agreement is executed"
33) Id.Illustrations 3 and 4.
34) Houtte, supra note 28, at 376-377.
35) Unidroit Principles Art. 2.1.15, Comment 2.
36) Id. Comment 3.
37) Id. Illustrations 2 and 3.
38) Brussels Convention on Jurisdiction and Enforcement of Judgements.
39) Fonderie Officine Meccaniche Tacconi Spa vs Heirich Wagner Sinto Maschinenfabrick Gmbh (HWS), 17.09.2002 Court of Justice of the European Communities C-334/400.
40) Unidroit Principles Art. 2.1.16, Comment 3.
41) European Principles Art. 2:302, Comment B.
42) Unidroit Principles Art. 2.1.17, Comment.
43) Viscasillas, supra note 3, at 374-375.
44) Unidroit Principles Art. 2.1.18, Comment.
45) European Principles Art. 2:106, Comment A.
46) Id. Comment B, Illustration.
47) Undroit Principles Art. 2,1.19, Comment 3.
48) European Principles Art. 2:104, Comment A.
定型条項が、相手方が署名した契約書の一部を構成しているときには、本要件は達成される。定型条項が申込を含む手紙の裏面に印刷されている場合、または申込の定型条項に対して言及がなされ、定型条項が別の同封物に印刷されている場合にも、本要件を満たすことは可能とされる。
49) Id. Illustrations 2 and 3.

50) ICC International Court of Arbitration, Paris, 00.04.1998 Arbitral Award 8223.
51) Unidroit Principles Art. 2.1.20, Comment 1
52) Id. Comment 2.
53) Id. Comment 3.
54) Id. Illustrations 1 and 2.
55) Unidroit Principles Art. 2.1.21, Comment.
56) European Principles Art. 2:209, Comment A.
57) Gerhard Dannemann, The "Battle of the Forms" and the Conflict of Laws, Lex Mercatoria, Francis D. Rose ed. (LLP, 2000), at 200-206.
58) オランダ法や旧UCC2-207条において見受けられる。
59) Maria del Pilar Perales Viscasillas, Article: "Battle of Forms" Under the United Nations Convention on Contracts for the International Sale of Goods: A Comparison with Section 2-207 UCC and the Unidroit Principles, 10 Pace Int'l L. Rev. 97 (1998).
イギリス法に見受けられる。
60) フランス法、スイス法、ドイツ法、UCC2-207条3項において見受けられる。
61) Unidroit Principles Art. 2.1.22, Comment 1-2.
62) Michael Joachim Bonell, An International Restatement of Contract Law, 2nd ed. (Transnational Publishers, 1997), at 124.
63) Id. Illustrations 1, 2 and 3.
64) European Principles Art. 2:209, Comment B.
65) European Principles Art. 2:209, Comment C.
66) European Principles Art. 2:209, Comment 2, Illustration 1.
67) Id. Comment 2, Illustration 2.
68) Unidroit Principles Art. 2.2.1, Comment 1.
69) Id. Comment 2 and 3.
70) European Principles Art. 3:102, Comment B.
71) Unidroit Principles Art. 2.2.2, Comment 1.
72) Unidroit Principles Art. 2.2.3, Comment 2.
73) Id. Comment 3.
74) Id. Illustration 5.
 ディーラーBは、小麦価格の大幅な上昇を期待して、大量の小麦を購入することを決めた。Bは、匿名のままであることを望み、仲介業者（commission agent）のAにこの仕事を委任した。供給者のSは、Aが本人Bのために小麦を買おうとしていることを知っているとしても、購入契約は、AおよびSを拘束し、Bの法的地位に直接影響を及ぼさない。本ケースは、仲介業者としての代理人の典型であり、本人であるBと第三者であるSとの間には直接の契約関係は成立しないとされる。

75）European Principles Art. 3:202, Comment B.
76）European Principles Art. 3:203, Comment B.
77）Unidroit Principles Art. 2.2.5, Comment 2.
78）European Principles Art. 3:201, Comment D.
79）Unidroit Principles Art. 2.2.1, Illustration 2.
80）Unidroit Principles Art. 2.2.5, Illustration 3.
81）Unidroit Principles Art. 2.2.8, Comment 2.
82）Id. Comment 3.
　　代理人により適正に指名された復代理人の行為は、それらの行為が代理人の権限および代理人により付与された権限の範囲内にあることを条件として、本人と第三者をお互いに拘束する。
83）European Principles Art.3:301, Comment C.
84）European Principle Art. 3:303, Comment D.
85）Unidroit Principles Art. 2.2.6, Comment 1.
86）European Principles Art. 3:204, Comment C.
87）Id. Illustration 2.
　　販売代理人Aは、卸商Bよりある物品をBのために購入することを要請されて、その物品をC社から購入したが、AはC社の多数株主であった。Bは、ユニドロワ原則2.2.7条によれば、C社がAの本人Bとの利害衝突を知っていた、または知るべきであったことを証明することができるときには、契約を取り消すことができる。
88）Unidroit Principles Art. 2.2.7, Comment 1.
89）Unidroit Principles Art. 2.2.9, Comment 2.
90）European Principles Art.3:208, Comment A.
91）Unidroit Principles Art. 2.2.10, Comment 2.
92）European Principles Art. 3:209, Comment B.
93）Id. Comment C.
94）Id. at 141-143.
95）共同起草者である統一州法委員全国会議（National Conference of Commissioners on Uniform State Laws）は2002年8月の年次総会で改正案を承認した。
　　Perales Viscasillas, supra note 59.
　　旧UCC 2-207条2項は多くの論争を呼ぶ困難な条項であった。2-207条1項は、2項に従って、付加するまたは異なる条項をもつ言明を承諾としてとらえる。しかし、2項は付加する条項に言及するのみであり、申込に含まれたものとは異なる条項を有する承諾の規制について問題を提起する。本条のコメントにおいては、2項が異なる条項に言及してないことから、コメント3が一つの方向を、コメント6がもう一つの方向を示している。学者の見解もまた、異なる条項を2項の規制の中に含め、異なる条項は契約の一部

となるとする見方と、反対の解決策を選択し、異なる条項は2項により規制されないとする見方であった。次に、異なる条項をどのように扱うかについて、WhiteとSummersはお互いに見解を異にする。Whiteは、コメント6に依拠して3項（knock-outルール）を適用する。一方Summersによれば、コメント6がもっぱら書面による確認に言及しているとして、承諾における異なる条項は契約から排除され、申込者の条項が優先する。

96) UCC2-207, Comment 2, 3.
97) 新堀聡「書式の争い解決への道：米国統一商法典改正第2編（売買編）第2-207条」国際商取引学会年報2004年第6号171頁。
98) 井原宏・現代国際取引法（商事法務、1999）337-338頁。

第 4 章

契約の有効性

　国際契約の実質的有効性の問題は、国際統一法と国内法システムの最も敏感な交差点といわれる。二つの鋭く対立する利害がかかわっている。一方で、契約に関する統一ルールは有効な契約を前提としなければならない。そうでなければ砂上の楼閣となる。他方で、実質的な有効性の根拠は、契約法であれ、一般的な民事法または公共規制のさまざまな分野であれ、国の公共政策を表現する国内法の特質を指し示している。これらの政策の統一は、まったく不可能ではないにしても明らかに困難なことである[1]。

　境界を交差する領域において、無効理由（causes of invalidity）として次のような四つの異なるタイプが考えられる。①不履行のための救済方法と競合する無効理由、②不履行のための救済方法とは競合しない、一般契約法に根拠を有する無効理由、③契約法以外の一般民事法分野における無効理由、④違法性や不道徳のような公共政策の分野および強行規定によるビジネスやビジネス取引の規制法において存在する無効理由。

　ユニドロワ原則においては、能力の欠如、権限の欠如、非倫理性または違法性から生ずる契約の無効（invalidity）を取り扱わない（3.1条）。これらを対象外とする理由は、上述したように、とりわけ地位、代理および公共政策の本来的に複雑な問題ならびにこれらが国内法で取り扱われるきわめて広範な方法に存する。したがって、権限踰越（ultra vires）、代理人の本人を拘束する権限、取締役の会社を拘束する権限、契約の違法なまたは非道義的内容については、準拠法によって規律される[2]。

　ヨーロッパ原則においても有効性に関する取扱いの範囲について同様の規定が存する（4:101条）。

　ユニドロワ原則第3章「有効性」の規定は、単純合意の拘束力、原始的不能

および錯誤に関する規定を除き、強行的なものである（3.19条）。詐偽、強迫および過大な不均衡に関する規定は強行規定であり、契約の締結時、これらの規定を排除または変更することは、当事者にとり信義誠実の原則に反することになる。しかし、取消権を有する当事者が、真実の事実を知りまたは自由に行為をすることができるようになってからその取消権を放棄することはなんら妨げられない。一方、単純合意の拘束力、原始的不能および錯誤に関する規定は、任意規定とされる[3]。

なお、ユニドロワ原則第3章の規定は、一方の当事者から相手方へと向けられた意思の伝達にも、適当な補正により準用される（3.20条）。

1　単純合意と原始的不能

(1) 単純合意の有効性

ユニドロワ原則3.2条によれば、契約の締結、変更および解消は、当事者の合意のみによってなされ、その他の要件を必要としない。

商業的な取引においては、約因（consideration）の要求は、当事者の双方が義務を引き受けるのが通常であるので、最小限の重要性しかない。ウィーン条約29条1項は、国際物品売買契約の当事者による変更および解消に関して、約因を要求していないが、本条は、このアプローチを国際商事契約の当事者による締結、変更および解消に拡大するものである[4]。

本条は、いくつかの大陸法制度において存在し、ある面では機能的にコモンローの約因に類似する原因（cause）の要求もまた排除している[5]。あるタイプの現物（real）契約、つまり当該物品の実際の引渡しに基づいてのみ締結される契約の形態を維持している大陸法系があるが、これは現代のビジネスの考え方とは適合しないので、本条によって排除されている[6]。

(2) 原始的不能

ユニドロワ原則3.3条によれば、契約締結時に、債務の履行が不可能であった

という単なる事実は、契約の有効性に影響を与えない。契約締結時に、当事者が契約に関係する財産を処分する権限を有していなかったという単なる事実は、契約の有効性に影響を与えない。

履行の原始的不能（initial impossibility）は、契約締結後に生ずる不能と同等視されており、当事者の一方の履行不能または当事者の双方の履行不能から生ずる当事者の権利義務は、不履行に関する原則に従って決定される[7]。契約当事者が、契約締結後に当該財産に対する法的権利や処分権限を獲得することは実際にしばしば生ずることである。

ヨーロッパ原則においても、ユニドロワ原則と同様に規定が定められている（4:102条）[8]。

2 錯誤

19世紀の大陸法は、意思理論の影響の下で錯誤の範囲を大幅に拡大した。現代の概念は、錯誤の相手方の利益をより強調することにより両当事者の利益の間でより適切な中間をとることによって、そのような錯誤による過剰な行為に対処してきたといわれる。この現代のアプローチはユニドロワ原則に明確に反映されている[9]。

(1) 錯誤の定義

ユニドロワ原則3.4条によれば、錯誤（mistake）とは、契約締結時に存在する、事実または法に関する誤った想定である。本条は、事実に関する錯誤と法に関する錯誤を同等視する。このように二つのタイプの錯誤についての同一的な法的処理は、現代の法制度がますます複雑化する状況に鑑みて正当化される。国境を越える取引にとって、かかる複雑さによる困難は、個々の取引が海外におけるよく知らない法制度により影響を受けるという事実によってますます増大する。

当事者が、事実的または法的内容についての誤った考えの下に契約を締結し、その契約の下での見通しを誤って判断した場合には、錯誤に関する規定が適用

される。しかし、当事者が、関係する事情について正しい理解を有するが、その契約の下での見通しについての判断を誤り、後になって履行を拒絶する場合は、錯誤よりも不履行の問題の一つである[10]。

　ヨーロッパ原則においては、錯誤そのものの定義規定は置かれていないが、4:103条の文言の中に、「契約締結時に存在する事実または法の錯誤」と表現されており、ユニドロワ原則と同義であると考えられる。

(2) 錯誤の要件

　ユニドロワ原則3.5条によれば、契約当事者が錯誤により契約を取り消す(avoid)ことができるのは、契約が締結された時、錯誤に陥った当事者と同じ状況における合理的な者が、真実の事情を知っていたならば、実質的に異なる(materially different)条項の下でのみ契約を締結していたであろう、またはまったく契約を締結しなかったであろうというほどに錯誤が重要なものであり、かつ次のいずれかに該当する場合に限られる。(a) 相手方当事者も同じ錯誤に陥っていた場合、相手方が錯誤を引き起こした場合、もしくは相手方がその錯誤を知りもしくは知るべきであって、錯誤当事者を錯誤に陥ったままにすることが公正取引についての商取引上の合理的基準(reasonable commercial standards)に反する場合、または (b) 相手方が取消の時までに契約を信頼して行動していなかった場合（1項）。

　しかしながら、次の場合には当事者は契約を取り消すことができない。(a) 錯誤に陥るにつき重大な過失があった場合、または (b) 錯誤が、錯誤のリスクが錯誤当事者により引き受けられた事柄にかかわる場合、もしくは諸事情を考慮すれば錯誤当事者によって負担されるべき場合（2項）。

　（a）重要な錯誤

　契約を取り消すことができるような錯誤は重要ないし重大なもの (serious) でなければならない。重要性の評価は、上記のような客観的基準と主観的基準の結合によってなされる。その基準は、錯誤が関係する契約の本質的要素を特定するという方法よりも柔軟なアプローチをとっており、当事者の意思および当該ケースの事情がすべて考慮される。通常の商取引においては、物品やサービ

スの価値、錯誤当事者の単なる期待や動機に関する錯誤は問題とされない。相手方当事者の同一性やその人格に関する錯誤についても同様であるが、特別の事情がそれらの錯誤を問題にする場合がありうる[11]。

(b) 錯誤当事者以外の相手方当事者に関する条件

上記1項によれば、錯誤当事者が契約を取り消すことができるためには、相手方当事者に関して四つの条件のいずれかを満たすことが必要である。初めの三つの条件は、相手方当事者が、錯誤当事者の誤りになんらかの方法でかかわっているがゆえに、保護に値しないという点で共通している[12]。

(c) 錯誤当事者に関する条件

上記2項は、錯誤当事者が契約を取り消すことのできない二つのケースを規定する。錯誤のリスクの想定は、しばしば投機的な性格の契約についての特徴である。当事者は、特定の事実の存在についての想定が正しいことがいずれ分かると期待して契約を締結することができるが、それでもその事実が存在しないリスクを想定することの責任を負うこともできる。そのような状況の場合、錯誤により契約を取り消すことはできないのである[13]。

ヨーロッパ原則4:103条においても、錯誤の要件について表現の仕方に多少の差異があるものの、ユニドロワ原則と基本的に同様の規定が設けられている。当事者は、次のような場合には、契約が締結された時に存在する事実または法の錯誤により契約を取り消すことができる。(a) 錯誤が相手方当事者によって与えられた情報により生じた場合、相手方当事者が錯誤を知りもしくは知るべきであって、錯誤当事者を誤りのまま放置することが信義誠実と公正取引に反する場合、または相手方当事者が同じ錯誤を犯した場合のいずれかの場合であって、かつ (b) 錯誤当事者が、真実を知ったならば、契約を締結しなかった、もしくは実質的に異なる (fundamentally different) 条項においてのみ契約を締結したであろう場合。しかしながら、次のような場合には、当事者は契約を取り消すことができない。(a) 当該状況下においてその錯誤が弁解のできないもの (inexcusable) である場合、または (b) 錯誤のリスクが当事者により引き受けられた、もしくは当該状況下で負うべきものであった場合。

ヨーロッパ原則は、錯誤の「重大さ」の一つに関連して、"fundamentally different"という語句を用い、ユニドロワ原則が用いる"materially different"という語句と区別しているが[14]、いずれの原則も、「錯誤当事者が、真実を知ったならば、実質的に異なる条項においてのみ契約を締結した、または契約を締結しなかったであろう」というのであるから、意味するところに差異はないと考えられる。

一方、ユニドロワ原則3.5条1項(b)は、相手方が未だ契約を信頼しなかったときには、錯誤当事者が逃げることができるという追加の要件を規定しているが、ヨーロッパ原則は、相手方が未だ契約を信頼しなかったという理由だけで錯誤当事者が契約を取り消すことを認めていない[15]。

(3) 通信における誤り

ユニドロワ原則3.6条によれば、表示の表現または通信において生じた誤りは、その表示を発した者の錯誤となる。本条は、表示の表現または通信における誤りを、表示をする者またはそれを送付する者の通常の錯誤と同等視する。したがって、3.5条および3.12条から3.19条までがこの種の誤りにも適用される[16]。

ヨーロッパ原則においても、ユニドロワ原則と同様の規定が設けられている。表示の表現または通信における不正確は、その表示を作成または送付した者の錯誤として扱われるべきであり、4:103条が適用される（4:104条）。

(4) 不履行の救済との関係

ユニドロワ原則3.7条によれば、当事者が依拠する事情が不履行に対して救済を与え、または与えることができたであろう場合には、その当事者は錯誤を根拠に契約を取り消すことができない。本条は、錯誤による取消の救済と不履行による救済との間で生ずる衝突を解決するものであり、そのような場合には、不履行による救済が、取消という過激な解決よりもより適切でかつ柔軟であるようにみえることから、望ましいとされる[17]。

一方、ヨーロッパ原則は、錯誤の場合のみならず、詐欺や強迫など第4章「有効性」の下における救済について、請求権競合の場合における当事者の選択を認めている。すなわち、本章に基づく救済の権利を有する当事者は、不履行に

対する救済を当事者に認める状況においては、いずれの救済をも追求することができる（4:119条）。この点ヨーロッパ原則の方が当事者の選択による柔軟な救済方法を採用している。

(5) 間違った情報

　ヨーロッパ原則4:106条によれば、相手方当事者により与えられた間違った情報に信頼して契約を締結した当事者は、例えその情報が4:103条の下における重大な錯誤を生じなくても、その情報を与えた当事者がその情報が正しいと信じる理由を有していないならば、4:117条2項及び3項（損害）に従って損害を回復することができる。ユニドロワ原則にはこのような規定は定められていない。

　間違った情報が当事者を重大な錯誤に陥らせる時には、当該当事者は、4:103条により契約を取り消し、4:117条により損害を回復する権利を有する。詐欺の場合には、損害は4:107条により回復することができる。しかし、事態が重大ではなく、間違った情報を与えた当事者が詐欺的ではなかったとしても、錯誤に陥った当事者は、相手方当事者が間違った情報を与え、そしてそうすることに彼が不注意であった時には、損害賠償による救済を与えられるべきである[18]。

　もっとも、情報を与える当事者が、その述べたことを信じていることに合理的な根拠を有していなかったとしても、当該状況において、情報を与えられた当事者が情報をチェックせず、かつそのチェックがあれば情報が正しかったか否かが明らかとなる場合には、損害賠償の救済を与えることは適切ではないと解される[19]。

3　詐欺と強迫

(1) 詐欺

　ユニドロワ原則3.8条によれば、言語や行為を含む相手方当事者の詐欺的表示（fraudulent representation）により、または公正取引についての商取引上の合理的基準に従って相手方が開示すべきであった事情についての詐欺的不開示（fraudulent non-disclosure）により、当事者が契約の締結に至ったときには、その当事

者は契約を取り消すことができる。

　詐欺は、相手方当事者によって引き起こされた錯誤の特殊なケースであるとみることができる。詐欺は、錯誤のように、明示であれ黙示であれ、偽りの事実の表示または真実の事実の不開示を含むのである。相手方を誤りに導き、それによって相手方を害して利益を得ようとする当事者の行為は詐欺的なものとされる。詐欺自体の非難すべき性質は、錯誤が問題とされるために3.5条に規定された追加的条件を必要とするほどのこともなく、取消の根拠として十分とされるほどのものである[20]。

　ヨーロッパ原則4:107条においてはユニドロワ原則よりもより詳細な規定が設けられている。当事者が、言語によるのであれ行為によるのであれ、相手方当事者の詐欺的表示、または信義誠実と公正取引に従って開示すべきであった情報の詐欺的不開示によって契約を締結するよう導かれたときには、その当事者は契約を取り消すことができる（1項）。当事者の表示または不開示は、それが騙すことを意図していたときには詐欺的であるとされる（2項）。信義誠実と公正取引が、当事者が特定の情報を開示することを要求するかどうかを決定する際には、次の状況を含むすべての状況が考慮されるべきである。(a) 当事者が特別の専門的知識をもっているかどうか、(b) 関連情報を獲得するコスト、(c) 相手方当事者が自らのために情報を合理的に獲得するかどうか、そして(d) 相手方当事者にとっての情報の明らかな重要性（3項）。

　当事者は、契約を締結するか否かについての相手方当事者の決定に影響する論点について、相手方を騙す故意をもって沈黙することは通常許されるべきではない。当事者が沈黙を保つことを許す理由がないならば、沈黙は、信義誠実と相いれず、相手方に本条に基づき契約を取り消す権利を与えることになると考えられる[21]。

　開示義務は、信義誠実と公正取引の基本的概念の一環であるが、相手方当事者が知っていない事実を指摘するよう当事者に常に要求できるというわけではない。例えば、専門家は、契約に基づいて提供する物やサービスについての情報を開示することが信義誠実と公正取引の原則によりしばしば要求されるが、このことは専門家でない者については該当しないのである。当事者は、自ら引き受けている履行について情報を提供することは期待されているが、相手方当

事者がなすべき履行についてそうすることはそれほど要求されていない。相手方当事者は、自らの履行について関連する事実を知りまたは発見することを期待されていることにとどまるのが通常である。とりわけ、相手方当事者にかかわる情報を開示する義務はなく、多額の投資をしなければ得られないような情報を開示する義務はもちろん要求されていない[22]。

(2) 強迫

ユニドロワ原則3.9条によれば、相手方当事者の不当な強迫 (unjustified threat) が、その事情を考慮すると、一方の当事者に合理的な選択の余地を残さないほどに急迫 (imminent) かつ重大な (serious) ものであり、その強迫により、その当事者が契約の締結に至ったときには、その当事者は契約を取り消すことができる。とくに、その当事者を畏怖させた行為もしくは不作為が、それ自体で不法 (wrongful) である、またはそれを契約の締結を実現する手段として利用することが不法である場合には、強迫は不当なものとなる。

強迫の急迫性と重大性は、個別ケースの事情を考慮して客観的なテストによって評価されなければならない。強迫は、必ずしも人や財産に対してなされる必要はなく、評判や純粋に経済的な利害に対して影響を与えることもできる[23]。

ヨーロッパ原則においてもユニドロワ原則と同様の規定が定められている。当事者は、相手方当事者の、それ自身不正である、または契約の締結を獲得する手段として用いることが不正である行為に訴えるという急迫かつ重大な強迫により契約を締結することに導かれたときには、契約を取り消すことができる。だだし、当該状況下においてその当事者が合理的な代替策を有している場合はこの限りではない (4:108条)。

実際に、契約違反という強迫が同じ契約の再交渉を確実にしようとして使われることがある。このような場合、強迫を理由として再交渉による合意を取り消すことができる場合もありうる。もっとも、例えば、相手方当事者が増加した価格を支払うことを約束しないならば、一方の当事者が本当に契約を履行することができないようなときに、このことを相手方に単に知らせるのみである場合は、相手方はより高い価格を支払うためになした約束を後になって取り消すことはできない。当該当事者の表示は、不可避のことの単なる警告であり、

本条の意味に該当する強迫とまではいえないと考えられる。

> [解説例]
> CはDのために一定の価格で船を建造することに合意した。多くの下請業者に影響を与えた通貨変動のために、Cは、契約価格が変更されなければ多大の損失を被る状況に陥り、Dが10％の超過支払に合意しなければ引き渡さないといって強迫した。Dは、契約が履行されないと重大な損害を被ることから、Cにより要求された超過額を支払った。この場合Dは、Cによる強迫を理由として、支払った超過額を回復することができる[24]。
> 本ケースは、10％のコストないし価格増のために「契約違反」という強迫が用いられた例であるが、次のケースは、いわば経済的実行困難という事実の表示による価格改定であって、強迫というまでには至らないと評価されるものである。
> Aは、Aの農地を横切る道路を一定の価格で建設するためにBを雇った。土地は両当事者が理解していた以上に湿っており、Bが本来の価格で契約の履行を完了する前に文字どおり破産するということがBに分かった。BはこのことをAに知らせ、Aは増加した価格を支払うことに合意した。Aには選択の余地はなかったが、増加額を支払うという合意を取り消すことはできない[25]。

4 過大な不均衡

ユニドロワ原則3.10条によれば、契約締結時に、契約または個別の条項が相手方当事者に過剰な利益 (excessive advantage) を不当に与えるものであった場合、当事者はその契約または条項を取り消すことができる。その際とりわけ以下の要素が考慮されるべきである。(a) 相手方が、その当事者の従属状態 (dependence)、経済的困窮 (economic distress) もしくは緊急の必要、または無思慮 (improvidence)、無知、無経験もしくは交渉技術 (bargaining skill) の欠如に不当につけ込んだという事実。(b) その契約の性質および目的（1項）。

このような過大な不均衡に関するルールが国際的な商取引契約にとって適切であるかどうかは疑問が提起されるところである。実際には経験のある商人な

いし企業間の国際取引においてはその適用の可能性はほとんどないようにみえる。しかし、一方の当事者が東ヨーロッパの旧社会主義国や第三世界の国からである場合には事態は異なるともいわれる[26]。

すべての取引において、一方の当事者または相手方は、多くの要因から特定の時においてより強いまたはより弱い立場に位置する。このような要因とは、例えば、買主の製品の需要、代替する売主の存在、代替する買主の存在、キャッシュフローの需要、要請される数量、供給数量の余裕、同じ当事者間の他の取引関係などである。当事者が一定の取引に対して正確に等しい取引力（bargaining power）をもっていることはかなり異常な状況ということができる。ある日はより小さな取引力しか有しない当事者が、次の日にはより大きな取引力をもつことがあり、時間の経過とともに両者の取引上のでこぼこはなくなってくる。このような現実の事実状況をあえて変更しようとする規定は自由な市場の原則に反することになるともいわれる[27]。

本条は、両当事者の義務の間に、一方の当事者に不当に過剰な利益を与えるような過大な不均衡（gross disparity）がある場合に、当事者に契約を取り消す権利を認める。この場合過剰な利益は、契約締結時に存在しなければならない。契約締結時には著しく不公正ではないが、その後そのような状況に陥る契約は、ハードシップ条項（6.2.2-6.2.3条）に従って契約を改定または解消することができる場合が生ずる。過剰というためには、価値、価格その他の要素における、履行と反対給付の均衡をひっくり返すような相当な不均衡でさえも、契約の取消または改定を認容するのに十分ではなく、その不均衡が、当該状況において合理的な者の良心（conscience）に衝撃を与えるほど大きいものであることが要求されていると考えられる[28]。

当該利益は過剰なものであるのみならず、正当と認められないもの（unjustifiable）でなければならない。この要件が満たされているかどうかは、当該ケースのすべての関係する事情の評価にかかっているが、とりわけ上記（a）と（b）の要素を注目すべきである。

取消権を有する当事者の要請により、裁判所は、その契約または条項を公正取引についての商取引上の合理的基準に合致するように改定することができる（3.10条2項）[29]。取消の通知を受けた当事者からの要請によっても、裁判所は

その契約または条項を取り消すことができる。ただし、その当事者は、取消の通知を受けた後速やかに、かつ相手方がその通知を信頼して行動する前に、相手方に改定の要請を伝えなければならない。その際3.13条2項が適用される(3.10条3項)。

ヨーロッパ原則4:109条は以下のように規定している。当事者は、契約締結時において次のような場合には契約を取り消すことができる。(a) その当事者が相手方を頼りにし、または相手方と信頼関係にあり、経済的に困窮しもしくは緊急の必要があり、無思慮、無知、無経験であったもしくは交渉技術を欠いていた場合で、かつ (b) 相手方がこれらのことを知りもしくは知っていたはずであって、その状況と契約の目的を考慮すると、著しく不公正なまたは過剰な利益を取得するようなやり方で、相手方が一方の当事者の状態につけ込んだ場合 (1項)。取消権を有する当事者の要請により、裁判所は、適切な場合には、信義誠実および公正取引の要求に従っていたならば合意されたであろうものに契約を従わせるために、契約を改定することができる (2項)。取消の通知を受けた当事者からの要請については、ユニドロワ原則3.10条3項と同様の規定が定められている (3項)。

本条4:109条は、次の4:110条と合わせて理解する必要がある。当事者は、個別に交渉されなかった条項が、信義誠実と公正取引の要求に反して、契約の下で提供されるべき履行の性質、その他すべての条項および契約締結時の事情を考慮すると、契約の下で生ずる当事者の権利と義務に重大な不均衡をもたらして相手方に損害を与える場合には、それらの個別に交渉されなかった条項を取り消すことができる (4:110条1項)。

4:109条は、一方の当事者が相手方の困難な状態につけ込む場合を扱っているが、価格ないし他の契約の必須要素または契約の一般的条件がなんらかの意味において過剰である状況という両方の条項を対象とする。これに対し4:110条は、消費者契約における不公正な条項に関する1993年EC指令[30]を一般条文化したものであり、主として一般的条項のみを対象とし、価格条項については取り扱わないのである[31]。

契約条項は、当事者間における交渉の明示の主題であったときには「個別に交渉された」ものである。そのような交渉においては、相手方当事者により提

案された条項が修正や削除される、あるいは変更しないままとされるに至る。条項が個別に交渉されたものとみなすべきかどうかは、当該ケースの状況によっている。多くの契約において用いられる契約一般条項の中の条項は、個別に交渉されなかったものと通常考えられる。ユニークな契約の手作りの条項は、個別に交渉されたものと一般的にみなされるべきである[32]。

両当事者の権利と義務における重大な不均衡が、4:110条が適用されるために要求される。このような不均衡は、経済的な性質または法的な性質のものである。前者の場合には、経済的な結果が相手方当事者に対し重大な力の濫用となるものであり、後者では、当該条項が一方の当事者に権利を与え、他方に与えないときには不均衡とみなされる場合である[33]。

ユニドロワ原則3.10条、ヨーロッパ原則4:109条とも同じような文言を用いており、いずれの方の適用範囲が広いか否かは一見して明らかではない。しかし、3.10条は、「不当に過剰な利益を与える」場合という抽象的な対象範囲に対して、相手方の困難についての具体的に考慮すべき要素により絞りをかけているが、4:109条は、相手方の具体的な困難に「著しく不公正なまたは過剰な利益を取得するようなやり方で」つけ込むというアプローチをとっている。3.10条においては具体的な困難が考慮すべき要素として挙げられているにすぎないことから、4:109条より適用範囲が広いようにもみえる。

また、4:109条は、4:110条とともに、主として消費者保護に力点が置かれているが、3.10条は消費者取引には適用されない。消費者以外の個人対企業、あるいは稀に小企業対大企業という取引関係に3.10条が該当することがありうるが、それは消費者取引における状況に近いような例外的な取引関係の場合であると考えられる。消費者取引以外の国際取引の場では、いずれの当事者も専門職業人としてビジネスにおける取引ないし交渉を尽くすのであって、契約締結時に設定された契約関係は維持されるべきであるのが原則である。したがって、3.10条の適用範囲は厳格に解釈されるべきと考えられる。

5 取消

(1) 第三者との関係

　ユニドロワ原則3.11条によれば、詐欺、強迫、過大な不均衡もしくは一方当事者の錯誤が、相手方当事者がその行為につき責任を負う第三者に起因する場合、またはそのような第三者が知りもしくは知るべきである場合には、その行為や知識があたかも相手方自身のものであったのと同様の条件の下で契約を取り消すことができる。詐欺、強迫または過大な不均衡が、相手方当事者がその行為につき責任を負わない第三者に起因する場合であっても、相手方が、その詐欺、強迫または不均衡を知りもしくは知るべきであったとき、または取消の時に契約を信頼して行動していなかったときには、契約を取り消すことができる。

　本条は、第三者が契約の交渉過程に巻き込まれ、または干渉し、取消の根拠が多かれ少なかれその第三者に帰せられるようなしばしば実際に生ずる状況を取り扱っている。当事者が第三者の行為に責任を負う場合とは、その第三者が当該当事者の代理人である場合から、第三者が自ら進んでその当事者のために行為をする場合までに及ぶ。これらすべての場合に、当該当事者がその第三者の行為を知っていたかどうかにかかわりなく、第三者の行為や知識を当該当事者に帰することが正当化される[34]。

　ヨーロッパ原則においてもユニドロワ原則と同趣旨の規定が定められているが、対象とする第三者の範囲および第三者の行為の範囲が拡大されている。当事者がその行為に対して責任を有している第三者または当事者の同意を得て契約締結にかかわる第三者が、(a) 情報を与えることにより錯誤を引き起こす、あるいは錯誤を知りもしくは知るべきであった、(b) 間違った情報を与える、(c) 錯誤を犯す、(d) 強迫をする、または (e) 過剰な利益もしくは不公正な利益を取得する場合には、ヨーロッパ原則に基づく救済が、その行為ないし知識があたかも当該当事者自身のものであったのと同様の条件の下で適用されるの

である (4:111条1項)。

　第三者は、その救済が求められている者のために行為をするのが通常であるが、第三者が当事者の同意を得てかかわっているのであれば、第三者が当事者のために行為をしていることを証明することは必要とされない[35]。

(2) 追認と取消権の消滅

(a) 追認

　ユニドロワ原則3.12条によれば、契約の取消権を有する当事者が、取消の通知を出すための期間が進行し始めた後、明示もしくは黙示に契約を追認 (confirm) したときには、契約の取消権は排除される。

　黙示の追認といえるためには、例えば、取消権者が相手方当事者の不履行に基づいて請求するだけでは不十分であり、相手方がその請求を受け取ったことを認める、あるいは取消権者による裁判所への訴えが受理されたことが要求されると解される[36]。

　ヨーロッパ原則においても同様の規定が定められている。契約を取り消すことができる当事者が、取消の根拠を知り、または自由に行為をすることができるようになった後、明示もしくは黙示に契約を追認したときには、契約の取消権は排除される (4:114条)。

(b) 取消権の消滅

　ユニドロワ原則3.13条によれば、当事者が錯誤による契約取消権を有していても、相手方当事者が、取消権を有する当事者の理解していたように契約を履行したい旨を表示する、またはそのように履行する場合には、契約は、取消権を有する当事者が理解していたように締結されたものとみなされる。相手方は、取消権を有する当事者が理解していた契約のあり方を知った後速やかに、かつその当事者が取消の通知を信頼して行動する前に、そのような表示または履行をしなければならない。そのような表示または履行の後、取消権は消滅し、それ以前の通知は効力を失う。

　そのような行為をする相手方当事者の利害は、補正された形であれ、契約を維持することから引き出される利益にあるが、それは錯誤の場合にのみこのよ

うな形で正当化されるのであって、強迫や詐欺のような場合には、当事者が当該契約を生かしておくことを期待することはきわめて難しく、この意味において正当化されることはない[37]。

　ヨーロッパ原則においては、「契約の適合 (adaptation)」というタイトルで、取消権の消滅を含む契約の適合について規定を設けている。当事者が錯誤による契約取消権を有していても、相手方当事者が、取消権を有する当事者により理解されていたように契約を履行したい旨表示する、または実際に履行する場合には、契約は、取消権を有する当事者が理解していたように取り扱われるべきである。相手方は、取消権を有する当事者が理解していた契約のあり方を知った後速やかに、かつその当事者が取消の通知を信頼して行動する前に、その履行をしたい旨を表示またはその履行をしなければならない（4:105条1項）。そのような表示または履行の後、取消権は消滅し、それ以前の通知は効力を失う（4:105条2項）。両当事者が同じ錯誤を犯した場合、裁判所は、当事者いずれの要請にも応じて、契約を錯誤が生じなかったとしたら合理的に合意されたであろうものに一致させることができる（4:105条3項）。このような3項による契約の適合の考え方はユニドロワ原則には見受けられない。両当事者が同じ錯誤を犯した場合には、契約を取り消すよりも契約を適合させる方が合理的と考えられたからである。もっとも、その適合は裁判所の裁量に委ねられることになる。

　　［解説例］
　　大きなビルの床を張るために雇われた床張り業者が必要な仕事量について重大な錯誤を犯した。この錯誤は相手方当事者に知らされるべきであり、そうすることにより床張り業者は取消権を有することになる。雇主は、支払の減額なしに、超過仕事から床張り業者を解放する旨の申入れをした。この場合床張り業者は契約を取り消すことはできない[38]。
　　上記とは異なり、両当事者が必要な仕事量について錯誤を犯した。相手方当事者は、ヨーロッパ原則4:105条1項に基づいて、超過仕事から床張り業者を解放する用意があることを表示することができる。それに代えて、いずれの当事者も、4:105条3項に基づいて、裁判所に契約を適合させることを要請することができる。

この場合、裁判所は、対象とする仕事量に必要な調整を加えて、追加の仕事に対する料金を契約に適用することができる[39]。

(3) 取消の通知と期間制限

(a) 取消の通知

ユニドロワ原則3.14条によれば、契約を取り消す当事者の権利は、相手方に対する通知により行使される。本条は、取消通知の形式や内容については特定の要求を定めておらず、1.9条1項（慣習と慣行）に規定する一般原則に従う。

ヨーロッパ原則においても同様の規定が定められている（4:113条）。

［仲裁例］
アルゼンチンの会社（売手）とチリの会社（買手）は、アルゼンチンの会社の株式の85％売却の契約を締結した。契約締結後、買手はアルゼンチンの会社の隠れた債務を発見し、購入価格の残余の支払を中止した。売手は全額の支払を求めて仲裁手続を開始した。買手は、仲裁廷が契約の取消しを確認して、損害賠償を認めるか、または隠れた債務に比例して購入価格を減額するよう請求した[40]。

仲裁廷は、契約が錯誤のために取り消されるという買手の主張を拒絶し、隠れた債務の発見を知らせる旨の買手が売手に送った通信は、契約を解消する意図を表すものでないのみならず、内容が変更されたものであっても買手が契約に固執することを望んでいることを信じさせたとして、ユニドロワ原則3.14条に従った取消の適切な通知であると考えることはできない、と判断した。さらに、仲裁廷は、買手のその後の行為、とりわけ合意により契約を解消するとの提案、価格の分割払および契約を変更するための交渉開始は、ユニドロワ原則3.12条による契約の追認にまで至っているとの判断を下した。

また、価格減額の請求については、仲裁廷は、隠れた債務の65％の減額のみを認容した。その理由の一つは、契約が買手によって起案されたものであり、隠れた債務についての売手の保証を含む契約条項が、ユニドロワ原則4.6条（作成者に不利な原則）に従って売手に有利に解釈されるべきであるということであった。

株式購入契約においては、隠れた債務が存在しない旨を売手に表示（represent）

および保証（warrant）させるのが通常であり、その文言は慣習的なものがしばしば使われるが、解釈に疑義が生じないよう明確であることが必要である。本ケースのように買手が起案したのであれば、買手は「作成者に不利な原則」が適用されるような不用意は避けなければならない。また、買手としては、売手の表示・保証を検証するために、デューディリジェンス（due diligence）条項を株式購入契約に織り込み、これに基づいてクロージング（closing）前に隠れた債務を発見する必要がある。さらに、買手が錯誤を主張するのであれば、契約の追認とみなされるような行為を避けるか、またはそれ以前に主張しなければ有効とはならない。

(b) 期間制限

　ユニドロワ原則3.15条によれば、取消の通知は、取消をする当事者が、取消原因となる事実を知った後もしくは知らないことはありえなくなった後、または自由に行動することができるようになった後、当該状況の下において合理的期間内になされなければならない。契約の個別条項が3.10条に基づき取り消される場合には、取消の通知をなすための期間は、その条項が相手方から援用された時から進行する。

　期間の具体的な起算点は、錯誤もしくは詐欺の場合または取消をする当事者の無知、無思慮もしくは無経験から生ずる過大な不均衡の場合は、取消当事者がそれらを知りもしくは知らないことはありえなかった時、取消当事者の従属状態、経済的困窮もしくは緊急の必要から生ずる過大な不均衡の場合には、自由に行動することができるようになった時から始まる[41]。

　ヨーロッパ原則においてもユニドロワ原則と同様の規定が定められているが、個々の条項の取消についてより分かりやすい条文となっている。取消の通知は、取消をする当事者が、取消原因となる事実を知りもしくは知るべきであった後、または自由に行動することができるようになった後、当該状況の下においてなされなければならない。しかしながら、当事者は、相手方当事者が個々の条項を援用した後合理的期間内に取消の通知をなすときには、4:110条の下において個々の条項を取り消すことができる（4:113条）。

　4:110条の下において、特定の条項が不公正であるときには、不利益を受ける当事者はその条項を取り消すことができるが、当事者は、自身が不利益を受け

ていることが明らかでない場合がしばしばである。それは相手方当事者が当該条項を主張するかどうか、またどのように主張するかどうかにかかっている。したがって、潜在的に不利益を受ける当事者が事態の成り行きを見守ることを許容することが公正であると考えられる[42]。

[解説例]

農場主に対して機器をリースする銀行の契約において、その一般的条件は、銀行が賃貸人として、賃借人によるいかなる不履行がある場合にも、当該機器のみならず賃貸人から別にリースされた他の機器に対しても、他の機器の支払には不履行がなかったとしても、差し押さえることを認めている。このような「クロス・デフォールト（cross-default）」条項は、銀行に過剰な利益を与える結果となる。しかし、農場主は、不履行が実際に発生し、銀行が他の機器を差し押さえようとするまでは、そのようなクロス・デフォールト条項に異議を申し立てる必要はないとされる[43]。

銀行からのローンまたはリース契約においては、上記のようなクロス・デフォールト条項が一般条項ないし一般的条件として、個別の交渉なくして含まれているのが通常である。

本ケースにおける農場主は、なんらかの不履行が実際に発生した結果、当該クロス・デフォールト条項が銀行により発動されたときには、ヨーロッパ原則4:110条に従って当該条項を取り消すことができるのである。このように当該農場主は、ヨーロッパ原則4:110条によって救済されることが明確であるが、ユニドロワ原則は4:110条に相応する規定を有していないため、ユニドロワ原則3.10条により救済されるかは不確かである。当該銀行における過剰な利益の立証にかかっていると考えられる。

[仲裁例]

ロシアの売手とスウェーデンの買手は売買契約を締結した。売手が物品の最初のロット（全部の約20％）のみしか引き渡さなかったので、買手は、物品の残りの部分を引き渡すか、または代わりに不履行による損害賠償を支払うよう売手に対して請求を申し立てた。売手は、契約に署名した会社の取締役が権限を欠いて

いることを理由として契約の無効を主張し反対した。

　仲裁廷は、売手の反対を拒絶するにあたり、とりわけユニドロワ原則3.15条に言及した。すなわち、ロシアの売手は、履行の過程において取締役の権限欠如の問題を一度も提起したことがなく、契約締結の数年後に仲裁手続において初めて契約の無効をいい立てたのであり、仲裁廷は、売手による取消の通知が3.15条に明らかに従っていないと判断したのである[44]。

　本ケースは、買手の上記のような要求に対して、売手が後知恵で署名権限の欠如を理由とする無効を抗弁として主張する例がしばしばあるが、3.15条に定める合理的期間をとっくに過ぎているため有効な抗弁とはならない。

(4) 取消の効果

　① 一部の取消

　ユニドロワ原則3.16条によれば、取消の原因が契約の個別条項のみに影響する場合、取消の効果は当該条項に限定される。ただし、当該状況の下において、契約の残りの部分を維持することが不合理な場合はこの限りではない。

　ヨーロッパ原則においても同様の規定が定められている（4:116条）[45]。

　② 取消の遡及効

　ユニドロワ原則3.17条によれば、取消の効力は遡及する。取消により、いずれの当事者も、取り消された契約もしくはその部分に基づき給付したものの返還を請求することができる。ただし、その当事者は取り消された契約もしくはその部分に基づき受領したものを同時に返還しなければならない、またはもし現物による返還ができない場合には、受領したものに見合う価額を返還しなければならない。

　取消の効力が遡及するということは、当該契約が決して存在しなかったとみなされることであるが、このような全部の取消の場合でも、仲裁、管轄および抵触法の条項は他の契約条項とは異なり、残存することができる。実際にそのような条項が効力を維持するかどうかは、準拠法によって決定されることになる[46]。

　ヨーロッパ原則においても取消に伴う原状回復に関する同様の規定が設けら

れている（4:115条）。

　③　損害賠償との関係

　ユニドロワ原則3.18条は、契約が取り消されたか否かにかかわらず、取消の原因を知りまたは知るべきであった当事者は、契約を締結していなかったならば、相手方当事者が置かれていたであろうと同じ状態に相手方を置くように損害を賠償する責任を負うと規定する。

　ヨーロッパ原則4:117条はユニドロワ原則3.18条とは異なって、損害の回復が契約を取り消したか否かによって異なる旨を規定する。契約を取り消す当事者は、契約を締結しなかった場合と同じ地位に可能な限り取消当事者を置くために、相手方当事者が錯誤、詐欺、強迫または過剰な利益もしくは不公正な利益を知りもしくは知るべきであったときには、相手方当事者から損害を回復することができる（1項）。当事者が契約を取り消す権利を有するが、4:113条または4:114条の規定に基づきその権利を行使せず、または喪失したときには、上記1項に従い、錯誤、詐欺、強迫または過剰な利益もしくは不公正な利益の奪取により引き起こされた損失に限定した損害を回復することができる。当事者が4:106条の意味における間違った情報により誤解させられたときには、同じ損害賠償方法が適用される（2項）。

[解説例]

　Aは、Bにソフトウェアを販売したが、その際Bが意図したその使用の適切さに関するBの錯誤に気づかないことはありえない状況であった。Bが契約を取り消すか否かにかかわらず、Aは、ユニドロワ原則3.18条に従い、ソフトウェアの使用のための要員の訓練に要したBの費用すべてに対して責任を負うけれども、意図した目的のためにソフトウェアを使用することが不可能な結果としてBが被った損失に対しては責任を負わない[47]。

　本ケースの結論は、ヨーロッパ原則4:117条の適用によっても同様である。債務不履行の場合における損害賠償とは異なり、錯誤等を引き起こした当事者による損害賠償の範囲は、相手方当事者を契約が締結されなかった場合と同じ地位に置くことに限られるのである。

④　救済の排除

ヨーロッパ原則によれば、詐欺、強迫および過剰な利益または不公正な利益の奪取に対する救済ならびに個別に交渉されなかった不公正な条項を取り消す権利は、排除または制限することができない。一方、錯誤および間違った情報に対する救済は、その排除または制限が信義誠実と公正取引に反しない限り、排除または制限することができる（4:118条）。

注

1) Ulrich Drobnig, Substantive Validity, The American Journal of Comparative Law Vol.40 (1992), at 635, 637-638.
2) Unidroit Principles Art. 3.1, Comment.
3) Unidroit Principles Art.3.19, Comment.
4) Unidroit Principles Art.3.2, Comment 1.
5) Id. Comment 2.
6) Id. Comment 3.
7) Unidroit Principles Art. 3.3, Comment 1.
8) European Principles Art. 4:102, Illustration.
　Aは、サルベージ業者であるBに、特定の場所にあるとAがいっている、オイルタンカーの難破船を売却した。Aは、オイルタンカーが決してその場所には存在しなかったことを知るべきであったが、Bは、サルベージ予備調査隊がその地域を探索するまでこのことを発見できなかった。当該契約は無効ではなく、AはBに対して損害賠償の責任を負うことになる。
9) Drobnig, supra note 1, at 639.
10) Unidroit Principles Art. 3.4, Comment 1-2.
11) Unidroit Principles Art. 3.5, Comment 1.
12) Id. Comment 2.
13) Id. Comment 3.
14) European Principles Art. 4:103, Comment C.
15) Id. Note 5.
16) Unidroit Principles Art. 3.6, Comment.
17) Unidroit Principles Art. 3.7, Comment 1.
18) European Principles Art. 4:106, Comment A.
19) Id. Comment C.
20) Unidroit Principles Art. 3.8, Comment 1-2.
21) European Principles Art. 4:107, Comment E.

22） Id. Comment F.
23） Unidroit Principles Art. 3.9, Comment 1, 3.
24） European Principles Art. 4:108, Comment A, Illustration 3.
25） Id. Comment B, Illustration 4.
26） Drobnig, supra note 1, at 640.
27） Richard Hill, A Businessman's View of the Unidroit Principles, Journal of International Vol.13 No.3 (1996), at 166.
28） Unidroit Principles Art. 3.10, Comment 1.
29） 裁判所は、過剰な利益または不公正な取引による取消の通知を受けた当事者の要請により同様に契約を改定することができる。ただし、要請する当事者は、取消の通知をした当事者に、その通知を受けた後速やかに、かつその当事者が取消の通知を信じて行動する前にその旨を知らせなければならない。
30） EC Council Directive 93/13 on Unfair Terms in Consumer Contracts (1993).
31） European Principles Art. 4:110, Comment E.
32） Id. Comment F.
33） Id. Comment G.
34） Unidroit Principles Art. 3.11, Comment 1.
35） European Principles Art. 4:111, Comment A, Illustration 1.
物品の供給者が買手と売買契約の交渉を行っている。ひとりの顧客が立ち会っており、供給者の同意を得て議論に参加した。その顧客が買手に当該物品に関する不正確な情報を提供し、買手はその情報に基づいて売買契約の締結に合意した。この場合買手は、あたかも当該情報が供給者により提供されたかのように、その顧客が供給者のために行為をしていたことを証明する必要はなく、ヨーロッパ原則4:103条（重大な錯誤）または4:107条（詐欺）に基づく救済を求めることができると解するべきである。
36） Unidroit Principles Art. 3.12, Comment.
37） Unidroit Principles Art. 3.13, Comment 1.
38） Id. Illustration 1.
39） Id. Illustration 2.
40） Ad hoc Arbitration, Buenos Aires, 10.12.1997 Arbitral Award.
41） Unidroit Principles Art. 3.15, Comment.
42） European Principles Art. 4:113, Comment C.
43） Id. Illustration.
44） International Arbitration of the Chamber of Commerce and Industry of the Russian Federation, 27.07.1999 Arbitral Award 302/1997.
45） European Principles Art. 4:116, Comment B, Illustration 2.
建設業者であるBは、大きなプロジェクトのためにビッドを提示した。その入札の全体

は、ビッドに示された多くの項目から作り上げられていた。正確な数字がどのようなものであるべきかは明らかでないが、これらの項目の中の一つに関して明らかに錯誤があった。発注元は、その錯誤を指摘することなくビッドを受け入れた。この場合Bは、ヨーロッパ原則4:116条に従い、全体の契約を取り消すことはできないが、問題の項目のために記述された価格を取り消すことができる。そしてその項目のための合理的な金額が支払われるのである。

46）Unidroit Principles Art. 3.17, Comment 1.
47）Unidroit Principles Art. 3.18, Illustration.

第5章

契約の内容と第三者の権利

1　契約の内容

ユニドロワ原則第5章における「契約の内容」は、各国法制度を調和させるために、次のような異なるアプローチをとることにより条項が構成されている[1]。第一は、ウィーン条約のような既存の国際協定から影響を受けたものであり、第二は、国際契約のために普遍的な有用性があると考えられる特定の法制度において知られた概念を採用したものである。

(1) 明示的債務と黙示的債務

ユニドロワ原則5.1.1条によれば、両当事者の契約上の債務は、明示的なものも黙示的なものもありうる。そして黙示的な債務は以下のものより生ずる。(a) 契約の性質および目的、(b) 当事者間で確立した慣行および慣習、(c) 信義誠実および公正取引、(d) 合理性（5.1.2条）。

本条は、黙示的債務の源泉を述べている。黙示的債務は、契約の性質や目的を前提とすれば、あまりにも明らかであるので、当事者はそのような債務がいうまでもないことと感じることがありうる。その代わりに、黙示的債務は、すでに当事者間で確立した慣行に含まれてしまっている、または1.9条（慣習および慣行）に従って取引慣習によって規制されていることもありうる。つまり、黙示的債務は、契約関係における信義誠実と公正取引および合理性の原則の結果であるとされる[2]。

ヨーロッパ原則においてもユニドロワ原則と同様の規定が定められている。明示の規定に加えて、契約は、(a) 両当事者の意思、(b) 契約の性質および目

的、ならびに (c) 信義誠実および公正取引から生ずる黙示の債務を含む (6:102 条)。

(2) 当事者の言明

ヨーロッパ原則 6:101 条によれば、契約締結以前またはその時に一方当事者によりなされた言明は、(a) 相手方当事者にとってその言明の明らかな重要性、(b) 当事者がビジネスの過程においてその言明をなしたかどうか、および (c) 両当事者の関連する専門的知識を考慮した事情の下において、相手方当事者がその言明を合理的に理解したとされるときには、契約上の債務を生ずるものとして取り扱われるべきである (1項)。また、当事者の一方が、サービス、物品もしくはその他の財産を販売もしくは宣伝する際に、または別な方法でそれらの契約が締結される前に、それらの品質や使用に関する情報を与える専門的供給者であるときには、言明は契約上の債務を生ずるものとして扱われるべきである。ただし、相手方当事者が、その言明が間違っていることを知っていた、もしくは気づかないはずはなかったことが証明された場合はこの限りではない (2項)。そして専門的供給者のためにサービス、物品もしくはその他の財産を宣伝もしくは販売する者、またはビジネス・チェーンのより始めの輪にある者により与えられた情報およびその他の約束は、専門的供給者の側における契約上の債務を生ずるものとして扱われるべきである。だだし、専門的供給者がその情報や約束を知らなかった、もしくは知る理由がなかった場合はこの限りではない (3項)。

上記2項に基づき供給者によりなされた情報や約束は契約の一部となり、そしてこのような情報が間違っており、または約束が破られたときには、相手方当事者は、ヨーロッパ原則に定められた契約不履行に対する救済に依拠することができる。したがって、供給者に約束どおり契約を履行させ、そして不履行が免責されない限り、その不履行に対しては過失いかんにかかわらず損害賠償の責任を負わせることができる。さらに不履行が免責されたとしても、被害当事者は、不履行が重大であるときには、契約を解除することができるのである[3]。

被害当事者が本条を主張するためには、当該情報や約束は、契約を締結するという被害当事者の意思決定に影響を与えたものでなければならない。単なる

売込みにすぎない言明や約束は、本条の対象ではない。意見の言明や非常に誇張した言明もこの意味における情報や約束と解されるべきではない[4]。

(3) 当事者間の協力義務

ユニドロワ原則5.1.3条によれば、各当事者は、相手方当事者の債務の履行のために協力することが合理的に期待されているときには、相手方に協力すべきである。

契約は、単に衝突する利害の合致する点としてではなく、各当事者が協力しなければならない共通のプロジェクトとしてみなされるべきであるという見解は、明らかに信義誠実と公正取引の原則に由来するものである。もっとも、このような協力義務は、契約の履行における当事者間の義務の配分をひっくりかえすことはないように、一定の合理的な限界内に限られるべきであるとも指摘される[5]。

ヨーロッパ原則においては、各当事者は、契約を完全に履行するために協力する義務を相手方に負うと規定する（1:202条）。この協力義務には、相手方がその義務を履行し、それによって契約に規定された履行の果実を得ることを認める義務が含まれる。当事者は、契約を履行する相手方が、人や財産に対する損害のリスクがあることを知らない場合には、その相手方にそのことを知らせなければならない[6]。

協力義務は、契約を完全に履行する目的のためにのみ課されている。したがって、当事者が履行することを引き受けていなかった行為を履行しないこと、例えば、相手方による履行の提供を受領しないことがまったく取るに足らないものである場合に、その提供を受領しないことによっては、当事者は協力義務に違反したことにはならない[7]。

大陸法系においてはこのような協力義務は、信義誠実と公正取引の原則から由来すると考えられている。一方、上述したようにイギリス法は、当事者間の合意にビジネス上の効果を与えるために必要な場合に黙示の協力義務を課しているにすぎない[8]。

[解説例]

(a) ハンブルグのSは、ロンドンのBに「FOBハンブルグ」による一定価格で物品を販売することに合意したが、Bは、その物品を輸送する船舶を指名しなかった。そのような不履行は、売買契約におけるBの債務の不履行を構成しており、Sが物品を船積みする義務を履行して、契約価格を手に入れることを妨げることにより、ヨーロッパ原則1:202条ないしユニドロワ原則5.1.3条に違反することになる。Sは、自らの行為が相手方の不履行を引き起こした限りにおいてその当事者は救済を求めることはできないと規定する、ヨーロッパ原則8:101条3項（救済方法）に基づきその履行を免責され、契約を解除して損害を回復することができる[9]。ユニドロワ原則7.1.2条の適用の結果も同様の結論に達する。

INCOTERMSは、FOB契約では荷受人に本船を配船する義務を課しているが、Bはこの国際慣習に違反したことになり、協力義務違反の責任を問われる。

(b) Bは、Oのためにオフィスビルを建設する契約を締結した。Oが、ビル建設のライセンスを申請したならば認可されたであろうにもかかわらず、申請しなかった結果、Bは建設作業を進めることができなかった。Oは、Bとの契約がライセンスを申請する明示の義務を課しているかどうかにかかわらず、ヨーロッパ原則1:202条ないしユニドロワ原則5.1.3条の要求に違反しており、Bに対して契約違反の責任を負うことになる。

本ケースにおいてOは、ビル建設契約の目的および性格から当該ビル建設のライセンスを申請する黙示の義務を負っているものと解される。

(4) 努力義務

（a）特定の結果達成義務と最善努力義務の区別

ユニドロワ原則5.1.4条によれば、当事者の債務が特定の結果を達成する義務にかかわる場合には、その当事者は、当該結果を達成する義務を負う（1項）。一方、当事者の債務が、ある業務の履行につき最善の努力をする義務にかかわる場合には、その当事者は、同じ部類に属する合理的な者が同じ状況の下においてなすであろう努力をする義務を負う（2項）。

これらの条項は、上述した第二のアプローチにより、努力義務に関してフラ

ンス法に由来する区別を導入したものであり、契約上の義務は異なる強度により引き受けることができるという事実を強調する。このような区別は法的に重要な結果を招来する。特定の結果を達成する義務の場合、その結果を獲得しないことは過失（fault）を推定し、契約違反を構成して、不履行当事者に不可抗力のような免責事由を証明する責任を負わせる。最善努力義務の場合には、履行についての不満足は、履行義務者が要求される勤勉さで行為をしなかったことを証明する責任を被害当事者に負わせる。このようなタイプの義務は、履行において要求される努力の強さを決定するのみでなく、履行が満足すべきものでない場合における被害当事者の状況を決定するものである[10]。

特定の結果を達成する義務と最善努力義務との区別は、すべての可能な状況を包含するわけではないが、契約上の義務の履行における厳格さの程度につきしばしばみられる二つの典型に対応する。これら二つのタイプは同じ契約の中に共存することができる。

特定の結果を達成する義務の場合には、当事者は単に約束した結果を達成する義務を負い、不可抗力条項（7.1.7条）の適用には従うが、その達成不成功はそれ自身で不履行となる。一方、最善努力義務の不履行の評価は、同じ部類の合理的な者が同じ状況の下においてなすであろう努力との比較に基づき、より厳格でない判断の問題となる[11]。

ヨーロッパ原則にはこのような努力義務の程度に関する規定は設けられていないが、これら二つの種類の努力義務を使い分けることは、実際の国際取引の個別の契約においても有用であり、この点ユニドロワ原則の利用価値は高いと考えられる。

［解説例］

ディストリビューターAは、契約地域で1年内に15,000単位の販売の割当てを達成するとの約束をした。その期間の末にAが13,000単位のみ販売したにすぎないならば、Aは明らかにその特定結果達成義務を履行しなかったことになる[12]。

これに比して、ディストリビューターBは、ある最低の量に達しなければならないと規定することなく、契約地域で「製品の販売を拡大する最善の努力をする」と約束した。この規定は最善の努力義務を負わせる。すなわち、それは、同じ状

況（製品の性質、市場の特徴、会社の地位や経験、競争者の存在等）の下に置かれた合理的な者が販売を促進（広告、顧客訪問、適切なサービス等）するためにとると考えられるすべてのステップをとることをBに義務づける。Bは、1年に一定の数の製品を販売するという特定の結果を約束していないが、合理的な者として行為をするときに期待されうるすべてのことをなすことを引き受けているのである[13]。

[仲裁例]
　二人のベルギー人（申立人）とスペインの会社（被申立人）は、契約を締結して、申立人が、新製品の生産・販売に関して、被申立人にアイディアを提供し、経験を分かち合うことを約束した。スペインの会社が契約を解除し、損害賠償を請求したとき、紛争が生じた[14]。
　仲裁廷は、申立人が特定の結果を達成する義務を負っていなかったことを決定するにあたり、ユニドロワ原則5.1.4条2項に依拠した。つまり、申立人は、彼らの経験の伝達および販売努力に精励する義務を負っているにすぎなかったと判断した。
　さらに、両当事者、とくに被申立人は、信義誠実の原則の強行的性格に関するユニドロワ原則1.7条を遵守しなければならなかったが、被申立人は、信義誠実に行為をしないことから、当該契約に違反したことになるので、仲裁廷は、ユニドロワ原則7.1.2条（相手方当事者による妨害）を適用して、被申立人が自身の行動によりそのような不完全履行を引き起こしたがゆえに、被申立人は申立人による不完全履行を主張することを禁じられると判断したのである。
　本ケースにおける被申立人の損害賠償請求は、二重の意味で否定されたことになる。まず、申立人の義務は、当事者間の契約の性質からして最善努力義務と評価されたことである。さらに、被申立人の信義誠実義務不履行が申立人の不履行を引き起こしたと判断されたことであり、7.1.2条が適用されることとなったのである。

（b）いずれの種類の義務かの決定
　ユニドロワ原則5.1.5条は、当事者の債務が、どの程度、ある業務の履行にお

ける最善の努力義務または特定の結果を達成する義務にかかわるのかを決定するにあたっては、とりわけ以下の要素が考慮されるべきであると規定し、その判断基準を明らかにしている。(a) その債務が契約の中で表現される方法、(b) 契約上の価格およびその他の契約条項、(c) 期待されている結果を達成するうえで通常見込まれるリスクの程度、(d) 相手方当事者がその債務の履行に対して影響を及ぼす力。

　二種類の義務をどのように区別するかは、この概念を採用した法制度において古典的な問題であって、豊富な判例が存在するといわれる。義務の性質は、関係する制定法や契約の文言から決定されるのがしばしばである。そうでなければ、裁判所が、期待される結果の達成に通常かかわるリスクの程度のような、5.1.5条(b)から(d)において形成されてきた類の基準を用いて当該義務の分析を通じて当事者の意思を決定することになる[15]。

　特定結果達成義務か最善努力義務のいずれの義務であるかを決定することは実際には難しい場合があり、本条は、当事者、裁判官および仲裁人に、その決定のためのガイダンスを提供するが、これらのリストに尽きるものではなく、解釈の問題となることがしばしばである[16]。

　例えば、特定の非金銭的な双務的義務は、特定の結果を達成する義務を表していると解釈することができるが、当事者の債務の履行が高いリスクにかかわるときは、その当事者は結果を保証する意思はなく、相手方当事者も保証を期待していないと一般的に想定されるべきと考えられる[17]。

[解説例]

　Aは、新しく発見した化学プロセスを適用するために必要な技術的援助をBに提供する用意があり、Bがその技術者をAの主催する訓練研修会に出席させることが両者間で合意された。この場合Aは、それによって新プロセスが相手方により習得されることを約束することはできない。なぜなら、その訓練研修会の成果は、ある程度、Bがどのような技術者を送り出すか、それら技術者の能力および研修会での態度いかんにかかっているからである[18]。したがって、当該契約におけるAの義務は最善努力義務にとどまると判断される。

　これに比して、ビルの建設業者Aは、屋根ふき下請業者に特定のタイプの屋根

ふきタイルを使うよう指示し、下請業者は、そのタイルを製造業者から購入する必要がある場合において、当該製造業者は評判がよく、そのタイルが適切な品質のものではないと下請業者に示すべきものはなにもなかったが、実際には、そのタイルは適切に作られておらず、霜でひびが入る結果となった。この場合下請業者は、たとえあらゆる合理的な注意と技量を尽くしていたとしても責任を負うことになる。当該下請契約の目的は、使用に耐える屋根を提供するという特定結果達成義務を達成することであったと考えられるからである[19]。

(5) 内容の決定

(a) 履行の質の決定

ユニドロワ原則5.1.6条によれば、履行の質が契約では定められておらず、または契約から決定することもできない場合には、当事者は、その状況において合理的かつ平均を下回らない質の履行をなす義務がある。

最低の要求は平均的な質の物品の供給であり、その平均的な質とは、履行時の関連市場において手に入るような質を意味するのが通常である[20]。

ヨーロッパ原則においても履行の質に関してユニドロワ原則と同様の規定が定められている。契約が履行の質を特定していない場合には、当事者は、少なくとも平均の質の履行を提供しなければならない (6:108条)。

要求される履行の質の程度を決定するためには、合理性に関するヨーロッパ原則1:302条において記述されたさまざまな要素が考慮されるべきである。したがって、債務者がビジネスの過程において行動しているか否かという事実や同じような履行に対する通常の価格との比較における当該履行に必要とされる金額は、要求される履行の質の基準を決定することに関連している。問題の取引や契約においてなにが通常期待されるかを示し、かつ履行の質に関連して慣習に言及することは、質の決定に有用であると考えられる[21]。

(b) 価格の決定

ユニドロワ原則5.1.7条によれば、契約が価格を定めておらず、かつ価格を決定するための規定も定めていない場合、両当事者は、反対の表示がない限り、

当該取引における類似の状況においてそのような履行につき契約締結時に一般的に請求される価格に、またはそのような価格が利用できないときには合理的な価格を指示していたものとみなされる（1項）。価格が一方の当事者により決定されるべきであるが、その決定が明白に不合理なものである場合には、別段の契約条項にもかかわらず、合理的な価格が代わりに用いられる（2項）。これに対して、価格が第三者により定められるべきであるが、その第三者がこれを定めることができず、または定めない場合には、価格は合理的な価格によるべきである（3項）。そして価格が、存在しない、または消滅しもしくは利用できなくなった要素に依拠して定められるべきである場合には、最も近い同等の要素が代わりのものとして用いられる（4項）。

　本条は、典型的に上述した第一のアプローチによる規定で、ウィーン条約55条の影響を受けたものである。契約が有効に締結されているが、明示もしくは黙示により代金を定めていないか、またはその決定方法を規定していないときは、当事者は、別段の事情がない限り、契約締結時にその取引と対比しうる状況の下で売却されていた同種の物品につき一般的に請求されていた代金に暗黙の言及をしているものとみなされる（55条）。

　このようにウィーン条約55条[22]は、代金が未定の場合には、「同種の物品につき一般的に請求されていた代金」を暗黙の指標とするにすぎないが、これに比してユニドロワ原則は、国際取引の需要を満たすに必要な柔軟性を有していると考えられる[23]。本条に基づく合理的な価格の決定は、当事者間で争いが生じた場合には、最終的には裁判所または仲裁廷によって判断されることになる。

　ヨーロッパ原則においても価格の決定に関してユニドロワ原則と同様の規定を設けているが、価格のみならずその他の契約条項も対象としている。

　契約が価格を定めておらず、価格を決定する方法も定めていない場合には、両当事者は、合理的な価格に合意したものとして取り扱われるべきである（6:104条）[24]。6:104条およびこれに続く条項は、両当事者が契約に拘束されることを意図しているが、その中のある要素が、それが履行されるのに十分なほど正確には決定されていないということが疑いのないようなケースに対処するよう意図されている。これらの条項は、当事者が拘束力ある契約があることをおそらく前提としているので、そのように行動することが合理的であるような

ケースにおいて、当該契約を救済するために用いられるルールを考案するものと位置づけられる[25]。

本条は、当事者自身が、直接または間接に、明示または黙示に、なんらかの形で価格を定めているといえる場合には適用されない。この意味において、慣習や当事者間で確立した慣行は考慮されねばならない。また、当事者が価格問題を将来の交渉に委ねた場合、その時が来ても合意に達することができなかったとしても、さらにその後の当事者の行為が、契約関係に入る意図があったことを示すことができる場合がある[26]。

価格またはその他の契約条項が一方の当事者により決定されるべきであるが、その当事者の決定が非常に不合理である場合には、合理的な価格または他の条項が用いられる（6:105条）。

以上まで述べた価格の決定ルールは、ユニドロワ原則およびヨーロッパ原則において基本的に同じであるが、第三者による決定ができない場合に関しては、ヨーロッパ原則は、以下のように、両当事者が価格を決定する別の者を指名する権限を裁判所に与えたとする推定規定を設けている。さらに、ヨーロッパ原則が同じルールを価格以外の他の条項の決定に適用する点においてユニドロワ原則とは異なる。価格ないしその他の条項が未定の場合における当事者間の紛争をできるだけ予防する観点から、ヨーロッパ原則の方がより周到であると考えられる。

価格またはその他の契約条項が第三者により決定されるべきであるが、そうすることができない、またはそうしない場合には、両当事者は、価格を決定する別の者を指名する権限を裁判所に与えたものと推定される。第三者により定められた価格またはその他の条項が非常に不合理な場合には、合理的な価格または条項が用いられる（6:106条）。

本条は、反証可能な推定規定にすぎず、両当事者は、当該第三者を取り替えることを合意する、または彼を取り替えることはできないと明示もしくは黙示に合意することもできる。その第三者がなんらの行為をしない場合には、契約は存在しないものとなる[27]。

価格またはその他の契約条項が、存在しない、または消滅したもしくは利用できなくなった要素により決定されるべきである場合には、最も近い同等の要

素が代わりのものとして用いられる（6:107条）。

> ［仲裁例］
> ブラジルの生産者による一連の輸出販売契約に信用を供与した銀行（申立人）は、ブラジルにおいて後発する政治的事件による輸出販売契約の挫折のリスクを付保するために保険会社のシンジケート（被申立人）と保険契約を締結した。輸出会社が実際に顧客に物品の引渡しを履行しなかったとき、申立人は、ブラジル政府の措置により輸出会社が販売契約を履行することを妨げられたと主張して被申立人を訴えた。被申立人は、問題のブラジル政府の措置は保険契約によってカバーされるような出来事を構成するものではない、そしてより重要なこととして輸出販売契約は、価格の決定を欠くがゆえに有効でないと異議を唱えた。輸出販売契約は準拠法についてなにも定めていなかった。
> 　輸出販売契約の有効性に関する被申立人の主張を拒絶するのに、仲裁廷は、なによりもまず、物品（砂糖）が市場価格を有する本ケースのように、販売契約が有効であるためには価格が決定しうるものであれば十分であるとするブラジル法に依拠した。さらに仲裁廷は、価格の明示の決定のない販売契約についての有効性は、ウィーン条約55条およびユニドロワ原則5.1.7条により明確にされた国際貿易における一般的原則であると述べたのである[28]。
> 　本ケースにおける輸出販売契約の対象物品は砂糖であり、一般的に市場価格が存在するところからその契約の有効性についてはなんら問題はないが、さらに明示の価格条項を欠いている場合でも、その補充による解釈方法が、ウィーン条約、ユニドロワ原則やヨーロッパ原則によって国際取引における一般原則として一般的に認知されていると考えられる。

　（c）期間の定めなき契約

　ユニドロワ原則5.1.8条は、期間の定めのない契約は、事前に合理的な期間を置いて通知することにより、いずれの当事者によっても終了させることができると規定する。

　事前の合理的な期間がどのようなものかは、例えば、当事者が協力してきた期間、両当事者関係における投資の重要性や新しいパートナーを探すために必

要な時間のような状況にかかっている[29]。

　ヨーロッパ原則もユニドロワ原則と同様の規定を定めている（6:109条）。本条は、期間の定めなき契約に適用されるが、このような契約には、代理とディストリビューターシップ契約、フランチャイズ、パートナーシップとジョイントベンチャー契約、サービス、物品と電気供給契約、リース契約などがあり、実際の契約において解消の規定を有していない場合もしばしば見受けられる[30]。

2　第三者の権利

(1) 第三者のためにする契約

　ユニドロワ原則5.2.1条によれば、両当事者（約束者 promisor および要約者 promisee）は、明示または黙示の合意により第三者（受益者 beneficiary）に権利を付与することができる。約束者に対する受益者の権利の存在および内容は、両当事者の合意により決定され、合意における条件または他の制限に従う。

　第三者に利益を与える意図は、黙示のものでも可能であり、契約のすべての条項や事案の状況により決定される。約束者と要約者は、受益者のためにつくり出される「権利」を形成する広い権限を有しており、この意味において「権利は自由に」解釈されるべきである。第三者は受益者として履行と損害賠償請求の権利を含む契約上の救済のすべてを享受することができる[31]。

　ヨーロッパ原則においても、第三者の権利に関してユニドロワ原則と同様の規定が設けられているが、ユニドロワ原則の方がより明快である。第三者は、契約上の債務の履行を要求する権利が、約束者と要約者との間で明示に合意されたとき、またはそのような合意が契約の目的もしくは事案の状況から推定されるときには、その履行を要求することができる。第三者は、合意が締結された時に特定されている必要はない（6:110条1項）。

(2) 第三者の特定

　ユニドロワ原則5.2.2条によれば、受益者は、契約により適切な確かさで特定されねばならないが、契約が締結された時に存在している必要はない。

両当事者は、第三者の特定が契約締結時において知られていないが、履行期が到来するまでに知られるようなメカニズムを契約に設ける必要がある。これは、例えば、両当事者もしくはいずれかの当事者が将来の時期に受益者を特定することができると規定することにより、または将来の事情がその特定を明確にするのに役立つような受益者の定義を選択することにより可能である[32]。

> [解説例]
> 　A社は、公開会社でその株式が主たる証券取引所で取引されているB社のテイクオーバー・ビッド（takeover bid）に乗り出した。B社は、株主に配布するためにB社に関する報告書を作成するため、一流の会計事務所Cを雇用した。B社とC間の契約は、Cが、正直で、完全かつ有能な報告書を作成することを要求している。その無能力のゆえに、Cは、あまりにもB社に有利な報告書を作成した。その結果、株主の大多数（T1）は、A社の申込を拒否する投票を行った。何人かの株主は、B社の株式を購入する友人達（T2）にその報告書のコピーを見せた。T1は、B社とC間の契約に基づく権利を獲得できるが、T2は、その権利を獲得することはできない[33]。
> 　本ケースにおけるB社とC間の契約の受益者は、当該契約締結時に特定している必要はないが、テイクオーバー・ビッドが提供された時点では特定することができる株主（T1）であり、Cの不完全履行に対して損害賠償を請求することが可能である。

(3) 第三者の責任の排除・制限

　ユニドロワ原則5.2.3条は、受益者における権利の付与は、受益者の責任を排除または制限する契約条項を主張する権利を含むと規定する。
　約束者と要約者は、受益者が約束者に対して負っている債務から解放されることを合意することもできる[34]。

(4) 要約者の抗弁

　ユニドロワ原則5.2.4条によれば、約束者は、約束者が要約者に対して主張することができるすべての抗弁を受益者に対して主張することができる。
　5.2.1条の下で、受益者の権利の内容は、両当事者により設けられる条件や制

限に従うことになる。約束者および要約者は、受益者の地位を要約者のものとは実質的に異なるような契約を考案することができる。この意味において両当事者の自治は原則として無制限であるけれども、受益者の権利は約束者の主張する抗弁により歯止めがかかることになる。

(5) 取消

ユニドロワ原則5.2.5条によれば、両当事者は、受益者に契約により付与した権利を、受益者がそれを承諾する、またはそれを信頼して合理的に行動するまで、変更または取り消すことができる[35]。

ヨーロッパ原則によれば、要約者は、約束者に対する通知により、第三者から履行請求権を奪うことができる。ただし、(a) 第三者が、要約者から、権利が取消不能とされたという通知を受け取った場合、または約束者もしくは要約者が、第三者から、権利を承諾したという通知を受け取った場合はこの限りではない (6:110条3条)。

受益者である第三者の承諾は明示である必要はない。受益者が、両当事者の一方から権利について聞いて知ってから、その権利を信頼し、その事実を約束者または要約者に知らせることで十分である。さらに、その権利を変更もしくは取り消さないという、要約者による受益者に対する約束は、要約者自身を拘束する。約束者が受益者に履行することを引き受けたという、あるいは受益者は、要約者が受益者に負っている履行を約束者から請求することができるという、要約者から受益者へのメッセージは、受益者の権利を変更もしくは取り消さないという約束に至るのが通常である[36]。

(6) 放棄

ユニドロワ原則5.2.6条によれば、受益者は、付与された権利を放棄することができる。

第三者は、両当事者が付与した便益を歓迎するのが通常であるが、それを承諾することを強制されるわけではない。第三者は、その便益を明示または黙示に放棄することができる。もっとも、受益者が承諾に至るようなことをなしたときには、受益者は放棄する権利がなくなるのが通常である[37]。

ヨーロッパ原則においても、第三者が履行請求権を放棄したときには、権利は生じなかったものとして扱われる（6:110条2項）。

3　契約の内容とリーガルプランニング

(1) 協力義務

　契約の当事者は契約を履行するために協力すべしと規定する協力義務（ユニドロワ原則5.1.3条およびヨーロッパ原則1:202条）は、信義誠実と公正取引の原則に由来するものであり、履行の過程において要求される。国際契約の当事者は、当該契約が目的とする履行のために結びついた法的な契約関係にあるから、契約の履行においてお互いに協力することは契約の当事者としての当然の義務を定めたものにすぎないということもできる。しかし、契約の締結時点ではお互いに協力することが確認されており、利害が一致していても、時間の経過とともにあるいは各当事者を取り巻く経済的な環境の変化に従い、それぞれの利害が対立することがしばしばであり、極端な場合には当事者の一方が当該契約関係から距離を置きたい、あるいはその拘束をできるだけ逃れたいと望むこともありうる。

　すべての法制度がこのような協力義務を契約法の中に明文化しているわけではない。コモンローにおいては、合意にビジネス上の効果を与えるために必要な場合に黙示の義務として解釈上認容しているにすぎない。国際契約の当事者としては、信義誠実と公正取引の原則が当該契約の条項として織り込まれていないときはもちろんのこと、その原則が織り込まれているときにもそのような一般条項に任せてしまうのではなく、協力義務を契約の条項として具体的に明文化することが必要な場合が考えられる。契約の履行のために相手方当事者の協力を必ず必要とする、あるいはそのような当事者の協力についてなんらかの懸念を有する当事者にとっては有用な条項となりうる。もっとも、各当事者がどのような協力をなすべきか、当該契約のタイプに応じてその内容と役割分担をできるだけ具体的に契約の中に定めておくことが必要であることはいうまでもない。

一方、相手方当事者の協力が得られず、それが原因で当事者間の信頼関係が崩れるに至るときには、むしろ当該契約関係を解消する方が望ましい場合もありうる。このような場合に備えて、かかる協力義務の違反は「重大な契約違反」を構成し、契約の解除事由となることを契約の中に織り込んでおくことは、違反の重大性についての疑義をめぐる紛争の余地を避けるために必要である。

(2) 最善努力義務と特定結果達成義務

　国際取引の交渉において、将来の事態が複雑または不確実であると予想され、契約にかかわるリスクをとることができない場合、あるいは絶対的な義務として将来のリスクをとることが公平でない場合、当事者の義務について詳細かつ具体的な明文化まで合意するに至らず、しばしば政治的な妥協として当事者の最善努力義務にとどめることがある。このような妥協は、当該契約をともかくもまとめるという観点からはやむをえない場合もありうるが、当事者の権利義務を明確化することを放置したことにより履行の過程において問題を引き起こす可能性を生ずることになる。

　最善努力義務とは、どのような内容の義務か、さらにその義務の範囲ないし程度はどうかについて、幅広い文言で表現された場合には判断の拠り所となる確たるものは存在しない。したがって、最善努力義務条項を含む契約を締結する当事者は、きわめて不確かなかつリスクのある状況に置かれることになり、必然的に将来に紛争の火種を残す結果となる。最善努力義務は、これを判断する者が利害の対立する当事者のいずれの立場に立つかによりその内容と基準が大きく変わるものである。

　ユニドロワ原則5.1.4条によれば、最善努力義務を負う当事者は、同じ部類に属する合理的な者が同じ状況の下においてなすであろう努力をしなければならず、そして特定結果達成義務を負う当事者は、その結果を達成しなければならない。さらに、当事者の義務が最善努力義務か特定結果達成義務かのいずれであるかを判断するために、5.1.5条は、価格やリスクなどの考慮すべき要素を列挙している。このような条項は、当事者の義務の程度・強さに関する一般的規定としては有用であると考えられるが、実際の国際契約においては、これによって問題が十分に解決されるわけではない。

5.1.4条が規定する最善努力義務の基準として客観テストが用いられており、本来最善努力義務という概念が当事者それぞれの主観的判断に基づくものであることを考えると、それに対する抑制として有効であると評価できる。しかし、契約関係にある当事者は、本来的にあるいは潜在的には利害が対立しうる者であり、時間の経過または環境の変化に応じてそれが顕在化することがしばしばである。例えば、これは、国際ライセンス契約におけるライセンサーとライセンシーや国際ジョイントベンチャー契約における当事者それぞれの立場を考えれば明らかである。このように実際の国際取引においては、なんらかの利害が対立しうる当事者の立場を考慮する必要があり、一見客観的な判断ができそうな最善努力義務の内容も大きく相違することになり、その内容と程度の解釈あるいは不達成の効果に関して当事者間に紛争が生じる余地が残される。被害当事者は、不履行当事者の最善努力義務違反、つまりその履行が満足すべきものでなかったことを立証する責任を負っているのである。

これに対して特定結果達成義務の場合には、特定の結果ということにより履行の目的と程度は明確であって、その結果を獲得しないということだけで契約違反となり、不履行当事者がその責任を逃れるためには免責事由を立証しなければならない。

したがって、当事者の努力義務は、まず、特定結果達成義務として構成する必要がある。履行の目的としての特定の結果を具体的に記述することが要求される。5.1.5条によるいずれの種類の義務かの判断要素は、当事者が明確に履行の内容を特定しない場合における一つの基準とはなりえても、両種類の境界にあるような義務については解釈上の争いを生ずることになる。

さらに、上述したような実際的あるいは政治的な理由により最善努力義務として構成せざるをえない場合にも、努力の基準となりうるような内容をできるだけ具体的に記述することが望ましいと考えられる。例えば、最善努力義務の対象となる履行の内容をできるだけ詳しく明文化した上で、具体的な資金的・人的基準を設けてその範囲内でそれらを投入して履行を達成するよう義務を尽くさせるのである。最善努力義務に関する判例をいくら分析しても個々のケースにおける事実関係に照らしてこの義務を判断する以外に方法はなく、一般的な最善努力義務から踏み込んだ具体的基準を抽出することは、判例の分析から

は困難と考えられるからである[38]。

注

1) Marcel Fontaine, Content and Performance, The American Journal of Comparative Law Vol.40, at 646-647.
2) Unidroit Principles Art. 5.1.2, Comment.
3) European Principles Art. 6:101, Comment C.
4) Id. Comment D.
5) Unidroit Principles Art. 5.1.3, Comment.
6) European Principles Art. 1:202, Comment A.
7) Id. Comment C.
8) Id. Notes.
9) Id. Comment A.
10) Fontaine, supra note 1, at 649.
11) Unidroit Principles Art. 5.1.4, Comment 1-2.
12) Id. Illustration 1．
13) Id. Illustration 2.
14) Arbitration Court of the Lausanne Chamber of Commerce and Industry, 25.01.2002 Arbitral Award.
15) Fontaine, supra note 1, at 649.
16) Unidroit Principles Art. 5.1.5, Comment 1.
17) Id. Comment 3-4.
18) Id. Illustrations 4.
19) European Principles Art. 6:102, Illustration 4.
20) Unidroit Principles Art. 5.1.6, Comment 1.
21) European Principles Art. 6:108, Comment.
22) 契約が有効に締結されているが、明示もしくは黙示に代金を定めていないか、または決定方法を規定していないときは、当事者は、別段の事情がない限り、当該業界において対比しうる状況の下で契約締結時に同種物品につき一般的に請求されていた代金に暗黙の言及をしているものと考えられる(ウィーン条約55条)。
23) Unidroit Principles Art. 5.1.7, Comment 1.
24) European Principles Art. 6:104, Comment C, Illustration 2.
A建設会社は、その仕事のためにB社からクレーンを借りるのが通常である。B社は、その価格を「両者で合意する金額」に値上げしようとしている旨A社に知らせた。価格について合意が成立する前に、A社は追加のクレーンを注文した。そのクレーンは引き渡されてA社により使用された。この場合当該契約は、ヨーロッパ原則6:104条に従い、合

理的な価格で締結されたものとみなされる。

25) European Principles Art. 6:104, Comment A.
26) European Principles Art. 6:104, Comment C.
27) European Principles Art. 6:106, Comment A.
28) ICC International Court of Arbitration, 00.09.1999 Arbitral Award 7819.
29) Unidroit Principles Art. 5.1.8, Comment.
30) European Principles Art. 6:109, Comment B.
31) Unidroit Principles Art. 5.2.1, Comment, Illustration 5.
ショッピングモールの開発業者Aは、モールの保安サービスの提供のために警備会社Bと契約を締結した。AおよびBとも、商店がAのテナント達により経営されることを知っており、テナント達は、モールの大きな魅力の一つがBにより提供される高いレベルの保安サービスであるという話を聞かされていた。モールで働くBのすべての従業員はBのCEOにより個人的に選ばれる警察官出身者であることが、AおよびB間の契約の条項である。しかし、実際には、その選択は、多くの不適切な者をリクルートしたコンサルティング会社に権限委譲されていた。商店では多くの盗みが発生して、損失を被ったテナントは、ユニドロワ原則5.2.1条に従い、Bに対して契約上の請求権を有する。
32) Unidroit Principles Art. 5.2.2, Comment.
33) Id. Illustration 2.
34) Unidroit Principles Art. 5.2.3, Comment, Illustration.
物品の所有者Aは、物品をZからXへ輸送するために海運会社と契約した。当該契約に基づく船荷証券は、ハーグ規則に服するが、(a) 船長と乗組員、(b) 荷物の積上げと積下ろしに雇用される港湾労働者および (c) 物品が積み替えられる船舶の所有者についての責任を排除することを意図している。これらの排除は、ユニドロワ原則5.2.3条に従い、有効である。
35) Unidroit Principles Art. 5.2.5, Illustration.
大きな建設契約における元請業者Aは、進行中の作業に関する損害をカバーするために、保険会社Bに保険をかけた。保険証券は、契約にかかわるすべての下請業者の利益をカバーすると記述しており、下請業者は、当該保険証券について話を聞かされていた。下請業者Tは、自身では保険をかけていないが、そのことをAまたはBに話していない。この場合、反対の明らかな文言がない限り、Tの信頼は、ユニドロワ原則5.2.5条に従い、AとB間の契約を取消不能とする。
36) European Principles Art. 6:110, Comment H.
37) Unidroit Principles Art. 5.2.6, Comment.
38) 井原宏・現代国際取引法（商事法務、1999）180頁。

第6章

契約の履行

1　履行期と履行地

(1) 履行期

　ユニドロワ原則6.1.1条によれば、当事者は次のような時にその債務を履行しなければならない。(a) 履行期が契約により定められまたは確定しうる場合には、その時、(b) 履行期間が契約により定められまたは確定しうる場合には、相手方当事者が履行期を選択すべき事情がない限り、その期間内のいずれかの時、(c) その他の場合には、契約締結後の合理的期間内。

　本条は、ウィーン条約33条（引渡時期）に影響を受けたものであり、契約上の債務がいつ履行されるべきかを決定する観点から、上記三つの状況を区別している。

　ヨーロッパ原則においても履行期に関して、ユニドロワ原則と同様の規定が定められている（7:102条）。

(2) 履行地

　ユニドロワ原則6.1.6条によれば、履行地が契約に定められておらず、契約からも確定できない場合、当事者は次のような場所で履行すべきである。(a) 金銭債務については、債権者の営業所、(b) その他の債務については、その当事者自身の営業所。そして契約締結後に当事者が営業所を変更したことにより生じた履行に付随する費用の増加は、その当事者が負担しなければならない。

　本条に基づく解決は、すべてのケースにおいて最も満足すべきものではないかもしれないが、履行地について当事者がなんらの取り決めをしていない、あ

るいは当該状況もなんらこれについて示していなかった場合の原則を定めておく必要がある[1]。

ヨーロッパ原則においても履行地に関して、ユニドロワ原則と同様の規定が定められているが、さらに営業所の確定についてより詳しい条文が設けられている。契約上の債務の履行地が定められておらず、契約からも確定できないとき、その履行地は、金銭債務の場合には、契約締結時の債権者の営業所、その他の債務の場合には、契約締結時の債務者の営業所である。当事者が1以上の営業所をもつときには、前項の目的のための営業所は、契約締結時に両当事者に知られた、または両当事者により企図された事情を考慮して、契約に最も密接な関係を有する営業所である。当事者が営業所をもたないときには、その常居所が営業所として扱われるべきである（7:101条）。

常居所（habitual residence）という言葉は、事実概念であり、法的な概念ではない。人は、その国に住む許可を有しているかどうかにかかわりなく、また最初の場所に通常帰ってくることを条件に、しばらく滞在するために別な場所に時々行くかどうかにかかわりなく、実際に住んでいる場所に常居所を有するとされる[2]。

2　履行の態様

(1) 一括の履行と部分的履行

ユニドロワ原則6.1.2条は、6.1.1条(b)または(c)のケースの場合、当事者は、履行を一括してなすことができるならば、別段の事情がない限り、その債務を一括して履行しなければならないと規定する。

ユニドロワ原則6.1.3条によれば、債権者は、履行すべき時における部分的履行の申出が、残りの履行につき保証を伴うものであるか否かにかかわらず、これを拒絶することができる。ただし、債権者が拒絶する正当な利益を有しない場合はこの限りではない。部分的な履行により債権者に生じた追加的な費用は、債権者の他の救済方法を損なうことなく、債務者により負担されるべきである。

部分的履行は契約違反となるのが通常である。履行期に全部の履行を得ることのできない当事者は、救済方法に訴えることができる。債権者は、原則として、履行すべき時に約束されたものの全部の履行を要求する正当な利益を有しているからである。一方、債権者は、契約違反についての権利を留保しつつ、部分的履行の申出を拒絶することを差し控え、またはなんらの留保をすることなくそれを承諾することができる。その場合には、部分的履行はもはや不履行として取り扱うことはできない。全部の履行を一括して受領するという債権者の正当な利益が明らかでない場合や部分的履行の暫定的な受領が債権者になんらの重大な損害をもたらさない場合には、債権者は、そのような部分的履行を拒絶することができず、不履行はもはやないことになると解される[3]。

(2) 履行の順序

ユニドロワ原則6.1.4条によれば、両当事者の履行を同時にすることができる限り、両当事者は、別段の事情がない場合には、履行を同時にしなければならない（1項）。そして一方の当事者の履行のみが一定の期間を要するものである限り、その当事者は、別段の事情がない場合には、その履行を先にしなければならない（2項）。

当事者の双方が相手方に対して債務を負う双務契約（bilateral contract）においては、いずれの当事者が先に履行をなすべきかの問題が生ずる。当事者がこれについて特定の定めを置かなかったときは、実際には慣習により決まることが多い。また、各当事者が、異なる時に履行をしなければならないようないくつかの債務をもつこともしばしばである。

ヨーロッパ原則においても履行の順序に関して、ユニドロワ原則6.1.4条1項と同じ文言の条項が定められている（7:104条）。

本条は、同時履行が適切でない場合に、いずれの当事者が先に履行すべきかに関する推定を提供していない。これを一般化するにはそれぞれの事情の相違があまりにも大きすぎるといわれる。この問題は、慣習によりあるいは6:102条の黙示の条項に掲げられた要素、すなわち両当事者の意思、契約の性質と目的および信義誠実と公正取引により決定されることが必要である[4]。

［裁判例］

　オーストラリア連邦とオーストラリアのソフトウェア会社 BHP Information Technology Pty Ltd（BHP-IT）と GEC Marconi Systems Pty Ltd（GEC Marconi）は、オーストラリア外交通信ネットワーク（オーストラリアの在外大使館との通信ネットワーク）におけるソフトウェア開発とシステム統合のため連続した定額代金の契約を締結した。オーストラリア連邦と BHP-IT 間の契約が主契約であり、BHP-IT と GEC Marconi 間の契約が下請契約であった。実際のソフトウェアは GEC Marconi により開発されるが、特殊境界セキュリティ・デバイスはオーストラリア連邦より BHP-IT に供給され、BHP-IT はこのデバイスを GEC Marconi により開発されたソフトウェアと統合するために GEC Marconi に供給する。各当事者は実施プランに従いその義務を遂行しなければならないが、そのプランは五つの連続した開発フェーズまたはマイルストーンからなり、その一つを GEC Marconi が達成するごとに、BHP-IT は相応する支払をすることになっていた。

　GEC Marconi は、BHP-IT が契約上の義務に従わなかったとして、BHP-IT との下請契約の解除を通知した。とりわけ GEC Marconi は、BHP-IT が下請契約に従って当該デバイスを供給しなかったこと、そして第4マイルストーンの達成に対する支払を拒絶したと申し立てた。

　BHP-IT は、これらの事実は否定しなかったが、下請契約が当該デバイスを供給する義務を取り除いて、対抗ソフトウェアに置き換える合意により変更されたこと、そして GEC Marconi が下請契約に基づく支払の要件に従わなかったので、支払を要求する権利はないと主張した[5]。

　オーストラリア連邦裁判所は、主契約および下請契約とも国内契約であり、オーストラリア法を準拠法としているが、その吟味を補強するという明白な意図で、アメリカ法やイギリス法のような外国法およびユニドロワ国際商事契約原則やヨーロッパ契約法原則にしばしば言及したのである。

　下請契約が変更されたかどうかという第一の争点については、裁判所は、「口頭の変更はできない」とする契約条項の存在を主張する GEC Marconi の申立てを退け、ユニドロワ原則2.1.18条（特定方式による変更）に言及して、当事者はその行為によりかかる条項を主張することはできないとする BHP-IT の反論を認めた。

　第二の争点である第4マイルストーンの支払については、裁判所は、最初の四つ

のマイルストーンの支払は契約の完全な履行が条件とされており、第5のマイルストーン以降を達成しなかったので、受領した四つのマイルストーンの支払を返還すべきであるとのBHP-ITの主張を退け、とりわけユニドロワ原則6.1.4条2項（履行の順序）に言及し、当事者の一方の義務の履行がその性格上一定の期間を要するときには、その当事者はその履行を最初に提供する義務があると述べて、GEC Marconiの主張を認めたのである。

　本ケースは、オーストラリア国内における取引であるにもかかわらず、オーストラリア連邦裁判所が争点の解決についてユニドロワ原則を適用して判断を下したことは興味深い。これは各国の国内法のルールを補充するためにユニドロワ原則が適用される典型例といえる。第二の争点については、主契約と下請契約との関係および当該下請契約の性質と目的から、BHP-ITに当該デバイスを先に履行する義務があることは明らかであると解される。

(3) 履行期前の履行

　ユニドロワ原則によれば、債権者は、履行期前の履行（earlier performance）を拒絶することができる。ただし、債権者が拒絶する正当な利益を有しない場合はこの限りではない（6.1.5条1項）。履行期前の履行は、原則として契約の不履行となる。債権者は、不履行についての権利を留保しつつ、履行期前の履行を拒絶することを差し控え、またはなんらの留保をすることなくそのような履行を承諾することができる。しかし、この場合には、履行期前の履行は、もはや不履行として取り扱うことはできない。履行すべき時の履行における債権者の正当な利益が明らかでない場合や履行期前の履行の受領がなんらの重大な損害を生じない場合には、債権者はその履行期前の履行を拒絶することはできない[6]。

　履行期前の履行の受領は、その当事者自身の債務の履行期が相手方の債務の履行と無関係に定められている場合には、その債務の履行期に影響を与えない（6.1.5条2項）。

　本条2項は、当事者の債務が、相手方の債務の履行と連結されていない一定の時期に支払うべきケースを取り扱っており、履行が時期に連結されている逆のケースを対象としていない。すなわち、当該状況自身が履行期前の履行を拒

絶する債権者の正当な利益を確立している場合には、その拒絶がなされたときにも、債権者の履行期は影響を受けない。履行期前の履行が不履行についてのすべての留保をしつつ受領された場合には、債権者はその履行期についての権利もまた留保することができる。さらに、履行期前の履行が債権者にとり受領できるものであれば、債権者は、自らの債務に関する結果を受け入れるか否かを同時に決定することができる[7]。

履行期前の履行により債権者に生じた追加的な費用は、債権者のその他の救済手段を損なうことなく、債務者により負担されるべきである（6.1.5条3項）。

ヨーロッパ原則においても履行期前の履行に関して、ユニドロワ原則と同様の規定が設けられている。当事者は、履行期前になされた履行の提供を拒絶することができる。ただし、提供の受領が当事者の利益を不合理に害しない場合はこの限りではない。当事者による履行期前の履行の受領は、自身の債務の履行のために定められた履行期に影響を与えない（7:103条）。

［解説例］
　Bは、5月25日にAに物品を引き渡すこと、そしてAは、6月30日にその価格を支払うことを約束した。Bがその物品を5月10日に引き渡すことを望んでいるが、Aはそのような履行期前の履行を拒絶する正当な利益を有していない。このような履行は、ユニドロワ原則6.1.5条2項またはヨーロッパ原則7:103条に従い、引渡日と関係なく決定された、価格の支払のために合意された時期である6月30日には影響を及ぼさないのである。
　これに比して、Bは、5月15日にAに物品を引き渡すこと、そしてAは、引渡しと同時に価格を支払うことを約束した場合において、Bが5月10日にその物品の引渡しを提供したとき、Aは、当該状況に応じて、①その日に支払うことはできないと主張して履行期前の履行を拒絶する、②本来の支払最終期限に従いつつその物品を引き取る、または③その物品を受領することを決定し直ちにその価格を支払う、といういずれの方法でも選択することがきる[8]。

(4) 履行費用

　ユニドロワ原則6.1.11条によれば、各当事者は、その債務の履行費用を負担する。履行費用は原則として履行する当事者により負担されるべきである。本条は、誰が履行費用を支払うかではなく、誰がその費用を負担するかを述べている。両者は同じ当事者であるのが通常であるが、支払うべき者が本条の下で負担すべき者と異なる場合がある。このような場合には、後者は前者にその費用を弁済しなければならない[9]。

　ヨーロッパ原則においても履行費用について、ユニドロワ原則と同様の条項が定められている（7:112条）。

(5) 代替履行

　ヨーロッパ原則7:105条によれば、債務が代替履行（alternative performances）の一つにより履行される場合には、その選択は、別段の定めがない限り、履行すべき当事者に属する。選択をなすべき当事者が、契約により要求された時までにそうしないとき、(a) 選択の遅れが重大であるときには、選択する権利は相手方当事者に移転する、(b) その遅れが重大でないときには、相手方当事者は、選択する当事者がそうしなければならない、合理的な長さの追加期間を定める通知を与えることができる。ユニドロワ原則にはこのような代替履行に関する規定は設けられていない。

　本条は、債務が2以上の代替履行の一つにより履行することができるという、あまり頻繁に生じるわけではない状況に対応するルールを定める。基本的なルールは、履行当事者がいずれかの代替履行を選択することができるということである。このルールは多くの条件に従うことになる。選択をすべき者が相手方当事者であると契約で定めることができる、あるいはその選択がヨーロッパ原則の規定、例えば7:108条3項（支払通貨）や7:109条（弁済の充当）によりなされるということも可能である。最終的には、誰が代替履行のいずれを選択すべきかを慣習により決定するということも可能であるとされる[10]。

(6) 第三者による履行

　ヨーロッパ原則7:106条によれば、契約が当事者本人の履行を要求する場合

を除いて、債権者は、(a) 第三者が債務者の同意を得て行為をするとき、または (b) 第三者が履行に正当な利益を有しており、債務者が履行しなかった、もしくは債務者が履行期に履行しないことが明らかであるときには、第三者による履行を拒絶することができない。このような第三者による履行は、債務者を解放する。ユニドロワ原則には、本条に相応するような第三者による履行に関する規定は設けられていない。

履行をする第三者は、債務者の同意を得てあるいはその支持で行為をしているのがしばしばである。債務者の代理人や下請業者は、契約を履行することを委任されることがある。しかし、第三者による履行は、債務者の意思なくしてもなすことができる。第三者が履行することに正当な利益を有する場合である。例えば、保証人は、債務者に対する費用のかかる手続を避けるために、債務を支払うことがあり、親会社は、子会社の信用格付けを救うために、子会社の債務を支払うことがある[11]。

一方、債権者が第三者による履行を拒絶する権利がみられる状況が存在する。そのような第三者による履行は、契約の条項により排除することができる。第三者の履行を排除する条項は、明示であることもあるいは契約の文言から推定することもできる。代わって履行することができないという契約上の債務の性質または目的から生じる場合もある。個人的サービスの履行の契約において、債務者が、その技量、能力やその他の個人的資格のゆえに履行することを選択されたということが推定できる場合には、債権者は第三者による履行を拒絶することができる。もっとも、サービスの履行を権限委譲することが通常であるようなタイプの契約であるとき、あるいはそれが第三者により十分になされることができるときには、債権者はそのような履行を承諾しなければならない[12]。

3 支払

(1) 支払の方法

小切手、振込や同様の手段による支払は、なんら新しいものではないが、これまでの国際協定は、支払にかかわる主たる原則を規定しようとする試みをほ

とんど行っていない。本条の目的は、国際取引に使用されうる単純だが基本的な原則を定めるものであり、電子的支払手段のような迅速な技術革新にも十分対応できるように幅広く規定されている[13]。

支払の方法に関して、ユニドロワ原則もヨーロッパ原則も同様のアプローチをとっているが、ユニドロ原則の方がより包括的で周到な規定を設けている。

(a) 小切手等による支払

ユニドロワ原則6.1.7条によれば、支払は、支払地において通常の取引過程で用いられているいかなる形態によってもなすことができる（1項）。ただし、1項に従ってまたは任意に小切手、その他の支払指図または支払約束による支払を受け入れた債権者は、それが現実に支払われることを条件としてのみ受け入れたものと推定する（2項）。

債務者は、例えば、現金、小切手、銀行手形、為替手形、クレジットカード、その他電子的支払方法のようないかなる形態によっても支払うことができる。もっとも、債務者は、支払地、つまり債権者の営業所において通常のものである形態を選択する必要がある。原則として、債権者は、その営業所において慣習とされる形態によって支払を受領することで満足すべきである[14]。

ヨーロッパ原則においても支払の形態について、ユニドロワ原則と同様な条項が定められている。弁済期の到来した金銭の支払は、ビジネスの通常の過程において用いられるいかなる形態でもなすことができる。契約に従ってまたは任意に、小切手、その他の支払指図もしくは支払約束を受け入れた債権者は、それが現実に支払われることを条件としてのみそうしたものと推定される。債権者は、本来の支払債務を強制することはできない。ただし、支払指図もしくは支払約束が現実に支払われなかった場合はこの限りではない（7:107条）。

支払のための新しい技術の発展は、支払の可能な形態を詳細に列挙することにより妨げられることがあってはならない。支払が、現に行われており、容易な、迅速でかつ信頼できる方法でなされていることを認めることは、ビジネスにとって一般的な利益である[15]。もっとも、いかなる方法が通常であるかは、当該取引の性質や支払地において行われている慣習によっており、債権者は、特定の方法を一方的に要求または拒絶する権利を有していないのである[16]。

［仲裁例］
　ロシアの会社とポーランドの会社とは、二隻の漁船の修理に関する契約を締結した。契約は準拠法としてポーランド法を指定していた。修理の代金を支払えと請求するポーランドの会社に対して、ロシアの会社は、代わりに代金を支払うことをその顧客の一人に委任し、その顧客が同額の支払義務を負っているとして異議を唱えた。
　仲裁廷は、支払の委任は新債務者によるもとの債務者の交代に至るのではないので、もとの債務者は第三者が実際に債権者に支払ったときにのみ免責されるという根拠で、ロシアの会社の反論を拒絶した。仲裁廷は、その裁定を支持するためにポーランド民法921条5項のみならず、ユニドロワ原則6.1.7条2項に言及し、もとの債務者の責任が残存していることを国際的なレベルで確認したのである[17]。
　本ケースの仲裁廷の結論は、ヨーロッパ原則7:107条によっても同様に解せられ、この点における国際的なルールは確立されていると考えられる。

（b）振込による支払
　ユニドロワ原則6.1.8条によれば、債権者が特定の口座を指定していないならば、支払は、債権者が口座を有する旨知らせていた金融機関のいずれへの振込によってもなすことができる（1項）。そして振込による支払の場合には、債務者の債務は、債権者の金融機関への振込が効力を生ずる時に消滅する（2項）。
　本条2項は、振込による支払がいつ完了したものとみなすべきかを決定するという困難な問題を取り扱っている。支払は、指図が振込人（債務者）の金融機関へ与えられ、振込人の口座の借方に記帳されただけでは、効力を生じない。しかし、支払は、被振込人（債権者）にその金融機関により知らされる、または被振込人の口座の貸方に記帳される前に効力を生ずるが、債権者の金融機関への支払が効力を生ずるとみなしうる正確な時の決定は、当該ケースにおける銀行の慣行によっているとされる[18]。

(2) 支払通貨
　ユニドロワ原則6.1.9条によれば、金銭債務が支払地の通貨とは異なる通貨により表されている場合にも、債務者は支払地の通貨で支払うことができる。た

だし、(a) その通貨が自由に交換しえないものであるとき、または (b) 両当事者が、支払は金銭債務が表されている通貨によってのみなされるべき旨を合意していたときは、この限りではない (1項)。金銭債務が表されている通貨によって支払うことが債務者にとって不可能である場合、債権者は、1項(b)の場合においても支払地の通貨での支払を求めることができる (2項)。

金銭債務は特定の通貨で表され、支払はその通貨でなされるのが通常である。しかし、支払地の通貨が金銭債務の通貨と異なる場合、上記1項と2項は、債務者が支払地の通貨で支払うことができる場合またはそれで支払わなければならない場合を規定する[19]。

ところで、上記1項が、支払地の通貨が自由に交換しえないものである場合に言及している点は、ヨーロッパ原則と異なり、ユニドロワ原則が世界における国際取引を対象とするものであることの一つの表れということができる。

さらに、ユニドロワ原則6.1.9条によれば、支払地の通貨による支払は、弁済期において支払地で広く適用されている為替レートによりなされるべきである (3項)。しかし、前項にかかわらず、債務者が弁済期に支払わなかった場合、債権者は、弁済期または実際の支払時のいずれかにおいて広く適用されている為替レートによる支払を求めることができる (4項)。

ユニドロワ原則6.1.10条は、金銭債務が特定の通貨により表されていない場合には、支払は、支払がなされるべき場所の通貨によりなされなければならないと規定する。

ヨーロッパ原則7:108条においても支払通貨に関して、ユニドロワ原則と同様の規定が設けられている。両当事者は、支払が特定の通貨でのみなされることを合意することができる (1項)。そのような合意がない場合には、支払の弁済期が到来している場所の通貨とは異なる通貨で表されている金額は、弁済期において広く適用されている為替レートに従って、その場所の通貨で支払うことができる (2項)。しかし、前項の範囲内に入る場合において、債務者が弁済期に支払わなかったときには、債権者は、弁済期または実際の支払時のいずれかにおいて広く適用されている為替レートに従って、支払地の通貨による支払を求めることができる (3項)。

債務者が満期後に支払ったが、その間に、計算通貨 (currency of account)、合

意による通貨（agreed currency）または支払地の通貨のいずれかが下落したとき、為替レートは満期日または実際の支払日のいずれを基準とすべきであろうか。公平な解決方法としては、債権者ではなく、債務不履行の債務者が、金銭債務の満期日後に通貨が下落した場合には、そのリスクを負わなければならないと考えるべきである。したがって、為替レート日の選択の権利は債権者にあることが必要であり、債権者は、満期日と実際の支払日の間で選択することができるのである[20]。

> ［仲裁例］
> スイス、シンガポール、ベルギーの当事者はディストリビューターシップ契約を締結した。合意による契約解消の後、在庫の買戻しをどのように規制するかの問題が生じた。当事者は契約の準拠法としてスイス法を指定していたが、仲裁廷は、現地通貨による支払のために選択すべき為替レートを決定するにあたり、スイス法における同じルールを国際的なレベルで確認するためにユニドロワ原則6.1.9条3項に言及したのである[21]。
> 本ケースにおける仲裁廷によるスイス法に基づく結論は、ユニドロワ原則により権威づけられた例であり、当該条項のルールが国際的に確立されていると考えられる。

(3) 弁済の充当

ユニドロワ原則6.1.12条によれば、同一の債権者に対し複数の金銭債務を負う債務者は、弁済時にその弁済が充当されるべき債務を指定することができる。ただし、その弁済は、まず諸費用、次に弁済期にある利息、そして最後に元本に充当される（1項）。そして債務者がそのような指定をしない場合、債権者は、債務が弁済期の到来したもので、かつ争いのないものである限り、弁済後の合理的な期間内に、債務者に対して弁済が充当される債務を指定することができる（2項）。しかし、2項における充当が存在しない場合、弁済は、以下の基準を示された順序で満たす債務に充当される。(a) 弁済期にある債務または先に弁済期の到来する債務、(b) 債権者が最少の担保しか有しない債務、(c) 債務

者にとって最も負担の大きい債務、(d) 先に発生した債務。上記の基準のいずれにも該当しない場合、弁済は、すべての債務に比例的に充当される（3項）。

　本条は、債務者が同一の債権者に対して同時に複数の金銭債務を有し、それらのすべての債務を弁済するのに十分でない金額の弁済をする場合に、その弁済がどの債務に充当されるかの問題を取り扱っている。6.1.12条は、適切な補正により非金銭債務の弁済の充当に準用される（6.1.13条）。

　ヨーロッパ原則7:109条においても弁済の充当に関して、ユニドロワ原則と同様だが若干詳細な規定が設けられている。当事者が、同じ性質のいくつかの債務を履行しなければならず、提供された履行が債務のすべてを履行するのに十分でない場合には、4項に従いつつ、当事者は、履行期に履行がいずれの債務に充当されるべきかを言明することができる（1項）。しかし、履行当事者がそのような言明をしないとき、相手方当事者は、合理的な期間内に、その選択する債務に履行を充当することができる。相手方当事者は、履行当事者にその選択を知らさなければならない。しかしながら、(a) 未だ履行期がきていない、(b) 不法な、あるいは (c) 争いのある債務に対する充当は、無効である（2項）。そしていずれの当事者による充当もない場合には、4項に従いつつ、履行は、示された順序で次のような基準の一つを満足する債務に充当される。(a) 弁済期の到来した債務または先に弁済期の到来する債務、(b) 債権者が最少の担保しか有しない債務、(c) 債務者にとって最も負担の大きい債務、(d) 先に発生した債務。上記の基準のいずれもが適用されない場合、履行は、すべての債務に比例的に充当される（3項）。金銭債務の場合、債務者による弁済は、債権者が異なる充当をしないならば、第一に、費用、第二に、利息、第三に、元本に充当されるべきである（4項）。

　弁済の充当について、一般的に受け入れられた原則は、債務者は、弁済期にいずれの債務が履行されるかを明示または黙示に言明することができるということである。履行当事者の充当は、相手方当事者に表明されねばならず、そのような表明は明示でなければならない[22]。しかし、黙示の表明も、債務者が債務の一つの正確な額を支払ったという事実、あるいは他の債務は時効にかかっているといった事実から推定することができる。債務者の充当権は、二つの方法で制限される。第一に、契約がすでに充当の形態ないし順序を定めている場

合には、そのような合意が優先する。第二に、一定金額の債務者は、特定の場合においてその意思または利益に従ってその弁済を充当することを妨げられる。本条4項は、費用、利息、元本という充当の順序を規定している[23]。

(4) 履行の不受領

(a) 受領されなかった財産

ユニドロワ原則には規定が見受けられないが、ヨーロッパ原則7:110条によれば、相手方当事者が財産を受領しない、または再びとらないために、金銭以外の有体財産を所有したままの当事者は、その財産を保護し、維持するために合理的な手段をとらなければならない（1項）。所有したままの当事者は、(a) 相手方当事者の指図に従って第三者に合理的な条件で財産を預け、このことを相手方当事者に知らせることにより、または (b) 相手方当事者に対する通知後、合理的な条件で財産を売却し、純売上額を相手方に支払うことにより、その引渡しもしくは返却の義務を履行することができる（2項）。しかしながら、その財産が早急に悪くなりやすくまたはその保存が不合理なほど高くつく場合には、当事者は、それを処分する合理的な手段をとらなければならない。当事者は、相手方当事者に純売上額を支払うことにより、その引渡しもしくは返却の義務を履行することができる（3項）。所有したままの当事者は、合理的にかかった費用を売上額から償還もしくは留保する権利を有する（4項）。

上記1項は、三つの異なる状況を対象に入れている。第一に、契約により有体財産を引き渡す義務を負っている当事者が、契約に適合した提供をなしたが、相手方当事者が引取りを拒絶する場合、第二に、引渡しがなされるべき当事者が財産を受け取ったが、適法にそれを拒絶し、そして相手方当事者がそれを再びとらない場合、第三に、契約が適法に解除された場合である[24]。このような場合、財産を所有したままの当事者は、それがゆえに物品を放棄する、あるいは損失、損害や盗みに晒したままにしておく権利があるわけではなく、その保護のために合理的な手段をとらなければならないのである。

本条は、ウィーン条約85条、86条および87条（物品の保存）に相応し、同じ趣旨の内容を規定する。ウィーン条約では、買主による物品引取りの遅滞、同時履行における買主の代金不払、物品受領後の買主による拒絶または物品発

送後の買主による拒絶の場合における当該物品の保存という物品売買取引に特有の規定を定めている。

(b) 受領されなかった金銭

ヨーロッパ原則7:111条は、当事者が、相手方当事者により適切に提供された金銭を受領しない場合には、相手方当事者は、当事者に通知後、支払地法に従ってその金銭を当事者の指図に従い預けることにより、その支払義務を履行することができると規定する。

本条は、二つの異なる状況に適用される。第一は、債務者が、例えば、物品、サービスや仕事の価格の支払のような、契約に基づいて支払うという主たる義務を履行しようとする場合、第二は、例えば、契約解消後受領した金銭を払い戻す、損害賠償額を支払うというような、第二次的な義務を履行する場合である[25]。

4 公的許可

(1) 公的許可の申請

ユニドロワ原則6.1.14条によれば、ある国の法により、契約の有効性やその履行に影響を及ぼす公的許可 (public permission) が必要とされ、そしてその法に特別の定めもなく、別段の事情も示されていない場合、(a) 一方の当事者のみがその国に営業所を有するときは、その当事者が許可を取得するに必要な手段を講じるべきである。(b) その他の場合には、その履行につき許可を要する当事者が必要な手段を講じるべきである。

どのような種類の公的許可が必要とされるかは、準拠法によって決定される。本条において公的許可という言葉は、幅広い意味を与えられるべきであり、健康、安全や特定の貿易政策のような公的性格の関心事に基づいて必要とされるすべての許可を含む。もっとも、要求される許可が、政府や政府が特定の目的のために公的な権限を委譲した非政府機関により与えられるかどうかは関係がない。この意味において、例えば、為替管理規制に基づく民間銀行による支払

の許可は、本条の目的のための公的許可の性質を有するものとされる[26]。

公的許可を得るための要求に関する情報を提供する義務は規定されていない。しかし、そのような要求の存在は、当該許可が一般的には手に入れがたい規則の下で要求される場合には、公的許可を得る責任を負う当事者により開示されなければならない。このような義務は、信義誠実の原則（1.7条）から要求されると解される[27]。

上記（a）により当該国に営業所を有する当事者が公的許可を申請する責任を負うのは、その当事者が、申請の要件や手続により詳しいので、迅速に申請することができる最適の地位にいる者だからである。その当事者が申請のために相手方当事者からさらに情報を必要とするときには、相手方は協力義務（5.1.3条）に従いそのような情報を提供しなければならない。上記（b）は、いずれの当事者も当該国に営業所を有しない場合および両当事者とも当該国に営業所を有する場合を対象とする。いずれの場合も、履行につき許可を要する当事者が必要な手段を講じる義務がある[28]。

申請の義務を負う当事者は、許可を得るために当該国において可能な手段を尽くさなければならないが、どのような手段を講じるべきであるかは、関連する規制および当該国における手続的なメカニズムいかんによっている。この義務は最善努力義務（5.1.4条2項）の性格を有するものと解される[29]。

ヨーロッパ原則においてはこのような公的許可にかかわる規定は用意されていない。ユニドロワ原則は世界の各地における国際取引を対象とするのに対して、ヨーロッパ原則は主としてEU内の取引を念頭に置いているからであろうが、EU企業とEU外の企業との間で国際取引が行われる場合、公的許可の問題は、とりわけ契約の一方の当事者が発展途上国の企業であるときには、契約上当然に考慮すべき問題であると考えられる。

(2) 申請の手続

ユニドロワ原則6.1.15条によれば、許可を取得するのに必要な手段を講じるべき当事者は、不当に遅滞することなくこれを行い、生じた費用を負担しなければならない。当該当事者は、適切な場合には、不当に遅滞することなく、許可の付与または拒絶について相手方当事者に通知しなければならない。

この通知義務は、他の関連する事実、例えば、申請の時期や結果、拒否の場合における不服申立ての可能性および上訴をすべきかどうかなどに及ぶ[30]。許可の付与または拒絶に関する情報を提供しない場合には、当該当事者の不履行となり、不履行の一般的結果が適用されることになる[31]。

(3) 申請の結果

（a）許可が付与も拒絶もされない場合

ユニドロワ原則6.1.16条によれば、許可申請につき責任を負う当事者が、必要なすべての手段を講じたにもかかわらず、約定期間内にまたは期間が合意されていない場合には、契約締結後合理的期間内に、許可が付与も拒絶もされないときには、いずれの当事者も契約を解除することができる（1項）。そして許可が契約条項の一部のみに影響を及ぼす場合には、1項は、当該事情を考慮して、許可が拒絶されたとしても契約の残りの部分を維持することが合理的であるときは、適用されない（2項）。

許可の付与や拒絶についてなんらの言明もない理由は、例えば、申請の審査のゆっくりしたペース、不服申立中などさまざまでありうるが、もはや当事者を待たせる理由がなく、いずれの当事者にも契約を解除する権利が生ずるに至る[32]。

（b）許可が拒絶された場合

ユニドロワ原則6.1.17条によれば、契約の有効性に影響を及ぼす許可が拒絶されたときは、契約は無効となる。そしてその拒絶が契約条項の一部のみの有効性に影響を及ぼすにすぎない場合には、当該事情を考慮して、契約の残りの部分を維持することが合理的であるときは、当該条項のみが無効となる。一方、許可の拒絶により契約の履行の全部または一部が不可能となる場合、不履行に関する規定が適用される。

許可の拒絶により、当該許可の要求を課する国においてのみ当事者の履行が不可能となるが、その国以外のところでは同じ義務を履行することがその当事者にとって可能である場合がある。そのような場合には、信義誠実の原則により、当該当事者は、許可の拒絶を不履行の理由とすることはできないと考えら

れる[33]。

5　ハードシップ

　契約の適合条項（adaptation clause）、とりわけハードシップ（hardship）条項について、その使用は、純粋の国内契約よりも国際契約における方がより頻繁であるといわれる。これは、国際契約が、継続し、定期的でかつ分化された義務を通常含む、より長期の関係の性質を有するという事実からである。さらに、国際契約は、国内契約が履行される環境下よりもより迅速にかつ頻繁に変化する、不確かな政治的・経済的環境下においてその履行がなされる。したがって、企業が、本来存在する権利と義務のバランスを変えるような、履行の過程における環境の変化に従って彼らの関係を保持するように考案された国際契約条項に関してしばしば交渉することは驚くにあたらないことである。そのような規定は、次のような二つに分類することができる[34]。

　第一は、当事者の義務のもともとの経済的価値を変えないように維持することを目的とする条項。このタイプの条項は、異常な価格上昇に基づく「価格改定条項」および価格が表示される通貨の為替レートの変動に依存して契約価格が変化する「為替変動条項」より一般的に構成される。これらは、インフレーションや通貨切下げに連結するような金銭的性質のリスクを衡平に配分することを意図している。

　第二は、予見されなかった事情の変更に契約をより一般的に適合させることを目的とする条項。

　上記第一の条項は、国際取引における変化した事情に対応するための契約の適合を取り扱うには次のような理由から十分でないと考えられる。①そのような価値維持条項は、金銭的性質の義務、とりわけ買主または所有者の義務の履行のみに関心があり、売主やコントラクターのような非金銭的義務を改定する可能性を提供しない。②価値維持条項は、エコノミストによる分析を信頼する複雑な要素で構築されているのがしばしばであり、一般的な有用性に欠ける。③これらの条項は、国内法における公共政策の考慮から強制の困難さに遭遇す

ることがある。④柔軟でない変数や指数に基づく価値維持条項の自動的な適用および時間の経過はほとんどの状況に対してこれらの条項の適用を不適切にする。⑤これらの条項は、価格の上昇や通貨の切下げのような当事者が明示に予見した特定の変化や変動の発生に対してのみ働くものであり、予見しなかった事情の変化に対する適切な適合のための手段を提供しない。したがって、国際商事契約を交渉する者は、ハードシップ条項のような第二のタイプを好むことになる[35]。

ところで、国際商事仲裁人の観点からは、事情変更は非常に厳格に理解されるべきとされる。仲裁人は、特定の通貨下落条項なくしてインフレーションや通貨下落を理由として契約に介入することには一般的に消極的である。そして当事者がハードシップ条項を織り込むことを差し控えるときには、事情の変更をしばしば無視する傾向があるといわれる[36]。

ハードシップおよびその法的結果としての変更した事情に対する契約の適合の問題は、契約を遵守するという原則よりもはるかに洗練も確立もされていないものである。このような適合のルールを制定法の中に見いだす法制度もあれば、その原則が判例や法文献により広く受け入れられている法制度もある。他方で、このような原則が、国際的なレベルでの発展に達しているということはできない。とりわけウィーン条約においては、導入の試みはなされたものの、そのような規定は見いだされない[37]。

当事者間の取引関係における事情の変更に対処するための強制された再交渉および司法的な再構築の考え方は、コモンローの主流にはない。この点に関するコモンローと現代の大陸法のアプローチの差の一つの理由は、主たるコモンロー国が、ほとんどの大陸法世界を破壊した統制不可能なインフレーションに苦しめられなかったという事実にあるといわれる。

イギリスの裁判所は、フラストレーション（frustration）には達しない事情の変更を理由として契約を適合または解消する権限をなかなか引き受けようとはしない。彼らの見解は、契約関係の中で適切な規定を設けるのは当事者自身であるということにとどまっているようにみえる。イギリス法は、フラストレーションの法理による all-or-nothing のアプローチをとっている[38]。もっとも、アメリカ法においては、国際取引は国内取引とは異なるものであり、ユニドロワ原

則において形成された大陸法的解決策は尊重に値することを認識すべきであると主張されている[39]。

アメリカにおいては、UCC 2-615条が、「ある条件が発生しないことを前提として契約が締結されていたのに、その条件が生じたために合意された履行が実行困難な（impracticable）ものになった場合、売主による全部もしくは一部の履行遅滞または不履行は、売買契約上の売主の義務の違反とはならない」と規定する。

この規定に相応するRestatement (Second) of Contracts 261条は、「ある出来事が生じないことが契約締結の基本的条件となっている場合に、契約締結後にそれが生じたことにより、当事者の履行がその過失なくして実行困難となったときは、その履行義務は消滅する」と規定する。本条は、実行困難性（impracticability）のすべてのタイプに適用しうる幅広い原則を規定する。履行に必要な人の死亡や物の破壊は、「基本的条件」の適用の対象となるが、単なる市場の変化や金銭的無能力は履行を免除しないのが通常である。極端かつ不合理な困難、費用、傷害または損失が当事者の一方にその過失なくして生じた場合には、履行が実行困難になったといえる。しかしながら、賃金、原料費や建設費の上昇のような理由による困難や費用の程度の単なる変化は、それが正常な範囲をはるかに超えない限り、当事者が契約によって固定した価格条項がカバーすべきリスクであって実行困難性の段階に至っているとはいえない。このように実行困難性は、契約締結時に当事者が予期していない状況の変化がその後に発生し、契約を履行することが経済的にきわめて困難となる事態を意味しており、商業的または経済的実行困難性を含む概念として用いられているが、アメリカの裁判所は、実行困難性の概念を採用することにおいてむしろ消極的であり、それを実際に認めた判例はきわめて数少ない[40]。しかも、裁判所が契約の改定にまで踏み込んだ先例は次の一件のみである。

Aluminum Co. of America v. Essex Group Inc., 499 F. Supp. 53（W.D. Pa. 1980）において、Essexから供給されたアルミナの溶融アルミニウムへの加工を引き受けていたAluminum Co. of America（Alcoa）は、実行困難および目的達成不能による契約の改定を求めて訴えを提起した。長期の加工契約にはエスカレーション条項が定められていたが、その条項が予想する範囲をはるかに超えて、1973年の

OPECの原油値上げおよび環境対策のコストは電気のコストを大幅に増加させた。Alcoaが契約価格にしたがって履行すれば、60百万ドル以上の損失を被る結果となる。ペンシルヴェニア西部地区連邦裁判所は、Alcoaが被る損失の大きさが契約の実行を困難にし、Alcoaにとって契約の目的達成を不能にしたと判断し、契約の改定を認めたのである。

　ところで、ハードシップに関するルールの採用は、ユニドロワ原則が起草されつつあった時に実務家から頻繁になされた要請に応えるものであった。ハードシップ条項は、実際に国際契約においてきわめて共通の条項となっている。しかし、ユニドロワ原則により採用された解決策のいくつかが批判を招いたのも事実である。その一つは、当事者が再交渉時に合意に達しない場合における裁判所の当該契約関係に介入する権限を懸念するものである。ハードシップの問題について、ユニドロワ原則は確立された国際慣習を反映していないとする一つの仲裁判断があったが、他方で、ハードシップに関するユニドロワ原則が仲裁廷により積極的に言及されたケースがいくつかあり、ユニドロワ原則により設けられた基準が、ハードシップがあるか否かを決定する目的のために適用されたのである。一方、ハードシップに関するユニドロワ原則の規定は強行規定ではないことも記憶されなければならない。契約をユニドロワ原則に従わせる当事者は、その例外のいくつかを禁止することによりその規定から逸脱することができる。ユニドロワ原則の規定は、事情の変更の問題に当事者の注意を引きつけるという有用な目的に役立ち、一定の解決策を提案している。ユニドロワ原則を変更すること、とくに再交渉がデッドロックとなった場合における裁判所の介入を他の救済方法、例えば、当事者に契約を解消する可能性を与えることなどによって置き換えることは常に可能である[41]。

　ユニドロワ原則6.2.1条は、契約の履行が、当事者の一方にとってより負担の大きいもの（onerous）となる場合であっても、その当事者は、ハードシップに関する以下の規定に従い、その債務を履行しなければならないと規定する。

　契約の拘束的性質という一般原則の結果として、契約の履行は、それが可能である限り、かつ履行当事者に課される重荷にかかわらず、なされなければならない。いいかえれば、当事者が、その期待する利益の代わりに大きな損失を被る、またはその履行がその当事者にとって意味のないものとなっても、契約

の条項は遵守しなければならないのが原則である[42]。

(1) ハードシップの定義

ユニドロワ原則6.2.2条においては、ある出来事が生じたため、当事者の履行費用が増加し、または当事者の受領する価値が減少して、契約の均衡（equilibrium）に重大な変更がもたらされ、かつ次のような要件が満たされる場合には、ハードシップが存在する。(a) 契約締結後、その出来事が生じ、または不利益を被った当事者がそれを知るに至ったこと、(b) その出来事が、契約締結時に、不利な立場の当事者により合理的に考慮しうるものではなかったこと、(c) その出来事が、不利な立場の当事者の支配を超えていること、(d) その出来事のリスクが、不利な立場の当事者により引き受けられていなかったこと。

一方、ヨーロッパ原則においては、ハードシップに相応するものとして事情変更（Change of Circumstances）の規定6:111条が設けられている。契約の履行が、事情の変更により過度に負担の重いもの（excessively onerous）となる場合には、当事者は、契約を改定するためまたは契約を終了させるために交渉に入る義務を負う。ただし、次の要件をすべて満たさなければならない。(a) 事情の変更が契約の締結後生じたこと、(b) 事情の変更の可能性が、契約締結時に合理的に考慮に入れておくことができるようなものではなかったこと、(c) 事情の変更のリスクが、契約に従えば、影響を受ける当事者が負担することを要求されるべきものではなかったこと（6:111条2項）。

(a) 契約の均衡の重大な変更

「契約の均衡の重大な変更（fundamental alteration）」の定義は、明らかに決定的なポイントであるが、このような用語の定式化により正常な経済的リスクが相手方に転嫁することができるという結果に至ると解すべきではない。そのような事態になれば市場経済の基盤を侵食することになる。しかし一方で、正常な経済発展の過程をはるかに超え、経済的な結果の配分にかかわりなく、まったくの偶然によっていずれかの当事者に打撃を与える出来事の結果が生じる場合がある[43]。

当該変更が一定のケースにおいて重大かどうかは、その状況いかんによって

いる。履行費用の重大な変更とは、物品の生産またはサービスの提供に必要な原料の価格の急激な上昇、より高い生産プロセスを要求する新しい安全規則の導入などによるものである。履行価値の重大な減少または全部的滅失とは、市場の条件における急激な変化、履行が要求される目的の挫折（frustration of purpose）などによるものであり[44]、「当事者の受領する価値の減少」には、不利な立場の当事者が受領する権利のある履行が、当該履行の目的がもはや達成されえないために、その価値を喪失した場合も含まれる。

　「契約の均衡の重大な変更」という要求はきわめて不明確であると批判される。ユニドロワ原則において重大に変更されるべきものは「契約の均衡」である。これは、重大な変更という要件が満たされているかどうかを裁判所が決定するときに考慮すべき一種の制限であるが、このような制限によりその決定が容易になるとは考えられない。ほとんどのケースにおいて次のような問題が生じる。誰が損失を負担すべきか、当事者の一方が損失を被ったならば「均衡」の問題となるか、「均衡」とは現状のことか、あるいはなにが公平で合理的なものであるかという問題などが提起されるからである[45]。

　なお、1994年版のコメントは、履行が金銭的な言葉で正確に計ることができるならば、履行費用または受領価値の50％以上に至る変更は、重大な変更に至ると述べていたが、2004版ではこの注釈は削除されている。このような具体的数字の提示による解釈は硬直的であり、混乱を生じることとなるので、妥当な改定と考えられる。さらに、国際商事仲裁の観点からは、履行のコストまたは価値が契約において合意されたものに比べて50％増減したという理由のみで、仲裁人が、ハードシップ条項のない場合ではあるが、救済を与えた裁定の例は報告されていないともいわれている[46]。

　ヨーロッパ原則においては、ユニドロワ原則におけるhardshipに代えてexcessive onerosityという用語が使われている。当該契約が、未だ履行することは可能ではあるが、それが一方の当事者にまったく途方もない（exorbitant）コストを生ぜしめるような出来事によって完全にひっくり返された（completely overturned）ことが必要であり、裁判所はある程度の不均衡を理由とするだけで干渉することがあってはならないとされる[47]。

　ユニドロワ原則の文言に比し、幅広い範囲の適用可能性を有し、より正確に

定義された要件であるとして、このような「過度に負担」という用語は、再交渉条項におけるよい選択であると賛同される。しかしこのような見方に対しては、これは不利な立場の当事者がこの条項を使用する可能性に対する非常に強い制限であり、不利な立場の当事者が国内法の下で取消しを主張できないような状況においても本条項が再交渉する権利を与えることになるかどうか疑問であるとも指摘されている[48]。

（b）ハードシップの発生時期

6.2.2.条(a)は、契約締結前に生じたが、契約締結後に知ることとなった出来事を契約締結後に生じた出来事に同化している。不利な立場の当事者が契約締結時その出来事を知っていたならば、それを考慮に入れることができたであろうし、その後ハードシップに頼ることはないというわけである[49]。

ヨーロッパ原則においては、事情変更が契約締結後に生じたことを条件としている。すなわち、一方の当事者にとって契約を過度に負担とする事情が契約締結時に存在することをいずれかの当事者が知らなければ、錯誤に関するルールが適用されることになる[50]。

（c）予見可能性の問題

事情の変更は、契約締結時には予見できないもの（unforeseeable）でなければならないのが原則である。6.2.2条の文言はこの条件を「合理的に考慮しうるものではなかった」という表現に変更している。予見可能性の概念は、おそらく混乱を避けるために用いられていないと考えられる。当事者がハードシップ条項を彼らの契約の中に織り込むという事実は、契約関係を揺るがすような出来事が将来生じる可能性に当事者が気づいていることを意味するが、このような意味における漠然とした予見可能性ではない。これらの出来事は、その性質上予見できないものであり、それらの発生時期および効果やリスクについて予見または引き受けることはできないようなものである。もっとも、情報技術が進展し、情報過多ともいわれる今日の社会では、ほとんどの出来事が、特定されたものであっても、相当程度予見可能といえるものであり、この意味において契約締結時に考慮に入れることが合理的であったかという判断基準によって評

価されることになると考えられる。

　ユニドロワ原則は、さらに、不利な立場の当事者の「支配を超える」出来事の発生を要求している。それではどのような状況が考えられるのであろうか。「出来事」という用語は非常に幅広い意味をもっている。しかし、経済的・商業的状況、または経済的・財政的・政治的状況というようなより特定した文言が用いられる場合がある。さらには、ハードシップ条項として、どのような状況が考慮されるかについて、例えば、環境条件のみが考慮されるというように、非常に特定する場合もありうる。また、現実の国際取引の観点から具体的なハードシップ条項を起案するに際しては、その対象範囲について幅広い文言を用いる場合には、当該国際取引の性格を考慮して、例えば、サブコントラクターの破産や政府によるコントロールのような除外される状況を具体的に挿入することが望ましいと指摘される[51]。

　一方、ヨーロッパ原則においては、「不利な立場の当事者の支配を超えている」出来事であったという要件は明示されていない。

　（d）リスクの引受け

　上記（d）の「リスクの引受け（assumption）」という言葉は、そのリスクが明示に引き受けられたことは必要とされないが、当該契約そのものの性質から引き出されるということを明らかにしている[52]。例えば、投機的契約を締結する当事者は、契約締結時にリスクを十分認識していなかったとしても、一定程度のリスクを受け入れたものとみなされる[53]。

　仲裁人が、国際契約の当事者は事情変更のリスクに気づくべきであったと指摘する場合がしばしばである。当事者がこれらのリスクを引き受けることを望まないのであれば、契約にハードシップ条項を織り込まなければならず、そして仲裁人は当該ハードシップ条項の適用を考慮することになる。一方、当事者がハードシップ条項を定めないときには、仲裁人はしばしば事情の変更を無視する傾向が見受けられる。仲裁人は投機的契約と非投機的契約とを区別する場合があり、当事者が投機的な意図をもって契約を締結しなかった場合には、事情変更に対する救済はより容易に認められる。しかしながら、契約がその性質上投機的であって、当事者があるリスクを予期していたとしても、本来合意さ

れていたように契約の履行を当事者が主張することが、当該事情の実質的な変更に照らして明らかに濫用となるときには、信義誠実と公正取引の原則の適用によって妨げられる場合がありうる[54]。

ハードシップは、その本質上、履行がまだなされるべきである場合にのみ問題とされる。つまり、当事者が一度履行してしまうと、その履行後に生じた環境の変化の結果として生じた履行費用の大幅な上昇や受領価値の大幅な減少をもはや申し立てることはできないのである。そしてハードシップは、少なくとも一方の当事者の履行が一定の期間にわたる長期契約を対象とするのが通常である[55]。

ユニドロワ原則におけるハードシップと不可抗力 (7.1.7条) のそれぞれの定義から、同時にハードシップのケースおよび不可抗力のケースとみなしうる状況がありうる。いずれの救済方法を追求するかを決めるのは、これらの出来事により影響された当事者自身である。当該当事者が不可抗力を申し立てるときは、その不履行が免責されるのが目的であり、他方、ハードシップを申し立てるときには、改定された条項であれ契約を生かしておくために契約条項を再交渉するのが目的である[56]。

なお、上述したようにユニドロワ原則におけるハードシップの定義には、目的の挫折による履行価値の全部的滅失が含まれている。一方、アメリカ法においては、Restatement (Second) of Contracts 265条に基づく目的の挫折 (frustration of purpose) は、当事者の主たる目的が実質的に挫折したときにのみ契約からの解放を認める。主たる目的は契約の完全な基礎でなければならないのであって、それがなければ取引がまったく意味をなくすと両当事者が理解するようなものである。取引からの利益がより少なくなったという事実のみでは目的の挫折を証明するのに不十分であり、履行が商業的に価値のないものにならなければならず、ほとんど全部の挫折が要求される[57]。

［解説例］

Aは、X国から、その地域の深刻な政治的危機にかかわらず、原油を向こう5年間一定価格でBに供給することに合意した。契約締結の時から2年後、近隣国において争っている党派の間で戦争が勃発した。戦争は世界のエネルギー危機を招き、

原油価格は急騰した。Aは、当該地域における深刻な政治的危機について当時認識しており、そのような原油価格の上昇は予見不可能ではなかったがゆえに、ハードシップを申し立てることはできない。

また、船積みリスクの保険を専門とする保険会社Aが、同じ地域の3カ国における戦争と市民暴動の同時勃発によりもたらされたより大きなリスクに対処するために、戦争と市民暴動のリスクを含む契約を有する顧客に対し追加の保険料を請求した。この場合保険会社は、3カ国が同時にその影響を受けたとしても、戦争・市民暴動条項によりこれらのリスクの可能性を認識し、そのリスクを引き受けているので、契約の改定を申し立てることはできない。

上記に比して、AとBの間の販売契約において、価格はX国の通貨で表されており、その通貨の価値は、他の主要な通貨に対して契約締結前にすでに下がりつつあったところ、1カ月後X国における政治的危機が、その通貨の80％台という大きな価値の低下をもたらすに至った場合、別段の状況がない限り、そのようなX国通貨の価値がすでに下がりつつあったことを契約締結時に認識はしていたが、その価値喪失の急激な加速は予見できなかったがゆえに、それはハードシップのケースとなる[58]。

これらの例からほとんどの出来事は契約締結時に予見しうる範囲に入るともいえるのであり、予見可能性の評価はきわめて例外的かつ異常な状況に限られることに注意する必要がある。

［仲裁例］
(a) ドイツ民主共和国（東ドイツ）の輸入業者と他の東ヨーロッパの企業が機械の販売契約を締結していた。東西ドイツ統一後、西ヨーロッパの市場が旧東ドイツの企業に開放され、当該機械は旧東ドイツの輸入業者にとってまったく価値のないものとなった。輸入業者は、契約締結時に存在していた状況の急激な変化を主張し、機械の引取りと代金の支払を拒否した。

ベルリンの仲裁廷は、本来の契約上の均衡における重大な変化は契約の解消を正当化しうるという原則が国際的なレベルでますます受け入れられつつあることを証明するために、ユニドロワ原則のハードシップ条項に言及したのである[59]。

本ケースにおける東西ドイツ統一による市場構造の劇的変化はまさしくユニド

ロワ原則の「ハードシップ」の定義に該当すると解される。

(b) オランダの売手とトルコの買手は角砂糖の生産機械の据付契約を締結した。契約の準拠法はオランダ法である。契約締結後トルコの買手は、角砂糖市場の需要急落による資金的困難を主張して、合意した前渡金の支払を拒絶した。両当事者間で契約の改定に合意することに失敗した後、オランダの売手は契約の解除を宣言し、トルコの買手に損害賠償を請求した。トルコの買手は、その救済の根拠として新オランダ民法（New Dutch Civil Code）6.258条に基づくハードシップを申し立てた。

仲裁廷は、本件におけるような履行コストの単なる増加ではなく、本来の契約上の均衡における重大な変更を要求する、ハードシップの例外的な性格を強調し、その申立てを拒絶した。仲裁廷は、その判断を確証するために、新オランダ民法6.258条のみならず、ユニドロワ原則6.2.1条に言及した。このようなユニドロワ原則への言及は、オランダ法を国際的な文脈で適用するときには、国際商事契約の分野において普及している見解に留意すべきであるという議論によって正当化されたものである[60]。

本ケースにおける角砂糖市場の需要急落による資金困難、つまり履行コストの増加は、この種の国際取引の当事者にとってはユニドロワ原則の「ハードシップ」の定義の範囲に入るようなものとは評価されないのは明らかである。

(2) ハードシップの効果

ハードシップの効果は、手続法的および実質法的局面を有する。手続法的局面は、再交渉から始まり裁判所の決定にまで至る。後者は、一定の程度裁判所による条件の賦課を含むことから、いくつかの国の管轄権においては問題があるようにみえる。たとえ裁判所が契約を解消するのみであっても、裁判所は同時にそのための条件を定めなければならないからである。この方向に向かってのアプローチは、国内法において実施されても問題が多いが、当事者の自治がとりわけ重要である国際取引においてはさらに一層の懸念を呼び起こすと指摘される[61]。しかしながら、ユニドロワ原則は、ハードシップのような例外的な場合において当事者が再交渉による合意に達しないとき、その解決策を裁判官

または仲裁人に委ねたのである。

　ところで、裁判所または仲裁廷が両当事者の利益を公正かつ合理的な方法でバランスさせる解決策を見つけるべきであるとするならば、当事者および彼らの取引についての情報が必要である。しかし、裁判所・仲裁廷が得るものは必要な情報ではなく論争であることがしばしばであり、裁判所・仲裁廷が当事者のための再交渉者としての行為をすることはほとんどの場合期待できないといわざるをえないとの問題が提示される[62]。

　しかし一方で、再交渉条項（renegotiation clause）の契約における存在意義は次のようにいうことが可能である。契約を再交渉することを望む当事者は、当該条項に基づきその請求のために正当な論争を展開することができる、そして相手方が協力しない場合には契約にはなんらかの救済方法が与えられる。再交渉が再交渉条項の下で生じるならば、当事者は、現在の論争を解決するのみでなく、当該契約が将来よりよく働くような解決策に達しようと努力することも可能である。これに対し、長期的な観点における再交渉条項の存在と効果はかえって不確実性を増加させるという側面がみられる。いずれかの当事者は、契約を達成することができる、そして契約は合意された条件で利益を上げることができると判断しているが、ハードシップによる再交渉の結果として契約条件が変化したとき、契約が同じように利益を上げ、当該当事者はその義務を履行することができるといえるであろうか。これは当事者の計算にとって新たなリスク要因となる。再交渉条項によれば、損失を被った当事者はその損失ないし少なくともその一部を相手方に転嫁することができる。つまり、契約に関連するリスクを予見して最小化し、損失が生じたならばそれを軽減するために最善を尽くすという、不利な立場の当事者のインセンティブを弱めることになるのである[63]。

　（a）再交渉の要件

　ユニドロワ原則6.2.3条によれば、ハードシップの場合には、不利な立場の当事者は、再交渉を要請する権利を有する。この要請は、不当に遅滞することなくなされ、かつそれを基礎づける根拠を示さなければならない。再交渉の要請は、それだけでは不利な立場の当事者に履行を留保する権利を与えない。

再交渉の要請は、契約がすでに契約の自動的な改定を規定する条項を織り込んでいるときは、認められないのが原則である。もっとも、そのようなケースにおいても、契約に織り込まれた改定条項がハードシップを生ずる出来事を予期しなかったときには、ハードシップによる再交渉は排除されないと考えられる[64]。

　不利な立場の当事者は、単に不当に遅滞することなく行動しなかったということでは、再交渉を要請する権利を失わない。しかし、要請の遅滞は、ハードシップが実際に存在したかどうかおよびその効果についての認識に影響を及ぼしうる[65]。不完全な要請は、申し立てられたハードシップの根拠が明白でかつその要請の中で述べる必要がないほどのものでない限り、時宜を得てなされたものとみなすべきではない。その根拠を述べないことは、上記の遅滞から生ずるのと同様の効果をもつのである[66]。

　本条にはなにも述べられていないが、不利な立場の当事者の再交渉の要請および交渉過程における両当事者の行為は、信義誠実と協力の原則に服する。したがって、不利な立場の当事者は、ハードシップのケースが実際に存在していると真に信じていなければならず、純粋に巧妙な策略として再交渉を要請することはできない。一度要請がなされたならば、両当事者は、いかなる形の妨害行為も差し控え、すべての必要な情報を提供することによって、建設的なやり方で再交渉を行わなければならないのである[67]。

　ヨーロッパ原則においては、上述したように再交渉は当事者双方にとって義務とされている。信義誠実の一般原則の下で、ハードシップを被っている当事者は、合理的な期間内に、事情変更が契約にもたらした効果を特定して交渉のイニシアティブをとらなければならない。相手方もまた、契約関係の維持について懸念するならば、交渉に応じることになる。交渉は、信義誠実に行われなければならず、濫用的な引き延ばしや打ち切りを行ってはならない。一方の当事者が第三者とすでに別の両立しない契約を締結した後も相手方との交渉を継続することは不誠実な行為と判断される[68]。

（b）合意の不到達

　ユニドロワ原則は、合理的期間内に合意に達しないときは、いずれの当事者も裁判所に申し立てることができると規定する（6.2.3条3項）。合意に達しない

状況は、損失を被っていない当事者が再交渉の要請をまったく無視した場合、または両当事者が誠実に行動したが、再交渉が肯定的な成果に達しなかった場合に生じる[69]。

ところで、6.2.3条は、再交渉が契約の適合に到達するべきであるとは規定しておらず、当事者間の合意に至るべきであるとのみ規定する。このような再交渉は、どのような方向に行くかもしれないし、それぞれの約束の適切な修正に至る必然性はない。このような規定は、合意が到達しえない場合の状況を取り扱う制裁が実際に伴うのでなければ、有用でないとも批判されている。もっとも、再交渉において過失 (fault) が証明されるならば、それには責任が生じ、通常の救済が与えられる。そのような過失を証明することができないならば、契約は効力を維持することになる。このような解決プロセスは満足すべきものではなく、したがって、合意が到達しえないときには制裁を規定する条項を設けることを奨励する見解もみられる[70]。しかし、制裁によって当事者が合意に至ることを強制することは、国際取引における当事者の自治に再交渉の段階で不当に介入することになることから、ヨーロッパ原則におけるように当事者に再交渉を行うことを義務づけることで十分かつ必要であると考えられる。

(c) 裁判所の選択肢

ユニドロワ原則6.2.3条4項によれば、裁判所は、ハードシップがあると認めたときには、それが合理的であれば、(a) 裁判所が定める期日および条件により契約を解消することができる、または (b) 契約の均衡を回復させるために契約を改定することができる。

本条4項に従い、裁判所は以下のような選択肢を有する[71]。

① 裁判所は、契約を解消することができる。もっとも、本条による解消は一方の当事者による不履行からくるものではないので、すでになされた履行に対する効果は解消一般の原則による規定とは異なる。したがって、解消は、裁判所により定められた期日および条件により効力を生じる。

目的の挫折により履行価値の全部的損失が生じるような場合には、もはや当事者間での再交渉の必要性はほとんどないことが通常であるが、不利な立場の当事者が直ちに契約の解消を主張できるかについてはなんらの言及もな

されていない。しかし、実際には当該当事者は直ちにあるいは形ばかりの再交渉を経て契約の解消を主張することができ、その正当性を裁判所が認めることになると考えられる。もっとも、その際には裁判所は解消の時期と条件について適切な判断をする必要がある。

　②　裁判所は、契約の均衡を回復させるために契約を改定することができる。それによって、裁判所は、当事者間に損失の公正な分配を行おうとする。それにはハードシップの性質にもよるが、価格の改定が含まれる。しかし、その改定は環境の変化によって生じた損失の全部を反映する必要は必ずしもない。裁判所は、どの程度当事者の一方がリスクをとったか、そして履行を受領する当事者がどの程度まだその履行から利益を得ることができるかを考慮しなければならないからである。

　③　裁判所は、契約の改定について合意に達するために交渉を再び始めるよう命令することができる。

　④　裁判所は、契約の条項を現状のまま確認することができる。

6.2.2.条によれば、「契約の均衡の回復」が唯一の基準であり、このような均衡の回復とは、両当事者間における損失の公正な分配を意味すると考えられる[72]。上述したように、「契約の均衡の重大な変更」というあいまいな文言の解釈について問題が提起されたが、「均衡の回復」をこのように解釈するならば、ヨーロッパ原則において用いられる「過度な負担」と「損失の分配」という文言の方がより明確であるように考えられる。

ヨーロッパ原則6:111条3項によれば、当事者が合理的な期間内に同意に達しない場合には、裁判所は、(a)　裁判所が決定する日時と条件で契約を終了させる、または (b)　契約の変更より生ずる損失と利益を公正かつ衡平なやり方で当事者間に分配するために契約を改定することができる。いずれの場合においても裁判所は、信義誠実と公正取引に反して交渉を拒否または打ち切る当事者によって被った損失に対して損害賠償を付与することができる。

ヨーロッパ原則においても、ユニドロワ原則と同様に、裁判所は最後の手段としてのみ介入するが、次のような幅広い権限が与えられている[73]。もっとも、ユニドロワ原則におけるような「裁判所による契約の解消や改定が合理的であるならば」という文言は明示されていない。

①　裁判所は、契約を救うチャンスがまだあると信じるならば、当事者に対して再交渉の最後の努力をするよう要求することができる。

　②　裁判所は契約を終了させることができる。裁判所は、契約を解消することまたは契約の改定のために交渉することに他の当事者が合意しないことによって、不利な立場の当事者が不当に害されないような方法で契約を解消する日を決定する。契約の解消を宣言するのは実際には裁判所であるが、実りのない交渉の後で、当事者の一方も契約の解消のイニシアティブをとり、一方的にそれを宣言することはできる。相手方がこれに挑戦するときには、裁判所は、当該当事者が解消を宣言することが正当化されるかどうかを決定し、すでになされた履行の程度を考慮しつつ解消の日を決定しなければならない。さらに、裁判所は、免責の付与、支払代金の追加払や一定の期間中の補償などの条件を課すことができる。

　③　裁判所は当事者の申立てを却下することができる。例えば、救済が相手方当事者側に新たなハードシップをつくり出すような、救済が現在のハードシップによる害をさらに悪くするものであれば、裁判所は申立てを却下する。

　④　裁判所は契約を改定することができる。裁判所は、履行の期間を延期する、契約価格や数量を増加もしくは減少する、あるいは補償の支払を命じることができる。しかし、このような契約の改定は、予見されなかった事情により課される特別なコストが当事者によって衡平に負担されるよう確保することにより、契約における均衡を再確立することを目指さなければならないのである。そして裁判所は契約の条項を改定することはできるが、全体の契約を書き直すことはできないと解される。

　このように裁判所には幅広い裁量が与えられているが、ユニドロワ原則およびヨーロッパ原則における文脈によっても、裁判所が契約を実際に再交渉し、当事者が合意することができるような最善の解決策を見いだすことができることはめったにないと考えられる[74]。この意味において、裁判所の介入はいわば伝家の宝刀であって、当事者間の再交渉を促すための最後の仕組みであるということができる。また、法が裁判官に大きな権限を与えるときには、裁判官はその権限について抑制をもって行使するということも一般的な傾向として指摘

される[75]。

　ユニドロワ原則とは異なり、ヨーロッパ原則においては再交渉の義務は、独立したものであり、義務違反に対してそれ自身の制裁を有している。6:111条3項による補償は、交渉の拒絶または不誠実な交渉の打ち切りによって引き起こされた損害に対する賠償よりなるのが通常であり、いずれの当事者にも付与することができる[76]。

　ユニドロワ原則には不誠実な交渉の拒否または打ち切りに対する損害賠償については明文の規定はみられないが、信義誠実の一般原則から導き出すことができると考えられる。

[解説例]
(a) X国に本拠のある建設会社Aは、Y国におけるプラント建設のため、政府機関Bと一括払の契約を締結した。複雑な機械の大部分は海外から輸入しなければならない。支払通貨であるY国通貨の予期しない切り下げにより、機械のコストは劇的に上昇した。Aは、環境の変化に本来の契約価格を適合させるために、Bに再交渉を要請することができる。

　これに比して、当該契約が材料と労働のコストの変化に関する価格指数条項を含んでいる場合、Aは当該機械の価格の再交渉を要請することはできない。

　一方、Aの価格の大幅な上昇は、Y国における新しい安全規制の導入によるものであった場合には、Aは、環境の変化に本来の契約価格を適合させるために、Bに再交渉を要請することができる[77]。

　通貨切り下げによる機械コストの劇的な上昇について、「ハードシップ」の定義の範囲に入ることになるかどうかは個別のケースにおける仲裁人の判断であるが、仲裁人が実際にどの程度の上昇であればこれを認容するかは予断を許さないと考えられる。これはまた、新しい安全規制の導入によるコストの上昇であっても同様の問題と考えられる。

(b) 輸出業者Aは、X国の輸入業者Bに3年間ビールを供給することを約束した。契約締結の時から2年後、アルコール飲料の販売と消費を禁止する新しい法律がX国において制定された。Bは直ちにハードシップを申し立て、Aに契約の再交渉を要請した。Aは、ハードシップが生じたことは認めたが、Bの提案する契約の改定

を承諾することを拒絶した。1カ月間の実りのない議論の後、Bは裁判所に申立てを行った。

　Bが、大幅に低い価格ではあるが、隣国にビールを販売できる可能性があるときは、裁判所は、契約を維持して契約価格の引き下げを決定することができる。反対にBがそのような可能性をもっていないときには、裁判所としては、契約を解消し、同時に、未だ輸送中の最後の積荷についてはBに対してAに支払うよう命ずることができる[78]。

　しかしながら、隣国にビールを大幅に安い価格で販売する方法がBにとって最も合理的あるいは損害を軽減する方法であるといいきれる状況が常に存するわけではない。むしろ裁判所の選択肢として、このような場合であっても裁判所の定める条件で当該契約を解消する道もありうると考えられる。

［仲裁例］
　本紛争はアメリカ法人Cubicとイラン空軍（イラン）間で1977年に締結された高性能の軍事機器の販売と据付に関する二つの契約にかかわるものであった。契約は、1979年のイスラム革命発生までは適正に履行された。その後当事者は一連の交渉に入ったが、どのように進むべきかの合意に達することはできなかった。イランは、損害に加えてCubicに対してなした支払の返還を請求したが、Cubicは、代金の残りを支払わないことにより契約上の義務に違反したのはイランであると異議を申し立てた。当該契約にはイラン法を指定する法選択条項が含まれていたが、当事者は最終的に国際法の一般原則の補充的適用に合意していた[79]。

　当該紛争に適用される実質法の問題については、仲裁廷は、当事者が最終的に国際法の一般原則と貿易慣習の補充的適用に合意しているので、ICC規則13条5項に基づき、必要な範囲で、そのような原則と慣習を考慮に入れること、そしてそのようなルールの内容については、ローマのUNIDROIT協会が1994年に公表した国際商事契約原則によりガイドされると判示した。

　1979年2月のイスラム革命の前後する混乱した出来事の結果として、各当事者は契約の解消またはその条項の改定を一方的に要請する権利を有するとして、仲裁廷はユニドロワ原則6.2.3条4項に言及した。仲裁廷は、ハードシップの概念が多くの法制度に織り込まれて、法の一般原則として広くみなされており、たとえイ

ランド法の一部となっていないとしても、当該仲裁に適用されると述べている。
　さらに、仲裁廷は、契約の解消の結果の取扱いにおいて、ユニドロワ原則7.3.6条（原状回復）を逐語的に引用して、いずれの当事者も、その受領したものを同時に返還することを条件に、その供給したものの返還を請求することができるとの判断を下した。
　本ケースは、当事者が契約の準拠法として最終的に国際法の一般原則の補充的適用に合意していたことにより、仲裁廷が法の一般原則としてユニドロワ原則を適用したものであり、ハードシップ条項の有用性を示す典型例の一つと考えられる。

7　契約の履行とリーガルプランニング

(1) ハードシップ条項の枠組み

　ハードシップ条項をどのように契約当事者間で構築するかという問題は、理論的な問題であると同時に、すぐれて実際的な問題であることを想起すべきと考えられる。上述したユニドロワ原則およびヨーロッパ原則におけるハードシップ条項の発動とその効果についての議論を踏まえた上で、現実の国際取引において当事者の複雑に絡んだ利害関係をめぐる紛争をどのようにして解決する方向へ導けるかという観点が必要である。そのためのハードシップ条項の枠組みとして、次のような点を考慮すべきである。
　第一に、契約の遵守は、契約当事者にとって基本的原則であり、これに対する例外としてハードシップが認容されるのであるから、どのような事態がハードシップとなるのか明白かつ厳格な要件が必要となる。第二に、ハードシップ条項の主たる目的は、当事者間における契約の再交渉の道を開くことにあり、そのための適正な枠組みをどのように構築するかの視点が要求される。第三に、ハードシップ条項の発動と効果の要件は、契約締結後、その解釈をめぐる紛争をできるだけ回避するために、明確かつ具体的であることが望ましい。
　以上のような点を考慮しつつ、現実の国際取引におけるハードシップ条項の

適正な枠組みを探るために、まずICCハードシップ条項2003を検討する。当該条項の内容は、以下のとおりである。

契約の当事者は、出来事（events）が、契約締結時に合理的に予期することができた以上に、履行をより負担の重いもの（onerous）にしたとしても、その契約上の義務を履行する責任を負う（1項）。

本条項1項にかかわらず、契約の当事者が、(a) 当事者が契約締結時に考慮に入れることを期待することができなかった、当事者の合理的な支配を超えた出来事により、契約上の義務の継続した履行が過度に負担の重いものになったこと、および(b) その出来事またはその結果を合理的に回避または克服することができなかったことを証明することができる場合には、当事者は、本条項の発動の合理的期間内に、その出来事の結果を合理的に斟酌する代替的契約条項（alternative contractual terms）を交渉する義務を負う（2項）。

2項に定められたように、その出来事の結果を合理的に斟酌する代替的契約条項が契約の相手方当事者により合意されない場合には、本条項を発動する当事者は契約を解消する権利を有する（3項）。

本条項は、イタリア民法1467条とユニドロワ原則6.2.2条の融合であるといわれる[80]。

（a）ハードシップの要件
① 契約遵守の原則に対する例外

ICCハードシップ条項1項は、ユニドロワ原則6.2.1条に由来するもので、契約上の義務は通常履行されるべきものであるという原則から出発する。本項の必要性に関しては、2項の厳格なテストが満たされるときにのみ、1項があるかどうかにかかわらず、ハードシップを発動することができるということから、1項の存在は不必要であるとする見解がある。

しかし、契約は遵守されるべきとする原則の明示の表現は、2項が、通常の履行の要求に対する例外であるので、その条件が非常に厳格に満たされた場合にのみ発動されるべきであるという明確な指示を裁判所または仲裁廷に与えるものであり[81]、2項の例外との対比において必要と考えられる。ユニドロワ原則6.2.1条およびヨーロッパ原則6:111条1項は同様の契約遵守の原則を謳って

いる。

② ハードシップの定義

ユニドロワ原則6.2.2条のハードシップの定義は、履行費用の増加または受領価値の減少により契約の均衡における重大な変更がもたらされたということであるが、このような定義の仕方はかえってハードシップ条項の適用範囲を制限的としかつ漠然とした概念に依拠するものと考えられる。すなわち、重大な変更の原因として履行費用の増加・受領価値の減少を提示したことで一見明瞭になったようにみえるが、その原因を限定したことにより適用範囲を狭めることになる。国際取引の当事者は、契約締結時、ビジネスとしての自己の計算とリスクにおいて「取引」を尽くして契約締結に至ったのである。この場合におけるそれぞれの当事者の計算とリスクの内容を客観的に評価することはきわめて難しい。時間の経過により契約の均衡は変わるのであろうか、あるいはなにをもって契約の均衡というのであろうか。

ICCハードシップ条項は、ヨーロッパ原則6.111条2項と同様に、契約の履行が「過度に負担の重いものになった」こととしており、幅広い適用の可能性を有するとともに、より明瞭な文言であると考えられる。

③ ハードシップの発生時期

ICCハードシップ条項2項は、履行を過度に負担の重いものにする出来事が、契約締結後に生じた場合に限定されていない。当事者が、契約締結時に出来事の存在を単に知らなかった、あるいは知りえなかった状況において本条項を発動することを望むことがあるという理由から、そのような限定がなされていないといわれる[82]。

ユニドロワ原則6.2.2.条(a)も、契約締結後に出来事が生じた場合のみならず、契約締結後にそのような出来事を知るに至った場合も対象としている。

しかし、当事者は、契約締結時点において、あらゆる関連情報を収集し評価してかつ自己のリスクで締結の判断をしたのであり、ヨーロッパ原則のように、事情変更というハードシップの問題は締結後に生じた出来事を対象とし、それ以前に生じた出来事については契約の有効性の問題として錯誤のルールにより処理することの方が理論的に一貫していると考えられる。

④ ハードシップの要件

ICCハードシップ条項2項およびユニドロワ原則6.2.2.条(c)は、出来事が当事者の合理的な支配を超えていることを要求しているが、ヨーロッパ原則にはそのような文言は見受けられない。ハードシップを厳格に適用するために、「当事者の支配を超えた」出来事または事情の変更に限定する必要があると考えられる。

ユニドロワ原則6.2.2条(d)およびヨーロッパ原則6:111条2項(c)は、出来事または事情変更のリスクが当事者により引き受けられていなかったことを要求しているが、ICCハードシップ条項には明示の規定は定められていない。ハードシップ条項の解釈として当然の前提を明文化しているにすぎないとも考えられるが、ハードシップの要件として付け加えることが必要である。

(b) 再交渉義務

長期の契約における当事者をめぐる事情の変化に対処するためには、当事者間における再交渉の義務を契約上規定することが必要である[83]。

ICCハードシップ条項は、ユニドロワ原則6.2.3条においてなされたように、問題を裁判所に明示に付託するのではなく、代替する合理的条項を交渉する義務を両当事者に課している。すなわち、本条項は、ハードシップ状況における再交渉のために裁判所への付託を明示的に規定するよりも、むしろ契約における一般的紛争解決条項を通じて、当事者に自身の解決策をつくり出すことを奨励すべきと考えられている。いいかえれば、一般的な紛争解決条項と共存する、ハードシップのために特別な紛争解決条項は、不必要でかつ望ましくない混乱をもたらす。履行当事者が代替的契約条項を申し込まない、または不履行当事者がそれを不合理にも承諾しないといういずれかの理由で、3項が働かない場合には、本条項を発動する当事者により契約の解消が請求されるか、相手方当事者により契約違反が請求されるかのいずれかである。その請求は、当該契約における一般的紛争解決条項、例えばICCにより提供される紛争解決サービスへの付託に基づく仲裁、あるいは訴訟に至ることになる[84]。

ハードシップの効果として、ユニドロワ原則6.2.3条は、不利な立場の当事者は再交渉を要請することができるとのみ規定しており、当事者の義務としてい

ない。これに対して、ICCハードシップ条項3項は、代替的契約条項を交渉する義務を課し、そしてヨーロッパ原則6.111条2項も、契約の改定または解消のために交渉する義務を負わせている。

　ハードシップの概念は、信義誠実と公正取引の原則に由来するものであり、ハードシップの効果としての契約の再交渉は、当事者に課せられた義務であると考えられる。その際交渉の目的は、ヨーロッパ原則の文言よりは、ICCハードシップ条項のように「出来事の効果を合理的に斟酌して代替的契約条項を交渉する」こととして積極的に明示する必要がある。

　さらに、この再交渉のプロセスを次のように構成することによってより実効性を上げることができると考えられる。第一に、この再交渉においても誠実交渉義務が適用されることを明らかにする。すなわち、当事者は、代替的契約条項を交渉するために誠実に交渉するものとし、信義誠実と公正取引に反して再交渉を拒否または打ち切ってはならない。第二に、再交渉の期間を具体的に、例えば3カ月間というように設定し、その間当事者は、代替的契約条項の合意に到達するべく最善努力義務を尽くす責任を負うものとする。

(c) 再交渉不調の場合における紛争解決の道

　再交渉の結果、当事者が代替的契約条項について合意に達しないときは、ユニドロワ原則6.2.3条は、当事者が裁判所へ申し立てることができると規定し、ヨーロッパ原則も裁判所への申立てを前提としている。一方、ICCハードシップ条項は、不履行当事者が契約を解消する権利を有すると定めるにとどめており、その後の紛争解決は、契約に織り込まれた一般的紛争解決条項が定めるところに委ねられる。

　再交渉が不調に終わった場合に生じる紛争としては、不履行当事者からは、相手方当事者による再交渉の拒否、不誠実な交渉、不誠実な打ち切りなどを理由とする契約解消および損害賠償の主張、相手方当事者からは、ハードシップの定義または要件を満たさないこと、再交渉の不誠実な提案、不誠実な交渉などを理由とする契約違反および損害賠償の主張がありうる。

　当事者から申立てがなされた場合、ユニドロワ原則6.2.3条4項(b)において、均衡を回復するために、そしてヨーロッパ原則6.111条3項(b)において、事情

の変更から生ずる損失と利益を公正かつ衡平な方法で当事者間に分配するために、裁判所または仲裁廷は当該契約を改定することができることが明文化されている。

ところで、裁判所の場合、このような契約関係におけるビジネスの実質的な内容にまで立ち入って妥当な解決策を見いだすことができるかは疑問視される。一方、仲裁廷の場合には当事者間の紛争ないしその分野に精通した仲裁人を選定することができるならば、実際に契約の改定にまで踏み込んで妥当な解決方法を見いだす可能性が生じるとは考えられる[85]。このような仕事はいずれにしても実際上きわめて難しいものであり、その成功の可能性は、具体的な個々のケースの事情に大きく影響される。

このような裁判所の介入は、最後の手段としていわば伝家の宝刀であるといわれる。裁判所の介入が法的に予定されていることが、当事者間の再交渉を促進し、その決裂を回避させるというわけである。しかし、国際ビジネスの実際において当事者は、その紛争解決に裁判所が介入することを本来的に好まない。長期的な契約関係においては、当事者は、迅速に紛争を解決してビジネスの次のステップへ踏み出す必要性に迫られているのが通常であり、そして裁判所による介入が必ずしもハードシップのような状況を打開するのに適していないことを認識しているからである。もっとも、仲裁の場合には妥当な解決策が見いだされる可能性も国際ビジネスにおいては認識されている。

仲裁人は、一方の当事者が相手方のコスト負担で不当に利得する場合、あるいは事情の変化の負担を両当事者に等しく及ぼそうとする場合に限って進んで介入することがある。一方上述したように、ハードシップの場合に司法裁判所が介入することについて、消極的な見解および法制度が存在する。したがって、当事者がハードシップの場合における契約適合を実際に意図するのであれば、具体的なハードシップ条項において契約の適合とその条件を規定する必要があると考えられる。ユニドロワ原則において裁判所には司法裁判所と仲裁廷が含まれる。より安全策として、ハードシップの場合に契約は仲裁人により適合させられるという仲裁条項を契約に設けることが提案される。仲裁人は裁判官ほど契約の適合に消極的なことはないからである[86]。

裁判所における手続が何年もではなくても何カ月も続くとき、契約の適合を

裁判所に委ねることがはたして適正かどうか懸念されるところである。手続が長く続けば続くほど、均衡を回復する見地から契約を適合することはより困難となる。さらに、裁判所が、契約の適合という仕事を達成するに十分な技術的、経済的、財政的知識をもっているかどうかは疑問である。

ハードシップに対処するシステムとしては、むしろ上述したように再交渉のプロセスを強化することの方がより生産的かつ効率的であると考えられる。ICCハードシップ条項は、契約の一般的紛争解決条項とは別にハードシップ固有の紛争解決条項をもつことは混乱させるものとして採用していない。この意味においてICCのアプローチは支持することができる。そして上述した裁判所による介入に対する国際取引の当事者の態度に加えて、実際の国際商事契約は、契約の一般的紛争解決条項として国際仲裁を選択するのがほとんどであるという事実を考慮して、一般的紛争解決条項に委ねることが現実的な方法であると考えられる。仲裁廷は、それぞれの当事者の主張による契約の解消または契約の違反を吟味することになるが、それとともにその過程において提案された代替的契約条項の妥当性の是非やその程度を評価して、その変更を当事者に提示することも、当事者の付託に従ってその権限内にあると考えられる。もっともこの場合、具体的な仲裁条項には、仲裁人の資格、指名の方法、さらに契約適合の基準を具体的に規定することが望ましい。

（d）現実的なハードシップ条項の構成

ハードシップ条項の枠組みに関するこれまでの検討を整理すると、国際商事契約における現実的なハードシップの構成を以下のように提案することができる。そして個々の実際の国際商事契約においては、国際取引の各類型に応じて、以下の構成に基づく条項にそれぞれの固有の変更や追加を加えることが必要である。

① ハードシップの定義

契約の履行が事情の変更により過度に負担の重いものになったこと。

② ハードシップの要件

・事情の変更が契約締結後に生じた、

・事情の変更が当事者の合理的な支配を超えている、

・事情の変更は、契約締結時に合理的に考慮に入れておくことができるようなものでなかった、および
・事情の変更のリスクが引き受けられていないこと。

③　契約の再交渉

・代替的契約条項を交渉するために、誠実に再交渉する義務を負い、信義誠実と公正取引に反して再交渉を拒否または打ち切ってはならない、および
・一定の期間（例えば3カ月間）、代替的契約条項の合意に達するべく最善努力義務を尽くすこと。
・合意に達しないときは、契約を解消する権利を有すること。

④　紛争の解決

・契約の一般的紛争解決条項に委ねること。
・仲裁条項の中に、仲裁人の選択や契約適合の要件について規定すること。

(2) 公的許可の申請

　国際取引においては、当該取引の関係する国の政府やその自治体などから許可を取得することが契約締結またはその履行の前提となる場合が多い。例えば、輸出入許可、外国為替や外資導入の許可、建設や操業の許可、環境や安全関係の許可、居住や労働の許可など枚挙に暇がない。国際契約の当事者は、このような許可の申請の手続きや不許可の場合の対応について契約中に規定する必要があるが、必ずしも十分な規定を設けないこともしばしばである。当事者の定める規定が不完全な場合に、ユニドロワ原則6.1.4条〜6.1.7条は有用であると考えられるが、当事者は、まず、以下のような要素を考慮してできるだけ実際の取引に対応する明確な規定を設けるべきである。

　第一に、契約締結時において、どのような許可をどの公的機関にいかなる時に申請する必要があるかを具体的に列挙しなければならない。第二に、それぞれの申請について、いずれの当事者が費用負担を含めて責任を負うのかを明示する必要がある。第三に、このような申請に関する相手方当事者の協力義務は、信義誠実と公正取引の原則から要求されるが、申請当事者に対する必要な情報や人材の提供などそれぞれの申請に応ずる協力の内容を明らかにしておく必要がある。さらに、第四として、当事者は、申請後許可の取得までの期間につい

て契約の中で特定の期間として明記するべきである。第五に、ユニドロワ原則6.1.6条および6.1.7条に従い、審査の遅滞や放置などなんらかの理由により、当該期間内に許可が付与も拒否もされない場合における契約の解消、許可が拒否された場合における契約の無効については、どのような許可の申請がこのような重大な結果に至るのかを予め明確にしておく必要がある。

注

1）Unidroit Principles Art. 6.1.6, Comment 2.
2）European Principles Art. 7:101, Comment G.
3）Unidroit Principles Art. 6.1.3, Comment 1-2.
4）European Principles Art. 7104, Comment.
5）GEC Marconi Systems Pty Ltd. v. BHP Information Techonology Pty Ltd. and Others, Federal Court of Australia, 12.02.2003, NG733 of 1997.
6）Unidroit principles Art. 6.1.5, Comment 1-2.
7）Id. Comment 3.
8）Id. Illustrations 3 and 4.
9）Unidroit Principles Art. 6.1.11, Comment.
10）European Principles Art. 7:105, Comment.
11）European Principles Art. 7:106, Comment B.
12）Id. Comment D.
13）Marcel Fontaine, Content and Performance, The American Journal of Comparative Law Vol.40, at 654.
14）Unidroit Principles Art. 6.1.7, Comment 1.
15）European Principles Art. 7:107, Comment A.
16）Id. Comment B.
17）Arbitral Court of the Economic Chamber and Agrarian Chamber of the Czech Republic, 17.12.1996 Arbitral Award Rsp 88/94.
18）Unidroit Principles Art. 6.1.8, Comment 2.
19）Unidroit Principles Art. 6.1.9, Comment.
20）European Principles Art. 7:108, Comment E.
21）ICC International Court of Arbitration-Brussels, 00.07.1995.
22）European Principles Art. 7:109, Comment B.
23）Id. Illustration 3.
　　Aは、Bに50,000ドイツマルクの債務を負っている。Bは、執行手続を開始し、Aの土地に50,000ドイツマルクの法定担保権を取得した。この手続の費用は、10,000ドイツマル

クである。Aはその後Bに50,000ドイツマルクを支払った。Bは、この支払を承諾したが、支払が元本に対してなされ、費用に対してなされていないと述べて、受領書に署名することを拒んだ。この場合、ヨーロッパ原則7:109条4項に従って、費用および元本の40/50は履行されたことになる。したがって、残りの10,000ドイツマルクは、なお抵当権により担保される。

24) European Principles Art. 7:110, Comment A.
25) European Principles Art. 7:111, Comment B.
26) Unidroit Principles Art. 6.1.14, Comment 1.
27) Id. Comment 2.
28) Id. Comment 3.
29) Id. Comment 4.
30) Unidroit Principles Art. 6.1.15, Comment 3.
31) Id. Comment 5.
32) Unidroit Principles Art. 6.1.16, Comment 1.
33) Unidroit Principles Art. 6.1.17, Comment 2.
34) Ugo Draetta et al., Breach and Adaptation of International Contracts-An Introduction to Lex Mercatoria (Butterworth Legal Publishers, 1992), at 170-172.
35) Id. at 175-176.
36) Hans Van Houtte, The Unidroit Principles of International Contracts, Arbitration International Vol.11 No.4 (1995), at 387-388.
37) Dietrich Maskow, Hardship and Force Majeure, The American Journal of Comparative Law (1992), at 658.
38) フラストレーションの効果は、当事者の意思や顕著な事実の知識にかかわらず、法の力により全体の契約を自動的に解消することである。これに比して、不可抗力の効果は、障害が関係する義務の不履行を単に免責することにすぎない。Roy Goode, International Restatement of Contract and English Contract Law, Uniform Law Review 1997-2, at 243-244.
39) Joseph M. Perillo, Article: Force Majeure and Hardship under the Unidroit Principles of International Commercial Contracts, 5 Tul. J. Int'l & Comp. L. 5 (1997), at 27.
40) 井原宏・現代国際取引法（商事法務、1999）44-45頁。
41) Marcel Fontaine, The UNIDROIT Principles: An Expression of Current Contract Practice?, International Court of Arbitration, UNIDROIT Principles of International Contracts-Reflections on Their Use in International Arbitration (ICC Publishing, 2002), at 97-98.
42) Unidroit Principles Art. 6.2.1, Comment 1.
43) Maskow, supra note 37, at 662.
44) Unidroit Principles Art. 6.2.2, Comment 2.
45) Bert Lehrberg, Renegotiation clauses, the doctrine of assumption and unfair contract terms,

European Review of Private Law 3 (1998), at 278, 279.
46) Houtte, supra note 36, at 387.
47) European Principles Art. 6:111, Comment B (i).
48) Lehrberg, supra note 45, at 279.
49) Unidroit Principles Art. 6.2.2, Comment 3 a.
50) European Principles Art. 6:111, Comment B (i).
51) Wouter Den Haerynck, Drafting Hardship Clauses in International Contracts, Dennis Campbell ed., Structuring International Contracts (Kluwer, 1996), at 237.
52) Maskow, supra note 37, at 663.
当事者が、価格指数条項のような一定の適合条項（adaptation clause）を有するときには、当該条項によりカバーされない価格上昇は不利な立場の当事者によって負担されなければならいと指摘しているが、このような条項の存在のみで当該条項範囲外の取引上のリスクのすべてを引き受けたものと断定することは疑問である。当該条項の内容、取引の性質や当事者の意図などを吟味すべきと考えられる。
53) Unidroit Principles Art.6.2.2, Comment 3.
54) Hans Van Houtte, The Unidroit Principles of Commercial Contracts and International Commercial Arbitration: Their Reciprocal Relevance, ICC, The Unidroit Principles for International Commercial Contracts: A New Lex Mercatoria? (ICC Publication, 1995), at 190-191.
55) Unidroit Principles Art.6.2.2, Comment 4-5.
長期契約関係における当事者は、取引されていない利益と損失を妥協により分かつべきであるとされる。長期契約で事前に決定されたバランスを覆すような変化が生じた後、損失を受けた当事者が交渉を開始して価格条項の調整を申し込んだ場合、利益を受けた当事者は、最小限度、誠実に交渉に応じる法的義務があり、最大限度、損失を受けた当事者により申し込まれた衡平な調整を承諾する法的義務があるべきと主張される。そしてこのような義務の違反は、事後の取引の段階における不適切な行動を構成し、裁判所の課する価格調整を含む適切な司法的救済を正当化するのである。Richard E. Speidel, Court-imposed Price Adjustments under Long-term Supply Contracts, 76 Nw. U. L. Rev. 369 (1981), at 404-405, 421.
56) Unidroit Principles Art.6.2.2, Comment 6.
57) Sarah Howard Jenkins, Exemption for Nonperformance: UCC, CISG, UNIDROIT Principles-A Comparative Assessment, 72 Tulane Law Review (1995), at 2028.
58) Unidroit Principles Art. 6.2.2, Illustrations 2, 3 and 4.
59) 00-00-1990 Arbitral Award Schiedsgericht Berlin SG 126/90
60) 00.09.1996 Arbitral Award 8486, ICC International Court of Arbitration, Zurich.
61) Maskow, supra note 37, at 663.
62) Lehrberg, supra note 45, at 267.

63）Id. at 268, 274.
64）Unidroit Principles Art. 6.2.3, Comment 1.
65）Id. Comment 2.
66）Id. Comment 3.
67）Id. Comment 5.
68）European Principles Art. 6:111, Comment C.
69）Id. Comment 6.
70）Haerynck, supra note 51, at 239-240.
71）Unidroit Principles Art. 6.2.3, Comment 7.
72）Haerynck, supra note 51, at 241.
73）European Principles Art. 6:111, Comment D.
74）Lehrberg, supra note 45, at 281.
75）Denis Tallon, Chapter 20 Hardship, Arthur Hartkamp et al. ed. , Towards a European Civil Code Second Revised and Expanded Edition（Kluwer, 1998）, at 332.
契約解消の場合はさておき、契約の改定を裁判所に期待することはその機能を超えるものであり、現実的でないと考えられる。
渡辺達徳「ハードシップ（事情変更の原則）に関する国際的潮流－ユニドロワ国際商事契約原則、ヨーロッパ契約法原則を素材として－」法学新報第105巻第6・7号（1999年2月）312頁参照。
76）Eurpoean Principles Art. 6:111, Comment C.
77）Unidroit Principles Art. 6.2.3, Illustration 1-3.
78）Id. Illustration 5.
79）Ministry of Defense and Support for the Armed Forces of the Islamic Republic of Iran v Cubic Defense Systems, Inc., ICC International Court of Arbitration, Paris, 05.05.1997 Arbitral Award 7365/FMS.
80）ICC Hardship Clause 2003, Note b.
81）Id. Note c.
82）Id. Note d.
83）加藤亮太郎「ユニドロワ国際商事契約原則における事情変更の原則」東海法学第22号（1999）84頁。
84）ICC Hardship Clause 2003, Note e.
85）加藤・前掲注（83）89頁。
86）Hans Van Houtte, The Unidroit Principles of International Contracts, Arbitration International Vol.11 No.4(1995), at 389.

第7章

契約の不履行

　ユニドロワ原則の第7章「不履行」は、契約の存在と履行に有利になるように、そして履行が完成する前に契約が解消される事態を最小限にするようにシステムが構築されている[1]。

　一方、ヨーロッパ原則においては、第8章「不履行および救済一般」は、まず救済一般に関する規定を総括的に設けている。

　ウィーン条約では、第2章「売主の義務」第3節「売主による契約違反に対する救済」および第3章「買主の義務」第3節「買主による契約違反に対する救済」は、買主および売主のために救済方法一般に関する規定を定めている。

1　契約の不履行一般

　ユニドロワ原則7.1.1条によれば、不履行（non-performance）とは、不完全な履行（defective performance）および履行遅滞（late performance）を含め、当事者が契約上の債務のいずれかを履行しないことである。

　不履行は、完全な不履行と同様に不完全な履行を含む。さらに、不履行は、ユニドロワ原則の目的上、免責されない不履行および免責される不履行を含む。不履行は、以下に述べるように他方当事者の妨害による不履行、履行留保権による不履行および不可抗力による不履行の理由によって免責される。したがって、不履行は、免責されることがありうるがゆえに、契約違反（breach of contract）とは同じではない。契約違反は、コモンローの意味において、ユニドロワ原則の範囲内における「免責されない不履行（non-excused non-performance）」である[2]。

ユニドロワ原則は救済の累積に関する規定を有しないが、論理的に矛盾しない救済を累積することができることが前提とされている。したがって、履行を請求する当事者は損害賠償を請求することはできないが、免責されない不履行に対しては契約を解除し、それと同時に損害賠償を請求することができない理由は存しないことになる[3]。

ユニドロワ原則7.1.2条は、当事者は、相手方の不履行が自己の作為もしくは不作為により、または自己がリスクを負担すべき別の出来事により生じた場合には、相手方の不履行をその限りにおいて主張することはできないと規定する。

本条は二つの状況を想定している。第一は、一方の当事者が、相手方が一方の履行をすべてもしくは部分的に不可能にするような事態を引き起こしたがゆえに、すべてもしくは部分的に履行することができない場合。第二は、当該不履行が、不履行を主張する当事者に対し契約により明示的、黙示的に配分されたリスクから生じている場合[4]。

ヨーロッパ原則8:101条は、当事者が契約に基づく債務を履行せず、不履行が8:108条の下で免責されないときにはいつでも、被害当事者は、第9章「不履行に対する特定の救済」で示された救済に訴えることができると規定する（1項）。ユニドロワ原則のような「不履行」の定義は定められていないが、ヨーロッパ原則8:101条のコメントによれば、不履行は、不完全履行、またはその履行があまりにも早くなされるもの、あまりにも遅くなされるものもしくは決してなされないものであろうと、履行期における不履行からなるとされており、ユニドロワ原則と同義である。さらに、不履行は、相手方当事者のトレード・シークレットを開示しない当事者の義務のような付随的義務の違反を含む[5]。

さらにヨーロッパ原則によれば、当事者の不履行が8:108条の下で免責されるときは、被害当事者は、履行および損害賠償を請求することを除いて、第9章で示された救済に訴えることができる（8:101条2項）。もっとも、当事者は、当事者自身の行為が相手方当事者の不履行を引き起こした限りにおいて、第9章で示された救済に訴えることができない（8:101条3項）。

したがって、被害当事者の救済は次のように分類することができる。

第一の類型として、免責されない不履行は、被害当事者に履行を請求する権利（金銭の回復または特定履行）、損害賠償を請求する権利、自身の履行を留保

する権利、契約を解除する権利および自身の履行を軽減する権利を与える。

　第二の類型として、障害のゆえに免責される不履行は、被害当事者に特定履行や損害賠償を請求する権利を与えない。しかしながら、第9章に示された他の救済は被害当事者に与えられる。

　第三の類型として、不履行が債権者の行為により引き起こされたという事実は、債権者が本来自由に行使できる救済に影響を及ぼす。この影響は、債権者がいかなる救済も行使できないほど全面的なものとなる場合あるいは部分的なものにとどまる場合もある[6]。

　ヨーロッパ原則8:102条によれば、矛盾しない救済は、累積することができる。とりわけ、当事者は、他の救済の権利を行使することにより損害賠償請求権を奪われることはない。

　本条は、一つの救済を選択した被害当事者が、後の救済が最初に選択したものと矛盾するものであっても、後に別の救済に変えることを排除していない。例えば、被害当事者は、特定履行を請求した後、不履行当事者が履行しなかった、あるいは合理的な期間内に履行しそうにないと知ったときには、契約を解除することができる。一方、救済の選択が明確であり、矛盾する救済の後の選択を排除することもしばしばである。例えば、契約を解除した当事者は、後に特定履行を請求することができない。解除の通知を与えることにより、被害当事者は、相手方当事者がその解除を信頼して行動するよう仕向けたからである[7]。

　ウィーン条約45条によれば、売主が契約またはこのウィーン条約に定められた義務のいずれかを履行しない場合には、買主は、(a) 46条から52条までに規定された権利を行使すること、(b) 74条から77条までの規定に従い損害賠償を請求することができる（1項）。そして買主が損害賠償を請求する権利は、それ以外の救済を求める権利の行使によって失われることはない（2項）。ただし、買主が契約違反に対する救済を求める場合に、裁判所または仲裁廷は売主に猶予期間を与えてはならない（3項）。

　このような売主の契約違反に対する買主の救済方法に対応して、買主の契約違反に対する売主の救済方法が同様に規定されている（ウィーン条約61条1項、2項、3項）[8]。

[解説例]

　Aは、Bのガラス製品をコペンハーゲンからパリへ運送することに合意したが、包装を手荒く扱った。このことは、もろいガラス製品を割ることになるであろうが、厚いガラスの重い製品を割ることにはならないであろうということを意味する。しかしながら、Bは、ガラス製品を適切に包装しなかった、そしてすべての製品が割れてしまった。Bは、ユニドロワ原則7.1.2条またはヨーロッパ原則8:101条3項に従い、もろいガラス製品については、運送費の支払を拒絶し、損害を回復することができるが、重いガラス製品についてはそうすることはできない[9]。なぜなら不適切な包装というB自身の行為が、重いガラス製品が割れたという不履行を引き起こしたからである。

(1) 履行の確保

(a) 不履行の治癒

　ユニドロワ原則7.1.4条によれば、不履行当事者は、自己の費用により、以下の条件で、いかなる不履行も治癒することができる。(a) 不履行当事者が、不当に遅滞することなく、治癒の方法と時期についての提案を示した通知をすること、(b) 治癒が当該状況において適切なものであること、(c) 不履行により被害を受ける当事者が治癒を拒む正当な利益を有しないこと、(d) 治癒が迅速になされること（1項）。そしてこの治癒する権利は、被害当事者からの解除の通知により妨げられない（2項）。

　本条は、契約の維持を目指しており、損害の軽減（7.4.8条）のような経済的な浪費を最小限にするポリシーおよび信義誠実の基本原則を反映している。不履行当事者は、1項の条件を満たすことにより、契約に定められた期間を超えてしばらくの間は履行期を延ばすことができるわけである[10]。

　治癒の適切性を決めるに際して考慮すべき要素は、提案された治癒が当該問題の解決に成功しうるか、治癒をなすのに必要な遅滞が非合理的なものあるいは重大な不履行を構成するものかどうかなどである[11]。もっとも、2項に規定するように、不履行が重大な不履行に至ることを理由とするのみでは、治癒自体が妨げられることはない。治癒の形態は、修理、取替え、その他不履行を救

済して被害当事者が当該契約の下で期待する権利のあるものを与えるような活動によるものである。

被害当事者が7.3.1条（契約の解除権）および7.3.2条（解除の通知）に従って契約を適法に解除した場合における解除の効果（7.3.5条）は、治癒の通知により停止される。不履行が治癒されたときには、解除の通知は効力のないものとなる。一方、治癒の期間が満了したが、重大な不履行が治癒されなかったときには、解除の効力が生じる[12]。

さらにユニドロワ原則7.1.4条によれば、治癒の通知が有効になされると、不履行当事者の履行と相いれない被害当事者の権利は、治癒の期間が満了するまで停止される（3項）。一方被害当事者は、治癒がなされる間、自己の履行を留保することができる（4項）。矛盾する救済には、解除の通知を与えること、代替取引をすること、損害賠償もしくは原状回復を求めることが含まれる[13]。

治癒がなされても、被害当事者は、遅滞に対する損害賠償請求権、および治癒に起因する被害または治癒によっても防ぐことができなかった被害に対する損害賠償請求権を保持する（5項）。

ところで、本条を主張するかどうかの決定は、不履行当事者いかんによっている。被害当事者は、有効な治癒の通知を受け取ると、その治癒を認めなければならず、5.1.3条（当事者間の協力義務）に従い不履行当事者に協力しなければならない。不履行当事者の治癒の要求にかかわらず、被害当事者が治癒を認めることを拒んだときには、解除の通知は無効となり、被害当事者は治癒されることができたであろう不履行に対して救済を求めることはできない[14]。

本条は、ウィーン条約37条および48条の規定に相応する。ウィーン条約は、物品の引渡期日前と引渡期日後に分けて不履行の治癒を定めている。売主が、引渡期日前に物品を引き渡した場合には、その期日まで、買主に不合理な不便または不合理な出費をもたらさない限り、欠けている部分を引き渡しもしくは数量の不足を補い、または引き渡された不適合の物品を取り換えもしくは引き渡された物品における不適合を治癒することができる。ただし、このウィーン条約に定められた損害賠償を請求する権利を失うことはない（37条）。

49条（契約の解除）に服することを条件として、売主は、引渡期日後であっても、不合理な遅滞を招くことなく、かつ買主に不合理な不便または買主の前

払費用につき売主から償還を受けるについて買主に不安を生ずることなくなしうる場合には、自己の費用によりその債務のあらゆる不履行を治癒することができる。ただし、このウィーン条約に定められた損害賠償を請求する権利を失わない（48条1項）。

　売主が買主に対して履行を受け入れるか否かにつき知らせるよう要請し、買主が合理的な期間内にその要請に従わないときには、売主は、要請の中で示した期間内に履行することができる。この期間中、買主は、売主による履行と両立しない救済を求めることができない（48条2項）。一定の期間内に履行する旨の売主の通知は、前項に基づき買主にその決定を知らせるようにとの要請を含むものと推定する（48条3項）。ただし、2項または3項の下での売主の要請または通知は、買主が受け取らない限りその効果を生じない（48条3項）。

　引渡期日後の治癒は、引渡期日前の治癒よりも適用の要件が厳しくなっている。売主が治癒の意思を有する限り、できるだけ不履行の治癒を許容することが国際取引契約の維持の観点からは望ましく、引渡期日の前後により要件を厳しくする必然性は必ずしもないと考えられる。一方で、この売主の権利は、少なくともその治癒の意思が表明されている限りは、重大な契約違反によるものとして買主が急に契約解除の宣言を出したとしても、そのことにより直ちに失われることはないと解されるべきである[15]。

　上述したように、ユニドロワ原則では、履行期の前後により要件の差別を設けず、また被害当事者の解除の通知により治癒の権利が妨げられないとする点において、ウィーン条約よりも改善されている。

　ヨーロッパ原則においては、不履行の治癒に関して、ユニドロワ原則よりも不履行当事者にとってかなり不利な条文となっている。履行の提供が、契約に適合しない理由で、相手方当事者により受領されない当事者は、履行時期が未だ到来していない、あるいは遅滞が重大な不履行を構成するようなものでない場合には、新しいかつ適合する提供をすることができる（8:104条）。

　すなわち、不履行当事者は、履行期が未だ到来していない場合、または履行の遅滞が重大な不履行を構成しないような場合にのみ、新しいかつ適合する履行をなすことができるにすぎないのであるが、国際取引においては、できるだけ契約の維持を目的とするのが合理的であり、この点ユニドロワ原則の方が両

当事者の利益にかなうものと考えられる。

> ［解説例］
> 　Aは、Bの機械を天候から保護するために、Bの敷地に倉庫を建設する約束をした。欠陥のある屋根が建設され、嵐の間に雨水が倉庫に漏れ込み、Bの機械が被害を受けた。Bは契約解除の通知をし、Aは時宜を得た治癒の通知をした。Bは、もはやAと取り引きすることを望んでおらず、治癒を拒絶した。ユニドロワ原則7.1.4条1項に従い、治癒が当該状況において適切であり、治癒のための他の条件が満たされるときには、Bは、その欠陥のある建設に対して救済を主張できないが、治癒がなされるべき前に機械に生じた損害に対しては損害賠償を求めることができる。治癒が当該状況において不適切であり、または治癒が問題を解決できなかったときには、当該契約はBの通知により解除される[16]。
> 　なお、ヨーロッパ原則8:104条は、このようなケースにおける治癒には対応することができないと考えられる。

（b）履行のための付加期間

　ユニドロワ原則7.1.5条によれば、不履行の場合、被害当事者は、相手方への通知により履行のための付加期間（additional period）を付与することができる（1項）。付加期間の間、被害当事者は自身の反対給付義務の履行を留保し、損害賠償を請求することができるが、その他の救済方法に訴えることはできない。被害当事者が、相手方からその期間内には履行しないとの通知を受け、またはその付加期間が満了しても適切な履行がなされなかったときには、被害当事者は、第7章「不履行」に定めるいかなる救済方法にも訴えることができる（2項）。そして重大でない履行遅滞の場合に、被害当事者が合理的な長さの付加期間を付与する旨の通知をしたときは、被害当事者はその期間満了時に契約を解除することができる。付与された付加期間が合理的な長さのものでないときには、それは合理的な長さに延長される。被害当事者は、その通知において、相手方が通知により付与された期間内に履行しない場合には契約は自動的に解除される旨定めることができる（3項）。ただし、履行されなかった債務が、不履行当事者の契約上の債務のささいな部分にすぎないときは、3項は適用されな

い (4項)。

　本条は、遅滞した履行が不完全な履行の他の形態とは実質的に異なることを認識している。履行を受領する当事者のビジネス上の利益の観点から、遅れた履行であっても、合理的な速さの履行の完了は受け入れることができるが、長い期間遅れた履行は受け入れることはできないのがしばしばであり、本条の手続は、履行当事者にその他の救済方法を損なうことなく再度のチャンスを与えるものである[17]。

　本条は、ウィーン条約47条および63条（履行のための付加期間）に相応する[18]。買主は、売主による義務の履行のために、合理的な長さの付加期間を定めることができる。その期間内に履行しない旨の通知を売主から受け取った場合でない限り、買主はその期間中契約違反についてのいかなる救済をも求めることはできない。ただし、買主は履行の遅滞について損害賠償を請求する権利を失うことはない（47条）。

　ヨーロッパ原則8:106条においても付加期間に関して、ユニドロワ原則と同様の規定が設けられている。不履行の場合、被害当事者は、相手方への通知により履行のための付加期間を許容することができる（1項）。付加期間の間、被害当事者は自身の反対給付義務の履行を留保し、損害賠償を請求することができるが、その他の救済方法に訴えることはできない。被害当事者が、相手方からその期間内には履行しないとの通知を受け、またはその付加期間が満了しても適切な履行がなされなかったときには、被害当事者は、第9章「不履行に対する特定の救済」において利用可能ないかなる救済方法にも訴えることができる（2項）。そして重大でない履行遅滞の場合に、被害当事者が合理的な長さの付加期間を許容する通知をしたときは、被害当事者はその期間満了時に契約を解除することができる。被害当事者は、その通知において、相手方が通知により許容された期間内に履行しない場合には契約は自動的に解除される旨定めることができる。定められた期間があまりにも短いときには、通知の時から合理的な期間後においてのみ、被害当事者は契約を解除することができる、または場合により、契約は自動的に解除される（3項）。

　本条は、次のような二つのルールを含んでいる。第一に、被害当事者が相手方の不履行のゆえに直ちに解除する権利を有する場合でさえも、被害当事者が

未だ履行を受領する用意があることを示したときには、被害当事者は、警告なくして決心を変えることはできない。第二に、履行に遅滞があったが、それが重大でない場合には、被害当事者は、不履行当事者に合理的な通知をした後契約を解除することができる[19]。

どのような期間が合理的かの決定は、最終的には裁判所に委ねられるが、当該履行のために本来定められた期間、被害当事者にとって迅速な履行の必要性、履行されるべき物品、サービスや権利の性質、遅滞を引き起こした出来事のような要素を考慮する必要がある[20]。

ところで、ユニドロワ原則7.1.5条4項によれば、履行されなかった債務が不履行当事者の契約上の債務のささいな、重要でない部分にすぎない場合には、3項は適用されない。ヨーロッパ原則にはこのような例外は含まれていない。具体的なケースでは「重要性」に関する無用な紛争が生ずる可能性もあり、不確実性を引き起こすことになるので、ヨーロッパ原則の方が望ましいと考えられる[21]。

(c) 第三者に委ねた履行

ヨーロッパ原則8:107条によれば、契約の履行を他の者に委ねる当事者は、履行に対する責任を負ったままとされる。本条の基本的原則は、当事者が契約を個人的に履行しないが、履行を第三者に委ねるときには、当事者はそれでもなお相手方当事者に対して契約の適切な履行の責任を負ったままとされる。すなわち、第三者が当該履行を約束し、その履行について履行当事者の同意を得ている場合またはその履行に正当な利益を有している場合に、当該第三者が履行しない、あるいは欠陥ある履行の提供をしたときは、履行当事者の責任は解除されないのである。

当事者と第三者の間の内部的な関係は、この趣旨においては無関係である。第三者は、従業員や代理人としてのように、当事者の指示に従うこともあり、または独立の下請業者のような者である場合もありうる[22]。

(2) 履行の留保

ユニドロワ原則7.1.3条によれば、両当事者が同時に履行すべき場合、各当事者は、相手方がその履行を提供するまで自己の履行を留保することができる。

両当事者が異なる時に履行すべき場合、後に履行すべき当事者は、先に履行すべき当事者が履行するまで自己の履行を留保することができる。

　本条は、一方の当事者が一部の履行を行うが、全部の履行を行わない場合に生ずる問題を明示的には取り上げていない。そのような場合履行を受領する権利のある当事者は自己の履行を留保することができるが、それは通常の状況において当該留保が信義誠実の原則に合致する場合のみであると解される[23]。

　ヨーロッパ原則においても履行の留保に関して、ユニドロワ原則と同様の規定が設けられている。相手方当事者と同時にまたはその後に履行すべき当事者は、相手方が履行を提供する、または履行するまで、その履行を留保することができる。当該当事者は、その履行の全部または状況が合理的であるときにはその一部を留保することができる（9:201条1項）。このような履行の一部を留保することの選択については、ユニドロワ原則には明文の規定はみられない。

　当事者は、相手方当事者の債務の弁済期が到来したときに、相手方による不履行が明らかである間は、同様にその履行を留保することができる（9:201条2項）。両当事者の債務が同時に履行すべきものである場合に、当事者の不履行は、相手方当事者に自身の履行を留保する権利を与えるために、重大である必要はない。しかし、当事者がその履行の全体を留保する権利を有することは、相手方当事者により履行されない債務が重大でないときには、必ずしも適切ではないとされる[24]。

　履行の順序が契約に定められていないときには、それを決定する必要がある。契約の当事者が同時に履行すべきか、相手方当事者の前に履行すべきかどうかは、ヨーロッパ原則7:104条（履行の順序）に従って決定されるべきである。

［仲裁例］
　連続する引渡しを含む国際販売契約において、買手（被申立人）は物品の不適合を理由として支払をストップした。売手（申立人）は契約の有効な締結を疑問とし、不適合が証明される時まで支払を中止するという買手の主張する権利について争った[25]。

　仲裁廷は、準拠法について、1964年統一国際物品販売法（1964 Uniform Law on the International Sale of Goods, ULIS）および1964年統一国際物品販売契約成立法（1964

Uniform Law on the Formation of Contracts for the International Sale of Goods, ULFC) が当該契約を規律することに当事者が合意していたとするが、これら二つにより解決されない問題については、ICC 仲裁規則 17 条を引用して、ユニドロワ原則に依拠することを決定した。

　仲裁廷は、契約が有効に締結されたとの判断を下した。申立人の申込に対する被申立人の返事は、申込の条項を実質的に変更する条項を含んでおり、申立人により明示的に承諾されなかった反対申込を構成する。しかしながら、契約は、申立人が物品を引き渡すことにより履行を開始し、そして被申立人がそれを受領することにより締結されたのである。したがって、申立人の申込に含まれた条項は、いかなる時にも両当事者により争われることはなかったのであり、有効となった。一方、他の条項（価格と保険）についてはそれぞれの引渡しごとにあらためて交渉された、と仲裁廷は述べて、この結論を擁護するために、「契約の条項はできるだけ効力を生じるように解釈されるべき」とするユニドロワ原則 4.5 条（すべての条項に効果を与える解釈）を引用した。

　物品の不適合の程度およびその不適合に対する対処の仕方について当事者間で合意に達するまで支払をストップするという被申立人の権利の問題については、仲裁廷は、ULIS には明示に規定されていないが、ULIS17 条において言及された一般原則から引き出せるとしながら、具体的にはユニドロワ原則 7.1.3 条（履行の留保）を引用した。そして仲裁廷は、不適合の程度は無関係なことであり、不適合の通知が、不適合についての合意まで支払を中止することを正当化するのに十分であったと判断した。

　本ケースにおける二つの争点、契約の成立および履行の留保いずれについても仲裁廷は、最終的にそれぞれユニドロワ原則 2.1.6 条（行為による受諾）、7.1.3 条（履行の留保）に依拠して解決したのである。

(3) 免責条項

　比較法的見方によれば、免責条項の司法的コントロールが、例えば、ドイツやフランスに比較してイギリスにおいては多かれ少なかれ厳しいといわれる。次のような二つのアプローチが見受けられる。一つは、フランスの判例、イタ

リア法やスイス法のように、免責条項の強制を不履行当事者の行動いかんに依存させる方法である。不履行が故意または重大な過失によるものであれば、当該免責条項は強制できない。他は、一般的なルールであれ免責条項に特有のルールであれ、条項の合理性または誠実さの遵守を考慮する方法である[26]。

ユニドロワ原則は、免責条項のモデルを提供しているのではなく、立法者や裁判所が行うように、その有効性に対して制限を設けるのである。このような条項は、実践を反映するよりも、実質的なルールを通じて、濫用される規定に対抗することを意図している。つまり、その意図するところは、著しく不公正な免責条項は当てにすることができないということである[27]。

ユニドロワ原則7.1.6条によれば、不履行に対する一方の当事者の責任を制限もしくは排除する、または相手方が合理的に期待したものとは実質的に異なる履行をなすことを一方の当事者に許容する条項は、契約の目的を考慮して、それを主張することが著しく不公正であるときには、主張することができない。

このような免責条項は、固定された金額、最高限度金額、当該履行に対する比率や供託金などのいろいろな方法で表現される。履行しない当事者はその不履行に対して被害当事者に特定の金額を支払うべきであると規定する条項（不履行に対する支払の合意、7.4.13条）も被害当事者に対して負うべき責任を制限する効果を有しており、この場合の不履行当事者は、本条に規定された条件が満たされるときには、そのような条項に依拠することはできないと解されている[28]。

免責条項が著しく不公正な場合とは、例えば、当該条項が本来的に不公正で、その適用が両当事者の履行の間に明白な不均衡をもたらす場合、当該条項がそのような不公正を明白に示していなくても、不履行が重大な過失ある行為の結果である場合、あるいは被害当事者が適切な保険によっても責任の制限・排除の結果を除去することはできなかった場合などである。もっとも、「契約の目的を考慮して、著しく不公正」という文言は、裁判所の裁量に多くを残しており、非常に不明瞭であるとも批判される[29]。

ヨーロッパ原則においても免責条項について、ユニドロワ原則と同様だが、若干積極的な表現で条文が定められている。不履行に対する救済は、その排除または制限を主張することが信義誠実と公正取引に反しないときには、排除ま

たは制限することができる（8:109条）。

このような免責条項ないし排除条項は、常に完全な効力を与えられるわけではない。極端な場合には、排除条項は、債務者が履行を約束すると同時に、不履行に対するすべての制裁を排除することを認める場合がある。しかし、相手方当事者は、その条項を理解することができなかったがゆえに、排除条項の完全な意味に実際には同意していなかった場合が生じることがある。このような事態が、消費者保護の分野の外にあるこのような条項に対して、各国のシステムが特別のコントロールを発展させ、同意の実際の存否と内容に関するルールを適用してきた理由であるといわれる[30]。

8:109条により適用される基準は、排除条項を主張することが信義誠実と公正取引に反するかどうかである。これは、個別に交渉していない不公正な条項（4:110条）において用いられる基準に関係しているが、両者には差異がある。4:110条は、不公正であるいかなるタイプの条項にも適用されるが、その条項が個別に交渉されていない場合にのみ適用される。8:109条は、一方の当事者の救済を排除または制限する条項にのみ適用される点においてより制限的である。

一方、8:109条におけるテストは、4:110条におけるものよりも厳格ではない。当該条項が個別に交渉されなかった場合に責任の非常に幅広い制限を含むことは、信義誠実と公正取引に反する、そして当該条項は、たとえ8:109条において用いられる基準の下で、その後に生じた実際の事情の中で責任を制限することが不公正でなかったとしても、4:110条の下においては無効とされる[31]。しかしながら、当該条項について交渉があって、その結果4:110条の適用外になったとしても、極端な場合にはそれを主張することがなお信義誠実と公正取引に反するということがありうる。当該条項が有利に働く当事者が、限界的な妥協以上のことをすることを拒絶し、相手方当事者がその条項を承諾する以外に実際の選択の余地がないとき、裁判所は、本条に基づきその条項は主張することができないと決定することが可能である[32]。

［解説例］
　Aは、Bと工場の建設契約を締結した。契約は、1週間の遅滞に対して10,000オーストラリアドルの支払を規定する罰金条項（penalty clause）を含んでいる。作業は

合意された期間内に完成しなかったが、その理由は、Aが、もっと利益のある、かつ遅滞に対する罰金がより高い別のプロジェクトのために当該作業を故意に延ばしたためであった。このような遅滞の結果Bが被った実際の損害は、1週間20,000オーストラリアドルに達した。Aは罰金条項を主張することはできず、Bは被った損害のすべてを賠償請求することができる。なぜなら当該罰金条項の強制は、ヨーロッパ原則8:109条またはユニドロワ原則7.1.6条に従えば、Aの故意による不履行からみて当該状況において著しく不公正と判断されるからである[33]。

　本ケースのような履行遅滞に対する罰金条項は、国際建設契約においてしばしば見受けられるが、Aによる当該条項の主張が、「信義誠実と公正取引に反する」あるいは「契約の目的を考慮して、著しく不公正である」ことは明白なケースであると解される。

(4) 不可抗力 (force majeure)

　不可抗力とハードシップの概念の差については、不利な立場の当事者の履行がきわめて負担の重いものになったが、不可能ではない場合にハードシップが主張されるのに対して、不可抗力は、当該当事者の履行が少なくとも一時的であっても不可能となった場合を意味する[34]。

　ユニドロワ原則7.1.7条によれば、当事者が、その不履行はその支配を超えた障害 (impediment) によるものであり、かつ契約締結時にその障害を考慮しておくことも、またはその障害もしくはその結果を回避もしくは克服することも合理的に期待しうるものではなかったことを証明したときには、その不履行の責を免れる (1項)。本条は、コモンロー制度における契約挫折の法理 (frustration) や履行不能、そして大陸法制度における不可抗力のような法理を対象としている。

　多くの大陸法系の国においては、契約当事者は、不可抗力の状況が存在する場合には、契約の履行を自動的に免れるが、イギリス法にはこれと相等しい概念はなく、コモンローの挫折の法理が適用されることになる。この法理は、契約は履行することが不可能であり、あるいは当初のものとは実質的に違ったやり方でのみ履行することができるときには、契約は単に解消されることを定め

る。この法理の直接的な適用は、契約当事者のいずれにとっても以下のような理由からその利益にそわないと考えられる。

　第一に、契約が挫折したときには、当事者は、解消前になした仕事に対する補償の権利があり、契約に基づいて以前になされた支払を留保することができる。しかし、このような事態は必ずしも商業的には適切とはいえない。第二に、契約の解消は、いずれの当事者にとっても利益にならないことがありうる。契約が、挫折する出来事の存続の間は停止されることを望むにすぎないこともある。第三に、挫折する出来事の明白なリストがなく、この法理がケース・バイ・ケースで発展してきたので、当事者は、当該出来事が挫折するような出来事であると裁判所により判断されるかどうかについて予見することが必ずしも可能ではない。

　ユニドロワ原則7.1.7条1項に規定される「当事者の支配を超えた障害」に関して、当事者の財政的ないし資金的困難によるものは含まれるのであろうか。本文およびコメントいずれもこの種の障害への言及はない。アメリカ法においては、財政的障害は、なんらの免責を提供せず、客観的不可能よりも主観的な不可能とみなされている。主観的な不可能は、債務者の支配外の条件の結果であったかどうかにかかわりなく、なんらの免責を提供しない、と判例および理論において一致した見解となっている。財政的な履行能力のリスクは、すべての契約の基礎をなす基本的な前提であって、破産手続における命令による場合を除いて、なんら免責されえないと一般的に信じられている。このような信念が国際取引において途絶すると考えることはできない。したがって、「当事者の支配を超えた」という文言は幅広い意味を与えられるべきであって、財政的な健全さは常に契約当事者の支配内にあるものとみなされるべきである[35]。

　ユニドロワ原則7.1.7条によれば、障害が単に一時的なものである場合には、免責は、その障害が契約の履行に及ぼす効果を考慮して合理的な期間、その効力を有する（2項）。履行をしなかった当事者は、その障害および障害が自己の履行能力に及ぼす影響について相手方に通知しなければならない。その通知が、不履行当事者が障害を知りまたは知るべきであった時から合理的期間内に相手方により受領されない場合、不履行当事者はそのような不受領の結果生じた損害について責任を負う（3項）。本条は、当事者が、契約を解除する権利を行使する、または履行を留保しもしくは支払われるべき金銭の利息を求めることを

妨げない（4項）。

　本条による不可抗力の免責としての機能は、ウィーン条約79条に比較して拡大されている。ユニドロワ原則は、不可抗力が生じたときには、当事者の不履行は免責されるという文脈で始まるが、ウィーン条約におけるその効果は、損害賠償責任の免責のみに集約されている。ユニドロワ原則は、免責が一般的であるという原則にこだわりつつも、不可抗力により影響を受けない一定の請求を決定するべく4項の重要な例外規定（すなわち、契約を解除する権利、履行の留保または支払われるべき金銭の利息の要求）を設けている。すなわち、不可抗力の場合、損害賠償ないし違約金を請求することはできず、また履行の請求はできないのである[36]。

　ウィーン条約79条によれば、当事者は、自己のいずれかの義務の不履行が自己の支配を超えた障害によるものであり、かつその障害を契約締結時に考慮に入れておくことも、その障害もしくはその結果を回避または克服することも合理的に期待しうるものではなかったことを証明したときは、その不履行に対して責任を負わない（1項）。さらに、当事者の不履行が、契約の全部またはその一部を履行するために使った第三者の不履行によるときは、当事者は、（a）当事者が前項の規定に基づけば免責され、かつ（b）当事者が使った第三者も、前項の規定が適用されれば免責される場合にのみ免責される（2項）。本条に規定する免責は、障害が存続する期間効力を有する（3項）。そして不履行当事者は、相手方に対して、障害およびその自己の履行能力への影響につき、通知を与えなければならない。その通知が、不履行当事者が障害を知りまたは知るべきであった時から合理的期間内に、相手方により受領されない場合には、不履行当事者は、通知不受領の結果として生ずる損害について賠償責任を負う（4項）。本条は、いずれの当事者についても、このウィーン条約に基づく損害賠償以外の権利を行使することを妨げない（5項）。

　79条1項によれば、不履行の免責を求める売主は、次の三つの要件を満たしていることを立証する責任を負っている。第一に、売主は、その支配を超えた障害の存在を明らかにしなければならない。しかし、支配を超えたという条件を満たすことは実際には相当に厳しい。合理的な商人というものは、自己のビジネス上および金銭的な条件を支配しているとみなされているからである。第

二に、売主は、契約締結時にその障害を考慮に入れておくことが合理的に期待しうるものではなかったことを明らかにしなければならない。これもまた非常に難しい証明である。ほとんどすべての潜在的な障害は、ある程度予見しうるものといえる。今日のビジネスの環境においては、戦争、革命やテロのような最も厳しい障害であってもますます予見しうるものとなっているからである。第三に、売主は、その障害もしくはその結果を回避または克服することが合理的に期待しうるものではなかったことを明らかにしなければならない。この要件も売主に対し包括的な義務を課するものである。これらの要件を満たすことの困難さは、ユニドロワ原則およびヨーロッパ原則においても同様と解される。結局のところ、売主の観点からは自らの利益をよりよく保護するためには、もっと緩い条件の不可抗力条項を工夫して契約に織り込む以外にないとも考えられる[37]。

　ヨーロッパ原則8:108条においても不可抗力に関して、ユニドロワ原則と同様の規定が設けられている。当事者が、その不履行はその支配を超えた障害によるものであり、かつ契約締結時にその障害を考慮することも、またはその障害もしくはその結果を回避もしくは克服することも合理的に期待しうるものではなかったことを証明したときには、その不履行の責を免れる（1項）。障害が単に一時的なものである場合には、本条により規定された免責は、その障害が存在する期間その効力を有する。しかしながら、遅滞が重大な不履行に至るときには、債権者は遅滞をそのようなものとして扱うことができる（2項）。そして不履行当事者は、その障害および障害の自己の履行能力に及ぼす影響についての通知が、不履行当事者がこれらの事情を知りまたは知るべきであった時から合理的期間内に、相手方により受領されるように確保しなければならない。相手方当事者は、そのような通知の不受領の結果生じる損失に対して損害賠償を請求する権利を有する（3項）。

　本条適用の条件は、次のとおりである。

　第一に、当該障害が債務者の支配の範囲の外にあるものでなければならない。債務者自身の活動のリスクは、自らが負わなければならない。第二に、障害は、契約が締結された時において考慮に入れることができなかったものでなければならない。それを考慮に入れることができたときには、影響を受けた当事者が

そのリスクをとった、あるいはそのリスクを予見しなかったことに過失があったということができる。もっとも、当事者が、出来事そのものではなく、その発生の時期もしくは期間を考慮することができたかどうかが、問題となることがありうる。例えば、ある期間の価格統制は予見できたけれども、強制される期間が当事者により予見できなかったときには、免責がありうる。合理的な予見可能性のテストとは、同じ状況に置かれた通常の者が、不当な楽観主義も悲観主義もなくして予見することができたかどうかということである。第三に、合理性の観点から、障害は打ち勝ちがたい、または抵抗できないものでなければならない。当事者が障害を回避することができなかった、そしてそれを克服することもできなかったという二つの条件が、免責が適用される前提として満たされなければならない[38]。

　不可抗力の結果、被害当事者である債権者が実際に選択をするのは、主たる債務または二次的な債務の分割可能な部分が不可能となるときというような、主として部分的障害の場合である。部分的な履行が債権者にとって価値があるかどうかに従って、契約を維持すべきか否かを決定することが許されるべきである。したがって、この選択は一般原則に従うことになり、契約を解消する権利は、不履行が重大か否かによることになる。

　被害当事者が契約を解除することを選択しないときには、未だ履行することができる契約部分の履行を要求することができる。この場合被害当事者自身の債務は、9:401条（価格減額）に基づき比例的に減額されると解される[39]。

　上述したように、不可抗力の規定に関して、ユニドロワ原則とヨーロッパ原則には基本的な差はない。もっとも、障害が一時的な場合の効果の取扱いについては、ユニドロワ原則7.1.7条2項によれば、「障害が単に一時的なものである場合には、免責は、その障害が契約の履行に及ぼす効果を考慮して合理的な期間、その効力を有する」とするのに対して、ヨーロッパ原則8:108条2項は、ウィーン条約79条3項と同じく、「障害が単に一時的なものである場合には、本条により規定された免責は、その障害が存在する期間その効力を有する」と規定するのみである。しかしながら、そのコメントは本項を柔軟に解釈している。すなわち、一時的な障害は、その障害（obstacle）を引き起こす状況のみならず、その後に続く結果をも意味する。そしてこれらの結果は、状況それ自身よりも

長く継続するものであり、免責は、債務者が履行することができない全期間を対象とする[40]。このような解釈は可能であると考えられるが、ユニドロワ原則のようにその趣旨を明文上明らかにしておくのが望ましい。さらに、障害が全面的かつ永久的な場合の効果については、上述したユニドロワ原則7.1.7条4項に対して、ヨーロッパ原則は契約が自動的に解除される旨を定める（9:303条4項）にとどまっている。

［解説例］

(a) X国のメーカーAは、Y国の電力会社Bに原子力発電所を販売した。契約条項においてAは、原子力発電所のウラニウム需要量すべてを10年間USドル建てニューヨーク支払の固定価格で供給することを引き受けている。ユニドロワ原則7.1.7条1項またはヨーロッパ原則8:108条1項に従い、BまたはAの責任は以下のようになると解される。

5年後、Y国の通貨の価値が契約締結時のドルに対して1％まで暴落した場合、両当事者は支払条項によりこのリスクを配分していたので、Bはその責任を免責されることはない。

5年後、Y国政府はBがY国通貨以外の通貨で支払うことを妨げる外国為替管理を実施した場合、そのような政府の行為は契約締結時に予見しえなかったことから、BはUSドルで支払う責任を免責される。Aはウラニウム供給契約を解除することができる。

5年後、世界のウラニウム市場がテキサス州の相場師グループにより買い占められ、世界市場のウラニウム価格が契約価格の10倍に急騰した場合、このような事態は契約締結時に予見しうるリスクであったので、Aはウラニウムを引き渡す責任を免責されない[41]。

本ケースにおけるウラニウムのような国際商品については、為替変動や買占めなどによる市況の急激な騰落のリスクは取引当事者の予見の範囲内と評価されている。

(b) Aは、Bに倉庫を賃貸したが、その後倉庫は、火災により部分的に破壊され、一時的な障害を引き起こした場合、Bは、倉庫全体の占有が契約の必須の部分であるときには、契約を解除することができる。一方、Bは占有の喪失による損害賠償

を得ることはできないが、Bが解除を選択せず、倉庫の残りの部分の使用を継続する場合には、賃貸料は、ヨーロッパ原則9:401条（価格減額）に基づき比例的に減額される[42]。

(c) 農薬メーカーAの原料を保管している倉庫が予見不可能な洪水により水浸しになり、その使用が不可能となった。Aの顧客Bへの引渡しの遅滞は、免責されるが、その期間にはユニドロワ原則7.1.7条2項またはヨーロッパ原則8:108条2項に従い、洪水自身の期間のみならず、メーカーが新しい原料を手当てするに必要な期間も含まれる[43]。

2　履行請求権

　特定履行（specific performance）に関して、大陸法とコモンローの法制度間に大きな概念的ギャップが存在すると一般的にいうことができる。コモンローにとっては契約違反の主たる救済方法は損害賠償であるが、大陸法は特定履行または履行請求を主たる救済方法として論ずるからである。大陸法制度における裁判所は、当事者に対し契約を履行することを命ずることにより日常的に特定履行を認めているが、コモンロー制度における裁判所は、大いに歴史的な理由から、特定履行を異常な救済として、損害賠償の付与が適切でないときにのみ認められるべきものとみなしている。

　しかし、このギャップは、理論においてより実際においてはそれほど実質的ではないように見受けられる。第一に、特定履行の最も重要な例は、物品やサービスを受領したが、支払わなかった者にその支払を強制することであるが、コモンローがこれに対処するのになんらの困難もない。契約問題から生じる圧倒的に大部分の訴訟は、債権回収の単純な訴訟である。第二に、大陸法制度は、特定履行について現実の見通しがないような多くの状況があることを疑いもなく認識しており、逆に英米法においては、特定履行を付与する伝統的かつ否定的アプローチがまさに批判されているという兆候が存在している[44]。

　ウィーン条約46条1項によれば、買主は、売主に対してその義務の履行を要求することができる。ただし、買主がこの要求と両立しない救済を求めている

場合はこの限りではない。一方、売主は、買主に対して代金の支払、引渡しの受領、その他の買主の義務の履行を要求することができる。ただし、売主がその要求と両立しない救済を求めている場合はこの限りではない（62条）。しかしながら、当事者がこのようなウィーン条約の規定に従って相手方当事者の義務の履行を要求することができる場合であっても、裁判所は、このウィーン条約の適用のない類似の売買契約についてそれ自身の法の下で同様の判決をする場合でなければ、特定履行を命ずる判決を与える必要はないとされる（28条）。

上述したような両制度による争いについて、ウィーン条約では、買主または売主が相手方に対してその義務の履行を要求することができると規定しており、大陸法の法律家が勝っているようにみえる。しかし、28条によれば、当事者が相手方の義務の履行を要求することができる場合であっても、裁判所は、そのような特定の救済が法廷地法に従って認められるかどうかを検討しなければならず、それが認められなければ特定履行を命ずる判決を与える必要はない。これはコモンローの法律家の勝利のようにもみえる。ウィーン条約は、大陸法的考え方を出発点としながらもコモンローとの妥協を図ったのであるが、このような格好の悪い妥協の結果は、当事者が選択する法廷地いかんによっており、ウィーン条約が意図した法の調和にとっては満足のいかないものとなっている。

ユニドロワ原則は、ウィーン条約28条の妥協と比較しうるような規定をもたず、履行請求という一般的原則に対する例外を規定することにより、結果として伝統的なコモンローの立場に近いルールを設けるに至っている[45]。

(1) 履行請求権

（a）金銭債務に対する履行請求権

ユニドロワ原則7.2.1条によれば、金銭の支払を義務づけられている当事者が履行しない場合、相手方は支払を請求することができる[46]。

ヨーロッパ原則においては、金銭債務は強制することができるという原則についてはユニドロワ原則と同様であるが、双務契約における対価として金銭債務が履行の対象となる場合について異なる規定を設けている。債権者は、弁済期の到来した金銭を回復する権利を有する（9:101条1項）。そして債権者がその債務を未だ履行しておらず、かつ債務者が履行を受領しようとしないことが

明らかな場合に、債権者は、それでもなおその履行を進め、契約上弁済期の到来した金額を回復することができる。ただし、(a) 債権者が、大きな努力や費用なくして合理的な代替取引をすることができた場合、または (b) 履行が当該状況において非合理的であった場合は、この限りではない (9:101条2項)。

債権者の履行請求権は、このような二つの場合には否定される。最初の例外は、ULIS 61条2項に由来する、そして第二の例外は、イギリス法に由来するが、大陸法系にはないものである[47]。

大きなトラブルや費用にかかわることなく合理的な代替取引をすることができる債権者は、債務者の望みに反して履行を続ける権利はなく、その代金の支払を要求することはできない。債権者は、契約を解除し、そして代替取引を行ってヨーロッパ原則9:506条（代替取引）に基づく権利を有するか、または代替取引をすることなく損害賠償を請求するべきである。債権者による履行が非合理的である場合とは、例えば、債権者の履行が始まる前に、債務者がもはやそれを望まないことを明らかにする場合である。このような状況は、建設契約やとくに長期間の契約などにおいて生じる[48]。

［解説例］

Aは、10,000個のボールベアリングをBに50,000ドイツマルクの前払条件で販売した。Bが引渡しを受領しない旨表明した場合、ボールベアリングの既存の市場があるか、またはAが新しい顧客を見つけることができるときには、ヨーロッパ原則9:101条2項に従い、Aはその代金を求めて訴えることはできない。反対に、Aが新しい顧客を見つけるのに相当な努力を必要とし、他の大陸への運送コストを負担しなければならないときには、Aは代替取引をする義務はない。Aは、9:101条1項に従い、契約上の代金を求めて訴えることができるが、Bがその物品の受領を拒み続けるときには、ヨーロッパ原則7:110条（受領されなかった財産）の適用に進むことができる[49]。

ユニドロワ原則には本ケースに対処できるような規定は設けられていないが、この点ヨーロッパ原則9:101条は周到な解決策を用意している。

（b）非金銭債務に対する履行請求権

ユニドロワ原則7.2.2条によれば、金銭支払以外の債務を負っている当事者が履行しない場合、相手方は履行を請求することができる。ただし、以下のいずれかに該当するときはこの限りではない。(a) 履行が法律上または事実上不可能であるとき、(b) 履行または場合によってはその強制が、不合理なほどに困難であるかまたは費用のかかるものであるとき、(c) 履行請求権を有する当事者が別のところから履行を合理的に得ることができるとき、(d) 履行が当該当事者のみがなしうる性格のものであるとき、(e) 履行請求権を有する当事者が、不履行を知りまたは知るべきであった時から合理的な期間内に履行を請求しないとき。

金銭債務であれ非金銭債務であれ、契約の拘束力に従って、各当事者は相手方に履行を請求する権利を有するのが原則であり、この点は大陸法の国においては論争がないが、コモンローの制度においては、非金銭債務の執行は特別の状況においてのみ許容される。

上述したようにウィーン条約46条（特定履行）の基本的アプローチに相応して、本条は、一定の条件の下における特定履行（specific performance）の原則を採用している。しかし、ウィーン条約が28条（特定履行と法廷地法）において規定するのとは異なり、本条に基づく特定履行は裁量的な救済方法ではなく、本条に規定する例外のいずれか一つの適用がない限り、裁判所は履行を命じなければならないのである[50]。

本条によれば履行請求権の例外は以下のとおりである[51]。

① 履行不能（impossibility）

上記（a）により法律上または事実上不可能な履行は請求することができないが、履行不能が契約を無効にするわけではない。被害当事者には他の救済方法の利用が可能である[52]。

② 不合理な困難（unreasonable burden）

例外的なケースにおいて、契約締結後に状況の急激な変化が生じたとき、履行が未だ可能であっても、履行を請求することが信義誠実と公正取引の一般原則に反することになるほど困難となる場合がありうる。

③ 代替取引 (replacement transaction)

上記 (c) は、経済的な必然性から、履行を請求する権利を有する当事者が別のところから合理的な代替取引によって履行を得ることができる場合には、履行請求権を排除する。当該当事者は契約を解除し、代替取引を締結することができる[53]。

④ 当該当事者のみがなしうる性格の履行

履行が委譲できるものではなく、芸術的もしくは科学的性格の個人的な技能を要求するものであるとき、または履行が秘密の個人的な関係にかかわるものであるとき、その履行は当該当事者のみがなしうる性格のものであるとされる。例えば、弁護士、医者や技術者の通常の活動は、同じ訓練と経験を有する者により履行することができるので、当該当事者のみがなしうる性格の履行とは解されていない。

ヨーロッパ原則9:102条においても非金銭債務に関して、ユニドロワ原則と同様の規定が設けられている。被害当事者は、不完全履行の救済を含めて、金銭債務以外の債務の特定履行を請求する権利を有する（1項）。しかしながら、特定履行は、次のような場合には請求することができない。(a) 履行が不法もしくは不可能である場合、(b) 履行が債務者に不合理な努力もしくは費用をもたらす場合、(c) 履行が、当該当事者のみがなしうる性格のサービスもしくは仕事の提供からなる、あるいは個人的な関係によっている場合、または (d) 被害当事者が別のところから履行を合理的に得ることができる場合（2項）。一方、被害当事者は、不履行を知りもしくは知るべきであった時から合理的な期間内に特定履行を求めないときには、特定履行に対する権利を失う（3項）。なお、履行請求権が9:101条および9:102条に基づいて排除されるという事実は、損害賠償請求を排除しないとされる（9:103条）。

比較法的研究および商業的な慣行によれば、大陸法の国においてさえも履行の原則が制限されていることが認識されている。その制限は、さまざまな実際的、法的および商業的な考慮に基づいており、上記2項および3項に述べられている。これらの場合には、他の救済方法、とくに損害賠償、そして適当な場合には契約の解除が、被害当事者にとってより適切な救済方法となる[54]。

9:102条2項(d)は、9:101条2項(a)と同様に、被害当事者が容易に代替取引を

することができる場合には履行を請求する権利を排除する。2項(d)は、損害賠償が不適切な救済方法であったときにのみ、履行は請求することができるという意味における損害賠償の適切性に関するテストを導入していない。むしろ、このルールよれば、被害当事者は、十分に被害当事者に補償する救済方法の中から、最も容易に得ることができるものを選択することを奨励すべきとされている。実際の経験に従えば、契約の解除と損害賠償は、履行の強制よりもより早くかつ容易にそのような要求を満たすことがしばしばである[55]。

(2) 不完全な履行に対する請求権

 ユニドロワ原則7.2.3条によれば、履行請求権は、それが適切な場合には不完全な履行 (defective performance) の修補、取替えまたはその他治癒を請求する権利を含む。これらの場合7.2.1条および7.2.2.条の規定が準用される。
 上述した7.1.4条は、債務者である不履行当事者がその不履行を治癒する権利を規定しているが、本条は、債権者で履行請求権者である被害当事者が、不履行当事者による治癒を請求する権利を定める。
 その他の治癒の形態として、例えば、対象物品に対する第三者の権利の除去や必要な公的許可の取得なども考えられる[56]。対象とする履行について小さな、重大でない欠陥がかかわる場合が多いが、これらの場合の修補や取替えはその欠陥に比して不合理な努力ないし費用をともなうことがしばしばであり、このような場合7.2.2条(b)の準用の結果としてこれらに対する履行請求権は排除される[57]。
 ウィーン条約46条2項によれば、物品が契約に適合していない場合には、買主は代替品の引渡しを要求することができる。ただし、その不適合が重大な契約違反を構成し、かつその要求が、39条の下での通知[58]の際またはその後合理的な期間内になされたときに限る。
 このような代替品の引渡しは、売主に厳しい金銭的負担を課すことになるので、重大な契約違反に対してのみ適用されるべきであり、買主は、代替品の引渡しを請求するか、契約を解除するかの選択をしなければならない。一方、買主は、すでに受け取った物品を返還しなければならないが、買主が物品を受け取った当時と実質的に同じ状態でその物品を返還できないときには、買主は売

主に代替品を要求する権利を失うことになる (81条1項)。

物品が契約に適合していない場合において、すべての状況からみて不合理でないときは、買主は売主に対してその不適合を修理により治癒することを要求できる。修理の要求は、39条（不適合の通知）の下での通知の際またはその後合理的な期間内になされなければならない (46条3項)。

ヨーロッパ原則においては治癒に関する独立の条文は定められておらず、9:102条1項にそのための短い表現がみられるにとどまっている[59]。

(3) 裁判上の制裁金と救済方法の変更

(a) 裁判上の制裁金

ユニドロワ原則7.2.4条によれば、裁判所が当事者に履行を命ずる場合、もし命令に従わないときはその当事者は制裁金を支払うべきことを命ずることができる。制裁金は、法廷地の強行法規に別段の定めのないときは、被害当事者に支払われる。被害当事者への制裁金の支払は、いかなる損賠賠償の請求をも排除しない。

違反に対して裁判上制裁を課すという脅しは、契約上の債務の履行を命ずる判決に従わせる最も有効な手段であることが経験上立証されているとする法制度があるが、反対に、そのような制裁は個人の自由に対する許されない侵害となると考えられるので、かかる制裁を規定しない法制度もある。本条は、他の形態の制裁ではなく金銭による制裁をすべての種類の履行命令に適用することを規定することにより、両者の中間のコースを採用したものといわれる[60]。

制裁金の支払は、損害回復を規定する通常の原則の下では考慮することができない不利益について被害当事者に補償するものであるとみなされている。また、制裁金は、ユニドロワ原則7.4.13条で取り扱われる不履行に対する支払の合意とも区別される。

ところで、本条においても裁判所は仲裁廷を含むところから、仲裁人が制裁金を課すことが許容されるかどうかの問題が生ずる。多くの法制度はそのような権限を仲裁人には拒否しているが、最近の立法例や判決例にはかかる仲裁人の権限を認めた場合が見受けられる[61]。このような強制方法は、国際ビジネスにおいて代替的紛争解決手段として仲裁の役割の重要性が増加している傾向に

沿った一つの方策といわれる。もっとも、ヨーロッパ原則においてはこのような規定は設けられていない。

（b）救済方法の変更

ユニドロワ原則7.2.5条によれば、非金銭債務の履行を請求したが、定められた期間内にまたは期間が定められていない場合には合理的な期間内に履行を受領しなかった被害当事者は、他のいかなる救済方法にも訴えることができる。非金銭債務の履行を命ずる裁判所の決定が執行されえない場合には、被害当事者は他のいかなる救済方法にも訴えることができるのである。

被害当事者は、非金銭債務の履行を請求するという救済方法を放棄し、代わりに他の救済方法を選択することができる。このような選択は、非金銭債務の執行にかかわる困難さゆえに認められる。被害当事者がまず履行を請求する権利を主張することを決めたとしても、この唯一の選択にその当事者を閉じ込めるのは公正ではない。不履行当事者がその後履行することが不可能になるかもしれないし、あるいは不履行当事者の無能がその過程で明らかになるということもありうるからである[62]。もっとも、被害当事者の履行請求から他の救済方法への変更は、その意のままになるわけではない。被害当事者が当該定められた期間内または合理的な期間内に履行を受領しなかった場合に限り、その変更が認められる。つまり、この意味において、例えば、エネルギーと費用をかけて履行の準備をした不履行当事者の利益は、その期間内に履行することにより保護されるべきと考えられる。

3　契約の解除

(1) 契約を解除する権利

（a）重大な不履行

ユニドロワ原則7.3.1条によれば、当事者は、契約における相手方の債務の不履行が重大な不履行（fundamental non-performance）に達した場合、契約を解除

することができる（1項）。本条は、不履行当事者が当該不履行に責任がある場合、および不履行が免責される結果、被害当事者は不履行に対して特定履行も損害賠償請求のいずれも主張できない場合の両者に適用される。

　債務の不履行が重大な不履行に達したかどうかを決定するにあたっては、とくに以下の要素を考慮すべきである。(a) 不履行が、当該契約の下で被害当事者が期待する権利があったものを実質的に奪うことになるかどうか。ただし、相手方がそのような結果を予見せず、かつ合理的に予見することができなかった場合はこの限りではない。(b) 履行されなかった債務の厳格な履行が、当該契約の下で不可欠なものであるかどうか。(c) 不履行が故意によるものかまたは無謀なものであるかどうか。(d) 不履行が、被害当事者に相手方の将来の履行を当てにすることができないと信ずる理由を与えているかどうか。(e) 不履行当事者は、契約が解除された場合、準備や履行のための行為の結果として不釣合いな損失を被ることになるかどうか（2項）。そして履行遅滞において、被害当事者は、7.1.5条（履行の付加期間）の下で認められた期間が満了するまでに相手方が履行しない場合には、契約を解除することができる（3項）。

　上記 (a) により、不履行当事者が、不履行が相手方にとって重大であったことを予見しなかった、そして合理的に予見することもできなかったことを証明することができるときには、被害当事者は契約を解除することはできない。上記 (c) において、不履行が故意によるものであったとしても、ささいなものであるときには、契約を解除することは信義誠実の原則に反することになる[63]。

　本条は、ウィーン条約49条1項および64条1項[64]に相応する。

　ウィーン条約49条1項によれば、買主は、(a) 契約またはこのウィーン条約に基づく売主の義務のいずれかの不履行が、重大な契約違反となる場合、または (b) 引渡しの不履行の場合であって、47条1項に基づき買主が定めた付加期間内に、売主が物品を引き渡さない場合、もしくは売主がその期間内に引渡しをしない旨を宣言した場合には、契約の解除を宣言することができる。

　ウィーン条約では「重大な契約違反」の定義規定が置かれている。すなわち、当事者の一方による契約違反は、その契約の下で相手方が期待するのが当然であったものを実質的に奪うような不都合な結果をもたらす場合には、重大なものとする。ただし、違反をした当事者がそのような結果を予見せず、かつ同じ

状況の下で同じ部類に属する合理的な者も予見しなかった場合はこの限りでないとされる（25条）。このようなウィーン条約の「重大な契約違反」の定義は一般的すぎるきらいがあり、これに比べてユニドロワ原則ではより多くの考慮要因が記述されており、重大性の判断に資するものとなっている。

ヨーロッパ原則においては、契約を解除する権利に関して、分割履行の場合についても規定を設けている。

当事者は、相手方当事者の不履行が重大であるときには、契約を解除することができる。そして履行遅滞の場合、被害当事者は8:106条3項（履行の付加期間の通知）に基づいても契約を解除することができる（9:301条）。さらに、契約が分離した部分で履行すべきであり、かつ反対給付が充当される部分に関して、重大な不履行があるときには、被害当事者は、当該部分に関して解除する権利を行使することができる。被害当事者は、不履行が契約全体にとって重大であるときにのみ、契約を全体として解除することができる（9:302条）。

被害当事者にとって損害がどの程度それ自身の行為の結果であるかは、考慮すべき要因の一つとされる[65]。損害が実質的に被害当事者自身の行為によるときには、相手方当事者の不履行が重大であるという要件は適切でない場合がある。一方、契約の解除を認めるが、被害当事者の行為は、相手方当事者が損害賠償を請求できるほどの不履行自身に至ったと決定することが適切である場合がある[66]。

ヨーロッパ原則においても重大な不履行について、ユニドロワ原則と同様だが、より簡単な定義規定が定められている。すなわち、債務の不履行は、以下の場合には契約にとって重大である。(a) 債務の厳格な履行が契約の本質である場合。(b) 不履行が当該契約の下で被害当事者が期待する権利があったものを実質的に奪う場合。ただし、相手方がそのような結果を予見せず、かつ合理的に予見することができなかった場合はこの限りではない。または (c) 不履行が故意であり、かつ被害当事者が相手方のさらなる履行を当てにすることができないと信ずる理由を与える場合（8:103条）。

不履行またはその予想する不履行が重大であるとき、被害当事者は、他の種類の不履行よりも幅広い権利を有する。すなわち、履行の遅れた提供を拒絶する権利、履行の適切な保証を要求する権利、契約を解除する権利である[67]。

契約上の債務の厳格な履行という合意は、契約の明示の条項または黙示の条項から由来する。またこのような義務は、契約の言語、その性質と取り巻く環境、慣習や当事者間の取引過程からも推定することができる[68]。また、不履行当事者の予見可能性のためのテストは、不履行当事者と同じ状況にあって合理的な技量と知見を用いる者が、契約締結時にその結果を予見していたであろうかどうかということである[69]。

[解説例]
　建設業者Aは、五つのガレージを建設し、Bのローリーからそこに至る道路を敷設・舗装すること、そしてすべての作業をBが倉庫を開業する10月1日以前に完了することをBに対して約束した。10月1日にガレージは完成したが、道路は未舗装であり、そのためBはガレージを使用することができなかった。この場合におけるAの不履行は重大である。
　これに比して、未舗装道路が十分平坦であって、ガレージは、道路がまだ舗装されていないという事実にかかわらず、Bのローリーにより使用可能であり、そしてAが、10月1日後まもなく道路を舗装した場合は、Aの不履行は重大ではないと判断される[70]。
　道路の未舗装というAの不履行は、上述のように通常は重大な不履行と判断されるが、未舗装でも当面使用可能であり、かつ履行期後まもなく舗装が完成したという事実により、当該契約の下におけるBの期待に実質的に応えることができるところから、Aの不完全履行は重大ではないと評価される。

(b) 解除の通知

　ユニドロワ原則7.3.2条によれば、契約を解除する当事者の権利は、相手方に対する通知により行使される。履行が遅れて提供される、または契約に適合しない場合、被害当事者は、その提供または不適合な履行を知りまたは知るべきであった時から合理的期間内に相手方に対して通知をしない限り、契約を解除する権利を失う。
　本条は、ウィーン条約49条2項および64条2項（契約の解除宣言）に相応する。

ヨーロッパ原則においても解除の通知に関して、ユニドロワ原則と同様だが、さらに詳細な規定を定めている。契約を解除する当事者の権利は、相手方に対する通知により行使される（9:303条1項）。しかし、被害当事者は、不履行を知りまたは知るべきであった時から合理的期間内に相手方に対して通知をしない限り、契約を解除する権利を失う（9:303条2項）。そして、(a) 履行が、弁済期が到来した時までに提供されなかった場合、被害当事者は、提供がなされる前に解除の通知をする必要はない。提供が遅れてなされたときには、被害当事者が提供を知りまたは知るべきであった時から合理的期間内にその通知をしないならば、被害当事者は解除する権利を失う。(b) しかしながら、被害当事者が、相手方当事者はなお合理的期間内に提供する意図があるということを知っている、または知る理由を有しており、かつ被害当事者が、履行を受領しないことを相手方当事者に知らせないときには、相手方が実際に合理的期間内に提供するならば、被害当事者は解除する権利を失う（9:303条3項）。ただし、当事者が、全面的かつ永久的である障害により8:108条（不可抗力）に基づき免責されるときには、契約は、障害が生じた時に自動的にかつ通知なくして解除される（9:303条4項）。

　もっとも、この4項の存在に関しては、説得的でないと批判する見解がある。4項が正しいとすれば、障害が免責されない場合にも適用されるべきである。さらに、障害が全面的かつ永久的であったとしても、履行が論理的に不可能であるということにはならない。なぜ被害当事者は、契約の解除と契約を存続させることの間にとどまることができないのか明白ではない。被害当事者が履行を受領することに利益を有するならば、その履行を提供することができるという考え方もありうるとされる[71]。

[仲裁例]

(a) Andersen Consulting Business Unit（ACBU）と Arthur Andersen Business Unit（AABU）は、Andersen Worldwide Organization（AWO）の二つのビジネス・ユニットである。アメリカベースのパートナーシップ Arthur Andersen & Co. の世界的な拡大に対応するため1977年に設立されたAWOは、75カ国以上で活動する140以上のメンバーファームのネットワークであり、Member Firm Interfirm Agreements（MFIFAs）

を通じてお互いに連結されている。スイスの協同組合法人 Andersen Worldwide Societe Cooperative（AWSC）は、AWOの運営機関であり、その主たる業務はメンバーファームの活動の調整である。元々AWOの各メンバーファームは、会計と監査、税務とコンサルティングのサービスをお互いに無関係に行ってきたが、1989年のリストラの結果、メンバーファームの活動は、二つのビジネス・ユニット、監査・認証、税務とその他財務的な助言のサービスはAABU、戦略的サービス、システム統合とその他コンサルティングのサービスはACBUを通じて行うことになった。すべてのメンバーファームはAWOの一部であり、AWSCの指示に従ってその活動を調整するよう要求されていたが、二つのビジネス・ユニット間の関係は次第に悪化した。一方で、AABUのメンバーファームは、コンサルティングビジネスのますますの将来性に魅せられて彼ら自身のコンサルティング活動を発展させ始めたが、ACBUのメンバーファームは、そのような活動が彼らの専門的な活動に対する不当な干渉となるとして苦情を申し立てた。数年間にわたり不当な重複した活動を避けるためにより明確にそれぞれの活動を定義することにより折り合う試みがなされたが、不成功に終わった。AABUのメンバーファームはコンサルティング活動を拡大し続け、AWSCは二つのビジネス・ユニットの活動を効果的に調整しようとはせず、また調整することは不可能となったので、ACBUのメンバーファーム（申立人）は、1997年ICCの仲裁廷に仲裁を申し立てた[72]。

　申立人は、1989年のリストラが分離した活動の範囲をもつ二つの分離したビジネス・ユニットをつくり出したことから、AABUのメンバーファームとAWSC（被申立人）はMFIFAsにおける義務に違反した、すなわち前者はコンサルティング活動を拡大し、それによってACBUのビジネス活動に不当に干渉し、後者は二つのビジネス・ユニットの活動を調整せず、両立するよう確保するガイドラインを実行しなかったと主張し、MFIFAsの解除と損害賠償を正当化する重大な契約違反があると申し立てた。これに対し被申立人は、1989年のリストラ後、AABUとACBUのメンバーファーム間に厳格な活動範囲の分離はなかったと主張し、申立人がMFIFAsに定められた紛争の場合の手続きに従う代わりに仲裁を申し立てたことの不誠実な行動を非難した。

　仲裁廷は、AABUメンバーファームがACBUメンバーファームの活動を模倣し、それと競合する幅広いコンサルティング活動を展開したことを認めたが、そのよ

うな行動はMFIFAsにおけるAABUメンバーファームの義務違反を構成しないと判断した。1989年のリストラ後も、MFIFAsは、メンバーファームの専門的な活動について、AABUメンバーファームがACBUメンバーファームと競争することを排除するような、機能的、地理的その他の制限をなんら明示的にも黙示的にも課していないとの判断であった。

これに比し仲裁廷は、AWSCにはメンバーファームの活動間に協力、調整および両立を確保する義務が疑いもなくあり、そしてこれはユニドロワ原則5.1.4条2項に規定される最善努力義務であって、AWSCはこの義務を履行しなかったと判断した。仲裁廷は、ユニドロワ原則7.3.1条2項（契約を解除する権利）に言及して、AWSCの不履行は、重大な不履行に達しており、7.3.1条1項および7.3.5条1項（解除の効果一般）に従って申立人によるMFIFAsの解除と申立人の被申立人に対する将来の義務からの解放を正当化するものであるとの判断を下した。しかしながら、損害賠償の請求については、被申立人の行為は損失を生じさせていないとして否認した。

本ケースは、企業グループ内における企業間の契約が、競合する各企業のそれぞれの事業範囲に関して明確な線引きを定めていない場合にしばしば見受けられる紛争の典型的な例であり、企業間の契約においてこのような内部的な紛争を予防または解決するためのシステムを設けておくことが必要と考えられる。

(b) ヨーロッパのメーカー（被申立人）とラテンアメリカのディストリビュター（申立人）は、申立人の国における被申立人の製品の独占的販売契約を締結した。契約は、製品代金の支払期限が引渡し後120日であると規定していたが、被申立人は、通常の製品量より大きい注文を申立人から受け取った後、前渡金を要請した。申立人はこれを拒絶し、両当事者はお互いに受け入れられる解決策を見つけるために交渉に入った。最終的に、申立人は前もって代金を支払うが、被申立人は、申立人がそれにより被った追加コストに相当するディスカウントを申立人に与えることが合意された。新しい支払条項が将来の注文にのみかかわるのか、あるいはすでになされた注文にも適用されるかについて未だ議論している間に、被申立人は、申立人が過去2年間にわたり契約上合意した販売数量を達成しなかったと主張して、突然契約を解除した。申立人は、解除が無効であると異議を唱えたが、その理由は次のとおりである。第一に、被申立人は、申立人を正式に違反の

状態に置いたのではなかった、そしてともかくも解除の通知は時宜に適してなされたものではなかった。第二に、契約に示された販売数量は拘束力ある約束ではなかった。第三に、販売数量の未達成は、本来合意された条項に従って製品を引渡すことを被申立人が拒絶したことによるものであった。

被申立人が契約の解除に固執したので、申立人は、仲裁手続を開始し、仲裁廷が契約の解除が無効であることを宣言して、被申立人が契約満期まで契約を適正に履行するよう強制することを求めた[73]。

仲裁廷は、ユニドロワ原則1.3条に規定された契約遵守の原則を引き合いに出しながら、まず、本来合意された支払条項に基づいて製品を引渡すことを被申立人が拒絶したことは契約違反を構成するが、この違反は、当事者が和解契約に達したので、もはや関係がないと判断した。実際、和解契約の有効な締結は、申立人が申し入れた和解条項に対する被申立人の承諾の手紙がいくつかの小さな変更を含んでおり、他の重要性の低い問題がそのままにされたという事実により妨げられることはなかった。

その後の被申立人による契約の解除が有効であったかどうかについては、仲裁廷は、ユニドロワ原則7.3.2条2項（解除の通知）を引用しつつ、被申立人が契約解除前に申立人を正式に違反の状態に置くべきであったという、申立人の議論を拒絶した。しかし同時に、仲裁廷は、被申立人の解除の通知が時宜を得たものでなかったこと、そしてより重要なことには、契約に規定された販売数量の非拘束的性質から申立人の未達成は、契約の重大な違反と考えることはできないとし、これらを擁護するためにユニドロワ原則7.3.2条2項および7.3.1条1項（契約を解除する権利）をそれぞれ引用したのである。

申立人の喪失利益については、仲裁廷は、それは予想販売数量の総マージンではなく、純マージン、つまり総マージンと回避されたコストまたは損害との差をベースに計算されるべきと判断し、ユニドロワ原則7.4.2条（全部賠償）を引用した。しかし、申立人が純マージンの計算のための情報を提供しなかったので、仲裁廷は、ユニドロワ原則7.4.3条3項（損害の確実性）に従って喪失利益の衡平な定量化を行ったのである。

本ケースは、メーカーとディストリビューター間の紛争としてしばしば見受けられる例である。争点の一つは、当該独占的販売契約、つまり独占的ディストリ

ビューターシップ契約に規定された販売数量の条項の法的性格である。仲裁廷の判断は、それが非拘束的なもの、いわば努力目標ないし標準数量にすぎず、申立人を法的に拘束しないとするものである。しかし、ディストリビューターに販売の独占権を与える以上、その販売数量は最低販売数量として義務づけるのが通常であり、メーカーである被申立人の観点からは、最低販売数量違反は重大な契約違反として解除事由となることを明文化すべきであったと考えられる。この場合の最低販売数量は、ユニドロワ原則5.1.4条1項の特定結果達成義務として構成する必要がある。さらに、被申立人が当該契約を解除するには、7.3.2条2項に従って時宜にかなった適正な解除の通知をなすことが必要である。

(2) 履行期前の不履行と適切な履行の相当な保証

　(a) 履行期前の不履行（anticipatory non-performance）

　ユニドロワ原則7.3.3条によれば、当事者の一方の履行期前に、その当事者による重大な不履行が起きるであろうことが明らかである場合には、相手方は契約を解除することができる。本条は不履行が起こることが明らかであることを要求しており、その疑いのみでは、それに十分な根拠があったとしても不十分とされる。さらに、不履行が重大であり、かつ履行を受領すべき当事者が解除の通知をすることが要求される[74]。

　本条は、ウィーン条約72条1項に相応する。当事者の一方が重大な契約違反を犯すことが契約の履行期日前に明瞭である場合には、相手方当事者は契約の解除を宣言することができる（1項）。しかしながら、時間が許す場合には、契約の解除を宣言しようとする当事者は、相手方がその履行につき相当な保証を提供しうる機会を与えるため、合理的な通知を与えなければならない（2項）。ただし、前項の要件は、相手方がその義務を履行しない旨を宣言している場合には適用しない（3項）。ウィーン条約は、このように不履行当事者に相当な保証提供の機会を与えることにより、その利益保護を図っている。

　ヨーロッパ原則においても履行期前の不履行について、ユニドロワ原則と同様の条項が定められている（9:304条）。

　履行期前の不履行に対して契約を解除する権利は、相手方当事者が弁済期に

履行することができない、または履行しないということが明らかになったからには、契約当事者が契約に拘束され続けると合理的に期待することはできないという考え方に基づいている。本条の効果とは、解除という救済方法の目的のために、履行期前の重大な不履行は、履行の弁済期が到来した後の重大な不履行と相等しいということである[75]。

(b) 相当な保証

ユニドロワ原則7.3.4条によれば、相手方による重大な不履行が起きるであろうことを合理的に確信する当事者は、適正な履行に対する相当な保証 (adequate assurance) を要求し、その間自身の履行を留保することができる。合理的な期間内にこの保証が提供されない場合、それを要求する当事者は契約を解除することができる。

本条は、相手方が履行期に契約を履行できない、または履行しようとしないと確信する理由を有する者であって、かつその相手方には履行する、または履行できる可能性が未だあるがゆえに、7.3.3.条を主張することができない一方の当事者の利益を保護するものである[76]。相当な保証とはなにかは、当該の状況いかんによっているが、相手方が履行するとの言明で十分な場合、担保の要請もしくは第三者からの保証の要請が正当化される場合もありうる[77]。

上述したようにウィーン条約72条2項は、当事者の不履行が重大な契約違反に至るほどの場合における保証提供の問題であるが、さらに、ウィーン条約71条は、全面的に履行しないことが明らかになるほどまでに至らなくても、そのおそれが著しい場合にも、被害当事者である相手方の履行の停止とともに、不履行となる当事者に保証提供の機会を与えている。

契約締結後に、次に掲げるいずれかの事由により、相手方がその義務の重要な部分を履行しないことが判明した場合には、当事者は自己の義務の履行を停止することができる。(a) 相手方の履行能力またはその信用状態の著しい劣悪、または (b) 契約履行の準備もしくはその履行における相手方の行動 (1項)。しかも、このような事由が明らかになる前に、売主が、物品をすでに発送している場合には、たとえ物品を取得しうる証券が買主の手元にあるときでも、売主は物品が買主に交付されるのを妨げることができる。本項は、売主と買主相互

間での物品をめぐる権利のみに関係する（2項）。そして、物品の発送後か否かにかかわらず、履行を停止した当事者は、相手方に対して履行を停止した旨を直ちに通知し、かつ相手方がその履行につき相当な保証を提供したときは、履行を継続しなければならない（3項）。

　ヨーロッパ原則8:105条においても相当な保証に関して、ユニドロワ原則と同様の規定が設けられている。すなわち、相手方当事者による重大な不履行があるということを合理的に信ずる当事者は、適正な履行の相当な保証を要求することができる、そしてそのような合理的な確信が続く限り、その間は自身の債務の履行を留保することができる。しかしながら、この保証が合理的期間内に提供されない場合には、保証を要求する当事者は、相手方当事者による重大な不履行があると未だ合理的に信じ、かつ遅滞なく解除の通知をするときは、契約を解除することができる[78]。

　本条は、履行期に相手方当事者が契約を履行することができない、あるいは履行しようとしないと合理的な理由に基づいて信じているが、相手方が結局は履行するであろうことが分かっている場合に、9:304条（履行期前の解除）を主張したくない当事者の利益を保護することが意図されている[79]。

　被害当事者は、履行の相当な保証を受け取っておらず、かつ履行がなされないことを合理的な理由で信ずるときには、契約を解除することができる。相手方当事者が要求された保証を提供しないという不履行は、それ自身重大な不履行として取り扱われ、被害当事者に契約を解除する権利および8:108条（不可抗力）の下において不履行が免責されない場合における損害賠償請求権を与える[80]。

(3) 解除の一般的効果と原状回復

（a）解除の一般的効果

　ユニドロワ原則7.3.5条によれば、契約の解除は、将来の履行を実現し、受領する義務から両当事者を免れさせる（1項）。しかし、解除は、不履行に対する損害賠償の請求を妨げない（2項）。そして解除は、紛争解決のための契約規定やその他解除後にも適用されるべき契約条項には影響を及ぼさない（3項）。

　本条は、ウィーン条約81条1項に相応する。契約の解除は、損害賠償義務を

除き、両当事者を契約上の義務から解放する。解除は、契約中の紛争解決のための条項や、契約の解除があった場合の当事者の権利義務を規定するその他の契約条項には影響を及ぼさない。

　ヨーロッパ原則9:305条においても契約解除の一般的効果に関して、ユニドロワ原則と同様の規定が定められている。契約の解除は、将来の履行を実現し、受領する義務から両当事者を免れさせる、しかし、9:306条（価値の減少した財産）ないし9:308条（財産の回復）に従い、解除時までに生じた権利と義務には影響を及ぼさない（1項）。さらに、解除は、紛争解決のための契約条項やその他解除後にも適用されるべき契約条項には影響を及ぼさない（2項）。

　「解除」は、次のような別個の結果を有することができる[81]。

　第一に、被害当事者は、それ自身の債務の履行を拒絶することを望む場合がある。被害当事者は、ヨーロッパ原則9:201条（履行を留保する権利）に基づきその履行を留保することにより契約を解除することなく、一時的にそうすることができるが、履行するために決して呼び出されないことを確保したいときには、契約を永遠に解除しなければならない。第二に、被害当事者は、相手方当事者による、すでになした不完全履行の治癒を含む将来の履行を拒絶することを望む場合がある。これには契約の解除が必要である。第三に、いずれの当事者も、すでに受領した履行から免れる、相手方当事者に譲渡された金銭を回復する、または相手方に譲渡された財産もしくはその価値を回復することを望む場合がある。この場合にも契約の解除が必要である。

　契約の解除は、履行を実現し、これを受領する義務から両当事者を免れさせる。しかしながら、解除された契約を、決してなされなかったという意味でキャンセルされたものとして取り扱うことは非常な不便を生じる。第一に、契約が決してなされなかったときには、被害当事者は、その期待の喪失に対する損害賠償を請求することから排除されることになる。ヨーロッパ原則8:102条（救済の累積）は、当事者が他の救済方法を行使することにより損害賠償請求権を失うことはないと規定する。第二に、契約が決してなされなかったという意味においてキャンセルされたときには、紛争解決条項や解除後も適用されることを明白に意図した他の条項の適用が妨げられることになる[82]。したがって、「解除」の効果もこの意味において上述したような限定を伴うわけである。

[解説例]

　特許所有者が、他の国の企業に、その製品を生産するライセンスを許諾したが、特許所有者の商標以外の下でそれを販売することを禁じた。ライセンシーは、生産方法についての秘密情報を受領し、それが公知にならない限り漏洩しないことを約束した。当該ライセンス契約は、すべての紛争を仲裁に付託する条項を含んでいる。

　ライセンシーが、ライセンス契約に違反して、自己のブランド名で許諾製品を販売したことから、ライセンサーである特許所有者は当該ライセンス契約を解除した。ライセンス契約の解除は、ユニドロワ原則7.3.5条3項、ウィーン条約81条1項（契約上の義務の解放と限度）またはヨーロッパ原則9:305条2項（解除の効果一般）に従い、生産情報を秘密に保持する義務からライセンシーを解放せず、特許所有者がライセンシーの秘密保持義務不履行に対する損害賠償を求めることを妨げない[83]。

　ライセンス契約において、ライセンシーの秘密保持義務は基本的な義務であり、ライセンス契約解除後も残存することがライセンス関係における前提とされている。

（b）原状回復

　ユニドロワ原則7.3.6条によれば、契約の解除とともに、各当事者は、自己が受領したものを返還するのと引換えに自己が給付したものを返還するよう請求することができる。現物による返還が不可能または不適当な場合、返還は、それが合理的であるなら金銭によりなされるべきである（1項）。もっとも、契約の履行が一定期間にわたり、かつ契約が分割可能な場合には、解除の効果発生後の期間についてのみかかる返還は請求することができる（2項）。

　本条は、被害当事者が受け取らなかった財産やサービスに対して金銭を給付した場合、または欠陥のある財産やサービスと引換えに、被害当事者が金銭を給付した場合にも適用される[84]。現物による返還が適当でない場合とは、例えば、被害当事者が履行の一部を受領し、それを保持したいと望むような場合である[85]。

　本条は、ウィーン条約81条2項、82条から84条[86]までに相応する。ウィー

ン条約は、国際物品売買契約の性格から、契約解除に伴う原状回復義務に関しては、ユニドロワ原則よりも詳細な規定を設けている。契約の全体もしくはその一部をすでに履行している当事者は、相手方に対して、自己がその契約の下ですでに供給または支払ったものの返還を請求することができる。当事者双方が返還しなければならない場合には、それらの履行は同時に行われなければならない（81条2項）。

買主が物品を受け取った当時と実質的に同等の状態でその物品を返還できない場合には、買主は、契約の解除をする権利や売主に代替品の引渡しを要求する権利を失う（82条1項）。ただし、前項は、次の場合には適用しない。(a) 物品を返還できないことや物品を受け取った当時と実質的に同等の状態でそれを返還できないことが、買主の作為または不作為によるものでない場合、(b) 物品もしくはその一部が、38条（物品の検査）に規定する検査の結果として毀滅または劣化した場合、(c) 買主が不適合を発見しもしくは発見すべきであった時より前に、物品もしくはその一部が通常の営業過程で買主により売却されまたは通常の用法で消費もしくは改変された場合（82条2項）。

もっとも、前条に従い契約の解除を宣言する権利や売主に代替品の引渡しを要求する権利を失った買主といえども、契約およびこのウィーン条約に基づくすべての他の救済を求める権利は保持する（83条）。

ヨーロッパ原則においても原状回復に関して、ユニドロワ原則と異なり、より詳細でより厳格な規定が用意されている。

契約を解除する当事者は、当事者にとってその財産の価値が、相手方の債務不履行の結果として実質的に減少させられたときには、相手方当事者から以前に受領した財産を拒絶することができる（9:306条）。被害当事者が、相手方当事者の不履行自身のゆえに、あるいは被害当事者が契約を解除したがゆえに、無価値となる財産を相手方から受領する、そして履行の残りを受領しないという場合がある。そのような場合には、被害当事者は、無用な財産を拒絶する権利を有するべきとされる[87]。

ヨーロッパ原則は、解除後の原状回復の原則として、一方の当事者が相手方当事者に便益を付与したが、約束された反対給付（counter-performance）を交換に受領していなかった場合に、解除後の原状回復的救済方法を提供する。この

便益とは、支払われた金銭 (9:307条)、返還することのできる他の財産 (9:308条)、または返還することのできないなんらかの便益、例えば、使い果たされたサービスや財産 (9:309条) からなるものである[88]。

契約の解除と同時に、当事者は、自己が受領しなかった、または適正に拒絶した履行のために支払った金銭を回復することができる (9:307条)。本条の下において、当事者は、受領しなかった履行に対して支払われた金銭の返還を請求することができる。このルールは、金銭を前払いした当事者が相手方当事者による履行を適正に拒絶した場合や相手方がいかなる履行も実現しない場合に適用される。本条は、販売契約、サービスおよび労働契約ならびにリース契約にも適用される[89]。

契約の解除と同時に、返還することができるもので、かつそれに対して支払または他の反対給付を受領していなかったような財産を供給した当事者は、その財産を回復することができる (9:308条)。本条は、当事者が、反対給付を受領することなく、金銭以外の履行を提供し、そしてその履行は回復することができる場合に、解除後における原状回復を規定する。契約が解除されたときには、当事者は、契約の下で提供したものの返還を請求することができるのである[90]。契約の解除と同時に、返還することができないもので、かつそれに対して支払または他の反対給付を受領していなかったような履行を提供した当事者は、相手方当事者にとって履行価値の合理的な金額を回復することができる (9:309条)。

4 代金減額

ヨーロッパ原則9:401条によれば、契約に適合しない履行の提供を承諾する当事者は、代金を減額する (reduce) ことができる。この減額 (reduction) は、適合する提供がその時に有していた価値と比較して、提供時の履行の価値における減少に比例する (1項)。このような代金を減額する権利を有し、減額された代金を超える金額をすでに支払った当事者は、相手方当事者からその超過分を回復することができる (2項)。そして代金を減額する当事者は、履行価値の

減少に対する損害賠償を回復することはできないが、被ったさらなる損失に対する損害賠償が第9章第5節「損害賠償および利息」の下で回復可能である限り、その損害賠償請求権を維持する（3項）。同趣旨の明文化の規定はユニドロワ原則にみられないが、本条はウィーン条約50条に相応する。

本条の救済は、不適合が数量、品質、引渡時期またはその他のものであれ、いずれにも適用される。本救済は、損害賠償に対する代替として、および不履行当事者が損害に対する責任から免れる場合のために考案されたものである。本条は、被害当事者が適合しない提供を承諾する場合にのみ適用される。被害当事者がそれを承諾しない場合には、その救済は、ヨーロッパ原則9:307条に基づいて原状回復の請求を追及するか、損害賠償を請求するかのいずれかである[91]。

ウィーン条約50条によれば、物品が契約に適合していない場合には、代金がすでに支払われていると否とにかかわらず、現実に引き渡された物品の引渡しの際の価値が契約に適合する物品ならばその時に有していた価値に対する割合に応じて、買主は代金を減額することができる。ただし、売主が37条（不適合の治癒）または48条（不履行の治癒）に従ってその義務の不履行を治癒した場合やそれらの規定に従った売主による履行の受入れを買主が拒絶した場合には、買主は代金を減額することができない。

本条の買主の権利は、損害賠償請求権ではなく、買主に生じた経済的損失の有無にかかわらず行使することができる。この代金減額は、損害賠償に代わる手段であり、売主の全部的な契約違反の場合における受け取った代金全額の返却と同様に、金銭による原状回復的救済方法としての性格を有する。もっとも、代金減額権の行使によっても買主に損害が残っている場合には、買主は別に損害賠償の問題として請求することができると考えられる（45条2項）。ところで、本条が実際に適用される範囲はそれほど広くはない。買主が物品を受領し、欠陥品を保持している場合または対象物品の一部を受領している場合に適用があり、例えば、物品の価格が上昇している場合には、買主は、50条に基づく代金減額ではなく、むしろ直接74条（損害賠償の範囲）に基づく損害賠償を請求することを選ぶのが通常である[92]。

第 7 章　契約の不履行　269

[解説例]
(a) Sは、Bにコーヒー500トンを1トン当り2,400ポンドで販売する契約をした。Sは30トンのみを提供した。Bは、その不完全な提供を承諾し、ヨーロッパ原則9:401条またはウィーン条約50条に基づき代金を120,000ポンドから72,000ポンドへ減額することができる。その代わりに、Bは、その不完全な提供を拒絶することができる、そしてその場合には、9:307条に基づく代金の回復または損害賠償かのいずれかを請求することができるが、上記条項に基づく代金減額請求権を主張することはできない[93]。
(b) マルセイユのSは、ロンドンのBに病院用走査装置を20台販売する契約をした。その後走査装置の輸出を管理する割当制の導入の結果、SはBに15台を供給できるにすぎない。Sの不履行は、ヨーロッパ原則8:108条（不可抗力）に基づき免責されるが、Bが15台を受領することを決定するときには、上記条項に基づく代金減額請求権に従い、Bは25パーセントの代金減額の権利を有する[94]。
　これらのケースにおける代金減額は、損害賠償請求に代わる簡易な清算方法であり、国際取引、とりわけ国際物品売買契約においては被害当事者にとって有効な救済方法と考えられる。

5　契約の不履行とリーガルプランニング

(1) 不可抗力条項の枠組み

　現実の国際取引関係において、不可抗力条項の枠組みをどのように構築すべきかの問題は、上述したハードシップ条項の枠組みと同様の考慮が必要であることはいうまでもない。不可抗力条項に関して、ユニドロワ原則とヨーロッパ原則において述べてきた議論を踏まえつつ、まずICC不可抗力条項2003を検討する。
　本条項の一般的構造は、契約当事者に、一般的不可抗力の公式と不可抗力事由のできあいのリストを提供することであり、その目的は次のとおりである[95]。
　第一に、本条項は、最大限の多くの契約起案者を助けるべく意図されている。第二に、出来事のリストに、単なる例示を超える機能、すなわち、当事者が、

一般的不可抗力の公式のみを使うことができるときよりも、リストされた出来事の一つを示すことができたときに、本条項を発動することがより容易であると分かるような機能を与えることが意図されている。第三に、リストされた出来事を発動する当事者にあまりに多くの保護を与えないことが重要である。つまり、その当事者が、リストされた出来事の単なる発生を提示するだけで、それを根拠に履行義務からの救済を要求することは不公正であると明白にみなされている。

当該条項の内容は、以下のとおりである。

当事者間の契約において明示または黙示に別段の合意がない限り、契約の当事者がその契約上の債務の一つ以上を履行しない場合、本条項の4項から9項が、その当事者が以下のことを証明するときには適用される。

(a) 履行しないことが、その当事者の支配を超えた障害により引き起こされたこと、(b) 契約締結時に障害の発生を考慮することが合理的に期待しうるものではなかったこと、および (c) 障害の結果を合理的に回避または克服することができなかったこと (1項)。

契約当事者が、契約の全部または一部を履行するために雇った第三者による債務不履行のために、その契約上の義務の一つ以上を履行しない場合、本条項の4項から9項において定められた結果が、(a) 契約当事者が本条項の1項において定められた要求を証明するとき、および (b) 契約当事者が、同じ要求が第三者に適用されることを証明するときには、契約当事者に適用される (2項)。

反対の証明がなくかつ当事者間の契約において明示または黙示に別途の合意がない限り、本条項を発動する当事者は、次の障害の一つ以上の発生の場合に、本条項の1項(a)および(b)に定められた条件を証明したものと推定される (3項)。

(a) 戦争 (宣言されたものであれそうでないものであれ)、武力衝突またはその重大な脅威 (敵対的攻撃、封鎖、軍事的禁止を含む)、交戦、侵入、外国敵軍の行為、広範な軍事動員。(b) 内戦、暴動反乱および革命、軍事的または権力奪取勢力、暴動、民衆騒動または無秩序、暴徒暴力、民衆不服従の行為。(c) テロ行為、サボタージュまたは海賊行為。(d) 適法であれ不法であれ当局の行為、法または政府の命令、規則、規定もしくは指示の遵守、夜間外出制限、

収用、強制取得、工場差押え、徴発、国有化。(e) 天災、疫病、伝染病、暴風雨、サイクロン、台風、ハリケーン、竜巻のような自然災害、大吹雪、地震、火山活動、地すべり、潮波、津波、洪水、稲妻による損害または破壊、干ばつ。(f) 爆発、火災、機械、機器、工場およびいかなる種類であれ装置の破壊、運送、通信または電流の長期間の途絶。(g) ボイコット、ストライキおよびロックアウト、怠業、工場および家屋の占拠のような一般的労働妨害。

　6項に従い、本条項を成功裡に発動する当事者は、通知が遅滞なくなされたときには障害が不履行を引き起こした時から、または通知が遅滞なくなされなかったときには通知が相手方当事者に到達する時から、契約上の債務を履行する義務から解放される（4項）。

　6項に従い、本条項を成功裡に発動する当事者は、4項に示した時から、損害賠償または契約違反に対する契約上の救済の責任から解放される（5項）。

　発動された障害または出来事の効果が一時的である場合には、上記4項および5項に定められた結果は、その障害またはリストされた出来事が、この条項を発動する当事者による契約上の義務の履行を妨げる限りでかつその期間中のみ適用される。本項が適用される場合には、本条項を発動する当事者は、障害またはリストされた出来事が契約上の義務の履行を妨げなくなるや否や、相手方当事者にそれを通知する義務を負っている（6項）。

　本条項を発動する当事者は、障害または契約上の義務の履行に対して発動された出来事の効果を制限するあらゆる合理的な手段をとる義務を負っている（7項）。

　1項に基づいて発動された障害または3項に基づいて発動された出来事の存続が、契約当事者の一方または双方から、契約に基づいて合理的に期待する権利があるものを実質的に奪う効果をもつ場合には、いずれの当事者も相手方当事者に対して合理的期間内に通知することにより契約を解除する権利を有する（8項）。

　上記8項が適用され、かついずれかの当事者が、契約の履行において他の契約当事者によりなされたものが理由で、契約の解除前に利益を奪った場合には、その利益を奪った当事者は、相手方当事者に対して、その利益の価値に等しい金額を支払う義務がある（9項）。

(a) 不可抗力の要件

ICC不可抗力条項1項に定められる不可抗力条項発動の要件は、以前のICC不可抗力条項1985、ウィーン条約79条、ヨーロッパ原則8:108条およびユニドロワ原則7.1.7条の要素を融合したものである[96]。

本条項は、不可抗力の結果を契約締結後に生じた障害に限定していない。当事者は、その当時は障害の存在を単に知らなかった、または知ることができなかったような環境において、本条項を発動することを望むかもしれないという理由で、そのような制限がなされなかったといわれる[97]。

しかし、この点は上記ハードシップ条項において述べた疑問が生じてくる。現代の情報化社会では関連する情報はすべて収集可能であることや理論的な整合性を考慮すると、ハードシップ条項におけると同様に、不可抗力事由が契約締結後に生じたものであることが要求されると考えられる。

ICC不可抗力条項3項によれば、リストされた出来事の一つ以上の発生を指摘することができる当事者は、2項(a)および(b)の要件を証明したものと推定される。

もっとも、このような出来事の単なる発生は、本条項を発動する当事者に自動的に救済を与えるわけではない。未だなお両当事者間で解決されるべき証拠のバランスの問題がある。すなわち、一方では、本条項を発動する当事者は、出来事の効果を回避することができなかったということを証明する必要が残されている。他方、相手方当事者は、発動された出来事が実際には支配内にあって、契約時に発動当事者により予期することができたことを証明することにより、本条項により確立された推定を不安定にすることができるとされる[98]。

ところで、発動当事者が、リストされた出来事の一つの範囲内に入れることができないような出来事により影響を受けた場合、当該当事者は、1項で確立された一般的な公式を通じて本条項を発動することができることはいうまでもない[99]。

また、発動当事者が当該出来事に全面的または部分的に寄与した場合については、ウィーン条約80条（自己の行為に起因する相手方の不履行）のような規定は定められてないが、そのような出来事は発動当事者の支配外のものではありえず、あるいはその効果が合理的には回避もしくは克服できなかったものと

はいえないと解されている[100]。

　このようにICC不可抗力条項では、3項にリストされた出来事については、当事者の支配外の存在および締結時の考慮に入れることの不可能が推定されており、それに反する立証責任は相手方当事者に転換されている。しかしながら、リストされた出来事とそれ以外の出来事について立証方法を異にする理由は必ずしも説得的であるとは考えられない。リストされた出来事は一般的に客観的にみて不可抗力といえるものというのであろうが、上述したように現代の情報化社会においては、両者間の限界的な出来事は、当事者の支配または考慮に入れることの可能性において明確に区別できるとは限らないからである。また、3項にリストされた出来事に固定して線引きすることも必ずしも適切でないと考えられる。国際取引の具体的な契約関係においては、その状況に応じて3項にリストされた出来事から外すことが必要なものや、逆にリスト外の出来事を3項のリストに入れることが必要なものも生じてくる。

　したがって、基本原則に戻ってすべての出来事について不可抗力を申し立てる当事者がその支配外であることおよび考慮に入れることの不可能性を立証すべきと考えられる。そして、現実の国際契約においては、3項にリストされた出来事に限られることなく、それらに加えてあるいは必要に応じてそれらを減じて、国際契約のそれぞれの類型に特有の不可抗力事由を具体的にかつできるだけ数多く記述することが必要である。

　　（b）不可抗力の効果

　通知をすることは、4項および5項、6項および8項で言及されているが、本条項のスキームでは、その発動の効果は遅滞なき通知を条件としている。それは、本条項を発動することを望む当事者に、相手方当事者に対してその発動の意図をすばやく通知するのに十分なインセンティブとなっている[101]。

　不可抗力の効果について、ヨーロッパ原則8:108条、さらにユニドロワ原則7.1.7条も十分な規定を設けていないが、国際契約の当事者としてはこれらの効果について明確に合意しておく必要がある。この点ICC不可抗力条項において、履行義務を免れるとする4項、損害賠償またはその他契約違反に対する救済も免れるとする5項、一時的な不履行に関する6項、損害軽減義務を定める7項、

いずれも有用である。8項は、障害の継続が重大な契約違反となる場合に契約を解除する権利を規定するが、さらに障害の継続により不履行が一定の期間（例えば6カ月間）続く場合には、契約を解除する権利が与えられるべきである。障害により履行の一部が不履行となる場合は、その一部不履行が契約に基づいて合理的に期待する権利があるものを実質的に奪うかどうか、つまり重大な違反となるかどうかにより契約を解除する権利を生ずることになる。このような場合を含めて違反の重大性について疑義や紛争を生じる場合がありうることから、不履行における付加期間の設定の趣旨と同じく、不可抗力による不履行についても、一定期間の設定と経過により契約解除権の発生に自動的につながる仕組みを設けることが必要であると考えられる。

また、ユニドロワ原則7.1.7条4項が定めるように、履行を留保する権利および利息を請求する権利を明文化しておく必要がある。

（c）現実的な不可抗力条項の構成

以上の検討から実際の国際取引における現実的な不可抗力条項は次のように考えられる。

① 不可抗力事由
・不可抗力に該当する出来事を具体的にかつできるだけ数多く列挙すること。

② 不可抗力の要件
・障害の発生が契約締結後に生じたものであること。
・障害が不履行当事者の支配を超えていること。
・契約締結時に障害の発生を合理的に考慮に入れることができなかったこと。
・障害の結果を回避または克服できなかったこと。

③ 不可抗力の効果
・不履行当事者は履行義務を免れること。
・不履行当事者は損害賠償またはその他契約違反に対する救済を免れること。
・一時的な不可抗力の場合には、その期間中のみ不履行の責任を負わないこと。
・不履行当事者は合理的な手段により損害を軽減する義務のあること。
・重大な契約違反または一定期間経過後において契約を解除する権利を有す

ること。
・履行を留保する権利および利息を請求する権利を有すること。
・契約解除にともなう原状回復。

(2) 免責条項

　国際取引の当事者は、契約の締結時において契約から生じる利害得失を計算するとともに、その履行や契約違反のリスクも計算に入れて、その決断に至るのが通常である。しかし、国際取引には常になんらかの不確定要素とリスクがつきまとうものであり、当事者をめぐる環境の急激な変化を考慮すると、確実性をもって履行の将来あるいは不履行の運命を予定することはきわめて困難である。とりわけ契約違反のリスクは、当該契約の性質により、違反に対する損害賠償額が巨額になる可能性がある場合には、契約の締結そのものの意思決定を阻害することになる。このような場合に契約違反と損害賠償の一般原則に依拠することは当事者の予測に反することになることから、ユニドロワ原則7.1.6条およびヨーロッパ原則8:109条は、不履行に対する一方の当事者の責任を制限または排除する条項、いわゆる免責条項を規定している。

　このような免責条項は、実際の国際取引において、とりわけ当事者の一方の不履行に対する責任をある限度で免責させるためにしばしば使われている。しかし、ユニドロワ原則7.1.6条やヨーロッパ原則8:109条のような一般的原則のままでは機能しないので、次のような考慮が必要であると考えられる。

　第一に、損害賠償を限定することを目的とするのであるから、実際の損害賠償額を一定の金額または一定の算式による金額に限定する趣旨であることを具体的に明確にする必要がある[102]。

　第二に、責任の限定が契約の目的を考慮して著しく不公正である、あるいは信義誠実と公正取引に反する場合には主張できないのであるから、責任の具体的な限定は、不履行当事者が当該契約関係から得る利益に照らして合理的であることを明らかにすることが必要である。

　例えば、国際ライセンス契約におけるライセンサーの責任の中で最も重要なものは、許諾技術の性能保証および許諾特許の特許侵害に関する責任である。前者の責任は、ライセンシーの技術レベルと密接に関連するところがあり、ラ

イセンシーが発展途上国の企業や後進企業の場合にはライセンシーの技術レベルが未知なだけに技術移転に伴うリスクは大きくなる。後者の責任は、ライセンスの対象となる許諾技術のライセンシーによる実施が第三者の特許権を侵害する場合および第三者が許諾特許を侵害する場合においてどのような侵害問題が発生し、どの程度の責任額になるかはまったく予測できないというリスクにかかわるものである。このようなリスクに対処するために、ライセンサーは、ライセンサーがライセンス期間中に取得する総ロイヤルティ額を基準として、許諾技術の性能保証および許諾特許の特許侵害を含めてライセンサーのすべての責任について、例えばその二分の一の金額を限度とする免責条項をライセンス契約に織り込むことを要求するのである。

(3) 代金減額請求権

当事者の一方により契約に適合しない履行が提供された場合、相手方当事者としてはこれを不適合として拒絶し契約違反の責任を追及するか、これを承諾して不履行に比例した代金の減額を請求するかの選択肢がありうる。後者の方法は、ユニドロワ原則においては採用されていないが、損害賠償に代わる金銭的原状回復方法であり、ヨーロッパ原則9:401条およびウィーン条約50条により明文化されている。このような条項は、契約の対象とする物品またはその一部が実際に引き渡された場合に適用されるのが一般的であり、その適用範囲は限られているともいわれるが、数量、品質や引渡時期など契約の不適合がある場合に代金の減額という簡便な方法により利害の調整を図ることは実際のビジネスにおいてしばしば行われるものである。国際契約における被害当事者にとって、契約違反を追及するよりも簡便かつ迅速にその救済を実現できるのであればその選択肢が増えることになり、きわめて有用であると考えられる。実際の国際契約の中にこのような代金減額条項を織り込むことが必要であり、代金減額によっても損害が残る場合にはさらに損害賠償を請求することは可能であるから、その趣旨も併せて明文化しておくことが必要である。

(4) 契約解消後の権利義務関係

契約の解消には、契約期間の満了による場合と契約期間前の契約解除による

場合がある。いずれの場合にも共通する解消後の権利義務に関する規定として、ユニドロワ原則7.3.5条、ウィーン条約81条およびヨーロッパ原則9:305条は、解消が、とくに紛争解決のための規定やその他解消後に適用されるべき契約条項に影響を及ぼさないことを定めている。

「その他解消後に適用されるべき契約条項」とはどのような条項であろうか。ユニドロワ原則7.3.6条（原状回復）やヨーロッパ原則9:306条から9:309条までの原状回復に関する規定などは、明示の条項として解消後も適用されることは明らかである。しかし、秘密保持条項などは、国際取引においては当事者間の関係を規律する重要な条項であり、解消後も残存する義務として適用する必要があるが、ユニドロワ原則、ヨーロッパ原則のいずれもこれについての規定を欠いている。

さらに、契約期間前の解除の場合には、契約の解消になんらの責任もない解除権者の解消後の利益を保護する方策を必要とする場合がありうる。いずれにしても、上記の各条項は、解消後も残存する当事者の権利義務がありうることを一般的に表明することにおいては意味があるけれども、そのまま一般条項として機能することは期待できない。契約解消の最終段階においては、当事者の権利義務は錯綜しており、それらを清算するシステムはきわめて重要である。その一環として解消後の当事者の権利義務は、具体的な内容を記述した規定が必要であると考えられる。解消後直ちに、当事者はそれぞれ独自のビジネス活動を展開するのであり、その利害が競争者として鋭く対立することになる場合もしばしばであるからである。

国際ジョイントベンチャー契約関係を例に検討すると、契約解消後の当事者の権利義務は以下のような枠組みの中で処理すべきと考えられる。とりわけジョイントベンチャーの共同事業者が競争者である場合には解消後の権利義務関係を十分に事前に検討しておく必要性はきわめて高い。ジョイントベンチャー契約関係の解消には、共同事業者の一方が撤退する場合とジョイントベンチャー（合弁会社型ジョイントベンチャーまたはパートナーシップ型ジョイントベンチャー）そのものを解散する場合とがある[103]。

① 共同事業者の一方の撤退に伴う権利義務関係

第一に、撤退する共同事業者がジョイントベンチャーに供給していた原材

料・部品供給について、契約解除か継続か。解除の場合には、新しい供給先が確保できるまでの継続供給の義務を残存させる必要がある。逆に、ジョイントベンチャーが撤退する共同事業者に原材料・部品を供給していた場合には、ジョイントベンチャーとしてはその供給の権利を残したいところである。

　第二に、撤退する共同事業者が提供していた製品マーケティング援助について、契約解除か継続か。解除の場合、ユーザーに対する品質保証や欠陥製品のクレームなどの保証責任はどの程度ジョイントベンチャーに引き継ぐのか明らかにする必要がある。

　第三に、撤退する共同事業者がライセンサーの場合における技術援助を含むライセンス契約について、契約継続か解除か。継続の場合、条件の変更に関する合意が必要である。

　第四に、撤退する共同事業者がジョイントベンチャーにその商標・商号の使用を許諾していた場合、その使用が禁止されるのが通常である。

　第五に、撤退する共同事業者が受領した秘密情報・ノウハウについて、すべての秘密情報の返還が要求され、ノウハウの使用が禁止される。

　第六に、撤退する共同事業者に残存する秘密保持義務の内容および存続期間。

② 　ジョイントベンチャーの解散・清算に伴う権利義務関係

　第一に、ジョイントベンチャーに最終的に生じた損失について、共同事業者が持株・持分比率に応じて負担するのか。

　第二に、第三者との契約について、原則として解除するが、共同事業者が引き継ぐものがあるか。

　第三に、ジョイントベンチャーに残るその他の法的義務・責任について、共同事業者が引き継ぐべき保証などの責任はあるか。

　第四に、ジョイントベンチャーが採用した従業員について、共同事業者が引き取る可能性はあるか。

　第五に、ジョイントベンチャーが所有する知的財産について、いずれの当事者がいかなる対価で譲り受けるのか、そして他の共同事業者に対するライセンスおよびその条件はどうするのか。

　第六に、共同事業者との契約について、原則としてすべて解除するが、共

同事業者間の契約に変えて残すべきものがあるか。ライセンス契約の場合、残存する事業を引き継ぐライセンシーである共同事業者に対するライセンスをどのような条件で許諾するのか否か。

第七に、残存する秘密保持義務の内容と存続期間。

注

1) Arthur Rosett, UNIDROIT Principles and Harmonization of International Commercial Law: Focus on Chapter Seven, Uniform Law Review 1997-3, at 448.
2) M.P. Furmston, Breach of Contract, The American Journal of Comparative Law Vol.40 (1992), at 671.
3) Unidroit Principles Art. 7.1.1, Comment.
4) Unidroit Principles Art. 7.1.2, Comment 1-2.
5) European Principles Art. 8:101, Comment A.
6) Id. Comment B.
7) European Principles Art. 8:102, Comment C.
8) 買主が契約またはこのウィーン条約に定められた義務のいずれかを履行しない場合には、売主は、(a) 62条から65条までに規定された権利を行使すること、(b) 74条から77条までの規定に従い損害賠償を請求することができる (ウィーン条約61条1項)。
売主が損害賠償を請求する権利は、それ以外の救済を求める権利を行使することによって失われることはない (ウィーン条約61条2項)。
売主が契約違反に対する救済を求める場合に、裁判所または仲裁廷は買主に猶予期間を与えてはならない (ウィーン条約61条3項)。
9) European Principles Art. 8:101, Illustration 5.
10) Unidroit Principles Art. 7.1.4, Comment 1.
11) Id. Comment 3.
12) Id. Comment 8.
13) Id. Comment 7.
14) Id. Comment 10.
15) 井原宏・現代国際取引法 (商事法務研究会、1999) 25頁。
16) Unidroit Principles Art. 7.1.4, Illustration 3.
17) Unidroit Principles Art. 7.1.5, Comment 1.
18) 売主は、買主による義務の履行のために、合理的な長さの付加期間を定めることができる (ウィーン条約63条1項)。
その期間内に履行しない旨の通知を受け取った場合でない限り、売主はその期間中契約違反についてのいかなる救済をも求めることができない。ただし、売主は履行の遅滞に

ついて損害賠償を請求する権利を失うことはない(ウィーン条約63条2項)。
19) European Principles Art. 8:106, Comment A.
20) Id. Comment E.
21) Arthur Hartkamp, The UNIDROIT Principles for International Commercial Contracts and the Principles of European Contract Law, European Review of Private Law 2, 1994, at 352.
22) European Principles Art. 8:107, Comment B.
23) Unidroit Principles Art. 7.1.3, Comment.
24) European Principles Art. 9:201, Comment B.
25) ICC International Court of Arbitration, Paris, 00.01.1999 Arbitral Award.
26) Denis Tallon, Damages, Exemption Clauses, and Penalties, The American Journal of Comparative Law Vol.40 (1992), at 680-681.
27) Marcel Fontaine, The UNIDROIT Principles: An Expression of Current Contract Practice?, International Court of Arbitration, UNIDROIT Principles of International Contracts-Reflections on their Use in International Arbitration(ICC Publishing, 2002), at 98.
28) Unidroit Principles Art. 7.1.6, Comment 4.
29) Tallon, supra note 26, at 681.
30) European Principles Art. 8:109, Comment A.
31) Id. Comment C.
32) Id. Comment D.
33) Id. Illustration 3 and 4.
34) Dietrich Maskow, Hardship and Force Majeure, The American Journal of Comparative Law Vol.40, at 663.
35) Joseph M. Perillo, Article: Force Majeure and Hardship under the Unidroit Principles of International Contracts, 5 Tul. J. Int'l & Comp. L. 5(1997), at 16.
36) Id. at 664-665.
37) 井原・前掲注(15)、34-35頁。
38) European Principles Art. 8:108, Comment C.
39) Id. Comment D.
40) Id. Comment E.
41) Unidroit Principles Art. 7.1.7, Illustration 1.
42) Id. Illustration 4.
43) European Principles Art. 8:108, Illustration 5.
44) Furmston, supra note 2, at 674.
45) E. Allan Fransworth, The 24th John M. Tucker, Jr. Lecture In Civil Law: A Common Lawyer's View of His Civilian Colleugues, 57 La. L. Rev. 227(1996), at 235-236.
46) 請求する (require) という言葉は、相手方当事者に向けられた要求 (demand) および

必要な場合にはそのような要求の裁判所による執行（enforcement）の両者を含んで用いられる。Unidroit Principles Art. 7.2.1, Comment.
47) Hartkamp, supra note 21, at 352.
48) European Principles Art. 9:101, Comment B.
49) Id. Illustration 1.
50) Unidroit Principles Art. 7.2.2, Comment 1-2.
51) Unidroit Principles Art. 7.2.2, Comment 3.
52) 例えば、3.3 条、7.1.7 条 4 項参照。
53) 7.4.5 条参照。
54) European Principles Art. 9:102, Comment B.
55) Id. Comment H.
56) Unidroit Principles Art. 7.2.3, Comment 2.
57) Id. Comment 3.
58) 買主が、物品の不適合を発見しまたは発見すべきであった時から合理的期間内に、売主に対し不適合の性質を明確にした通知を与えない場合には、買主は物品の不適合について援用しうる権利を失う（ウィーン条約 39 条 1 項）。
59) もっとも、ヨーロッパ原則 9:102 条の Comment C において不完全履行の治癒を要求する権利について解説がなされている。
60) Unidroit Principles Art. 7.2.4, Comment 1.
61) Id. Comment 6.
62) Unidroit Principles Art. 7.2.5, Comment 1.
63) Unidroit Principles Art. 7.3.2, Comment 3.
64) 売主は、(a) 契約またはこのウィーン条約に基づく買主の義務のいずれかの不履行が、重大な契約違反となる場合、あるいは (b) 63 条 1 項に基づき売主が定めた付加期間内に、買主が代金支払義務もしくは物品の引渡受領義務を怠る場合、または買主がその期間内にその義務を履行しない旨を宣言した場合には、契約の解除を宣言することができる（ウィーン条約 64 条 1 項）。
65) European Principles Art. 9:301, Comment D.
66) Id. Illustration 2.
メーカーとディーラー間の独占的ディーラーシップ契約は、ディーラーが独占的購入条項に違反したがゆえに解除された。しかしながら、ディーラーは、契約の条項に反して現金払を要求したというメーカーの財政的な要求により、どこか別のところから購入するよう誘導されたという事実があったことから、両者間の解除をめぐる争いにおいてその事実を証明することができる。この場合裁判所は、各当事者の行動を調査すべきであり、その結果メーカーの行為がディーラーの不履行を導いたと決定するときは、ディーラーに損害賠償請求権を付与することができる。

67) European Principles Art. 8:103, Comment A.
68) Id. Comment B.
69) Id. Comment C.
70) Id. Illustration 1 and 2.
71) Hartkamp, supra note 21, at 354.
72) Andersen Consulting Business Unit Member Firms v. Arthur Andersen Business Unit Member Firms and Andersen Worldwide Societe Cooperative, ICC International Court of Arbitration, Geneva, 28.07.2000 Arbitral Award 9797.
73) ICC International Court of Arbitration, 00.00.2001 Arbitral Award 10422.
74) Unidroit Principles Art. 7.3.3, Comment.
75) European Principles Art. 9:304, Comment A.
76) Unidroit Principles Art. 7.3.4, Comment 1.
77) Id. Comment 2.
78) European Principles Art. 8:105, Illustration 3.
  Bは、Sから物品の購入にために三つの連続する契約を締結した。その後Bは、最初の二つの契約のそれぞれにおける代金支払の履行をしなかった。Sは、第三の契約における購入代金の銀行保証、または支払がなされるであろうという他の合理的な保証を要求することができるのであり、Bの支払約束をもっぱら信頼する義務はない。
  本ケースは、「相当な保証」とはなにかという問題を提起するものであり、すでに2回の代金支払の不履行があることから、銀行保証ないしそれと同等の保証が必要とされると考えられる。
79) Id. Comment A.
80) Id. Comment C.
81) European Principles Art. 9:305, Comment A.
82) Id. Comment B.
83) Id. Illustration 1.
84) Unidroit Principles Art. 7.3.6, Comment 1.
85) Id. Comment 2.
86) 売主が代金の払戻しをなすべき場合には、代金の支払がなされた日からの利息も支払わなければならない（ウィーン条約84条1項）。
  買主は、次の場合には、物品もしくはその一部から得たすべての利益を売主のものとして計算しなければならない。(a) 買主が、物品もしくはその一部を返還しなければならない場合、または (b) 物品の全部もしくは一部を返還することまたは物品を受け取った当時と実質的に同等の状態で物品の全部もしくは一部を返還することができないにもかかわらず、買主が、契約を解除または売主に代替品の引渡しを要求した場合（ウィーン条約84条2項）。

87) European Principles Art. 9:306, Comment.
88) European Principles Art. 9:307, Comment A.
89) Id. Comment B.
90) European Principles 9:308, Comment A
91) European Principles 9:401, Comment A.
92) 井原・前掲注（15）、27頁。
93) European Principles 9:401, Illustration 1.
94) Id. Illustration 3.
95) ICC Force Majeure Clause 2003, Introductory Note on the Application and General Structure of the Clause.
96) Id. Note a.
97) Id. Note c.
98) Id. Note d.
99) Id. Note e.
100) Id. Note f.
101) Id. Note j.
102) 免責条項の文言が不明確なときには、免責条項を主張しようとする当事者に不利益に解釈される。Mark Anderson, Drafting and Negotiating Commercial Contracts (Butterworths, 1997), at 112.
103) 井原・前掲注（15）322-323頁。

第 8 章

損害賠償

1 損害賠償請求権

(1) 損害賠償を請求する権利

　ユニドロワ原則7.4.1条によれば、いかなる不履行も被害当事者に対し、損害賠償を請求する権利を排他的にまたは他の救済方法とともに与える。ただし、ユニドロワ原則により不履行の責を免れる場合はこの限りではない。

　被害当事者は、単に不履行を証明するだけで十分であり、その不履行が不履行当事者の過失によるものであったことまでも証明することは必要とされない。不履行を証明することの困難さの程度は、債務の内容いかんによっており、例えば、債務が最善努力義務（5.1.4条2項）あるいは特定結果達成義務（5.1.4条1項）のいずれかによって大きく異なる[1]。

　不履行の責を免れる場合とは、不可抗力（7.1.17条）、免責条項（7.1.16条）およびハードシップ（6.2.2条）の場合である。損害賠償請求権は、契約の不履行の状況からのみではなく、契約前の期間中においても生じうる。例えば、不誠実な交渉（2.1.15条）、秘密保持義務違反（2.1.16条）および錯誤、詐偽または過大な不均衡（3.10条）の場合における損害賠償である[2]。

　ウィーン条約において、上述した45条1項(b)は、単に売主の契約違反に対するさまざまな救済方法を列挙しているのではなく、買主の損害賠償請求権の源を示している。買主は、売主のいかなる契約違反に対しても損害賠償を請求することができるのであり、74条から77条（損害賠償）そのものは、責任の程度、つまり損害賠償額の算定に関する規定にすぎず、45条1項(b)（救済方法一

般）は、ウィーン条約の損害賠償責任の基礎が契約違反そのものであるという無過失責任の原則を表明していると考えられる。61条1項(b)（救済方法一般）も同様に売主の損害賠償請求権の源を示している。買主のいかなる義務の不履行も売主に契約違反に対する損害賠償を請求する権利を与えるのである[3]。

ヨーロッパ原則9:501条においても損害賠償請求権に関して、ユニドロワ原則と同様の規定に加えて、損害賠償の対象となる損失についての規定を設けている。被害当事者は、8:108条（不可抗力）の下で免責されない相手方当事者の不履行により引き起こされた損失に対して損害賠償を請求する権利を有する（1項）。損害を回復することができる損失は、(a)非金銭的な損失、および(b)合理的に起こりうる将来の損失である（2項）。

当事者の債務が一定の結果を生ずることである場合、そうすることの不履行は、履行が免責される場合を除いて、不履行当事者による過失（fault）があったかどうかにかかわりなく、被害当事者に損害賠償を請求する権利を与える。当事者の債務が、一定の結果を生ずることではなく、単に合理的な注意と技量を用いることである場合には、当事者は、その債務を達成しなかった、つまり約束した注意と技量を行使しなかったときにのみ、責任を負うのである[4]。

被害当事者により回復することができる損失は、将来の損失、つまり、損害額の算定時以後被ると考えられる損失である。裁判所は二つの不確実さ、将来の損失が生じる蓋然性とその額を評価することを要求される。将来の損失が機会の喪失の形をとることもしばしばである[5]。

(2) 全部の賠償請求権

ユニドロワ原則によれば、被害当事者は、不履行の結果被った損害（harm）に対し全部の賠償を請求する権利を有する。そのような損害は、被害当事者が被った損失およびその奪われた利益の双方を含み、被害当事者が出費や損害を免れた結果生じた利益は控除される（7.4.2条1項）。本条は、全部賠償の原則とともに、不履行と損害の間における因果関係の必要性も確認している[6]。

全部の損害賠償請求という原則の第一の結果は、裁判所は、スイス法やオランダ法のような衡平を理由とした損害賠償額を軽減する権限を有しないということである。第二の結果は、損害が不履行の結果でなければならないという因

果関係の原則である。これは、一方で遠因（remoteness）の問題を直視する道であり、他方で損害の予見可能性（foreseeability）の問題にかかわる。また、全部賠償の原則は、懲罰的損害賠償を拒否することになる[7]。

被った損失という概念は、広い意味で理解されるべきであり、被害当事者の資産の減少またはその負債の増加を含む。利益の喪失ないし結果的損害は、契約が適正に履行されたならば被害当事者に通常生じたであろう利益である。上述したように、このような利益は、しばしば不確かであり、機会の喪失の形をとることもしばしばである[8]。ただし、被害当事者が不履行に対する損害賠償によって不当に利益を得る結果になってはならないことから、不履行の結果被害当事者に生じる利益を控除しなければならない。

本条1項の損害は、非金銭的損害であり、例えば、身体的または精神的苦痛を含む（7.4.2条2項）。非金銭的損害には、苦痛、生活の快適さの喪失、美的な偏見、名誉や評判に対する攻撃から生じる損害が含まれる。したがって、非金銭的な損害の賠償は異なる形態をとることができるので、裁判所は、どの形態が最もよく全部の賠償を確保することになるかを決定すべきであり、損害賠償額を認めるのみではなく、指定された新聞紙上の公告のような他の救済方法も命ずることができる[9]。

ウィーン条約74条によれば、一方の当事者の契約違反に対する損害賠償は、うべかりし利益の喪失も含め、その違反の結果相手方が被った損失に等しい額とする。この損害賠償は、違反をした当事者が契約締結時に知りまたは知るべきであった事実および事項に照らし、契約違反から生じうる結果として契約締結時に予見しまたは予見すべきであった損失を超えることはできない。本条は、契約違反により引き起こされたすべての損失に対して保護する一般原則である。一方の当事者に契約違反があったこと、相手方が損失を被ったこと、そしてその違反と損失の間に事実的な因果関係があることが必要であり、損害賠償の範囲が当事者の予見可能性によって画されることになる。

ヨーロッパ原則9:502条においても損害額の算定に関して、ユニドロワ原則と同様であるが、一般的な規定を定めている。損害額の一般的な算定額は、契約が適正に履行されたときに置かれたであろう地位に被害当事者をできるだけ近く置くような金額である。そのような損害額は、被害当事者が被った損失お

よび被害当事者が奪われた利益を含む。

　被害当事者は、損害額の減額において、その損失を相殺する補償的利益を考慮しなければならない。つまり、その差額である純損失が回復しうるものである。同様に、被害当事者の奪われた利益の計算においては、そのような利益をつくり出すのにかかったコストは、純利益を生ずるために控除されなければならない補償的節約とされる[10]。

［解説例］
　当面使用の予定のない機械を所有する建設会社Oは、Hに月1,000ドイツマルクで1年間その機械をリースする契約を締結した。3カ月後、Oは、Hの賃貸料不払のため、契約を解除し、機械を取り戻した。その2カ月後、Oは、その機械を月1,200ドイツマルクで7カ月間再び貸すことに成功した。Oは、本来の契約を解除した時に弁済期の到来している、未払の賃貸料および将来の賃貸料の収入に対する損失を請求する権利を有するが、解除後の2カ月間の賃貸料の損失に対する請求、すなわち2,000ドイツマルクは、本来の契約の残存7カ月間に受け取る追加の賃貸料1,400ドイツマルクにより減額される[11]。
　このような相殺は、ヨーロッパ原則9:502条またはユニドロワ原則7.4.2条1項のいずれの適用によっても同じ結論となる。

［仲裁例］
　パナマの会社（申立人）とポルトリコ（Porto Rico）の会社（被申立人）は、ディストリビューターシップ契約を締結し、被申立人はアメリカ合衆国およびヨーロッパ中において全バナナ生産品を販売する独占的権利を申立人に一定の期間許諾した。合意された満期日よりはるか前に、被申立人は一方的に契約を解除し、バナナをその関連会社を通じて直接に販売する意図を表明した。
　申立人は、契約に含まれた仲裁条項に従ってパナマ市の仲裁廷に仲裁手続を開始し、被申立人による契約違反に対する損害賠償を請求した[12]。
　仲裁廷は、利益の喪失を含む、被った損失の賠償を申立人に認めたが、その決定は、国際仲裁の実際において見受けられる多くの先例に基づくと同様に、明示的にユニドロワ原則7.4.2条およびそのコメントに基づくものであった。

しかし、実際に申立人が被った損失の正確な額を決定することは難しく、仲裁廷は、その衡平な定量化を行うために、同じ解決策を採用した仲裁裁定を引用すると同様に、ユニドロワ原則7.4.3条（損害の確実性）を引用したのである。

結局のところ、被害当事者の被った損失の額の算定は、国際仲裁における先例をベースとして、仲裁人の裁量に委ねられることになると考えられる。

2 損害賠償請求の要件と証明

(1) 損害賠償請求の要件

(a) 損害の確実性

ユニドロワ原則7.4.3条によれば、賠償は、将来の損害を含め、合理的な程度の確実性（certainty）をもって証明された損害に対してのみ認められる（1項）。そして機会の喪失に対する賠償も、その機会が起きる蓋然性に応じて認められる（2項）。しかし、損害額が十分な程度の確実性をもって証明することができない場合には、その算定は裁判所の裁量に委ねられる（3項）。

確実性は、損害の存在のみならず、その程度に関係している。損害の存在については争いがないが、それを定量化することは困難な場合がありうる。例えば、上述したような機会の喪失や非金銭的損害に対する賠償の場合である。本条3項によれば、損害額が十分な程度の確実性をもって立証することができない場合には、賠償を拒否する、または名目的な賠償額を認めるよりは、裁判所が被った損害の衡平な定量化をする権限を有することとしたのである[13]。

［仲裁例］
アメリカのメーカーとアルジェリアの開発会社は、工業用機器の供給とノウハウの移転に関する契約を締結した。その付属契約においてメーカーは、当該機器の変更および改良に関する情報をライセンシーであるアルジェリアの開発会社に提供することに合意していた。このような技術情報の提供に関する両当事者間の紛争において、仲裁廷は、メーカーがかかる情報を提供しないことにより、市場の需要に応じて当該機器の生産を発展させる機会の喪失をライセンシーにもたら

したと判断した。仲裁廷は、その判断を支持するためにユニドロワ原則7.4.3条2項に言及したのである[14]。

本ケースにおけるような技術情報提供の不履行から生ずるとされる機会喪失による損害額の算定は最も困難なものであり、仲裁人の裁量いかんによるものと考えられる。

(b) 損害の予見可能性

損害の予見可能性は、比較法的見地から興味深い問題を提起している。予見可能性が因果関係の概念に統合されたために、ドイツ法、スイス法やオランダ法のような法制度は予見可能性についてのルールを有しない。コモンローでは、予見可能性は多かれ少なかれ因果関係の問題であり、さらに、Hadley v. Baxendale, 9 Ex. 341[15]におけるルールによれば、予見可能性は遠因のテストであり、契約締結時に予見することが可能でなかったものは、損害賠償の対象とするにはあまりにも遠い（remote）損失とされる。大陸法の国において、フランス法やイタリア法のように予見可能性がルールである場合には、予見可能性は、直接損害に対する賠償の制限であり、全部賠償の原則に対する例外とされる。ただし、この例外は、故意のまたは重大な過失ある不履行の場合には適用されない[16]。

ユニドロワ原則7.4.4.条は、不履行当事者は、契約締結時に、不履行の結果として生じるであろうとして予見しまたは合理的に予見することができた損害についてのみ責任を負うと規定する。

回復しうる損害を予見しうるものに制限する原則は、上述したウィーン条約74条において採用されたものに相応する。なにが予見しうるものであるかは、契約締結の時および不履行当事者自身の状況に言及することによって決定されるべきである。つまり、その判断基準は、通常の真摯な者が、通常の物事の過程および当事者によりもたらされた情報や以前の取引のような特定の契約状況において、不履行の結果としてなにを合理的に予見することができたかということである[17]。

ヨーロッパ原則においても予見可能性について、ユニドロワ原則と同様の規定が定められているが、故意または重大な過失による例外については、ユニド

ロワ原則には規定がなく、ヨーロッパ原則に改善がみられる。すなわち、不履行当事者は、契約締結時に、不履行の結果として生じると予見しまたは合理的に予見することができた損失についてのみ責任を負う。ただし、不履行が故意または重大な過失による場合はこの限りではない（9:503 条）。

故意または重大な過失による不履行の場合には、不履行当事者が負う損害額は、予見不可能のルールにより制限されず、たとえ予見不可能であっても、完全な損害額が補償されることが必要である[18]。

(2) 損害の証明

（a）代替取引における損害の証明

ユニドロワ原則7.4.5条においては、被害当事者が契約を解除し、かつ合理的な期間内に合理的な方法で代替取引（replacement transaction）を行った場合には、被害当事者は、契約価格と代替取引の価格との差額およびそれ以上の損害に対する賠償を請求することができる。本条は、ウィーン条約75条に相応し、例えば、損害を軽減する義務または慣習の要求するところから、被害当事者が代替取引を行った場合を対象としている。そのような場合における損害は、契約価格と代替取引の価格との差額であると考えられている[19]。

ウィーン条約によれば、契約が解除された場合において、合理的な方法で、かつ解除後合理的な期間内に、買主が代替品を購入し、または売主が物品を他に売却したときは、損害賠償を請求する当事者は、契約代金と代替取引における代金との差額およびさらにそれ以上の損害があるときは74条に基づく損害賠償を請求することができる（75条）。

本条の利点は、買主による再購入の場合、損害を被った買主による再購入自体が損害を確証しており、物品の時価ないし市価を立証する必要がないことである。もっとも、理論的には買主に代替品購入の義務はないが、契約を解除して合理的な代替品購入の手当てをしない買主については、なにもしないで被害を軽減しなかった損失に対する賠償は否定されることになる（77条）。一方、売主による再販売の場合、この代替取引によって得られた再販売代金が契約代金と同等以上に高いものであるときには、損失は生じなかったことになる。また、売主自身の供給が売主に対する需要を超えているときは、そもそも再販売によ

る代替取引というものが起こりえなかったことになり、このような場合における損失は買主の違反による直接的な損失として74条の対象となる[20]。

　ヨーロッパ原則においても代替取引に関して、ユニドロワ原則と同様の規定が設けられている。被害当事者が契約を解消し、かつ合理的な期間内に合理的な方法で代替取引（substitute transaction）を行った場合には、契約価格と代替取引の価格の差額を、それ以上の損失に対する損害額とともに、回復することができる（9:506条）。被害当事者は、契約価格と本来の契約から価値または種類において合理的な代替ではないほどに異なる代替取引の価格との差額は回復することはできない[21]。

［仲裁例］
　第三者との契約を履行するために、スイスの買主は、オーストリアの売主と化学肥料の供給のために契約を締結した。売主はその化学肥料の一部を得るべくウクライナの供給者に申し込んだ。買主は、ウクライナの供給者に引渡しのために使われる包装（売主の指示の下で買主により製造された麻袋）を送った。買主より送られた麻袋は、ウクライナの化学業界の技術規則に適合しなかったので、供給者はその麻袋を利用することができなかった。その結果、化学肥料は、契約で定められた期間内に引き渡されなかった。買主は、いつ化学肥料が引き渡されるかを書面で尋ね、売主による明確な約束がない場合には、未だ引き渡されていない部分に関して契約を解除する旨を明示に追加した。売主の返事が一般的であったので、買主は、第三者とすでに締結した契約を履行するためにはより高い価格で代替購入を行わなければならなかった。買主は、代替購入から生じた損失とともに、買主が供給した麻袋のコストを含む、損害賠償を請求する仲裁手続を開始した。買主は、LIBOR（London International Bank Offered Rate）プラス2％の利息も求めた。
　仲裁廷は、以下のような判断を下した。
　売主が、包装の正しい製造のために必要な指示を買主に与える義務に違反したので、売主は、契約の重大な違反を犯した（ウィーン条約21条）。さらに、売主は、そのリスクの一部として、供給者により引き起こされた不引渡しに対して責任を有するので（ウィーン条約79条2項）、履行から免責されない。

> 遅滞した引渡しは、重大な違反に至らないのが通常であるけれども、引渡日が買主にとってとりわけ重大であり、かつ売主もそのことを知っていたということが状況から分かるときには、当該遅滞は重大な違反を構成する。本ケースの場合、売主は、物品が買主より第三者へ引き渡されるべきこと、および引渡しが遅滞した場合には、買主が、物品の代替購入より生じた追加のコストとともに契約上のペナルティを支払わなければならないということを知っていた。
>
> 買主は、当該契約が分割による物品の引渡しの契約であるので、ウィーン条約51条1項（一部不履行）および73条（分割履行の契約における違反）に従い、契約の部分的解除の権利を有する。
>
> ウィーン条約49条1項(a)（救済方法一般）、74条および75条に従い、買主は、供給した麻袋のコストおよび代替購入のコストを含む損害額を回復する権利を有する。
>
> 代替購入に関して、仲裁廷は、買主による代替取引がウィーン条約75条によって要求されたように合理的であると判断した。仲裁廷によれば、買主が慎重で注意深いビジネスマンとして行動し、証明基準を満たすに必要な第一の条件として、代わりに購入された物品が、引き渡されなかったものと同じ種類と品質のものであるときには、当該取引は合理的であると評価される。買主が第三者に間に合うように引き渡すために代わりの化学肥料を購入しなければならなかった短い期間は、買主が交渉のためにもっと長い時間をもっていたとしたら獲得したであろうよりも高い価格を正当化することになるので、購入価格もまた合理的であると判断されたのである[22]。
>
> 本ケースにおける代替購入およびその購入価格の合理性についての仲裁廷の判断はきわめて適正であり、先例としての価値を有すると考えられる。

（b）時価による損害の証明

ユニドロワ原則7.4.6条によれば、被害当事者が契約を解除し、代替取引を行わなかったが、契約の目的とされた給付につき時価（current price）が存在する場合には、被害当事者は、契約価格と契約解除時の時価との差額およびそれ以上の損害に対する賠償を請求することができる（1項）。この場合時価とは、契約が履行されるべきであった場所において、類似の状況の下で引き渡される物品

または供給されるサービスに対して一般的に課される価格、またはその場所に時価が存在しないときには、基準とするのが合理的とみられる他の場所における時価である（2項）。

　本条の目的は、ウィーン条約76条に対応しており、代替取引がなされなかったが、履行に対する時価が存在する場合における損害の証明を容易にすることである。そのような場合における損害は、契約価格と契約解消時の時価との差額に等しいものとみなされる[23]。

　ウィーン条約によれば、契約が解除された場合において物品に時価があるときで、損害賠償を請求する当事者が75条に基づく購入または他への売却を行っていないときは、その当事者は契約で定められた代金と解除時における時価との差額およびさらにそれ以上の損害があるときは74条に基づく損害賠償を請求することができる。ただし、損害賠償を請求する当事者が物品を引き取った後に契約を解除したときは、解除時における時価に代えて物品を引き取った時における時価を適用する（76条1項）。前項の目的のため、時価とは、物品の引渡がなされるべきであった場所における支配的な価格とする。ただし、その場所に時価がない場合には、合理的な代替として資する他の場所における価格を時価とし、物品の運送費用の差を適切に加味する（75条2項）。

　ヨーロッパ原則においても時価に関して、ユニドロワ原則7.4.6条1項と同様の条項が規定されている（9:507条）。もっとも、時価の定義についての規定はなく、この点ユニドロワ原則の方が周到かつ明解である。

3　損害賠償額の軽減

(1) 被害当事者による起因

　ユニドロワ原則7.4.7条によれば、損害が、被害当事者の作為もしくは不作為に、または被害当事者がリスクを負担する他の出来事に部分的に起因する場合、損害賠償額は、各当事者の行為を考慮して、それらの要素が損害に寄与した限りで軽減される。

各当事者の損害に対する寄与 (contribution) を決定することは難しく、相当程度裁判所の裁量権の行使いかんによっている。本条によれば、裁判所に対するガイダンスとして、裁判所は各当事者のそれぞれの行為を考慮すべきとされる。当事者の起因が重大であればあるほど、その損害に対する寄与がより大きいものとなる[24]。

ヨーロッパ原則9:504条においても被害当事者による起因に関して、ユニドロワ原則と同様の規定が設けられている。不履行当事者は、被害当事者が不履行またはその効果に寄与した限りにおいて、被害当事者が被った損失に対して責任を負わない。

本条は、二つの場合を対象とする。第一は、被害当事者の行為が不履行の一部の原因である場合[25]、第二は、被害当事者が、不履行自体に対してはなんらの責任もないけれども、その行為により損失を生ずる効果を悪化させた場合である[26]。

[仲裁例]
　ロシアの売手とエストニアの買手は、買手による前渡金を定める売買契約を締結した。買手が前渡金を支払ったが、売手は税関における通関の遅延により物品の引渡しを遅延したので、買手が前渡金に対する利息の支払を請求した。
　仲裁廷は、売手による引渡しの遅延は買手が通関に必要な書類を売手に時宜を得て提供しなかったことによるものであるとし、ユニドロワ原則7.4.7条に言及して、買手が要求する損害賠償額の半分のみを認容する決定を下したのである[27]。
　本ケースにおける買手の損害額は前渡金の利息という比較的単純なものではあるが、その責任の半分は買手による通関書類の提供の遅滞にあるとして、責任を両者で折半するような配分方法は国際仲裁においてしばしば見受けられる。

(2) 被害当事者の損害軽減義務

ユニドロワ原則7.4.8条によれば、不履行当事者は、被害当事者が被った損害に対して、被害当事者が合理的な措置をとっていたならば軽減することができたであろう限度において責任を負わない。一方、被害当事者は、損害を軽減し

ようとして合理的にかかった費用を回復する権利を有する。

　本条の目的は、被害当事者が受身に座って、回避または軽減しえた損害をそのまま見守っている状況を避けることであり、被害当事者が合理的な措置をとることにより避けえたであろう損害は賠償されない。被害当事者によりとられる措置は、損害の程度を制限するかまたは当初の損害が増大するのを避けるかのいずれかに向けられる[28]。

　本条は、ウィーン条約77条に相応する。契約違反を主張しようとする当事者は、うべかりし利益の喪失も含め、違反から生ずる損失を軽減するためその状況下で合理的な措置をとらなければならない。当事者がかかる措置をとることを怠った場合には、違反をしている相手方は、損害賠償から、軽減されるべきであった損失額の減額を請求することができる（77条）。本条の損害軽減義務は、契約違反が予期されるような場合にも適用されるべきである。買主に、売主の履行が不履行となることを知る理由がある場合には、買主はその状況下で損失を避けるのに必要な積極的な手段を講じることが期待されている[29]。

　ヨーロッパ原則9:505条においても損害軽減義務に関して、ユニドロワ原則と同様の条文が定められている。不履行当事者は、被害当事者が被った損失に対して、被害当事者が合理的な措置をとることにより軽減することができたであろう限度において責任を負わない。一方、被害当事者は、損失を軽減しようとして合理的にかかった費用を回復することができる。

　被害当事者が、不履行またはその効果のいずれにも寄与しなかった場合でも、合理的な措置をとっていたならば回避したであろう損失は回復することはできない[30]。

　被害当事者は、状況において合理的な行動をとること、または不合理な行動を差し控えることを期待されているにすぎない。被害当事者は、ただ不履行当事者の責任を軽減するために、そのビジネス上の評判を損なうような仕方で行動する必要はないのである。

　被害当事者は、その損失を軽減するためにさらなる費用を負担しなければならないことがしばしばである。このような付随的費用もまた、それが合理的であるならば、回復することができる[31]。被害当事者が、当時は損失を軽減するための合理的な措置であるようにみえるものを講ずることができるが、実際は

損失を増加させることがある。この場合には被った全損失を回復することができる[32]。

[解説例]
(a) Dは、Fに転売するために、Eから物品を購入した。Eより供給された物品は、適正な品質でなかった。Fとの契約の条項に基づき、Dは、代金減額なくして物品を引き取るようFに要求することができる。しかし、これは長く続いたビジネス関係に照らして不合理であり、Dは、Fに代金の減額を認めた。Dは、代金の減額分を損害額としてEから回復することができる[33]。

(b) Gは、引渡しが6カ月内に開始する、Hから石油を購入する長期供給契約を締結した。3カ月後、石油価格が湾岸戦争の危機のために急騰し、Hは当該契約の履行を拒絶した。Gは、すばやく契約を解除し、3カ月後の引渡しのために見積もられた価格で、Jと代替契約を締結した。引渡時期が来るまでに、戦争の危機は遠のき、Gは、もとの契約価格で石油を購入することができるようになった。Gは、代替契約に入るべく合理的に行動したのであり、もとの契約価格とJに支払わなければならない価格との差額に基づいて損害賠償を請求する権利を有する[34]。

(a) のケースにおいてはDの減額行為、そして (b) のケースにおいてはGの代替行為が当該状況下においてビジネス上合理的であったかどうかが評価されることになる。

[仲裁例]
スペインの会社はインドの会社と工業機械の引渡しと据付に関する契約を締結した。機械を据え付けるとすぐに欠陥があることが判明した。事態に対処するとのスペインの会社からの申入れにもかかわらず、インドの会社は、支払をストップしたものの当該機械を使用し始め、それにより欠陥製品を製造して、顧客からの損害賠償請求を引き起こした。両者はお互いに契約違反だと非難し、インドの会社は機械の機能不全による結果としての結果的損害の賠償も請求した。

当該契約はイギリス法を指定する法選択条項を有していた。仲裁廷は、インドの会社がスペインの会社による契約違反の結果生ずる損失を軽減する合理的な措置をとらなかったという事実を理由として、インドの会社による結果的損害の請

求を拒絶するに際し、損害軽減義務を述べるイギリスの代表的な判例を引用するのみならず、ユニドロワ原則7.4.8条1項にも言及したのである[35]。

本ケースにおいて仲裁廷は、準拠法としてのイギリス法の下における損害軽減義務に関する判例に基づくのみならず、ユニドロワ原則7.4.8条1項を国際取引に適用される原則として補強材料に用いたのであり、このような過程を経て、ユニドロワ原則が国際取引における一般原則として確立されていくことになると考えられる。

4　損害賠償の方法

(1) 損害賠償の支払

①　金銭不払に対する利息

ユニドロワ原則7.4.9条によれば、当事者が弁済期に一定額の金銭の支払をしない場合、その不払が免責されるか否かにかかわらず、被害当事者は、弁済期から支払の時までの当該金額に対する利息を請求する権利を有する（1項）。この場合利率は、支払地における支払通貨に適用される、最優遇金利融資の借手への平均的な銀行短期貸出利率とし、そのような利率がその地に存在しない場合には、支払通貨の国における同様の利率とする。しかし、いずれの地にもそのような利率が存在しない場合には、利率は支払通貨の国の法により定められた適切な利率とする（2項）。被害当事者は、不払がそれ以上の損害を引き起こしたときには追加的な損害賠償を請求することができる（3項）。

適切な利率とは、ほとんどの場合法定利率である。法定利率が定められていない場合には、最も適切な銀行利率とされる[36]。

ヨーロッパ原則9:508条においても利息に関して、ユニドロワ原則と同様の規定が定められている。一定額の金銭の支払が遅滞したときには、被害当事者は、弁済期から支払の時までの当該金額に対する利息を、支払地における契約上の支払通貨に適用される、最優遇金利融資の借手への平均的な銀行短期貸出利率で請求する権利を有する（1項）。被害当事者は、それ以上の損失に対する

損害額を、追加して回復することができる（2項）[37]。

本条には、上記短期貸出利率が存在しない場合の手当てについて、ユニドロワ原則のような補充規定は定められていない。EU内においてはその必要性がないと考えられたのかもしれないが、EUを越える国際取引の場合には、ユニドロワ原則7.4.9条2項のような規定が必要である。

[仲裁例]

(a) 1990年と1991年にオーストリアの売手とドイツの買手は、巻いた金属シートの売買契約を締結した。最初の契約は、当該物品が遅くとも1991年3月までにFOBハンブルグで引き渡されるべきと定めていた。その後買手が財政危機に陥ったので、売手は、再販売の可能性に応じて分割で引き取ることを買手に許容したが、買手は、各インボイスの受領次第代金およびすべての保管費用を支払わなければならなかった。売手は、代金の支払を求め、引き渡していない物品の代替販売から生じる損害を含む損害賠償を求めて、仲裁条項に従って仲裁手続を開始した[38]。

仲裁廷は、当事者がオーストリア法を選択しているので、当該契約は、加盟国であるオーストリアの国際販売法としてのウィーン条約により規律されると判断した。

引き渡されたが未払の物品について、仲裁廷は、売手には代金請求の権利があり（ウィーン条約53条、61条）、損害軽減義務（ウィーン条約77条）による代替販売の権利があるので、契約代金と代替販売価格との差額を請求することができるとしたが、利息の利率についてはウィーン条約には明示の規定がないので、ウィーン条約の基礎にある一般原則に従って解決されるべき（ウィーン条約7条2項）と述べた。仲裁廷は、ウィーン条約78条（利息）および74条（損害賠償の範囲）に言及しつつ、売手は、遅滞した支払について、売手の国で共通して実行されている銀行融資の利率に依拠することが予想されるとし、このような解決方法はユニドロワ原則7.4.9条において規定されていると言及して、オーストリアにおける平均優遇利率の採用を認めたのである。

(b) 上述した「代替取引における損害の証明」の仲裁例において述べた事実関係において、仲裁廷は、次のような判断を下した。

買主は、ウィーン条約78条に従って利息も与えられる。利息は、契約の一部解

除の時から生じた麻袋のコストの償還と買主が代替品の支払を行った時から生じた代替購入による費用に関係する。ウィーン条約は利息の利率を定めていないので、仲裁廷は、ユニドロワ原則7.4.9条およびヨーロッパ原則9:508条により採用された解決策である、最優遇金利融資の借手への平均的な銀行短期貸出利率を適用した。本ケースの場合、買主により要求されたLIBORプラス2％は、企業に対する銀行短期貸出利率に相当する。したがって、買主は、当該利率による利息を与えられる。

(a)(b)いずれのケースにおいても、利息に関するユニドロワ原則7.4.9条およびヨーロッパ原則9:508条は国際取引における一般原則としてその有用性が確立していると評価される。

② 非金銭債務不履行に対する利息

ユニドロワ原則7.4.10条によれば、別段の合意がないときには、非金銭債務の不履行に対する損害賠償についての利息は、不履行の時から発生する。

③ 金銭賠償の態様

ユニドロワ原則7.4.11条によれば、損害賠償は一括払とする。ただし、損害の性質により適切とされる場合には分割により支払うことができる。分割払による損害賠償は、指数による調整をすることができる。

④ 損害賠償額算定の通貨

ユニドロワ原則7.4.12条によれば、損害賠償額は、金銭債務が表されている通貨または被った損害を表す通貨のうちいずれかより適切なものにより算定される。

ヨーロッパ原則9:510条においても同様に、損害賠償額は、被害当事者の損失を最も適切に反映する通貨により算定される。

(2) 不履行に対する支払の合意

ユニドロワ原則7.4.13条によれば、契約が、履行しない当事者は不履行に対して指定された金額を支払うべき旨を定めている場合には、被害当事者は、現実の損害にかかわりなくその金額を請求する権利を有する（1項）。本条は、不履行の場合における特定された金額の支払の合意として、損害の回復を容易に

することを意図した、損害賠償額の予定（liquidated damages）および不履行に対する抑止の機能を果たすことを意図した、罰金条項（penalty clause）の両者を対象としている[39]。

　各国の国内法は、このような規定の有効性に関して、大陸法の国では、とくに負担の重い条項について司法的審査の可能性を留保しあるいは留保しないで、その有効性を受け入れる場合から、コモンローの国では、とくに不履行に対する抑止の機能として意図された条項を拒否する場合にまで相当に異なっている。大陸法の法律家は、契約違反に対し罰金を科す条項に反対するものは一般的になにも見いださないが、コモンロー制度の国は、罰金を科す条項を強制することを拒否する。もっとも、それが損害賠償額の予定として構成されている場合は別とされる。ウィーン条約においては、この問題を扱うには論争が多すぎるとされ、罰金に関する規定は設けられていない。しかし、ユニドロワ原則においてはその起草者により本問題はいともたやすく処理されており、大陸法の見解に合致したものとなっている[40]。

　本条は、国際契約において実際にしばしば使われることに鑑み、原則としてこのような条項の有効性を認める。しかし、本条1項にかかわらず、また別段の合意が存在したとしても、指定された金額が不履行の結果生じた損害およびその他の事情に照らして著しく過剰である場合には、その金額は合理的な額にまで減額することができる（7.4.13条2項）。

　ユニドロワ原則は、損害賠償額の予定のモデルを提供しているのではなく、立法者や裁判所が行うように、その有効性に対して制限を設けるのであり、濫用される規定に対抗することを意図している。つまり、著しく過剰な罰金条項は減額されるのである[41]。

　合意された金額は、損害の正確な金額に相当する損害賠償を付与するように単に減額されうるだけであり、それをまったく無視することはできないし、また合意された金額が実際に被った損害より低額であったとしても、増額することはできない[42]。

　ヨーロッパ原則においても不履行に対する支払の合意に関して、ユニドロワ原則の「損害」という表現に代えて「損失」という語句を用いているが、同様の条項が設けられている（9:509条1項2項）。本条の目的は、その効果が濫用的

である規定のみをコントロールすることであるので、裁判所の減額する権限は、規定された金額が実際の損失を著しく超過することが明らかである場合にのみ行使することができる[43]。この裁判所の権限には限界があり、債務不履行を阻止しようとする両当事者の意図を尊重すべきであり、当該金額を実際の金額まで減額すべきではないと解される[44]。

[仲裁例]
(a) ロシアの当事者とイギリスの当事者間の販売契約は、代金の支払遅延の場合、買手がLIBOR利率の利息に加えてペナルティを払うべき旨定めていた。買手が実際に代金支払を遅延したとき、売手は遅延した代金に対する利息と合意したペナルティの両方の支払を要求した。

仲裁廷は、合意したLIBOR利率の利息を認めたが、ユニドロワ原則7.4.13条2項に言及してペナルティの支払請求を拒絶した[45]。

本ケースにおける仲裁廷は、ペナルティ分が過剰であると判断し、合理的な金額としてLIBOR利率による利息に減額したのであり、妥当な裁定であると考えられる。

(b) ブルガリアの当事者とロシアの当事者間の販売契約は、代金支払の遅延の場合、買手が1日につき代金の0.5％に相当するペナルティを支払う旨定めていた。買手が実際に支払を遅延したとき、売手は当該契約において合意されていたペナルティの支払を求めた。

契約の準拠法はウィーン条約と規定されていたが、ウィーン条約はこの点について定めていないので、仲裁廷はギャップを埋めるためにユニドロワ原則を適用することを決定した。仲裁廷は、支払遅延1日について契約代金の0.5％に達するペナルティが非常に過剰であるとし、ユニドロワ原則7.4.13条2項を適用して合理的な金額に減額した[46]。

5 損害賠償とリーガルプランニング

(1) 損害軽減義務

　当事者の一方による不履行が生じたときに、被害を受ける相手方当事者がなんらかの合理的な手段を速やかにとることによりその損害を軽減することができる場合がある。このような場合に備えて、ユニドロワ原則7.4.8条およびヨーロッパ原則9:505条、さらにウィーン条約77条も、不履行当事者は、被害当事者が被った損失に対して、被害当事者が合理的な措置をとることにより軽減することができたであろう限度において責任を負わないと規定する。このような損害軽減義務条項は、国際取引において、一方の当事者の不履行により生じた損害を拡大しない、あるいはそれを軽減するためのものとして有効なものであり、当事者間の国際契約の中に織り込むことが要求される。

　もっとも、実際の国際取引においては、被害当事者がどのような措置を講ずるべきか、具体的な国際契約の各類型に応じてその内容を契約の中で明確に記述する必要があると考えられる。国際取引のそれぞれにおける当事者の立場によって、とるべき合理的な措置とはいかなるものであったか、あるいはその措置を実際にとることが可能であったかどうかについて見解を異にすることがあるからである。

　なお、大陸法システムにおいて、被害当事者の寄与過失と損害軽減義務を同じ損害賠償額減額の根拠として取り扱う国が見受けられる[47]。しかし、損害軽減義務は、被害当事者の損害軽減に向けての積極的な行動を期待するものであって、ユニドロワ原則7.4.7条やヨーロッパ原則9:504条に定める被害当事者による起因とは別の根拠に基づくものであり、それぞれ独立の損害賠償額軽減の根拠として構成されるべきであると考えられる。

(2) 損害賠償額の予定

　国際取引において、当該契約の性質により、違反の場合における損害額の立証がきわめて困難であると予想される場合には、契約の締結そのものの意思決

定が妨げられることになる。このような場合に契約違反と損害賠償の一般原則に依拠することは当事者の予測に反することになることから、ユニドロワ原則7.4.13条およびヨーロッパ原則9:509条は、「不履行に対する支払の合意」に関する条項を設けている。このような条項は、「損害賠償額の予定」ともいわれるが、国際取引における不履行の場合に損害賠償額を事前に評価することによりその回復を容易にすることが可能であり、有用な契約条項として実際にしばしば使用されている。

　ところで、大陸法の国では、不履行の場合に一定の金額を支払うとの規定は、その目的が、履行を強制するという罰金条項の趣旨または不履行の場合における損失の事前の算定という損害賠償額の予定の趣旨のいずれであっても有効とされているが、コモンローの国では、かかる規定は罰金条項と損害賠償額の予定条項に分けられ、後者は有効であるが、前者は無効とされている[48]。

　ユニドロワ原則7.4.13条は、損害賠償額の予定および罰金条項の両者を対象としており、両者の概念を統一して生かそうとしたものといえる。また、損害賠償額の予定として構成されているが、実質は損害賠償額を限定する趣旨の条項は、現実の国際ビジネスにおいて頻繁に用いられている。しかし、このような条項は、上述した免責条項として取り扱われるべきである。

　このような不履行に対する一定金額支払条項を国際契約に織り込むには次のような考慮が必要であると考えられる。

　第一に、罰金条項と損害賠償額の予定は、概念的に区別されるべきである。罰金条項は、不履行に対する抑止を目的とするものであるが、規定された金額が実際の損害を著しく超過することがないように定めるべきである。とりわけ、コモンローがかかわる場合には、損害賠償額の予定として構成するよう留意しなければならない。

　第二に、損害賠償の回復を容易にする目的であるから、実際の損害にかかわりなく、不履行に対してそのような目的で損害賠償に代えて一定額の金額を支払うという趣旨を規定しなければならない。この場合にも実際の損害を著しく超過することがないように金額の設定をする必要がある。

注

1）Unidroit Principle Art. 7.4.1, Comment 1.
2）Id. Comment 2.
3）井原宏・現代国際取引法（商事法務研究会，1999）29-30頁。
4）European Principles Art. 9:501, Comment B.
5）Id. Comment F.
6）Unidroit Principles Art. 7.4.2, Comment 1.
7）Denis Tallon, Damages, Exemption, Clauses, and Penalties, The American Journal of Comparative Law Vol.40(1992), at 677.
8）Unidroit Principles Art. 7.4.2, Comment 2. 7.4.3条2項参照。
利益の喪失および損害額の確定に関する仲裁裁定例24.02.2001 Arbitral Award Arbitral Tribunal of the City of Panama 参照。
機会の喪失および予見可能な損害額に関する仲裁裁定例 00.12.2000 Arbitral Award No.10346 ICC International Court of Arbitration, Barranquilla（Columbia）参照。
9）Unidroit Principles Art. 7.4.2, Comment 5.
10）European Principles Art. 9:502, Comment C.
11）Id. Illustration 3.
12）Arbitral Tribunal of the City of Panama, 24.02.2001 Arbitral Award.
13）Unidroit Principles Art. 7.4.3, Comment 2.
14）ICC International Court of Arbitration, Paris, 00.04.1997 Arbitral Award 8264.
15）156 Eng. Rep. 145(1854).
16）Tallon, supra note 7, at 679.
17）Unidroit Principles Art. 7.4.4, Comment.
18）European Principle, Art. 9:503, Comment B.
19）Unidroit Principles Art. 7.4.5, Comment 1.
20）井原・前掲注（3）32頁。
21）European Principles Art. 9:506, Comment B.
22）ICC International Court of Arbitration, Basle, 00.00.1995 Arbitral Award 8128.
23）Unidroit Principles Art. 7.4.6, Comment 1.
24）Unidroit Principles Art. 7.4.7, Comment 3.
25）European Principles Art. 9:504, Illustration 1.
Bは、Sにコンピュータシステムを注文した。そのシステムは、Bが見込みのある資産購入者に、彼らの要求に応じて、売りに出された家々の詳細を送ることができるようにとくに設計されるべきものであった。当該システムは、一部は設計の欠陥により、そして一部はBのSに対する指示が不完全であったという事実により、適切に稼動しなかった。Bの損失は、ヨーロッパ原則9:504条に従い、それ自身の不適切な指示から生ずる限度に

おいて、回復することはできない。
26) Id. Comment A.
27) International Arbitration Court of Commerce and Industry of the Russian Federation, 02.09.1997 Arbitral Award 225/1996.
28) Unidroit Principles Art. 7.4.8, Comment 1.
29) 井原・前掲注（3） 33頁。
30) European Principles Art. 9:505, Comment A.
31) Id. Comment B.
32) Id. Comment C.
33) European Principles Art. 9:505, Illustration 4.
34) Id. Illustration 7.
35) ICC International Court of Arbitration, 00.03.1999 Arbitral Award 9594.
36) Unidroit Principles, Art. 7.4.9, Comment 2.
37) European Principles Art. 9:508, Illustration 3.
　　ロンドンのSは、ハンブルグのBに、船積み後28日にロンドンで支払う条件で100,000USドルの価格で物品を販売することに合意した。当該物品はBに向けて適正に船積みされたが、Bによる価格の支払が3カ月遅れた。この期間にUSドルのポンド（Sの通常の取引上の通貨）に対する価値が20％下落した。これらの支払遅滞の結果は、契約締結時Bにより予見されていたとして、Sは、ヨーロッパ原則9:508条2項に基づき、Bから為替差損による利息に加えて、20,000USドルの損害額を回復することができる。
38) Internationales Schiedsgericht der Bundeskammer der Gewerblichen Wirtschaft-Wien, 15.06.1994 Arbitral Award SCH-4366.
39) Unidroit Principles Art. 7.4.13, Comment 1.
40) E. Allan Fransworth, The 24th John Tucker, Jr. Lecture In Civil Law, A Common Lawyer's View of His Civilian Colleagues, 57 La. L. Rev. 227, at 236.
41) Marcel Fontaine, The UNIDROIT Principles: An Expression of Current Contract Practice? International Court of Arbitration, UNIDROIT Principles of International Contracts-Reflections on their Use in International Arbitration (ICC Publishing, 2002), at 98.
42) Unidroit Principles Art. 7.4.13, Comment 3.
43) European Principles 9:509, Illustration 3.
　　Aは、Bに年50,000ポンドの賃貸料で5年間のリースで機器を提供した。両者間の契約によれば、Bの債務不履行が理由でリースが解除されたときには、Bは、Aに将来の賃貸料の80％に等しい金額を損害賠償額の合意として支払わなければならない。契約時に存在する事情に照らして、この規定は不合理ではないとされた。
　　1年後、契約はBの支払不履行により解除された。問題の機器のタイプに対する需要の予期されなかった増加の結果として、Aは、当該機器を取り戻して、もとのリースの2

倍の賃貸料で再び貸すことができる状況になった。裁判所は、この事実を考慮して、合意された損害賠償額を減額することができる。

44) Id. Comment B.
45) International Arbitration Court of the Chamber of Commerce and Industry of the Russian Federation, 25.01.2001 Arbitral Award 88/2000.
46) International Arbitration Court of Commerce and Industry of the Russian Federation, 05.06.1997 Arbitral Award 29/1996.
47) European Principles Art. 9:505, Note 1(b).
 例えばドイツ法のように、寄与過失と損害軽減の不履行により、裁判所は、損害賠償請求を減額または否認することができるとする。
48) European Principles Art. 9:509, Note 1, 2, 4.

第9章
国際契約を支えるルール

1　相殺

(1) 相殺の条件

　ユニドロワ原則8.1条によれば、二人の当事者がお互いに金銭または同じ種類のものの債務を負っている場合、いずれかの当事者（第一の当事者）は、相殺時において、(a) 第一の当事者がその債務を履行する権利があり、(b) 相手方当事者の債務がその存在および額について確定され、かつ弁済期が到来しているときには、その債務を債権者（相手方当事者）に対して相殺することができる（1項）。両当事者の債務が同じ契約から生じているときは、第一の当事者は、その債務を、存在または額について確定されていない相手方の債務に対して相殺することもできる（2項）。

　相殺の第一の要件は、各当事者が相手方の債務者（obligor）でありかつ債権者（obligee）であるということである。第二の要件としては、両債務は、同じ種類のものでなければならない。債務が同じ種類のものであるか否かは、商業的な慣行や特別の貿易ルールいかんによっている[1]。第三の要件としては、第一の当事者は、その債務を履行する権利を有していなければならず、相手方に対して、未だ確定されていない、または弁済期の到来していない債務の履行を押しつけることはできない[2]。第四の要件として、相手方当事者の債務が、その存在および額の両者について確定されていることが必要である。債務の存在は、債務自身が争いのあるものでありえないとき、例えば、それが有効に締結された契約または上訴のない最終の判決または決定に基づいているときには、

確定されたものとなる[3]。第五の要件は、相手方の債務に弁済期が到来していなければならない。債権者が債務者による履行を請求する権利を有し、かつ債務者がその請求に対してなんらの抗弁を有しないときには、当該債務の弁済期は到来している[4]。

当事者間に複数の債務が存在し、その中の一つの債務に争いがあるとしても、相殺の権利は、相殺の対象となるすべての関係する債務が同じ契約から生じたものであり、容易に特定することができるならば、行使することができる。これは、ビジネス関係にある当事者にとって債権債務の迅速な決算を促進するために有用である。国際取引においては、両当事者の債務は同じ契約から生じるのがしばしばである[5]。

本条の条件が満たされない場合でも、当事者は、合意により相殺の効果を達成することができる。また、当事者は、相互の債務が特定の日にまたは定期的に自動的に相殺される旨の合意をすることができる[6]。

ヨーロッパ原則においても相殺についてユニドロワ原則と同様の規定が定められている。

両当事者が同種類の債務をお互いに負っているとき、いずれの当事者（第一の当事者）も、相殺の時において、その第一の当事者が（a）履行をなす権利があり、かつ（b）相手方当事者の履行を請求することができる場合には、相手方の債権（claim）に対してその履行請求権を相殺することができる（13:101条）。

本条は相殺の要件として四つの要件を定める。第一は、同じ資格または同じ権利をもった当事者の債権は、原則として同じ当事者の間に存在するものでなければならない。第二は、両債務は、同じ種類のものでなければならない。第三は、相殺を宣言する当事者の債権は、執行できるものでなければならず、したがってその弁済期が到来していることが必要である。第四に、相殺を宣言する当事者は、履行をなす権利を有すること。

さらに、ヨーロッパ原則13:102条によれば、債務者は、その存在または価値が確定していない債権を相殺することはできない。ただし、相殺が相手方当事者の利益を害さない場合はこの限りではない。いいかえれば、相殺が相手方の利益を害さないときには、債務者は、その存在または価値が確定していない債権を相殺することが可能である。両当事者の債権が同じ法的な関係から生ずる

場合は、相手方当事者の利益は害されないと推定される。つまり、そのような場合には、相手方の債権はその存在または価値について確定している必要はない。

　ユニドロワ原則8.2条によれば、債務が異なる通貨で支払われるべき場合、相殺の権利は、両通貨が自由に交換可能であり、かつ第一の当事者が特定の通貨でのみ支払う旨を両当事者が合意していないことを条件として、行使することができる。

　ヨーロッパ原則においても、当事者がお互いに異なる通貨で金銭債務を負っている場合、各当事者はその債権を相手方の債権に対して相殺することができる。ただし、相殺を宣言する当事者がもっぱら特定の通貨で支払うべきである場合はこの限りではない（13:103）。もっとも、2002年1月1日以降は、通貨換算の問題は、ユーロ地域内では生じない。

(2) 相殺の手続と効果

　ユニドロワ原則8.3条によれば、相殺の権利は、相手方当事者に対する通知により行使される。ヨーロッパ原則13:104条も同様に規定する。

　ユニドロワ原則8.4条によれば、通知は、それがかかわる債務を特定しなければならない、そして通知が、相殺の対象となる債務を特定しないときには、相手方当事者は、合理的期間内に、第一の当事者に対して相殺がかかわる債務を宣言することができる。そのような宣言がなされないときは、相殺は、すべての債務に対して比例的にかかわる。

　一方、ヨーロッパ原則13:105条によれば、相殺の通知を与える当事者が、相手方当事者に対して2以上の債権を有する場合には、その通知は、それがかかわる債権を特定するときのみ有効である。相殺の通知を与える当事者が相手方に対して2以上の債務を有する場合には、弁済の充当に関するヨーロッパ原則7:109条のルールが修正のうえ適用される。本条は、弁済充当のルールが適用される点においてユニドロワ原則8.4条と異なっている。

　ユニドロワ原則8.5条によれば、相殺は、債務を解放する、そして債務が金額を異にするときは、相殺は、より少ない債務の金額まで債務を解放する。相殺は、通知の時から効力を生ずる。

相殺の効力発生日は、通知により相殺を宣言する必要性と一致している。相殺の行使により、あたかも両債務が同時に支払われるかのような状況がつくり出される。その結果として、第一に、債務に対する利息は、通知の時まで発生する。債務を相殺したいと望む当事者は、利息の発生を止めたいならば、できるだけ早く相殺を宣言しなければならない。第二に、期限に遅れた支払が、相殺が宣言された後なされたときは、その支払は法的根拠を欠くので、原状回復が生じることになる[7]。

ヨーロッパ原則は、相殺は、債務が同一の広がりを有する限りにおいて、通知の時からそれらの債務を解放する、と規定する（13:106条）。つまり、金銭債務に関する限り、債務はいずれか小さい額の程度においてのみ解放されるというわけである[8]。

ヨーロッパ原則は、ユニドロワ原則には定められていない相殺権の排除の規定を有している。相殺は、合意により排除される場合、差押えをすることができないような債権に対する場合、および故意の不法行為から生ずる債権に対する場合には、効力を生じない（13:107条）。

2　権利または債権の譲渡

(1) 権利または債権の譲渡の範囲

ユニドロワ原則9.1.1条によれば、権利の譲渡（assignment of a right）とは、第三者である債務者（obligor）からの金銭的額の支払またはその他の履行に対する譲渡人の権利の、譲渡人（assignor）から譲受人（assignee）への合意による譲渡（transfer）（担保による移転を含む）を意味する。ただし、ユニドロワ原則は、(a) 流通証券、権原証券（documents of title）や金融証券（financial instruments）の譲渡、または (b) 営業譲渡の過程における権利の譲渡を規律する特別のルールの下でなされた譲渡には適用されない（9.1.2条）。

特別のルールにより規律された特定のタイプの証券の譲渡や会社の合併の場合に生じるような譲渡を規律する特別のルールに基づき営業譲渡の過程においてなされた譲渡は、対象外とされる。

非金銭的履行に対する権利は、その譲渡が債務を実質的により負担となるものにしないときにのみ譲渡することができる（9.1.3条）[9]。金銭的額の支払に対する権利は、部分的に譲渡することができる（9.1.4条1項）。他の履行に対する権利は、それが分割可能であり、かつ譲渡が債務を実質的により負担となるものにしないときにのみ部分的に譲渡することができる（9.1.4条2項）。

一方、将来の権利は、権利が、存在するに至る時に、譲渡がかかわる権利として特定することができることを条件として、合意の時に譲渡されるべきものとみなされる（9.1.5条）。多くの権利は、それらが譲渡時または存在するに至る時に譲渡がかかわる権利として特定することができることを条件に、個別に特定することなくして譲渡することができるのである（9.1.6条）。

以上のユニドロワ原則の規定に対して、ヨーロッパ原則は債権の譲渡に関し比較的簡単な基本原則を掲げるにとどまっている。すなわち、契約の当事者は、契約に基づく債権を譲渡することができる。既存または将来の契約の下で生ずる将来の債権は、存在するに至る時または当事者が合意するその他の時において、譲渡が関係する債権として特定することができるならば譲渡することができる（11:102条）。また、分割しうる債権は部分的に譲渡することができるが、譲渡人は債務者がそれにより負担する増加コストに対して責任を負うものとされる（11:103条）。

一方でヨーロッパ原則はその適用範囲について、既存または将来の契約の下における履行請求権（right to performance）またはその他の譲渡しうる請求権の合意による譲渡（担保を経由した譲渡および請求権に対する担保権の付与を含む）が対象であり、登録を必要とする金融証券もしくは投資証券または引渡を必要とする流通証券もしくは物品に対する権限証券による譲渡は、ユニドロワ原則と同様に対象外とされる（11:101条）。

(2) 権利または債権の譲渡の要件

ユニドロワ原則9.1.7条によれば、権利は、債務者に対する通知なくして、譲渡人と譲受人間の単なる合意により譲渡される。債務者の同意は必要でない。ただし、その状況における債務が本質的に当該債務者が負担する性格のものであるときはこの限りではない。

本条は、ユニドロワ原則のいずれの規定も契約が特定の方式により締結されるべきことを要求していないとするユニドロワ原則1.2条に定められた一般原則の権利譲渡への適用とされる。本条は、ユニドロワ原則1.4条（強行法規）に従い、準拠法の強行法規の適用可能性に影響を及ぼさない。したがって、例えば、担保目的のための譲渡は、方式に関する特別の要求に従うことになる[10]。

ヨーロッパ原則も債権譲渡の方式に関して、譲渡は書面によることは必要でなく、方式に関するいかなる他の要求にも従わないと規定する（11:104条）。

(3) 権利または債権の譲渡の効果

（a）譲渡人と譲受人間における譲渡の効果

ユニドロワ原則9.1.14条によれば、権利の譲渡は、(a) 譲渡された権利に関する契約の下での支払またはその他の履行に対する譲渡人のすべての権利および (b) 譲渡された権利の履行を確保するすべての権利を譲受人に譲渡する。

ヨーロッパ原則は、譲受人に譲渡される権利に関してユニドロワ原則と同趣旨の規定に加えて関連する規定を設けている。債権の譲渡は、(a) 譲渡される債権に関するすべての譲渡人の履行請求権および (b) そのような履行を確保するすべての付随的権利を譲受人に譲渡する（11:201条）。さらに、譲渡の効力発生時期に関して、既存の債権の譲渡は、譲渡の合意の時または後に譲渡人と譲受人が合意する時に効力を生ずる。将来の債権の譲渡については、譲渡される債権の発生によっているが、譲渡の合意の時または後に譲渡人と譲受人が合意する時以後その発生とともに効力を生ずる（11:202条）。そして譲渡は、譲渡人と譲受人間において有効であり、それが11:301条（契約による譲渡禁止）または11:302条（その他無効な譲渡）により債務者に対して無効であったとしても、譲渡人が債務者から受領するものに対する権利を譲受人に与えるものとされる（11:203条）。

ユニドロワ原則9.1.15条によれば、譲渡人は、譲受人に対して以下のことを保証（undertake）するものとされる。すなわち、(a) 譲渡された権利が譲渡時存在すること。ただし、その権利が将来の権利である場合を除く。(b) 譲渡人は権利を譲渡する権利を有すること。(c) 権利は、以前に他の譲受人に譲渡されなかったこと、そして第三者からのいかなる権利または請求もないこと。(d)

債務者がいかなる抗弁も有しないこと。(e) 債務者または譲渡人のいずれも譲渡された権利に関する相殺の通知を与えなかった、そして与えないこと。(f) 譲渡人は、譲渡の通知が与えられる前に債務者から受領した支払を譲受人に返還すること。

　ヨーロッパ原則もまた譲渡人の保証に関して同趣旨の事項を列挙するが、ユニドロワ原則には見受けられない規定も存在する。債権を譲渡する、または譲渡を主張することにより、譲渡人は譲受人に対して以下のことを約束するものとされる。(a) 譲渡が効力を生ずる時において、譲渡人は債権を譲渡する権利を有していること、債権が存在し、かつ譲受人の権利は、債務者が譲渡人に対して有する抗弁や権利（相殺権を含む）により影響を受けないこと、および債権は以前の譲渡や他の当事者のための担保権またはその他の負担（incumbrance）に服していないこと、という三つの条件が満たされていること。(b) 債権およびそれが生ずる契約が譲受人の同意なしに変更されないこと。ただし、変更が譲渡契約において規定されている場合、または善意でなされ、かつ譲受人が合理的には反対できないようなものである場合はこの限りではない[11]。(c) 譲渡人は、履行を確保することを意図した、付随的権利ではないすべての譲渡しうる権利を譲受人に譲渡すること（11:204条）。

　譲渡契約において別途の定めがない限り、譲渡人は、債務者の不履行に対して責任を負わないのが原則であるが、本条の目的は、譲渡人による一連の保証を譲渡に伴わせることにより、譲渡された債権が法的に無価値であることが判明する場合、以前の当事者の権益に従属する場合、あるいは債権が基づいている契約の変更によって価値が減少するような場合に備えて譲受人を保護することを意図したものである[12]。

（b）譲受人と債務者間における譲渡の効果

　ユニドロワ原則9.1.9条によれば、金銭的額に対する権利の譲渡は、そのような譲渡を制限または禁止する譲渡人と債務者間の合意にかかわらず有効である。しかしながら、譲渡人は、契約違反に対して債務者に責任を負うものとされる。その他の履行に対する権利の譲渡は、譲渡を制限または禁止する譲渡人と債務者間の合意に反するときには無効である。しかしながら、譲渡は、譲受人が、

譲渡時に、その合意を知らずまたは知るはずもなかったときには有効とされ、譲渡人は、契約違反に対し債務者に責任を負うものとされる。

権利の譲渡関係をめぐる譲渡人、債務者および譲受人間の対立する利害はそれぞれどのように調整されるのであろうか。上述したように、債務者の合意は、譲渡が譲渡人と譲受人間で有効であるためには必要とされないのが原則である。まず債権者・譲渡人の観点からは、金融の効率的な手段として権利の譲渡を有利に扱うことが基本的に重要であると考えられる。しかし、実際には、債権者・譲渡人と債務者間の契約では、債務者は債権者が代わることを望まないので、もとの債権者・譲渡人の権利の譲渡を制限または禁止する条項が含まれるのがしばしばである。その後にもとの債権者・譲渡人が譲渡禁止条項にもかかわらずその権利を譲渡したときは、債務者と譲受人の対立する利害を比較衡量する必要が生じてくる。債務者は契約上の権利の侵害による被害を被ったが、譲受人も等しく保護されるべきであると考えられる[13]。

本条は、金銭的権利の譲渡とその他の履行に対する権利の譲渡に分けて、各当事者の利害調整を図っている。金銭的権利の譲渡の場合には、金融の必要性が優先される。金銭的権利の譲受人は、譲渡禁止条項に対して保護され、譲渡は完全に有効である。しかし、譲渡人は、契約上の義務に反するので、債務者に対して契約不履行の損害賠償責任を負うことになる[14]。一方、非金銭的履行に対する権利の譲渡は、金融の必要性という優先の問題ではなく、関係三者の対立する利害の間で公平なバランスを達成する必要があり、譲渡禁止条項は、譲受人に対して効力を生じ、その結果譲渡は無効となる[15]。しかし、譲渡時、譲受人が譲渡禁止条項を知らなかった、または知るはずもなかったことが証明されたならば、その結果は逆となり、譲渡は有効となる。しかし、譲渡人は、債務者に対して契約違反の責任を負うことになる[16]。

ヨーロッパ原則においても譲渡禁止の契約に関して、ユニドロワ原則と同趣旨だがより簡略な規定を定めている。譲渡された債権が生ずる契約により禁止された、またはその契約に適合しない譲渡は、債務者に対して効力を生じない。ただし、債務者がその譲渡に同意したとき、譲受人が不適合（non-conformity）を知らずもしくは知るはずもなかったとき、または譲渡が金銭支払に対する将来の権利の譲渡契約に基づいてなされたときはこの限りでないとされる（11:301

条)。さらに、債務者が同意した譲渡も、履行の性質または債務者と譲受人の関係という理由から、債務者が譲受人以外の者に提供することを要求することが合理的にありえないような履行に関係する限り、効力を生じないとされる（13:302条)。

　ユニドロワ原則9.1.10条によれば、債務者は、譲渡人または譲受人のいずれかから譲渡の通知を受け取るまで、譲渡人に支払うことによって解放される。債務者がそのような通知を受け取った後は、譲受人に支払うことによってのみ債務者は解放される。また、ユニドロワ原則9.1.12条によれば、譲渡の通知が譲受人により与えられたとき、債務者は、譲渡がなされた旨の適切な証拠を合理的期間内に提供するよう譲受人に請求することができ、適切な証拠が提供されるまで、債務者は支払を留保することができる。適切な証拠が提供されるまで、通知は効力を生じない、そして適切な証拠とは、譲渡人から発生し、譲渡が生じたことを示すいかなる書面も含むが、これらに限られないとされる。

　譲渡の通知の受領は、9.1.10条および9.1.11条に規定された重要な効果を生ずるので、本条は、偽りの譲受人から詐欺的な通知を受け取ることのリスクに対して、譲渡が実際になされたとの適切な証拠を要求することにより、債務者を保護することを意図している[17]。

　ヨーロッパ原則においても譲渡の効果に関してユニドロワ原則と同様の趣旨を規定する。債務者は、譲渡された債権を合理的に特定し、譲受人に履行をなすことを債務者に要求する書面の通知を譲渡人または譲受人から受領したときにのみ、譲受人のために履行する義務を有する。しかし、そのような通知が譲受人によりなされたときは、債務者は、合理的期間内に譲渡の信頼しうる証拠を提供するよう譲受人に請求することができる。その間債務者は履行を留保することができる。債務者が上記の通知以外の方法で譲渡を認識した場合には、債務者は、譲受人に対して履行を留保することあるいは履行をなすことのいずれも行うことができる。債務者が譲渡人に対して履行をなす場合には、債務者は、その履行が譲渡を認識することなくなされたときにおいてのみ解放される（11:303条)。

　ユニドロワ原則9.1.11条によれば、同じ権利が同じ譲渡人により2人以上の譲受人に連続して譲渡されたときは、債務者は、通知を受け取った順序に従って

支払うことにより解放される。

これに対しヨーロッパ原則は、履行請求の2つ以上の競合する通知を受領した債務者は、履行場所の法または履行が異なる場所でなされるときには、債権に適用される法に従うことによって解放されると規定するにとどまり、問題の解決を国内法に委ねている（11:305条）。

ユニドロワ原則9.1.13条によれば、債務者は、譲渡人に対して主張できるすべての抗弁を譲受人に対して主張することができる。債務者は、譲渡の通知を受け取るまで譲渡人に対して債務者が援用できる相殺の権利を譲受人に対して行使することができる[18]。

債務者が、債務者に対する債権者の債務の不完全履行のような抗弁に基づいて、もとの債権者に対する支払を留保または拒絶することができる場合が起こりうる。そのような抗弁を譲受人に対しても主張しうるかどうかを決定するためには、当事者のそれぞれの利害を比較衡量する必要がある。債務者の立場は、譲渡の結果として悪化することがあってはならないし、譲受人は獲得した権利の完全さに関心を有している[19]。本条は、かかる当事者間の利害の調整を図るものである。

ヨーロッパ原則もまた債務者の抗弁と相殺権について同様の規定を設けている。債務者は、債務者が譲渡人に対して援用することができる、譲渡された債権についてのすべての実体的および手続的抗弁を譲受人に対して主張することができる。さらに、債務者は、譲渡の通知が債務者に達した時に存在する、あるいは譲渡された債権に密接に関連する、譲渡人に対する債権に関して、譲渡人に対して援用することができるすべての相殺権を譲受人に対して主張することもできる（11:307条）。

ユニドロワ原則9.1.8条によれば、債務者は、譲渡によって被った追加コストに対して、譲渡人または譲受人により補償される権利を有する。

ヨーロッパ原則にはこのような履行コストの増加に関する明文の規定は定められていない。一方、ヨーロッパ原則は、ユニドロワ原則には見受けられないが、債務者の保護のために、譲渡の通知において譲受人として特定された人のために履行する債務者は解放されると規定する。ただし、その人が履行に対する権利を有する人でないことを債務者が気づかないことはありえなかったとき

はこの限りではない（11:304条）。

さらに、ヨーロッパ原則は、履行場所に関する規定（11:306条）、債権の権限のない変更は譲受人を拘束しない旨の規定（11:308条）および譲受人と競合する債権者間の優先順序に関する規定（11:401条）を用意周到に設けている。

3　債務の移転または債務者の交代

(1) 債務の移転または債務者の交代（substitution）の要件

ユニドロワ原則9.2.1条によれば、金銭を支払う、またはその他の履行を提供する債務は、もとの債務者と新債務者との間の合意またはその合意によって新債務者が債務を引き受ける旨の債権者と新債務者との間の合意のいずれかにより、もとの債務者から新債務者へ移転することができる。もっとも、営業譲渡の過程における債務の移転を規律する特別のルールに基づいてなされた債務の移転は適用外とされる（9.2.2条）。

ユニドロワ原則9.2.3条は、もとの債務者と新債務者との間の合意による債務の移転は、債権者の同意を必要とすると規定する。本条は、債務者の同意なくして原則として有効となる権利の譲渡の場合とは異なる。権利の譲渡は、債務者が他の者に履行を引き渡さなければならないという点を除いて、債務者の状況に影響しないが、債務者の変更は、新債務者がもとの債務者よりも信頼しえないかもしれないので、債権者の立場に相当な影響を及ぼしうるからである[20]。

ユニドロワ原則9.2.4条によれば、債権者は、前もってその同意を与えることができる。債権者が前もってその同意を与えたときは、債務の移転は、移転の通知が債権者に与えられた時または債権者が移転を認識した時に効力を生ずる。

ヨーロッパ原則は、新債務者への交代の観点からユニドロワ原則における債務移転と同趣旨の規定を設けている。もっとも、上述したユニドロワ原則9.2.1条では、もとの債務者から新債務者への債務の移転がもとの債務者と新債務者間の合意または債権者と新債務者間の合意という二つの方法によっているが、ヨーロッパ原則では後者のみである。すなわち、第三者は、債務者と債権者の

合意により債務者に代わることを引き受けることができる。その結果もとの債務者は解放されることになる。債権者は、前もって将来の交代に合意することができる。その場合には、債権者が新債務者ともとの債務者間の合意を新債務者により通知されたときにのみ、その交代は効力を生ずるものとされる（12:101条）。

　債権者の同意は、交代の効果を生ずるために必須のものである。債権者の同意が表明されない限り、第三者が債務者に代わるという効果は生じない。債権者の同意を必要とするのは、債権者は、もとの債務者より支払能力の低い、より信用のない、あるいはより信頼しえない債務者を受け入れるという大きなリスクを負うことになるかもしれないからである[21]。

(2) 債務の移転または債務者の交代の効果

　ユニドロワ原則9.2.5条によれば、債権者は、もとの債務者を解放することができるし、新債務者が適切に履行しない場合における債務者としてもとの債務者を保持することもできる、そして、その他の点では、もとの債務者と新債務者は連帯責任を負う（jointly and severally liable）ものとされる。

　本条によれば、債務移転の結果、債権者は次のような二つの道を選ぶ可能性を有することになる。第一は、債権者がもとの債務者を完全に解放する。第二は、債権者は、もとの債務者に対する債権を保持することを条件として、もとの債務者から新債務者への債務の移転を受け入れる。さらにこの道は二つの選択肢に分かれる。

　一つには、新債務者が適切に履行しないときにもとの債務者が債務者として保持される場合である。この場合債権者は、まず新債務者に対して履行を請求しなければならないが、新債務者が適切に履行しないときには、債権者はもとの債務者に請求することができる[22]。他は、債権者にとって最も有利な選択肢であり、もとの債務者と新債務者が連帯責任を負う場合である。債権者は、もとの債務者または新債務者のいずれに対しても請求することができ、もとの債務者から履行を得たときには、もとの債務者は新債務者に対して求償することになる[23]。

　上述したようにヨーロッパ原則12:101条では、新債務者と債権者間の合意に

よって債務が移転されるという方法のみであり、かつもとの債務者が解放されるという効果を生ずるのみであり、ユニドロワ原則の方が債務の移転をめぐる当事者に幅広い選択肢を提供している。

　ユニドロワ原則9.2.6条によれば、債権者の同意なくして、債務者は、第三者が債務者に代わって債務を履行することを第三者と契約することができる。ただし、当該状況における債務が本質的に当該債務者が負担する性格のものである場合はこの限りではない。債権者は、債務者に対するその請求権を保持する。

　第三者による履行は、それが債務者により提供された履行と同じように満足すべきものである場合には債権者は拒絶することができないのが原則である。

　債務移転の結果、債権者、もとの債務者および新債務者間の関係は以下のようになる。

　新債務者は、もとの債務者が債権者に対して主張することができたすべての抗弁を債権者に対して主張することができるが、債権者に対してもとの債務者が援用できる相殺の権利を債権者に対して行使することはできない（9.2.7条）。

　債権者は、移転された債務に関する契約上の支払またはその他の履行に対するすべての権利を新債務者に対して主張することができる。もとの債務者が9.2.5条に基づき解放される場合は、新債務者以外の者によって債務の履行のために付与された担保も解放される。ただし、その者が担保を債権者に引き続いて提供することを合意する場合はこの限りではない。もとの債務者の解放は、債務の履行のために債権者に提供されたもとの債務者の担保にも及ぶものとされる。だだし、担保が、もとの債務者と新債務者との間の取引の一部として移転される資産に対する場合はこの限りではない（9.2.8条）。

　本条は、前条9.2.7条と同じ原則に基づくものであり、債務は、もとの債務者が主張することができた抗弁のみならず、債権者が移転された債務に関して有する契約上の支払またはその他の履行に対するすべての権利とともに、新債務者に移転されるのである。

　ヨーロッパ原則は、抗弁および担保に対する交代の効果について規定する。新債務者は、新債務者ともとの債務者間の関係から生ずる権利や抗弁を債権者に対して主張することはできない。もとの債務者の解放は、債務の履行のために与えられたもとの債務者の担保にも及ぶ。ただし、担保が、もとの債務者と

新債務者間の取引の一部として新債務者に譲渡される資産に対するものである場合はこの限りではない。もとの債務者の解放とともに、債務の履行のために新債務者以外の者より与えられていた担保は解放される。ただし、その者が担保を債権者に引き続き提供することに合意するときはこの限りではない。そして新債務者は、もとの債務者が債権者に対して主張することができたすべての抗弁を債権者に対して主張することができる（12:102条）。

4　契約の譲渡

(1) 契約の譲渡の要件

　ユニドロワ原則は、上述したような権利または義務を別々に譲渡するのではなく、契約を全体として譲渡する場合のメカニズムについて規定する。

　ユニドロワ原則9.3.1条によれば、契約の譲渡（assignment of a contract）とは、相手方当事者との契約から生じる譲渡人の権利および義務の合意による譲渡人から譲受人への譲渡を意味する。もっとも、営業譲渡の過程において契約の譲渡を規律する特別のルールの下でなされた契約の譲渡は適用外とされる（9.3.2条）。

　ユニドロワ原則9.3.3.条は、契約の譲渡は、相手方当事者の同意を必要とすると規定する。上述したユニドロワ原則9.2.4条に対応して、相手方当事者は、前もってその同意を与えることができ、その場合には、契約の譲渡は、譲渡の通知が相手方に与えられた時または相手方が譲渡を認識したときに効力を生ずる（9.3.4条）。

　ヨーロッパ原則においては契約の譲渡に関してユニドロワ原則とは異なり、第三者の合意による第三者の契約当事者への交代という方法で規定が設けられている。契約の当事者は、第三者が契約当事者として代わることをその第三者と合意することができる。その場合には、相手方当事者の同意の結果として、第一の当事者が解放される場合にのみ、交代は効力を生ずる。そして上述した債権の譲渡および新債務者への交代に関する規定がそれぞれ準用される（12:201条）。

(2) 契約の譲渡の効果

　契約譲渡の結果、ユニドロワ原則9.2.5条に対応して、債権者としての相手方当事者は、新債務者としての譲受人の受入れが譲渡人の義務に及ぼす効果を決定することができる。相手方当事者の選択肢は次のとおりである。

　ユニドロワ原則9.3.5条によれば、相手方当事者は、譲渡人を解放することができ、譲受人が適切に履行しない場合には、譲渡人を債務者として保持することもできる。その他の点では、譲渡人および譲受人は連帯責任を負うものとされる。抗弁と相殺の権利に関して、契約の譲渡が権利の譲渡または債務の移転を含む範囲において、9.1.13条または9.2.7条が準用される。契約とともに譲渡された権利に関して、契約の譲渡が権利の譲渡または債務の移転を含む範囲において、9.1.14条または9.2.8条が準用される。

5　出訴制限期間または時効

(1) 出訴制限期間または時効とは

　ユニドロワ原則により規律される権利の行使は、出訴制限期間（limitation period）として言及される一定の期間の満了により禁じられる。当事者が、その権利の獲得または行使の条件として、相手方当事者に通知を与えるためまたは法的手続の開始以外の行為を行うためにユニドロワ原則の下で要求される「期間」は、出訴制限期間より原則として短いもので、出訴制限期間と同様の機能を果たすものではあるが、それぞれの特別の必要性から考案されたものであることから、対象外とされる（10.1条）。

　多くの法制度は、時間の経過が権利に及ぼす影響を認識しており、二つの基本的なシステムが存在する。一つは、時間の経過が権利および訴えの権利を失わせるものであり、他のシステムでは、時間の経過が法廷における訴訟に対する抗弁としてのみ機能するものである。ユニドロワ原則は、後者のシステムを採用している（10.9条）[24]。

　出訴制限期間の長さ、中断および更新ならびにそれらを変更する当事者の権

利に関する、国内的、国際的または超国家的な強行法規は、ユニドロワ原則の規定に優先する（ユニドロワ原則1.4条）[25]ので、注意が必要である。

一方、ヨーロッパ原則は、履行請求権が、一定の期間の満了による時効（prescription）に従うものと規定する（14:101条）。

伝統的な大陸法においては、時効という語句は、期間の経過の結果としての財産権の取得（取得時効）および期間の経過の結果としての権利の喪失（消滅時効）の両者を包含するものであるが、ヨーロッパ原則は後者のタイプのみを扱っている。かかる時効は、実体法の制度であり、時間の経過を理由として、債務者は履行を拒絶する権利を有する。債務者がそうするときは、債権者は履行を請求する権利を失い、その結果、裁判所において債権をもはや追求することはできない。時効は、訴訟を提起する権利を制限するのみでなく、履行を受領する実際の権利を禁ずるのである[26]。

ユニドロワ原則10.2条によれば、一般的な出訴制限期間は、債権者が、その権利を生ずる事実を知りまたは知るべきであって、その結果権利を行使することができる日の翌日から起算して3年であり、いかなる場合にも権利を行使することができる日の翌日から起算して10年である。

本条の「事実」とは、契約の成立、物品の引渡し、サービスの約束や不履行のような、権利が基づいている事実である。事実を実際に知っていることまたは知るべきであったとされることは、債権者が事実の法的な意味を知らなければならないということを意味しない。事実を完全に知っているにもかかわらず、その権利について錯誤に陥ったとしても、3年の出訴制限期間は進行を始めるのである[27]。

ウィーン条約に関連して、国際物品売買の場合には、1974年「国際物品売買における出訴制限期間に関する国連条約（United Nations Convention on the Limitation Period in the International Sale of Goods、1980年改正）」は、請求権発生日から起算して4年の絶対的な出訴制限期間を定めている。

ヨーロッパ原則によれば、一般的な時効期間は3年である（14:102条）。時効制度は、できるだけ単純でかつ統一的なものでなければならない。これがすべての債権を対象とする一般的な時効期間を定める理由とされる。時効制度に関する国際的な動向は、より短い時効期間と統一的な時効期間への志向である。3

年は、ヨーロッパの重要な立法行為、すなわち製造物責任指令において規定された期間であり、EU制定法内の一般的基準としてますす受容されてきているといわれる[28]。

もっとも、ヨーロッパ原則は、唯一の特別の時効期間として、判決によって確定された債権の時効期間は10年であり、そして仲裁判断またはあたかも判決であるかのように強制しうる他の法律文書によって確定された債権の時効期間も同様に10年と規定する（14:202条）。

時効の開始時期の起算については上述したユニドロワ原則10.2条とは異なり、ヨーロッパ原則では、一般的な時効期間は、債務者が履行をなさねばならない時、または損害賠償請求権の場合、その請求権を生ずる行為の時から起算する。債務者が、なにかをする、またはなにかをすることを差し控える債務を継続して負っている場合には、一般的な時効期間は、それぞれの義務違反の時から起算する。14:202条に定める時効期間は、債務者が履行を行わねばならない時より前でなくとも、判決もしくは仲裁判断が既判力を得た時または他の法律文書が強制できるようになった時から起算する（14:203条）。

ユニドロワ原則10.3条によれば、当事者は出訴制限期間を変更することができる。ただし、一般的出訴制限期間を1年以内に短縮することはできず、最大制限期間を4年以内に短縮し、15年以上に延長することはできない。

ヨーロッパ原則もまた当事者間の合意により、時効期間を短縮または延長することによって変更することができると定めている。しかし、時効期間は、1年以下に短縮することまたは30年以上に延長することはできないとされる（14:601条）。

一方、時効期間の最大の長さに関してヨーロッパ原則では、時効期間は、進行の中断または満了の延期により、10年以上または身体傷害の場合においては30年以上に延長することはできない（もっとも、司法手続等の場合における中断には適用されない）と規定されている（14:307条）。

ヨーロッパ原則は、ユニドロワ原則がすべての債権について統一した最大出訴制限期間を採用したのに対して、国際的なレベルでの時効期間の一般的な短縮化傾向（身体傷害の場合を除く）および身体傷害の場合における潜伏期間を考慮して、上記のような差別化を図っており[29]、国際取引においてもこのよう

な配慮は必要と考えられる。

(2) 出訴制限期間または時効の中断

ユニドロワ原則は、国際取引における紛争やその契約としての特性を考慮して、出訴制限期間の進行の中断事由として、司法手続、仲裁手続および代替的紛争解決手続の開始を認めている。一方、ヨーロッパ原則は、時効の中断に関して、後述する時効の延期や更新を含めて、ユニドロワ原則よりも幅広い規定を設けている。

① 司法手続による中断

ユニドロワ原則10.5条によれば、出訴制限期間の進行は、債権者が、司法手続を始めることによりまたはすでに開始された司法手続において、債務者に対して債権者の権利を主張するものとして裁判所の手続法により認められる行為を行う時、債務者の支払不能の場合には、債権者が支払不能手続においてその権利を主張した時、または債務者である企業の解散手続の場合には、債権者が解散手続においてその権利を主張した時に、中断される。

すべての法制度において司法手続は、次のいずれかの方法で出訴制限期間の進行に影響を与える。司法手続は、出訴制限期間の断絶（interruption）を引き起こし、その結果新しい出訴制限期限が司法手続の終わる時に開始する。さもなければ、司法手続は、出訴制限期間の中断（suspension）のみを引き起こし、その結果司法手続の始まる前にすでに経過した期間は当該出訴制限期間から差し引かれ、残りの期間が司法手続の終わりから開始する。本条は後者のアプローチを採用したのである[30]。

ヨーロッパ原則においても司法手続等による中断について、ユニドロワ原則よりは簡略な規定を定めている。時効期間の進行は、債権に関する司法手続が開始される時から中断される。中断は、既判力の効果を有する判決がなされる、または事件の決着がつくまで継続する（14:302条1項、2項）。

② 仲裁手続による中断

ユニドロワ原則10.6条によれば、出訴制限期間の進行は、債権者が、仲裁手続を始めることによりまたはすでに開始された仲裁手続において、債務者に対して債権者の権利を主張するものとして仲裁廷の手続法により認められる行為

を行う時に中断される。仲裁手続の正確な開始日を決定する仲裁手続規則または規定がない場合には、手続は、紛争中の権利が裁定されるべき旨の要請が債務者に到達した日に開始するものとみなされる。中断は、拘束力ある決定が出される時または手続がそれ以外で終了する時まで継続する。また、ユニドロワ原則10.5条および10.6条は、紛争の友好的解決に到達するための当事者の試みを援助するよう、当事者が第三者に要請するその他の手続に、適切な変更を加えて、適用される。

　仲裁は、司法手続と同様の効果を有するものとされ、仲裁手続の開始は、司法手続と同様の中断効果を生ずる。本条は、ユニドロワ原則が仲裁手続における活用を念頭においていることの一面を物語っている[31]。

　ヨーロッパ原則においては、上記14:302条1項および2項の規定が、適切な修正を加えて、仲裁手続およびあたかも判決であるかのように執行できる法律文書を得る目的で開始された他のすべての手続に適用される（14:302条3項）。

　③　不可抗力の場合における中断

　ユニドロワ原則10.8条1項によれば、債権者が、その支配を超えており、回避することも克服することもできなかった障害により、前条に基づいて出訴制限期間の進行を止めることを妨げられた場合、一般的出訴制限期間は、障害が存在しなくなった後1年前に満了しないように中断される。

　ほとんどの法制度は、債権者が裁判所でその権利を追求することを妨げる障害を考慮に入れている。債権者の支配を超えた障害が発生し、そして出訴制限期間の終わりごろに存在しなくなることがありうるので、障害が止んだ後、債権者がなにをすべきかを決定するためには非常に短い時間しかまたはほとんど時間が残されていない場合がありうる。本条は、債権者がどのような方向の行動をとるかを決定することができるように、障害が止んだ日から1年間の追加を規定するものである[32]。

　ヨーロッパ原則も不可抗力の場合の中断について、ユニドロワ原則と同趣旨の規定を定めている。時効期間の進行は、債権者が、その支配を超えており、かつ回避することも克服することも合理的に期待することができなかった障害によりその債権を追求することを妨げられる限りにおいて、中断される。この規定は、障害が、時効期間の最後の6カ月以内に発生または存在するときにの

み適用される（14:303条）。

④　債権者の不知による中断

ヨーロッパ原則は、上述したような債権者が知っていることを起算点とするユニドロワ原則10.2条とは異なり、債権者の不知を中断事由の一つとして規定する。

時効期間の開始は、債権者が、債務者の正体または損害賠償請求権の場合において損害のタイプを含む、その請求権を生ずる事実を知らない、または合理的に知ることができなかった限りにおいて、中断される（14:301条）。

ヨーロッパ原則は、時効期間の延長に関して三つの方法を採用する。第一として、時効期間の中断（suspension）とは、時効が中断される期間が、時効期間の算定において計算されないという効果を生ずるということであり、中断事由が終われば、前の時効期間が進行を継続するのである。時効の中断はこのようにして一定の時効期間を延長することになる。第二は、時効期間の満了の延期（postponement）である。時効期間は進行するけれども、一定の超過期間の満了の後にのみ完成するというものである。第三として、ある出来事の発生とともに新しい時効期間が開始するという時効期間の更新（renewal）という概念が用いられる[33]。

(3)　時効期間の延期

上述したようにヨーロッパ原則は、ユニドロワ原則と異なり、次のような三つの時効期間の延期に関する規定を設けている。

第一に、当事者が、債権についてまたは債権が生じる状況について交渉するときは、時効期間は、交渉においてなされた最後の意思伝達後1年が経過する前には満了しない（14:304条）。当事者間の交渉は、債権の差し迫った時効の圧力の下で行われるべきではない。交渉が債権者に対する策略であることを許すべきではなく、一方、債権について交渉を始め、それにより債権者が訴えを提起することを妨げる債務者は、後に交渉の間に経過した時間を主張することにより履行を拒絶することは許されるべきではない。交渉の時効に対する効果を最小限にするためには、時効の進行を中断するよりもその満了を延期することで十分とされるのである[34]。

第二に、無能力者が代理人（representative）を有しないとき、無能力者によりまたは無能力者に対してなされた債権の時効期間は、無能力が終了した、または代理人が指名されたかのいずれかの後1年が経過する前には満了しない。また、無能力者とその代理人間の債権の時効期間も、無能力が終了した、または新しい代理人が指名されたかのいずれかの後1年が経過する前には満了しない（14:305条）。第三に、債権者または債務者が死亡した場合における時効期間の延期に関して同様の規定がなされている（14:306条）。

(4) 出訴制限期間または時効期間の更新

　ユニドロワ原則10.4条によれば、債務者が、一般的出訴制限期間の満了の前に、債権者の権利を承認（acknowledge）する場合は、新しい一般的出訴制限期間が承認日の翌日から始まる。最大出訴制限期間は、再び進行を始めることはないが、新しい一般的出訴制限期間の開始はそれを超過することができる。

　ヨーロッパ原則も債務者の承認による時効期間の更新について同様の趣旨をより詳しく規定する。債務者が、一部支払、利息の支払、担保の提供やその他の方法で、債権者に対してその債務を承認するときは、新しい時効期間が開始する。新しい時効期間は、一般的な時効期間の3年とされる（14:401条）。さらに、14:202条に定められた法的手続により確定された債権の10年の時効期間は、債権者が執行の合理的な試みをそれぞれとるとともに再び開始すると規定される（14:402条）。

(5) 出訴制限期間または時効期間の満了の効果

　出訴制限期間満了の効果について、ユニドロワ原則10.9条によれば、出訴制限期間の満了は権利を失わせない。出訴制限期間の満了が効力を生ずるためには、債務者はそれを抗弁として主張しなければならない。

　出訴制限期間満了の効果は自動的には生じることなく、債務者がその満了を抗弁として提起する時にのみ生じうる。債務者は、準拠法に従いいかなる手続においても、また手続外で満了を主張することによりそうすることができる。したがって、債権者の権利は、履行請求は債務者の出訴制限期間満了の主張により禁じられるけれども、未だ存在しており、例えば、債権者による履行留保の

根拠のような、抗弁として用いることができるのである[35]。さらに、債権者は、債務者が出訴制限期間の満了を主張するまで相殺の権利を行使することができる（10.10条）。また、債務を弁済するための履行があった場合、単に出訴制限期間が満了したという理由だけでは原状回復の権利はないとされる（10.11条）。

ヨーロッパ原則も時効期間満了のいわば「弱い効果」について次のように定めている。時効期間満了後、債務者は履行を拒絶する権利を有する。債権を弁済するために履行されたものがなにであれ、時効期間が満了したという理由のみでは返還を要求することはできない（14:501条）。もっとも、他の理由から、例えば、債権の時効が満了していないという留保の下で債務者が履行したとき、または時効が満了していないと債務者に信じさせるよう債権者が虚偽に導いたときは、債務者は返還を要求することができるのはもちろんである[36]。

さらに、利息支払請求権および付随的性質のその他の権利の時効期間は、主たる債権の時効期間より遅くなることはなく、つまり主たる債権とともに満了する（14:502条）。時効期間が満了した債権も、なお相殺の対象とすることができる。ただし、債務者が以前にまたは相殺通知の2カ月以内に時効を主張していたときはこの限りではない（14:503条）。

［解説例］
(a) AはBから物品を購入した。購入代金の一部の弁済期が4月1日に到来したが、支払われなかった。38カ月後、BはAに対して訴えを提起した。Aは、出訴制限期間の満了を主張せず、法廷にも姿をみせなかった、そしてBは、欠席判決（default-judgment）を要求した。Aが出訴制限期間の満了を抗弁として提起しなかったので、Bの勝訴となる[37]。

このケースにより、出訴制限期間満了の効果のために債務者が抗弁として主張することの必要性を理解することができる。

(b) Aは、Bに印刷プレスを10年間リースした。契約によれば、Aは、欠陥がBの機械操作中の過失により引き起こされたのでなければ、プレスを操作可能状態に維持し、修理を引き受ける義務を負っている。機械が故障したが、Aは必要な修理を拒絶した。Bは、Aに対し修理の要請と交渉を行ったが、拒絶されたので、他の会社に修理させ、Aに必要なコストを支払うよう求めた。Aは反応せず、B

はそれを追及しなかった。5年後、当該リースの終わりに、Bは、再び修理コストの支払を請求した。Aは、支払を拒絶し、印刷プレスの返還を求めて、ユニドロワ原則10.2条1項（出訴制限期間）を申し立てた。Bは、契約違反に対する損害賠償の請求およびプレス引渡しの留保の権利を有する[38]。

Aが出訴制限期間満了を提起しても、その効果は抗弁としてのものにとどまるにすぎず、ユニドロワ原則10.9条によれば、債権者Bの権利は履行留保のための抗弁として存続することができる。

注
1）Unidroit Principles Art.8.1, Comment 3, Illustration 4.
　原油生産者Aは、カイロのBに毎月パイプラインで原油1,500トンを引き渡す契約を締結している。次いでBは、毎週原油1,000トンを陸路で輸送しなければならない。Aが生産する原油とBにより引き渡される原油は、同じ原産のものではなく、まったく同様のものとはいえない。しかし、両者の使用は同一であるので、原油に関する二つの債務は同じ種類のものであるといえる、そしてAとBが原油の同じ数量の引渡しに対する債務者と債権者であるときは、相殺が適用される。
2）Id. Comment 4.
3）Id. Comment 5.
4）Id. Comment 6.
5）Id. Comment 7.
6）Id. Comment 8.
7）Unidroit Principles Art.8.5, Comment 2.
8）European Principles Art.13:106, Comment G.
9）Unidroit Principles Art 9.1.3, Illustration 1 and 2.
　X社は、木材の保管のためにA社により使用される倉庫における窃盗を防ぐ目的で、セキュリティ・サービスを提供することを引き受けた。その倉庫はB社に売却されたが、B社は、倉庫を同じ用途に使うことを意図している。ユニドロワ原則9.1.3条は、A社が、X社により提供されたセキュリティ・サービスに対する権利をB社に譲渡することをなんら妨げるものではない。しかしながら、B社が、電子機器の保管のために倉庫を使用する意図である場合には、X社により提供されるセキュリティ・サービスに対するA社の権利は、B社に譲渡することはできない。セキュリティ・サービスが木材の保管の場合よりも電子機器の場合については明らかに高くなるので、そのようなサービスは、X社の債務を実質的により負担となるものにするからである。
10）Unidoroit Principles Art. 9.1.7, Comment 1.

11）European Principles Art. 11:204, Comment E.
　　譲受人の同意のない契約変更の禁止の原則に固執すると、譲渡が、建設契約のように譲渡人の側で継続的な履行を含む未履行の契約に基づく権利に関係する場合には、かえって商業的な不便宜を生ずることがあり、変更の許される例外規定が設けられている。
12）Id. Comment A.
13）Unidroit Principles Art. 9.1.9, Comment 1.
14）Id. Comment 2.
15）Id. Illustration 3.
　　X社は、ある期間にわたって技術プロセスについて開発するすべての改良技術をA社に伝達することに合意した。契約は、A社のX社に対する権利は譲渡することができないと規定している。A社は、自身のためにその技術をもはや必要とせず、その権利をB社に譲渡しようとしている。かかる譲渡は無効であり、X社はB社の債務者にはならない。このような場合、B社は、ユニドロワ原則9.1.15条(b)に基づくA社の責任に対する請求権を有する。
16）Id. Comment 3.
17）Unidroit Principles Art. 9.1.12, Comment.
18）Unidroit Principles Art. 9.1.13, Illustration1.
　　ソフトウェア会社Aは、顧客Xに年末までに新しい会計システムを構築することを約束した。主たる支払は、完成後1カ月になされなければならない。Aは直ちにその権利を銀行Bに譲渡した。弁済期が到来した時、BはXに対してその支払を請求したが、Xは、新しいソフトウェアが適正に働かず、会計部門が混乱に陥っていることを説明し、この混乱状態が治癒されるまで、支払を拒絶した。XがBに対してこの抗弁を主張することは正当である。
19）Id. Comment 1.
20）Unidroit Principles Art. 9.2.3, Comment 2.
21）European Principles Art. 12:101, Comment D.
22）Unidroit Principles Art. 9.2.5, Comment 3.
23）Id. Comment 4.
24）Unidroit Principles Art. 10.1, Comment 1.
25）Id. Comment 3.
26）European Principles Art. 14:101, Comment B.
27）Unidroit Principles Art. 10.2, Comment 6.
28）European Principles Art. 14:201, Comment A, B.
29）European Principles Art. 14:307, Comment A.
　　このような差別的な取扱いの理由は、身体傷害においては長い潜伏期間がしばしばであり、かつ人の生命、健康と五体満足はとりわけ法的な保護に値する目的物である、つま

り身体傷害は財産損害や経済的損害よりもより深刻なものであると一般的にみなされている。

30) Unidroit Principles Art. 10.5, Comment 1.
31) Unidroit Principles Art. 10.6, Illustration.
Aは、Bへの物品引渡しに対してBが弁済期の到来した支払を履行しなかったと主張して、Bとのディストリビューターシップ契約を解除した。Bは、喪失利益の損害賠償の反訴を提起したが、その法律事務所を変更し、契約解除から30カ月が経過するままとした。当該契約は、仲裁条項を含み、すべての紛争と請求はICCの仲裁規則に基づき解決されるべきと規定しており、Bは仲裁付託を申し立てた。仲裁規則は、付託の受領日が、すべての目的のために仲裁手続の開始日とみなされるべきと規定する。出訴制限期間の進行は、最終判断が下されるまでまたは本ケースがそれ以外で処理されるまで中断される。
32) Unidroit Principles Art. 10.8, Comment 2.
33) European Principles Art. 14:301, Comment A.
34) European Principles Art. 14:304, Comment.
35) Unidroit Principles Art. 10.9, Comment 2, 3.
36) European Principles Art. 14:501, Comment A.
なお、時効期間が満了した事実について債務者が知っていたか否かは関係がないとされる。
37) Unidroit Principles Art.10.9, Illustration 1.
38) Id. Illustration 2.

第10章

紛争解決の基準

(1) 国際仲裁とユニドロワ国際商事契約原則
　(a) 国際仲裁プロセスの比較法的性質
　国際仲裁人は、その性質上、その関心に従った意思決定のアプローチのみならず、自然な比較法的アプローチを用いる。このような比較法的志向は、主として国際仲裁においては文化的および法的な多様性が問題となるという事実によって引き起こされる。比較法は、すべての関係する法制度に対して正義を行う手段を提供するといわれる。これは、例えば、抵触法の問題に対する国際仲裁人の比較法的アプローチによって増幅される。国際仲裁人は、しばしばいわゆる累積的アプローチ（cumulative approach）を用いるからである。すなわち、一つの抵触法のルールに言及する代わりに、関係するすべての抵触法のルールに言及して、国際仲裁人はその法選択の決定を正当化するものである。また、実質法の分野においても仲裁人や弁護人は、純粋に国内法的性格の場合であっても、比較法的分析を通じてその意思決定の是非に対する追加的な説得的権威を引き出そうとする[1]。

　このような国際仲裁人の自然な比較法的志向は、ユニドロワ原則の起草者の目標に合致するものであった。ユニドロワ原則は、特定の意味をもたないが、その内容が適用される文脈にかかっているような、多くの概念（notions）や基準（standards）に言及している。これらの概念や基準の多くは、すでに国際商事契約に関する多くの仲裁手続における主題であった。仲裁裁定は、このようにしてユニドロワ原則の概念を体現することが可能である。多大な仲裁の実践とともに、ユニドロワ原則はより安定した基準となりつつあると指摘されている[2]。

（b）国際仲裁におけるユニドロワ国際商事契約原則適用のアプローチ

　国際取引における契約当事者は、彼らの契約関係を規律する特定の国内法に合意している場合に、契約の履行における彼らの一般的な行動をその法に定められた実践に適合させる義務があると必ずしも感じていない、と仲裁人は気づいている。大多数の仲裁のケースにおいて、準拠法が外国法である場合、当事者はその法の内容について遠い感覚をもっているにすぎず、世界中の同様の契約に対して考えるのと同じように彼らの義務と考えるものを遂行するといわれる。このことが、なにゆえ仲裁人は、少なくとも当事者の一方に不意打ちを食わせる国内法または国内法の伝統に単に言及することによって重大な経済的結果をもたらすような意思決定をすることに消極的であるかを説明している。仲裁人は、国内法に基づくものであっても、その解決策が超国家的にも認識されていることを好むものである。これは、ユニドロワ原則に単独でまたは lex mercatoria の他の構成部分とともに言及することにより達成することができるのである[3]。

　国際仲裁人がユニドロワ原則を適用するために用いてきたアプローチは、次のように挙げられている。第一に、ユニドロワ原則が、国際協定、とりわけウィーン条約を解釈または補充するために用いられる。これは、ユニドロワ原則の前文において明白に表明されている。

　第二として、ユニドロワ原則が、適用する国内法におけるギャップを満たす、または適用する国内法の国際的に有用な解釈に到達するために用いられる。これは、前文には直接述べられてないが、そこに含まれる選択肢の当然の追加以外のなにものでもない。

　第三に、国際仲裁人は、さらに進んで、契約の法選択条項またはその条項がないときには仲裁法もしくは仲裁規則の法選択条項に基づいて、ユニドロワ原則を契約の準拠法として用いる[4]。

［仲裁例］
　二つの中国の会社とヨーロッパの会社（ルクセンブルグ法人）は、技術交換と技術協力に関する契約を締結した。当該契約は、交換した情報についての厳格な秘密保持義務と競業避止義務を当事者に課していた。ヨーロッパの会社は、中国

の会社の一社がかかる義務に違反したと主張して紛争が生じ、違反に対する損害賠償を求めて、契約の仲裁条項に従い、ストックホルム商業会議所仲裁機関に仲裁を申し立てた。

契約には準拠法についての定めはなかった。申立人のヨーロッパの会社によれば、仲裁地法および中立的な法としてスウェーデン法またはライセンスを許諾する当事者の営業所地法としてルクセンブルグ法が適用されるべきとし、代替的にユニドロワ原則の適用を主張した。被申立人の中国の会社は、契約締結地法または主たる履行地法として中国人民共和国法の適用を主張した[5]。

仲裁廷は、当事者が意図的に準拠法について合意することを差し控えたが、そこには準拠法の問題が生じたときには、最終的に選択される法は、深い知識をもっていない国内法の適用から生じうるような不意打ちがないよう、通常のビジネスマンが適切かつ合理的と考えるような方法で当事者の利益を保護するであろうという理解が当事者間にあったとし、当該紛争は特定の管轄の法に従って決定されるべきでなく、国際的な編纂に至っている法のルールないし国際取引にかかわる国において広く認識されている法のルールに基づくべきだとの判断を述べた。そして仲裁廷は、そのような位置において編纂されたものはユニドロワ原則が唯一だとし、当該紛争の解決はもっぱらユニドロワ原則に基づくものとするが、仲裁で提起された本質的な性質の問題に対してユニドロワ原則が答えを提供していないときにのみ、国内法、つまり中立法としてのスウェーデン法によることになると結論づけたのである。

本ケースにおいて、国際契約の当事者による準拠法の指定がない場合に、仲裁廷が、両当事者の準拠法に関する理解を忖度し、ヨーロッパ企業と中国企業という法文化の差異なども考慮して、ユニドロワ原則を準拠法として選択したのは妥当な判断であった。ユニドロワ原則を補充するものとしてスウェーデン法を指定した理由は必ずしも明らかではないが、仲裁地法であるスウェーデン法を中立法とすることも一つの判断であると考えられる。

(2) ユニドロワ国際商事契約原則の適格性

（a）国際商事契約の準拠法としての適格性

これまでユニドロワ原則をベースとしてヨーロッパ原則やウィーン条約との比較法的な分析により国際取引の基本原則を探求し、そして国際ビジネスの観点からその有用性や問題点を考察してきた。これらの基本原則の柱であるユニドロワ原則の主たる目的は、ユニドロワ原則を国際商事契約の準拠法として適用することであるが、それ自身を直接的に適用することは可能であろうか、いいかえれば国際商事契約の準拠法としての適格性はどのように評価されるであろうか。これまでの考察の結果を次のように整理することができると考えられる。

第一に、国際取引の当事者がその契約の交渉およびドラフティングにおいて、チェックリストとして機能するのに、ユニドロワ原則がきわめて有用であることは明らかである。現実の国際契約は、それぞれ固有の各類型に応じてユニドロワ原則の条項に多くの追加や変更を必要とするが、ユニドロワ原則の条項をベースとして当事者間で契約交渉が展開され、その成果が積み重なって実際の契約条項に帰結するわけである。そもそもチェックリストとして機能しえないような契約ルールは、国際契約の準拠法として機能することはありえないと考えられる。

第二に、ユニドロワ原則は、ウィーン条約を補充しうる点においてきわめて有用である。ユニドロワ原則が、適用範囲の限定や大陸法とコモンローとのあいまいな妥協などの問題を有するウィーン条約の限界を超えて、国際契約法のリステイトメントという形で国際取引の基本原則の適用を大きく拡大したことは高く評価することができる。

しかし、第三に、ユニドロワ原則が、自己充足的かつ統一的な契約法システムとしての精緻さや包括性を十分備えているかは、ヨーロッパ原則との比較においても疑問が残る。また、実際の国際仲裁や各国の国内裁判において紛争解決のために直接または間接に使われた数はそれほど多くはない、そしてその内容も比較的簡単な紛争事件であるように見受けられる。つまり、判例法としての集積は、現段階では不十分であり、今後に期待されている。

ユニドロワ原則は、現在のところ完全ではなく、重要なものではあるが、未

だ発展過程にあり、例えばスイス法やイギリス法のような国内法が有する自足の法制度にまで発展していない。ユニドロワ原則の最新の2004年版は、国際商事契約の基本的に重要な主題を取り扱うものではあるが、典型的な国際プロジェクトのような複雑な国際取引から生じるあらゆる法律問題、例えば、パートナーシップ、多数債権者・債務者、不法行為、原状回復や不当利得などを扱うことができるような自足の法制度を構成するには至っていない。

したがって、第四として、国際商事契約の当事者が、ユニドロワ原則を準拠法として直接的に指定することは現段階では時期尚早であると考えられる。

もっとも、上述したような複雑な国際プロジェクトにおいて、当事者がユニドロワ原則をその超国家的法の性格のゆえに用いたいとする場合には、ユニドロワ原則は、それが扱っていない潜在的な利害衝突の分野における予測可能な解答のために、例えばスイス法のような十分に発展した中立的な国内法によって補充される必要が生じる。1999年4月ユニドロワ理事会が「本契約の準拠法はユニドロワ原則（1994）であり、X国法により必要に応じ補充される」というモデル条項を承認したのはこの理由からである[6]。

したがって、第五に、このように国際商事契約の当事者が、それぞれの国内法を準拠法として固執し合意に達することができない場合には、ユニドロワ理事会が推奨するように、ユニドロワ原則（2004）を準拠法とするが、中立的な第三国法をX国法として補充的に指定するという方法も一つの有用な選択肢であると考えられる。

(b) 国際仲裁における紛争解決の基準としての適格性

国際商事契約の当事者がユニドロワ原則を準拠法として直接的に指定するには至らないが、当事者間の妥協として、「法の一般原則」や「国際商慣習法」などの文言により契約関係を規律すると規定する場合に、仲裁人が紛争解決のためにユニドロワ原則を適用することは可能であり、むしろ望ましいと考えられる。ユニドロワ原則は、まず国際仲裁における適用を目指したものともいわれる。仲裁人は、比較法的思考方法をとることにより、各国の国内法に共通する一般原則のベースとして、あるいは準拠法として指定された国内法によるときもその解釈を裏付けるものとして、ユニドロワ原則に依拠することは妥当であ

ると考えられる。

　第一に、ユニドロワ原則における基本原則は、国際商事取引における信義誠実と公正取引の原則であり、この原則が当事者の国際契約関係すべてに一貫して適用される。ユニドロワ原則における他の基本的な概念のほとんどは、信義誠実と公正取引の原則に由来するといっても過言ではない。その表現として、「国際取引における合理的な基準」とか「国際取引における同じ環境下の同種の部類に属する合理的な者の考え方」という文言も同じ思想を意味している。これらの概念は仲裁人の思考方法によく合致するものである。

　第二に、ユニドロワ原則においては、「当事者間で確立した慣行」および「国際取引において遵守されている商慣習」が法的拘束力を有するものとして尊重されている。ユニドロ原則がクロスボーダー取引に適合した契約法の原則を国際リステイトメントとして集約したものであるとすれば、慣行や慣習の果たす役割は大きく、これらもまた仲裁人が紛争解決において依拠する判断基準に沿うものである。

　第三として、仲裁人は、国際ビジネスにおける紛争を迅速にかつ妥当性をもって解決するという現実的な観点から判断を下す使命を有しており、国際取引における統一的な契約法システムとしてのユニドロワ原則の存在は、その使命を達成する上で力強い味方になりうる。

注

1) Klaus Peter Berger, International Arbitral Practice and the UNIDRIT Principles of International Commercial Contracts, The American Journal of Comparative Law No.46 (1998), at 130-132.
2) Hans Van Houtte, The Unidroit Principles of Commercial Contracts and International Commercial Arbitration: Their Reciprocal Relevance, ICC, The Unidroit Principles for International Commercial Contracts: A New Lex Mercatoria? (ICC Publication, 1995), at 185.
3) Yves Derains, The Role of the UNIDROIT Principles in International Commercial Arbitration (1): A European Perspective, International Court of Arbitration, UNIDROIT Principles of International Commercial Contracts-Reflections on Their Use in International Arbitration (ICC Publishing, 2002), at 17.
4) Id. at 133.
5) Arbitration Institute of the Stockholm Chamber of Commerce, Stockholm, 00.00.2001 Arbitration Award 117/1999.

6) Hilmar Raeschke-Kessler, The UNIDROIT Principles in Contemporary Contract Practice, International Court of Arbitration, UNIDROIT Principles of International Commercial Contracts-Reflections on Their Use in International Arbitration (ICC Publishing, 2002), at 100.

"This contract shall be governed by the UNIDROIT Principles (1994) [except as to Articles -----], supplemented when necessary by the law of [jurisdiction X]"

条　文　対　照

ユニドロワ原則	ヨーロッパ原則	ウィーン条約
1.1 条	1:102 条 1 項	
1.2 条		11 条, 12 条
1.3 条		
1.4 条	1:103 条	
1.5 条		6 条
1.6 条	1:106 条	7 条
1.7 条	1:201 条	7 条 1 項
1.9 条	1:105 条	9 条
1.10 条	1:303 条 4 項	15 条 1 項, 18 条 2 項, 27 条
1.11 条	1:301 条 2 項	10 条
2.1.1 条	2:101 条, 2:102 条, 2:103 条	
2.1.2 条	2:201 条	14 条, 55 条
2.1.3 条	1:303 条	
2.1.4 条	2:202 条	16 条
2.1.5 条	2:203 条	17 条
2.1.6 条	2:204 条, 2:205 条	18 条
2.1.7 条	2:206 条	18 条 2 項
2.1.8 条	1:304 条	20 条
2.1.9 条	2:207 条	21 条
2.1.10 条		22 条
2.1.11 条	2:208 条	19 条
2.1.12 条	2:210 条	
2.1.15 条	2:301 条	
2.1.16 条	2:302 条	
2.1.17 条	2:105 条	
2.1.18 条	2:106 条	
2.1.19 条	2:104 条	
2.1.22 条	2:209 条	

ユニドロワ原則	ヨーロッパ原則	ウィーン条約
2.2.1条	3:102条	
2.2.2条	3:201条	
2.2.3条	3:202条	
2.2.4条	3:203条	
2.2.5条	3:204条	
2.2.8条	3:206条	
2.2.6条	3:204条2項	
2.2.7条	3:205条	
2.2.9条	3:207条, 3:208条	
2.2.10条	3:209条	
3.1条	4:101条	
3.2条		29条1項
3.3条	4:102条	
3.4条	4:103条	
3.5条	4:103条	
3.6条	4:104条	
3.7条	4:119条	
3.8条	4:107条	
3.9条	4:108条	
3.10条	4:109条, 4:110条	
3.11条	4:111条	
3.12条	4:114条	
3.13条	4:105条	
3.14条	4:113条	
3.15条	4:113条	
3.16条	4:116条	
3.17条	4:115条	
3.18条	4:117条	
4.1条	5:101条	
4.2条		8条
4.3条	5:102条	8条3項

ユニドロワ原則	ヨーロッパ原則	ウィーン条約
4.4条	5:105条	
4.5条	5:106条	
4.6条	5:103条	
4.7条	5:107条	
5.1.1条	6:102条	
5.1.3条	1:202条	
5.1.6条	6:108条	
5.1.7条	6:104条, 6:105条, 6:106条	55条
5.1.8条	6:109条	
5.2.1条	6:110条1項	
5.2.5条	6:110条3項	
5.2.6条	6:110条2項	
6.1.1条	7:102条	33条
6.1.4条	7:104条	
6.1.5条	7:103条	
6.1.6条	7:101条	
6.1.7条	7:107条	
6.1.9条, 6.1.10条	7:108条	
6.1.11条	7:112条	
6.1.12条	7:109条	
	7:110条	85条, 86条, 87条
6.2.1条	6:111条1項	
6.2.2条	6:111条2項	
6.2.3条	6:111条3項	
7.1.1条, 7.1.2条	8:101条	45条, 61条
7.1.3条	9:201条	
7.1.4条	8:104条	37条, 48条
7.1.5条	8:106条	47条, 63条
7.1.6条	8:109条	
7.1.7条	8:108条, 9:303条4項	79条
7.2.1条	9:101条	

ユニドロワ原則	ヨーロッパ原則	ウィーン条約
7.2.2条	9:102条, 9:103条	46条1項, 62条, 28条
7.2.3条	9:102条1項	46条2項3項, 81条1項
7.3.1条	9:301条, 9:302条, 8:103条	49条1項, 64条1項, 25条
7.3.2条	9:303条	49条2項, 64条2項
7.3.3条	9:304条	72条
7.3.4条	8:105条	71条
7.3.5条	9:305条	81条1項
7.3.6条	9:306条, 9:307条, 9:308条, 9:309条	81条2項, 82条, 83条, 84条
	9:401条	50条
7.4.1条	9:501条	45条1項, 61条1項
7.4.2条	9:502条	74条
7.4.4条	9:503条	74条
7.4.5条	9:506条	75条, 77条
7.4.6条	9:507条	76条
7.4.7条	9:504条	
7.4.8条	9:505条	77条
7.4.9条	9:508条	
7.4.12条	9:510条	
7.4.13条	9:509条	
8.1条	13:101条, 13:102条	
8.2条	13:103条	
8.3条	13:104条	
8.4条	13:105条	
8.5条	13:106条	
9.1.1条, 9.1.2条	11:101条	
9.1.3条, 9.1.4条, 9.1.5条, 9.1.6条	11:102条, 11:103条	
9.1.7条	11:104条	
9.1.9条	11:301条, 11:302条	
9.1.10条, 9.1.12条	11:303条	

ユニドロワ原則	ヨーロッパ原則	ウィーン条約
9.1.11 条	11:305 条	
9.1.13 条	11:307 条	
9.1.14 条	11:201 条, 11:203 条	
9.1.15 条	11:204 条	
9.2.1 条, 9.2.2 条, 9.2.3 条 9.2.4 条	12:101 条	
9.2.6 条, 9.2.7 条, 9.2.8 条	12:102 条	
9.3.1 条, 9.3.2 条, 9.3.3 条	12:201 条	
10.1 条	14:101 条	
10.2 条	14:102 条, 14:202 条, 14:103 条	
10.3 条	14:601 条, 14:307 条	
10.5 条, 10.6 条	14:302 条	
10.4 条	14:401 条, 14:102 条	
10.8 条	10:303 条	
10.9 条, 10.10 条, 10.11 条	14:501 条, 14:502 条, 14:503 条	

事　項　索　引

【あ】

アメリカ法律協会　129
一括の履行　181
一般的条件（general condition）　109, 113
一般的紛争解決条項　218
偽りの代理人（false agent）　122
因果関係　285, 286, 289
インコタームズ（INCOTERMS）　7, 164
営業所（place of business）　55
エスカレーション条項　199
遠因（remoteness）　286, 289
欧州議会　15
欧州裁判所（European Court of Justice）　34, 100
送り状（invoice）　94
覚書（Memorandum of Understanding, MOU）　63

【か】

外見上の権限（apparent authority）　119
外国仲裁裁定の承認と執行に関する1958年ニューヨーク条約　11
開示義務　144
開示された代理（disclosed agency）　117
開示されない代理（undisclosed agency）　116, 118
価格改定条項　197
価格指数条項　213
確定申込（firm offer）　86
確認書　93
過失（fault）　165, 210, 285
過剰な利益（excessive advantage）　146
過大な不均衡　146

価値維持条項　197
株式購入契約　153
為替変動条項　197
完結条項（merger clause）　25, 102
慣行（practices）　52
慣習（usage）　52
間接代理（indirect representation）　21, 115
機会の喪失（loss of the chance）　64, 285, 288
期待利益（expectation interest）　99
救済方法の変更　253
寄与（contribution）　294
競業避止義務　333
強行法規（mandatory rules）　43
強制可能性（enforceability）　36, 43
共通の意思（common intention）　56
協力義務　163, 175, 195
寄与過失　302
銀行短期貸出利率　297
クロージング（closing）　154
クロス・デフォールト（cross-default）条項　155
クロスボーダー契約　26
クロスボーダー（cross-border）取引　3, 5, 13, 337
経済的実行困難性　199
計算通貨（currency of account）　190
契約挫折の法理（frustration）　240
契約自由の原則　39
契約遵守の原則　216, 260
契約地法（lex contractus）　7
契約適合　220
契約の均衡（equilibrium）　201

契約の譲渡(assignment of a contract) 320
契約の自由 37, 40
契約の適合（adaptation） 152
契約の適合条項（adaptation clause） 197
契約の方式自由の原則 81
結果的損害 286, 296
欠席判決（default-judgment） 328
原因（cause） 82, 138
言語上の齟齬 66
原始的不能（initial impossibility） 139
原状回復 265
現物（real）契約 138
権利の譲渡(assignment of a right) 310
権限踰越（ultra vires） 137
交渉技術（bargaining skill） 146, 148
公正取引（fair dealing） 38, 39, 46, 47, 48, 75, 114, 161, 211, 238
公的許可（public permission） 194, 222
口頭証拠の原則（parol evidence rule） 102
行動の経路（line of conduct） 39
衡平と公正の原則（principles of equity and fairness） 9
合理性（reasonableness） 55
合理的な価格 169
合理的な者（reasonable persons） 56
国際建設契約 240
国際ジョイントベンチャー契約 177, 277
国際商業会議所（ICC） 9
国際ライセンス契約 177, 275
国際リステイトメント 337
国連商取引法委員会（UNCITRAL） 1, 46

【さ】

最高経営責任者 120

最高財務責任者（Chief Financial Officer） 120
再交渉義務 218
再交渉条項（renegotiation clause） 208
最終文書（final document） 94
最善努力義務 164, 176, 195, 259, 284
裁判上の制裁金 252
債務者の交代（substitution） 317
最優遇金利融資 297
詐欺的表示（fraudulent representation） 143
詐欺的不開示（fraudulent non-disclosure） 143
作成者に不利な原則 65, 154
時価（current price） 292
事業買収契約 131
時効期間の更新（renewal） 326
時効期間の中断（suspension） 326
時効期間の満了の延期（postponement） 326
事情の変更（Change of Circumstances） 197, 200, 201, 203, 221
実行困難性（impracticability） 199
私法統一国際協会（ユニドロワ） 2
重大な不履行（fundamental non-performance） 253, 255
自由な解釈（liberal interpretation） 61
重要な錯誤 140
受益者（beneficiary） 172
受信ルール 21
取得時効 322
受領価値 202, 217
常居所（habitual residence） 181
障害（impediment） 240, 270, 325
商慣習法（lex mercatoria） 7, 10, 35

承諾期間　86, 90
商取引上の合理的基準（reasonable commercial standards）　38, 76, 140
消費者契約　41
消費者取引　24, 33, 40, 149
消滅時効　322
書式の戦い（battle of forms）　108, 128
信義誠実（good faith）　38, 39, 46, 47, 48,
　73, 75, 114, 161, 209, 211, 238
信義誠実と公正取引　163
信義誠実の原則　195
信頼利益（reliance interest）　21, 99
枢密院（Privy Council）　61
生産委託条約　36
誠実交渉義務　126
精神的苦痛　286
善意の買主（good faith purchaser）　36
全額賠償の原則　285
専門職業人（professionals）　94
専門的供給者　162
戦略法務　70
喪失利益　260
相当な保証（adequate assurance）　262
双務契約（bilateral contract）　182, 247
遡及効　156
訴答書面（pleadings）　11
ソフトロー（soft law）　2
損害軽減義務　273, 294, 302
損害の予見可能性（foreseeability）　286, 289
損害賠償額の予定（liquidated damages）　300, 302
損失の分配　211

【た】
第三者による履行　186
代金減額　267, 276
代替履行（alternative performance）　186
代替的契約条項（alternative contractual terms）　216, 218, 222
代替取引（replacement transaction）　248, 250, 290
遅延した承諾　90
仲介業者（commission agent）　116, 117
仲介者（intermediary）　116, 121
仲裁契約　65
懲罰的損害賠償　286
直接代理（direct representation）　21, 115
治療法務　70
追認（ratification）　123
通貨下落条項　198
通知（notice）　54
テイクオーバー・ビッド（takeover bid）　173
定型条項（standard terms）　56, 104
ディストリビューターシップ契約　106, 287, 331
撤回（revocation）　86
撤回不能（irrevocable）　86
デューディリジェンス（due diligence）　154
伝家の宝刀　212, 220
投機的契約　204
同時履行　182
到達主義（receipt principle）　16, 54
独占的ディーラーシップ契約　281
独占的ディストリビューターシップ契約　260, 261
独占的販売契約　259

独占的ライセンス　51
特定結果達成義務　176, 261, 284
特定されない本人（unidentified principal）
　　118
特定事項（specific matters）　95
特定の結果達成義務　164
特定の方式（particular form）　95, 103
特定履行（specific performance）　17, 246,
　　249
取引力（bargaining power）　147
取引の経過（course of dealing）　39

【な】
ノックアウト（knock out）ルール　110,
　　129, 130

【は】
ハーモナイゼーション　16
罰金条項（penalty clause）　239, 300, 303
発信主義（dispatch principle）　54
発信ルール　21
反対給付（counter-performance）　266
反対申込（counter-offer）　91
比較法的アプローチ　71, 332
ビジネス的アプローチ　70
非定型条項（non-standard terms）　108
秘密保持義務　101, 127, 265, 277, 279, 333
秘密保持対策　128
非良心的な（unconscionable）　39
不意打ち　92
不意打ち条項（surprising terms）　107
不可抗力　205
不完全な履行（defective performance）
　　227, 251
復代理人（sub-agent）　120

不誠実に（in bad faith）　97
付帯的証拠　102
物品の保存　193
不当な脅迫（unjustified threat）　145
フラストレーション（frustration）　198
不履行の治癒　230
ブローカー契約　106
文言解釈（literal interpretation）　61
変更条項　103
弁済の充当　191
法政策的アプローチ　71
法廷地法　247
法定利率　297
法の一般原則（general principles of law）
　　7, 35
法のルール（rules of law）　7
補償的利益　287

【ま】
マグナカルタ（Magna Charta）　47
ミラー・イメージ（mirror image）　91, 109
民事および商事における管轄と判決の執行
　　に関するブリュッセル協定　114
無過失責任の原則　285
無効（invalidity）　137
メモランダム（Memorandum of
　　Understanding）　95, 97
免責されない不履行（non-excused non-performance）　227
免責条項　237, 275, 303
目的の挫折（frustration of purpose）　202,
　　205, 210

【や】
約因（consideration）　82, 138

約束者（promisor） 172
輸出販売契約 171
UNILEXデータベース 3
要約者（promisee） 172
ヨーロッパ契約法委員会 3, 34
予見可能性 203, 206, 244, 256, 286, 289
予備的交渉（preliminary negotiations） 58
予防法務 70

【ら】
ライセンス契約 265
リーガルプランニング 70
利益の喪失 286
履行期前の履行 183
履行期前の不履行（anticipatory non-performance） 261
履行遅滞（late performance） 227
履行能力 241, 262

履行のための付加期間（additional period） 233
履行の留保 235
履行費用 186, 202, 217
履行不能（impossibility） 249
リスクの引受け（assumption） 204
リステイトメント 46, 335
LIBOR（London International Bank Offered Rate） 291, 299, 301
良心（conscience） 147
累積的アプローチ（cumulative approach） 332
レター・オブ・インテント（letter of intent） 63, 82, 95, 130
レター・オブ・コンフォート（letter of comfort） 82, 83
連帯責任 318, 321
わら人形（straw man） 116

■著者紹介

井原　宏　（いはら　ひろし）

1963年	京都大学法学部卒業、同年住友化学株式会社入社
1976年	ケンブリッジ大学大学院比較法研究課程修了
1979年	同社法務課長
1990年	経営法友会代表幹事
1991年	同社法務部長
1994年	博士（法学）（京都大学）
1995年	筑波大学大学院教授、同大学院経営・政策科学研究科副研究科長、同大学院ビジネス科学研究科長歴任
2004年	明治学院大学法学部教授

主要著書
企業の国際化と国際ジョイントベンチャー（商事法務、1994年）
現代国際取引法（商事法務、1999年）
国際事業提携—アライアンスのリーガルリスクと戦略（商事法務、2001年）
グローバル企業法—グローバル企業の法的責任（青林書院、2003年）

国際契約法

2006年11月15日　初版第1刷発行

■著　者——井原　宏
■発行者——佐藤　守
■発行所——株式会社　大学教育出版
　　　　　〒700-0953　岡山市西市855-4
　　　　　電話(086)244-1268(代)　FAX(086)246-0294
■印刷製本——モリモト印刷㈱
■装　丁——原　美穂

ⓒ Hiroshi IHARA 2006, Printed in Japan
検印省略　落丁・乱丁本はお取り替えいたします。
無断で本書の一部または全部を複写・複製することは禁じられています。

ISBN4-88730-713-6